HISTOIRE
DE LA
GUERRE DE 1870-1871

PIERRE LEHAUTCOURT

HISTOIRE DE LA GUERRE DE 1870-1871

1ʳᵉ Partie. — **La Guerre de 1870.**

(En cours de publication.)

I. — Les Origines. 1901.
II. — Les Deux Adversaires. — Premières opérations (7 juillet-2 août 1870). 1902.
III. — Wissembourg, Frœschwiller, Spicheren. 1903.
IV. — La Retraite sur la Moselle. Borny. 1904.
V. — Rezonville, Saint-Privat (*en préparation*).
VI. — Sedan (*en préparation*).
VII. — Capitulation de Metz (*en préparation*).

2ᵉ Partie. — **La Défense nationale** (déjà publiée).

Cet ouvrage a obtenu de l'Académie française le 2ᵉ prix Gobert en 1899 et 1900.

I. — Campagne de la Loire. — Coulmiers, Orléans. 1893.
II. —   —   — Josnes, Vendôme, Le Mans. 1895.
III. — Campagne de l'Est. — Nuits, Villersexel. 1896.
IV. —   —   — Héricourt, La Cluse. 1896.
V. — Campagne du Nord (Nouvelle édition). 1898.
VI. — Siège de Paris. — Châtillon, Chevilly, La Malmaison. 1898.
VII. —   —   — Le Bourget, Champigny. 1898.
VIII. —   —   — Buzenval, la Capitulation. 1898.

PIERRE LEHAUTCOURT

HISTOIRE

DE LA

GUERRE DE 1870-1871

TOME IV

LA RETRAITE SUR LA MOSELLE. BORNY

AVEC CINQ CARTES

BERGER-LEVRAULT ET Cie, ÉDITEURS

PARIS | NANCY
5, RUE DES BEAUX-ARTS | 18, RUE DES GLACIS

1904

INTRODUCTION

Le présent volume est consacré aux opérations qui suivirent la double défaite de Frœschwiller et de Spicheren jusqu'au 15 août. Il a pour but d'étudier la retraite sur la Moselle et sa conclusion, la bataille de Borny, la première des grandes journées dont le résultat final devait être l'investissement sous Metz de la majeure partie de l'armée du Rhin.

Si, du côté de l'ennemi, c'est Moltke qui continue d'être surtout en évidence, il est dans nos rangs un personnage qui, resté jusqu'alors au deuxième plan, passe tout à fait au premier : c'est le maréchal Bazaine, au début de la guerre commandant de corps d'armée, puis revêtu de commandements d'importance croissante jusqu'à ce que, enfin, il remplace Napoléon III à la tête de l'armée. Cette figure énigmatique, mise en lumière par les circonstances beaucoup plus que par ses mérites propres, est celle qui attire surtout l'attention entre Spicheren et Borny ; elle laisse dans l'ombre le fantôme de souverain, moralement et physiquement déchu, qu'est déjà l'empereur, le major général Le Bœuf dont les événements ne montrent que trop l'insuffisance, les autres commandants de corps d'armée parmi lesquels se révèlent si peu d'aptitudes militaires. Mais Bazaine n'est pas encore tel que le montreront les louches négociations de septembre et octobre 1870.

Si son attitude vis-à-vis de Napoléon III manque parfois de netteté, si l'on peut lui reprocher à juste titre d'avoir abandonné Frossard le 6 août, il n'a eu aucune relation suspecte avec l'ennemi. Il jouit encore, dans l'armée comme au dehors, d'une popularité entière. Malgré les souvenirs du Mexique, on lui prête gratuitement les talents militaires et la valeur morale que réclameraient les circonstances.

Mais déjà des observateurs se rendent compte de son insuffisance technique. Il donne le 13 août, pour le passage de la Moselle, des instructions qui en resteront à jamais la preuve irréfutable. Le 14, à Borny, il ne sait ni conduire la retraite, ni prendre l'offensive contre les avant-gardes prussiennes imprudemment jetées à l'attaque. De là, chez certains, des doutes qui ne feront que s'accroître et se répandre à la suite des prochaines batailles. C'est que, plus que personne, il contribuera à faire de ces grands combats la principale cause de notre ruine. Si le vaillant effort de la Défense nationale a été condamné à l'impuissance, c'est surtout par suite de la direction imprimée à l'armée du Rhin après le 12 août.

Si notre précédent volume nous a valu de flatteuses appréciations, il nous en a attiré d'autres. Certains journaux allemands nous ont accusé, parfois en termes peu mesurés, d'avoir sciemment altéré la vérité quant au rôle des Bavarois à Frœschwiller. On nous reproche notamment d'avoir reproduit, à l'égard de ces Allemands du Sud, certaines appréciations d'un témoin oculaire, M. le général Bonnal, dans son livre bien connu, *Frœschwiller*. Notre réponse sera brève. Après une étude approfondie des faits et des témoignages contemporains, nous avons dit tout ce que nous pensions des Bavarois comme nous le disions de nos troupes. Nous avons cherché la vérité, au risque de blesser les passions nationales chez nous comme chez les Allemands, parce que, seule, la vérité comporte des enseignements. Il se peut fort bien que nous n'ayons pas réussi. *Errare humanum*.

M. de Saint-Vincent, sous-intendant militaire en retraite, a bien voulu nous adresser au sujet de la question des heures à Frœschwiller une lettre qu'il nous a paru opportun de reproduire en grande partie (Voir notre Annexe 1).

M. le commandant Alby nous a obligeamment signalé une erreur que nous avions commise d'après la *Revue d'Histoire* (1er sem. 1902, p. 642). M. Lanty, porté comme capitaine commandant la compagnie du génie de la division Raoult (3e du 1er régiment) était chef de bataillon du 4 mars 1868 (*Annuaire de 1870*). En réalité il commandait le génie de cette division.

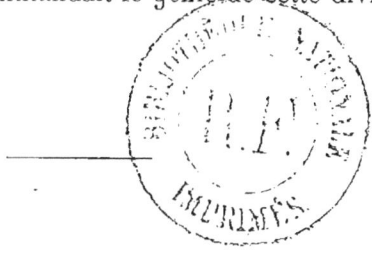

GUERRE DE 1870

RETRAITE SUR LA MOSELLE

BORNY

(7 août-14 août 1870)

LIVRE Ier

RETRAITE SUR LA MOSELLE

I

CONTRE-COUP DE FRŒSCHWILLER ET DE SPICHEREN

Le 7 août à l'armée du Rhin. — Contre-coup de Frœschwiller et de Spicheren.
L'empereur et l'armée. — Son état de santé.

Survenant à quelques heures d'intervalle, les nouvelles de Frœschwiller et de Spicheren atterrent littéralement l'entourage de l'empereur. Le désordre des idées y est extrême. C'est une véritable « panique morale »[1]. On voit déjà, trois

---

1. Général Montaudon, *Souvenirs*, II, 80 ; général Lebrun, *Souvenirs militaires, 1866-1870*, 279 ; *Metz, Campagne et négociations*, par un officier supérieur de l'armée du Rhin (général d'Andlau), 50 : « Ces désastres simultanés avaient atterré le quartier impérial, où l'on ne savait plus que faire en présence d'une situation presque perdue au début. Les opinions les plus diverses étaient

jours après le début des opérations, « les Vosges livrées sans défense à l'ennemi », l'Alsace abandonnée à ses attaques. De Strasbourg arrivent les dépêches les plus alarmantes. Le préfet télégraphie : « ... Une panique s'est produite par suite des mauvaises nouvelles venues de Haguenau et de l'arrivée de soldats traînards, fuyards et généralement peu blessés ; cette panique a cessé, mais la population demande des armes ; j'ai promis d'organiser, d'armer aujourd'hui 400 ou 500 hommes de garde nationale. Nous n'avons presque pas de troupes, 1,500 à 2,000 hommes ! Si l'ennemi tente un coup de main sur la ville, nous nous défendrons jusqu'au bout [1]. » Si telle est la situation de l'une de nos principales forteresses, qui est aussi la plus exposée, que penser de celle des petites places voisines ? Verdun réclame « d'urgence » des « vivres de siège pour 4,000 hommes », Thionville des armes pour sa garde nationale mobile [2]. Partout, de tous les côtés, éclatent les résultats de notre imprévoyance, du défaut de préparation à la guerre que nous avons si légèrement déclarée.

De Metz le découragement gagne jusqu'aux derniers rangs de l'armée. Constamment les opérations trahissent l'incertitude, l'irrésolution, la faiblesse [3]. La confiance dans le commandement, déjà ébranlée [4], est atteinte sans remède.

C'est l'empereur dont le prestige a le plus à souffrir, comme de raison. On s'en rend compte autour de lui et,

---

émises, les avis se croisaient dans tous les sens ; une résolution n'était pas plutôt prise qu'elle était abandonnée..... »

Dans la série d'études qu'elle consacre à la guerre de 1870, notre Section historique affecte, tout en citant fréquemment cet ouvrage, d'ignorer le nom de l'auteur. Nous connaissons les scandales qui ont obscurci sa fin, mais nous savons aussi que *Metz, Campagne et négociations* émane d'un observateur dont nul ne saurait nier l'intelligence et la pénétration ; colonel à l'état-major général de l'armée du Rhin, il était mieux placé que personne pour voir et juger les événements. Son livre a contribué plus qu'aucun autre au mouvement d'opinion qui entraîna la condamnation de l'ex-maréchal Bazaine.

1. Général Fay (colonel à l'état-major général de l'armée du Rhin), *Journal d'un officier de l'armée du Rhin*, 50.
2. Général Fay, *loc. cit.*
3. Général Montaudon, II, 80 ; général d'Andlau, 50.
4. Voir notre tome II, *Les Deux adversaires, Premières opérations*, p. 65, 353 et suiv.

dès ce moment, des efforts sont tentés pour obtenir qu'il quitte l'armée. Dans la matinée du 7 août, le général Lebrun, le sachant seul, va le trouver dans son cabinet : « Sire, lui dit-il, les circonstances sont graves ; je viens près de Votre Majesté remplir un devoir de conscience et de dévouement. Que l'empereur veuille bien me permettre de lui parler avec une entière franchise. J'éprouve le besoin de lui déclarer que sa présence à l'armée, si elle se prolongeait, serait pour lui pleine de périls... C'est sur lui déjà que les partis hostiles à l'Empire font retomber la plus grande part de responsabilité... parce qu'il a pris le commandement en chef de l'armée... » Serait-il prudent que Napoléon III le conservât plus longtemps, alors que de nouveaux revers sont à craindre ? D'ailleurs l'intérêt militaire n'est pas seul en jeu. La situation politique « devient menaçante, on ne saurait se le dissimuler ». N'y a-t-il pas « urgence à ce que l'empereur aille reprendre à Paris les rênes du gouvernement, après avoir remis le commandement en chef... entre les mains d'un de ses maréchaux » ?

Napoléon III a écouté sans mot dire. Sur son visage impassible, dans tout son être, pas un signe ne montre qu'il juge ce langage trop audacieux. Il garde un instant le silence, puis : « Comment voulez-vous qu'après avoir quitté Paris à la tête de l'armée, j'y rentre aujourd'hui seul ?.....
— Que l'empereur ne rentre donc pas à Paris, je comprends toute la portée de l'objection », mais ne pourrait-il se rendre à Saint-Cloud ou à Compiègne, par exemple, « et y installer le siège du gouvernement ? L'essentiel, Sire, dans l'intérêt du pays, dans celui de Votre Majesté, c'est que l'empereur ne conserve pas plus longtemps le commandement en chef... et qu'il aille reprendre, au plus tôt, son rôle de souverain. »

Cette fois Napoléon III se tait ; ses traits reflètent une tristesse noire, bien qu'il paraisse ne pas savoir mauvais gré à Lebrun de sa démarche. Un moment après, le général sort, jugeant qu'il n'a plus rien à ajouter. Le soir seulement l'empereur le fait appeler. Il est tel que son aide de camp l'a laissé, la physionomie calme et l'accueil bienveillant. Il tend la main au général : « J'ai songé toute la journée aux propositions dont vous m'avez parlé... Eh bien, plus j'ai réfléchi, plus j'ai compris qu'il était au-dessus de mes forces de m'éloigner de l'armée. J'ai quitté Paris avec elle ; il est impossible que j'y rentre sans elle. » Vainement le général insiste. L'empereur ne voit-il pas ce qu'il y a de menaçant dans le mouvement d'opinion qui se prononce à Paris ? Ne se doit-il pas à la France, avant de se dévouer à l'armée ? « Si votre résolution, Sire, est irrévocable... je crains bien que de grands malheurs ne s'ensuivent[1]. »

Sans doute les scrupules de Napoléon III sont justifiés. Il lui est difficile de paraître obéir uniquement à l'intérêt dynastique et d'abandonner le commandement au lendemain, peut-être à la veille d'une défaite. Mais le général Lebrun tait la principale raison qui devrait déterminer le départ de ce fantôme de souverain. Nous avons dit combien son état de santé est déplorable, par quel prodige de volonté et de résignation il arrive à dominer quelque temps ses souffrances[2]. Cette situation ne peut échapper à son entourage, ainsi qu'en témoigne une lettre à l'impératrice de son secrétaire particulier, M. Franceschini Pietri[3]. Sans s'opposer nettement au retour de l'empereur, la souveraine y voit de nom-

---

1. Général Lebrun, *Souvenirs militaires 1866-1870*, 280-281. Il n'y a aucune raison de douter de l'exactitude de ces deux scènes, telles que les dépeint le général. Ses souvenirs ne sont pas toujours très fidèles, surtout en ce qui concerne les dates, mais le fond même du récit est véridique.
2. Voir notre tome II, p. 16 et suiv.
3. « J'ai demandé à l'empereur s'il se sentait assez de force physique pour supporter les fatigues d'une campagne active... il est convenu avec moi qu'il ne le pourrait pas. Je lui ai dit alors qu'il valait mieux aller à Paris réorganiser une autre armée, soutenir l'élan national avec Le Bœuf comme ministre de la guerre et laisser le commandement à Bazaine qui a la confiance de l'armée et à qui on attribue le pouvoir de tout réparer. S'il y avait un insuccès nouveau, l'empereur n'en aurait pas la responsabilité. C'est aussi l'avis des vrais amis de l'empereur » (Reproduit par M. Darimon, *Notes pour servir à l'histoire de la guerre de 1870*, sans indication de source). La *R. H.*, II, 1902, 1099, date cette dépêche du 8 août, 4ʰ 30 du soir, sans non plus indiquer son origine. De même pour M. d'Hérisson, *La Légende de Metz*, 97. On remarquera peut-être que nous écrivons Le Bœuf et non *Lebœuf*, comme la *Revue d'Histoire*. Nous suivons en cela l'*Annuaire de l'Armée française* pour 1870, qui fait autorité jusqu'à preuve contraire.

breux inconvénients. Au moins faudrait-il le représenter comme tout à fait momentané[1].

---

[1]. « L'impératrice à l'empereur :
« Je reçois *une* dépêche *de* Pictri. Avez-vous réfléchi *à* toutes les conséquences qu'*amènerait* votre retour à Paris sous le coup de deux *revers*? Pour *moi*, je n'ose prendre la responsa*bilité* d'un conseil. Si vous *vous* y *décidiez*, il faudrait du moins *que* la me*sure* fût présentée au pays comme *provisoire* : l'empereur revenu à *Paris*, réorganisant la 2ᵉ armée et confiant provisoirement le commandement en chef de l'armée du Rhin à Bazaine » (Dépêche trouvée déchirée aux Tuileries. « Les mots ou fragments de mots soulignés appartenaient à trois morceaux qui n'ont pas été retrouvés », *Papiers et Correspondance de la famille impériale*, I, 64, sans date ni heure). Il n'est pas sûr que ce télégramme ait été envoyé. M. Darimon le porte au 7 août comme le précédent (*loc. cit.*, 37). La *R. H.* (II, 1902, 1099) le fait dater du 8, de même que ce dernier.

II

PARIS APRÈS NOS DÉFAITES

Contre-coup de nos défaites à Paris. — L'impératrice. — Les députés. — Jules Favre. — La convocation des Chambres. — Mesures de défense. — La rentrée de l'empereur à Paris.

A Paris les premiers jours d'août se passent dans une attente fiévreuse. On supporte avec peine la rareté et l'insignifiance, sinon la fausseté des nouvelles[1]. Celle du combat de Wissembourg est accueillie avec une stupeur mêlée de colère. Puis la confiance reprend le dessus et, le 6 août, l'annonce d'une grande victoire du maréchal de Mac-Mahon court la ville comme une traînée de poudre. On s'arrache les journaux, on pavoise les fenêtres, on prépare des illuminations[2]. Le soir même, la fausseté de ce bruit est reconnue ; dans la nuit, surviennent les télégrammes de Frœschwiller et de Spicheren. L'impression est poignante. L'impératrice, affolée, quitte Saint-Cloud pour rentrer aux Tuileries. L'amiral de La Gravière la trouve anéantie, sans larmes et sans voix, entre ses nièces qui pleurent[3].

---

1. Le *Journal officiel* du 4 août, p. 1368, rend compte d'une escarmouche du 1ᵉʳ, près de Stakelbronk (?), qui a conduit à la capture de « 1 cheval, 5 selles, 2 pistolets, 2 mousquetons et 1 sabre ». Il reproduit des extraits de la *Presse* et du *Peuple français*, d'où il ressort que Hambourg est pourvu d'une garnison de 30,000 hommes logés et nourris chez l'habitant. Toute résistance est punie de mort. Le prince royal de Prusse a été très froidement accueilli à Munich ; Bavarois et Wurtembergeois se montrent froissés d'être sous ses ordres.

2. Mᵐᵉ Aubry, *Lettres d'une Parisienne pendant la guerre*, 13 ; voir aussi notre *Siège de Paris, Châtillon, Chevilly, La Malmaison*, 1. Le conseil des ministres jugea nécessaire d'adresser une proclamation aux habitants de Paris : « Vous avez été justement émus par une odieuse manœuvre.

« Le coupable a été saisi, et la justice informe. Aussitôt qu'une nouvelle certaine arrivera, de quelque nature qu'elle soit, bonne ou mauvaise, elle vous sera aussitôt communiquée » (*Journal officiel* du 7 août, 1379). La prétendue arrestation du coupable paraît n'avoir eu aucune suite.

3. Elle lui tend un papier sur lequel le chambellan de service vient de transcrire les premières phrases d'une dépêche chiffrée : « Toute l'armée est en déroute ; il faut élever notre courage à la hauteur des circonstances. » Tandis que l'amiral lit, terrifié, M. de Cossé-Brissac rentre et déchiffre à haute voix la der-

Parmi les personnes qui touchent au gouvernement impérial, la consternation n'est pas moindre. On ne croit pas qu'il puisse survivre à une nouvelle défaite. Au ministère de l'intérieur, les fonctionnaires sont « ahuris ». On dirait du lendemain d'une révolution. Sur les boulevards, la foule est houleuse. « Il aurait suffi d'un mot pour la pousser à la colère et à la révolte[1]. »

En province, si un mouvement plus apparent que réel se produit dans le sens de la défense à outrance, de l'armement des gardes nationales, la popularité qui entourait jadis l'empereur disparaît, même parmi les plus conservateurs[2]. Les députés présents à Paris manifestent une émotion croissante. Dans l'après-midi, Jules Favre et quelques-uns de ses collègues se présentent chez le président du Corps législatif, M. Schneider, et posent nettement une double question, grosse de conséquences : celle de la convocation des Chambres et du « rappel » de l'empereur. De plus, la retraite du cabinet et la déchéance de l'Empire leur semblent indispensables. En attendant, Jules Favre demande que l'autorité suprême soit dévolue « à un maréchal choisi par un comité exécutif pris dans la majorité de la Chambre, chargé de nommer de nouveaux ministres et de pourvoir aux mesures de défense[3] ».

C'est un coup d'État que propose Jules Favre, moins le nom. Pourtant M. Schneider l'écoute sans trahir « aucun

---

nière phrase : « Tout peut encore se réparer. » A ces mots, l'impératrice tombe à genoux et les larmes, jusque-là contenues, inondent son visage (Mᵐᵉ Carette, née Bouvet, *Souvenirs intimes de la Cour des Tuileries*, II, 44). Ce télégramme n'a été reproduit ni dans les *Papiers et Correspondance de la famille impériale*, ni dans la *Revue d'Histoire*.

1. Darimon, *loc. cit.*, 169-173. M. Émile Ollivier rentrant à pied au ministère, place Vendôme, fut reconnu, entouré, menacé. De jeunes attachés le sauvèrent à grand'peine (Mᵐᵉ Carette, II, 151).

2. Voir *Papiers et Correspondance*, I, 457, deux télégrammes des préfets de Valence et de Besançon ; Mᵐᵉ Octave Feuillet, *Quelques années de ma vie*, 89 ; etc.

3. Jules Favre, *Gouvernement de la Défense nationale. Simple récit*, I, 30. Le maréchal en question est évidemment Bazaine. A rapprocher du passage suivant : « Dès le 7 août, l'impératrice elle-même avait écrit à l'empereur : « Entendez-vous avec le maréchal Bazaine pour les opérations à venir » (Darimon, *loc. cit.*, 180, sans indication de source).

signe de malveillance, ni même d'étonnement ». Il se prononce en faveur de la convocation des Chambres ; contre le rappel de l'empereur, il invoque à la fois la Constitution et la prudence. Il ne croit pas encore la situation désespérée [1].

En dépit de ces symptômes significatifs, M. Émile Ollivier s'efforce de représenter l'état de l'opinion comme « excellent. A la stupéfaction, à une immense douleur ont succédé la confiance et l'élan. Le parti révolutionnaire lui-même est entraîné dans le mouvement général. Un ou deux misérables (sic) ayant crié « Vive la République ! » ont été saisis par la population... Aussi n'ayez aucune inquiétude sur nous et ne songez qu'à la revanche... Nous sommes tous unis [2]... ».

L'intention première de l'empereur et de l'impératrice est de ne pas convoquer les Chambres. Ce serait « appeler la Révolution ». Mais le cabinet est surtout composé d'hommes attachés aux principes du gouvernement parlementaire. Plusieurs menacent de se démettre [3] et M. Émile Ollivier a la main forcée. Quant à l'impératrice, après réflexion, elle voit peut-être dans la convocation un moyen de se délivrer d'un ministère qui lui a toujours été peu sympathique [4]. Quoi qu'il en soit, cette réunion, d'abord décidée pour le 11 août, est ensuite fixée au 9 sous la pression de l'opinion [5]. En même temps, on prend des mesures pour accroître l'effectif de la garde nationale ; on se prépare à renforcer la garde mobile [6], sans se rendre compte que, pour toutes

---

1. Jules Favre, I, 30.
2. D. t. à l'empereur, 9h 45 du soir, *Papiers et Correspondance*, I, 458.
3. MM. Segris, Mège et Pichon. L'impératrice commet une illégalité en convoquant les Chambres, car l'empereur seul en a le droit. Cette mesure est l'une de celles qu'il lui reprochera le plus (Darimon, 176).
4. Voir nos tomes I, 223, et II, 28.
5. Le *Journal officiel* du 8 août, p. 1383, contient deux décrets de convocation l'un pour le 11, l'autre pour le 9.
6. Un rapport à l'impératrice du ministre de la guerre par intérim, général Dejean (*Journal officiel* du 8 août), porte ce qui suit : «.... Paris ne sera pas pris au dépourvu. Ses forts extérieurs ont depuis longtemps leur armement de sûreté... Les forts extérieurs vont être en état de soutenir un siège régulier et, dans peu de jours, l'enceinte se trouvera dans les mêmes conditions..... » 40,000 hommes pris dans la garde nationale, joints à la garnison actuelle,

ces formations improvisées, armes et cadres manqueront également. Enfin on dirige sur Paris la partie disponible des troupes de la marine[1]; on envoie à l'amiral Fourichon l'ordre de bloquer l'embouchure de la Jahde, à l'amiral Bouët-Willaumez celui de rester dans la Baltique jusqu'à nouvelle décision[2].

Le conseil des ministres s'inquiète également de l'état physique de Napoléon III et du degré de confiance que les troupes ont encore en lui. L'un de ses membres, M. Maurice Richard, est même délégué à Metz pour s'en assurer. Il revient sous les plus pénibles impressions : l'empereur ne peut se tenir à cheval qu'avec une extrême difficulté ; on continue d'avoir pour lui une « grande affection », mais ses aptitudes militaires sont mises en doute et l'on demande qu'il abandonne le commandement.

Effrayé, M. Émile Ollivier pose devant le conseil la question du retour de Napoléon III à Paris. Mais, cette fois, l'impératrice s'y oppose avec énergie[3]. D'ailleurs la chute

---

« seront plus que suffisants pour faire une défense active et entreprenante ». On peut facilement mettre sur pied 150,000 hommes des troupes de la marine, des régiments encore disponibles, des 4es bataillons et de la gendarmerie ; 60,000 hommes de la classe 1869, qui seront incorporés du 8 au 12 août ; 400,000 mobiles ou francs-tireurs. Avec la garde nationale sédentaire, le total représentera 2 millions d'hommes dont les fusils sont prêts. Il restera encore 1 million de ces armes.

La réalité diffère singulièrement de ce tableau. En ce qui concerne les forts de Paris, voir *Enquête sur les actes du gouvernement de la Défense nationale*, Dépositions, I, Brame, 188 ; Rapport au gouvernement de la Défense nationale, publié le 17 octobre 1870, L. Larchey, *Mémorial illustré des deux sièges de Paris*, 26 ; notre *Siège de Paris, Châtillon, Chevilly, La Malmaison*, 103 ; en ce qui touche l'armement, voir notre tome II, 113, 177.

Un décret du 7 août (*Journal officiel* du 8, p. 1383) incorpore dans la garde nationale sédentaire tous les citoyens valides de trente à quarante ans qui n'en font pas encore partie. On annonce un projet de loi permettant d'incorporer dans la garde mobile les citoyens âgés de moins de trente ans. Il ne fut jamais voté.

1. Voir une série de télégrammes du 7 août, *Enquête*, Dépositions, I, Rigault de Genouilly, 142.

2. D. t., 7 août, *ibid*.

3. D'après M. Darimon, *loc. cit.*, 35, M. Émile Ollivier insista, comptant que M. Maurice Richard l'appuierait. A sa grande surprise, son collègue demeura muet, quoique, dans une conversation particulière, il eût dit son sentiment à l'impératrice. Celle-ci s'oppose également au retour du prince impérial. M. Émile Ollivier télégraphie à l'empereur : « A l'unanimité le conseil des ministres et

du ministère est prochaine et ses successeurs seront loin de penser comme lui. L'empereur va donc rester à Metz, également incapable d'y exercer le commandement suprême et de reprendre à Paris un pouvoir que ses mains débiles ont laissé échapper. L'incertitude qui le ronge s'accroît de l'agitation qui règne autour de l'impératrice et parmi les députés. Déjà de brusques élans de confiance y succèdent à des heures de profond découragement [1].

---

le conseil privé croient qu'il serait bon que le prince impérial revînt à Paris. » L'impératrice ajoute, avec son chiffre particulier : « Pour des raisons que je ne puis expliquer dans cette dépêche, je désire que Louis reste à l'armée et que l'empereur promette son retour sans le laisser s'effectuer » (Darimon, 179, sans indication de source). Ce télégramme n'a été publié ni dans les *Papiers et Correspondance*, ni dans la *Revue d'Histoire*. Sa teneur paraît pourtant vraisemblable.

1. L'impératrice à la princesse Mathilde, d. t., 7 août, $12^h 35$ du matin : « J'ai de mauvaises nouvelles de l'empereur. L'armée est en retraite. Je rentre à Paris où je convoque le conseil des ministres. »

L'impératrice à l'empereur, d. t., 7 août, $2^h 25$ du soir : « Je suis très satisfaite des résolutions prises au conseil des ministres (suit un passage non déchiffré) et je suis persuadée que nous mènerons les Prussiens l'épée dans les reins jusqu'à la frontière.

« Courage donc ! Avec de l'énergie nous dominerons la situation. Je réponds de Paris et je vous embrasse de tout cœur tous les deux » (*Papiers et Correspondance*, I, 43, 420). Autre note : l'impératrice à l'empereur, d. t. : « Vous ne vous rendez pas compte de la situation..... Les difficultés sont immenses. M. Schneider me met le couteau sur la gorge pour un ministère presque impossible. Pour faire face à cette situation, je suis sans commandant de troupes, et l'émeute est presque dans la rue. » Cette dépêche, reproduite par le général Ambert (*Gaulois et Germains*, I, 126), sans date ni indication de source, paraît être du 7 août d'après son texte.

Les mots « je suis sans commandant de troupes » ont trait à un incident où furent mêlés les maréchaux Baraguey d'Hilliers et Canrobert. Le premier commandait à Paris au moment de la déclaration de guerre. Quand nos revers firent ressortir la nécessité de nommer un gouverneur de Paris, Baraguey d'Hilliers refusa d'accepter ce poste. L'impératrice lui délégua la princesse Mathilde, qui alla le trouver avec M. Benedetti, sans parvenir à vaincre son refus. C'est alors que la régente songea au maréchal Canrobert, ainsi que nous le verrons. Nous devons ces détails à l'obligeance de M. Germain Bapst, dont on connaît les travaux sur l'ancien commandant de l'armée de Crimée.

III

PROJET DE CONCENTRATION AU CAMP DE CHALONS

Velléités d'offensive. — Leur abandon. — L'empereur et Bazaine. — Projet de concentration au camp de Châlons. — Ordres au 6ᵉ corps, à la division du Barail, aux 1ᵉʳ et 5ᵉ corps, au 2ᵉ corps. — Mesures pour l'accroissement de nos forces.

Dans la soirée du 6 août, la première pensée de l'empereur est naturellement de se porter au milieu des troupes pour reprendre l'offensive. Des instructions sont même rédigées en vue d'une concentration à Saint-Avold des 3ᵉ, 4ᵉ corps et de la Garde[1]. Napoléon III est déjà en wagon avec le major général, dit-on, prêt à partir de Metz pour Saint-Avold, quand, à 4 heures du matin, il reçoit un télégramme portant que la gare de Béning est occupée par l'ennemi. Bien que ce fait n'ait qu'une minime importance, joint au défaut de renseignements sur la situation de Frossard il décide l'empereur à l'abandon de son projet. Jugeant plus prudent de reporter notre concentration vers l'ouest, il envoie Le Bœuf, seul, à Saint-Avold, afin de donner de nouvelles instructions au maréchal Bazaine[2]. En outre, craignant que le général de Ladmirault ne soit pas avisé à temps de cette modification, l'empereur lui télégraphie de « se rabattre rapidement sur Metz »[3]. Or, les ordres qui

---

1. Voir, pour ce projet de concentration, deux télégrammes de l'empereur au général Bourbaki, 6 août, 8ʰ30 et 11ʰ10 du soir, *R. H.*, II, 1902, 223.
2. *Enquête*, Dépositions, I, Le Bœuf, 60-61 ; général d'Andlau, *Metz, Campagne et négociations*, 51. D'après M. Darimon (*loc. cit.*, 35), qui tient ces détails du prince Napoléon, c'est à l'initiative du maréchal Le Bœuf que serait dû le projet de concentration à Saint-Avold. Il le rattache à une offensive énergique au moyen des « 20 divisions » non entamées qui nous restent sans le 2ᵉ corps. En réalité, les 3ᵉ, 4ᵉ, 6ᵉ corps et la Garde ne comptent que 13 divisions d'infanterie. Même en y joignant le 5ᵉ corps et les deux divisions intactes du 7ᵉ, on n'arrive qu'à 18 divisions.
3. Journal de marche du 4ᵉ corps, *R. H.*, II, 1902, 672. Le texte du télégramme de l'empereur n'est pas connu, mais on peut en déduire le sens de celui de Ladmirault au major général (5ʰ46 du matin) : « Il est bien entendu que je dois retirer mon corps d'armée sur Metz. Aujourd'hui, 7 août, il sera rallié à hauteur

subordonnaient à Bazaine les 2ᵉ et 4ᵉ corps n'ont pas été révoqués. Ils vont même être confirmés et étendus[1]. Le maréchal voit donc, dans l'envoi direct de cette dépêche, une diminution voulue de son autorité. Il y puise une nouvelle raison de garder l'attitude contrainte prise par lui, dès le début, vis-à-vis de Napoléon III et du major général[2]. Il affecte de se tenir à l'écart. On constate très vite qu'il ne prend pas au sérieux son commandement : « Il sentait... peut-être au-dessus de lui une autorité supérieure à la sienne, pouvant modifier les dispositions qu'il croyait utile de prendre... Il s'abstenait presque entièrement de donner des ordres aux commandants des 2ᵉ et 4ᵉ corps, ainsi qu'au général commandant la Garde impériale[3]. »

Quoi qu'on en ait dit, dans la matinée du 7 août, l'intention de l'empereur n'est pas même de concentrer l'armée à Metz, ce qui entraînerait déjà l'abandon sans combat d'une grande partie de la Lorraine et de toute l'Alsace. Il entend reporter sa concentration plus loin encore, jusqu'au camp de Châlons, c'est-à-dire renoncer à tenir sur la Moselle, sur la Meuse, dans l'Argonne. Il veut livrer à l'ennemi, sans brûler une amorce, toute cette vaste étendue de territoire, cette Marche de l'Est lentement conquise par les efforts persévérants de tant de générations. C'est courir le risque d'une diminution morale beaucoup plus grave encore que notre affaiblissement matériel. Ce fait seul donne la mesure du général et du souverain[4].

---

de Boulay... J'arriverai à Metz en trois journées pour y prendre position » (*ibid.*, 675). Ladmirault fit connaître cette nouvelle destination à Bazaine (d. t., 6ʰ 8 du matin) et accusa réception à l'empereur (d. t., 9 heures du matin, *ibid.*, 675).

1. Voir, pour les ordres confiant à Bazaine le commandement, notre tome III, p. 114. Un télégramme du 8 août (le major général au maréchal Bazaine, 10 heures du soir) porte en substance que ce dernier dispose de la Garde et du 4ᵉ corps : « Vous seul avez des ordres à donner. Faites donc ce que les circonstances vous inspireront. » Dans une autre dépêche s. h., du même au même, reçue le 9 août à 3ʰ 30 du matin, on lit : « Tâchez de concentrer le plus tôt possible sur Metz les 2ᵉ, 3ᵉ, 4ᵉ corps et la Garde, qui sont tous placés sous vos ordres et doivent s'y conformer strictement » (*R. H.*, II, 1902, 884, 885).

2. Voir notre tome II, p. 378, et notre tome III, p. 113, 465, 474, 495.

3. Général Jarras, *Souvenirs*, 66.

4. La *Revue d'Histoire*, II, 1902, 574, admet au contraire, sans doute sur la foi du maréchal Le Bœuf (*Enquête, loc. cit.*), que l'empereur veut d'abord con-

Aux inconvénients qui viennent d'être signalés, d'autres vont s'ajouter. Le 6ᵉ corps est en mouvement sur Metz : il faut que sa 1ʳᵉ division, déjà à Nancy, rebrousse chemin, c'est-à-dire encombre les voies ferrées et complique leur service, dans un moment où le ravitaillement de l'armée et l'approvisionnement des places exigeraient d'elles le maximum de rendement. L'effet sur les troupes et les populations ne pourra qu'être déplorable [1].

De même pour la division du Barail, qui n'a pas terminé sa concentration à Lunéville. Elle reçoit ordre de se porter, non sur Metz, mais sur Saint-Mihiel. Les sept escadrons qui lui manquent encore changeront de destination en route [2].

Pour les autres fractions de l'armée, la difficulté est moindre. Un aide de camp de l'empereur porte au maréchal de Mac-Mahon l'ordre de se retirer sur le camp de Châlons, après avoir rallié les débris du 1ᵉʳ corps [3]. Quant au 5ᵉ, sa retraite inspire un instant les plus graves inquiétudes et une dépêche significative en fait foi : « S'il en est temps encore, retirez-vous sur Nancy [4]. » Puis on envoie

---

centrer l'armée à Metz (4 heures du matin) et que, « dans la matinée, une nouvelle évolution se produisit » dans son esprit, en faveur d'une concentration au camp de Châlons. Mais cette version est inconciliable avec le télégramme du major général au ministre (1ʰ30 du matin), prescrivant la concentration du 6ᵉ corps au camp de Châlons et la marche de la division du Barail sur *Saint-Mihiel*, télégramme confirmé à 4ʰ50, 7ʰ30, 8ʰ15 du matin, 1ʰ30 du soir en ce qui concerne le 6ᵉ corps, et à 9ʰ10 du matin pour la division du Barail (*R. H.*, II, 1902, 685 et suiv. ; général d'Andlau, *loc. cit.*, 50). On est donc en droit de conclure que l'idée d'une concentration au camp de Châlons, adoptée dans la nuit, n'est abandonnée que fort avant dans la journée, après l'admission passagère de la pensée d'une offensive par Saint-Avold.

1. Voir, pour le mouvement du 6ᵉ corps, les télégrammes du major général au ministre, 1ʰ30 du matin ; de l'empereur au maréchal Canrobert, 4ʰ50 et 8ʰ15 ; du major général au commandant de la subdivision de Nancy, 7ʰ30 ; au maréchal Canrobert, 1ʰ30 du soir (*R. H.*, II, 1902, 685-687). La division de cavalerie du 6ᵉ corps, déjà à Sainte-Menehould, est également ramenée au camp (Le général de Salignac-Fénelon au maréchal Canrobert, d. t., 1ʰ45 du soir, *ibid.*, 687).

2. Le major général au ministre, d. t., 1ʰ30 du matin ; au général du Barail, d. t., 9ʰ10. La division fera étape à Nancy et Bernécourt les 7 et 8 (*R. H., loc. cit.*).

3. Note du maréchal Le Bœuf. Le général de Waubert de Genlis vit le maréchal de Mac-Mahon avant 3ʰ45 du soir (d. t. à l'empereur, 3ʰ45 du soir, *R. H.*, II, 1902, 639, 649).

4. L'empereur au général de Failly, d. t., 5 heures du matin (*R. H.*, II, 1902,

au général de Failly un officier, « pour le prévenir de la concentration et avoir de ses nouvelles »[1]. Enfin Frossard est informé de même qu'il doit diriger sa retraite vers Châlons[2]. Quant aux 3e, 4e corps et à la Garde, l'empereur se borne à maintenir les ordres qui les portent sur Metz, puisqu'ils les ramènent dans la direction du Camp. La réserve générale d'artillerie, qui est à Nancy, va envoyer quatre batteries à Metz, où elles seront le 8 ; les douze autres se tiendront prêtes à partir le 9 pour le camp de Châlons, où sera dirigé également l'équipage de pont de réserve[3].

Dans l'après-midi du 7 août, l'adoption du projet de retraite sur Châlons paraît définitive, et le major général en informe le ministre de la guerre[4]. On prépare pour les 3e,

---

683). D'après le Journal de marche du 5e corps, l'empereur adresse au général une autre dépêche : « Retirez-vous, avec votre corps d'armée, sur le camp de Châlons », qui ne parvient pas à destination (ibid., 679).

1. Note citée du maréchal Le Bœuf. L'envoi du capitaine de Salles est annoncé au général de Failly par dépêche envoyée à 5 heures du soir (R. H., II, 1902, 683).

2. « ... S'il n'a pu exécuter sa retraite sur Puttelange, avec toutes les troupes qui se trouvaient à Sarreguemines, et se retirer sur Sarralbe, il doit se porter par le plus court chemin sur le camp de Châlons » (Note citée du maréchal Le Bœuf). Le capitaine Vosseur est chargé de cette mission (d. t. du major général au général Frossard, 5 heures du soir, R. H., II, 1902, 655). Ce dernier document porte au contraire : « .....L'empereur désire savoir si vous avez pu opérer votre retraite sur Puttelange avec toutes les troupes de votre corps qui se trouvent à Sarreguemines.

« L'intention de S. M. est que vous vous dirigiez sur Châlons, où l'empereur concentre l'armée, rive gauche de la Marne, après l'avoir ralliée sous Metz. » On remarquera la différence de ces deux textes. Lors de son interrogatoire du 13 octobre 1873, le maréchal Bazaine fit observer qu'il n'eut pas connaissance de l'ordre donné au 2e corps, bien que ce dernier lui fût subordonné (Procès Bazaine, Compte rendu sténographique quotidien, 57).

3. Le major général au général Canu, d. t., 7h 10 du matin ; le même au même, d. t., s. h. ; le même au général commandant l'artillerie (R. H., II, 1902, 704). Les batteries envoyées à Metz concourront avec 4 batteries de la garde mobile à mettre les forts en état (Le général Soleille au général Suzane, d. t., 7 août, ibid., 577).

4. D. t., 4 heures du soir, R. H., II, 1902, 639 : « L'empereur a décidé que l'armée active (sic) se concentrerait sur Châlons, où S. M. pourrait avoir 150,000 hommes et au delà, si nous parvenions à y rallier les corps Mac-Mahon et de Failly. Douay restera à Belfort. L'empereur va diriger sur-le-champ tous les impedimenta sur Châlons. Envoyez de votre côté des vivres et des munitions. L'aile gauche, sous le maréchal Bazaine, sera concentrée sous Metz d'ici quarante-huit heures. Dans sept jours à Châlons. » Le même télégramme est libellé d'une façon un peu différente, ibid., 575.

4ᵉ corps et la Garde des itinéraires d'après lesquels ils atteindront le Camp au 19 août[1]. Nous risquons ainsi de compromettre la retraite des 1ᵉʳ, 2ᵉ, 5ᵉ corps, que l'ennemi aura beau jeu à poursuivre sans relâche ; de plus, nous affaiblirons grandement le moral des 3ᵉ, 4ᵉ corps et de la Garde, « qui, n'ayant pas eu à combattre », auraient déjà peine à comprendre un mouvement rétrograde sur Metz[2].

En même temps que l'empereur arrête cette déplorable décision, il prend les mesures les plus urgentes pour la défense de nos places fortes. Il fait diriger sur Paris « tous les 4ᵉˢ bataillons » disponibles. Il « insiste vivement sur la nécessité de terminer leur organisation, ainsi que celle des régiments de marche ». Le nombre des réservistes autorisés à rester dans leurs foyers lui paraît excessif[3], mais il se borne à cette constatation.

De son côté, le ministre de la guerre annonce qu'il fait venir à Paris 10,000 fantassins et 1,000 artilleurs des troupes de la marine[4], quatre régiments d'infanterie et deux de cavalerie restés dans le midi de la France ou en Corse[5]. Enfin, une partie de nos places d'Alsace et de Lorraine est mise en état de siège, sans qu'on puisse se rendre compte du motif des exceptions[6].

L'intention de l'empereur est de ne pas porter le 7ᵉ corps au camp de Châlons. Il recommande même à Félix Douay d'envoyer, s'il se peut, une division à Strasbourg et de gar-

---

1. C'est-à-dire dans douze jours, contrairement au document qui précède. Voir ces itinéraires, *R. H.*, II, 1902, 641.
2. « Toujours reculer, disaient-ils, et pourquoi ? Nous n'avons encore livré aucune bataille ; sommes-nous donc des lâches ? » (Général Fay, 53).
3. L'empereur au ministre de la guerre, d. t., 5ʰ30 du matin ; le major général au même, d. t., 2ʰ20 du soir (*R. H.*, II, 1902, 636, 637).
4. Le ministre de la guerre à l'empereur, d. t., s. h. (*R. H.*, II, 1902, 637).
5. Les régiments d'infanterie de Bayonne, de Pau, de Perpignan et de Corse (34ᵉ, 58ᵉ, 22ᵉ, 32ᵉ) ; les 7ᵉ et 8ᵉ chasseurs à cheval (Carcassonne et Tarbes) (*R. H.*, II, 1902, 578).
6. « Les villes de Metz, Verdun, Montmédy, Longwy, Thionville, Bitche, Strasbourg et les places de l'Alsace, Phalsbourg, Marsal, Toul, Belfort sont déclarées en état de siège » (Décret du 7 août, *R. H.*, II, 1902, 637). On remarquera ces mots « les places de l'Alsace », qui ne répondent à rien depuis la création des départements. En outre, Sedan, Mézières, Givet, Vitry, Langres, ne figurent pas sur cette liste.

der les autres à Belfort[1]. Ignore-t-il que la division Conseil-Dumesnil a été entraînée dans la déroute du 1ᵉʳ corps, que celle du général Dumont est encore à Lyon et que Douay dispose d'une seule division à Belfort ?

---

[1]. D. t., 5ʰ 30 du matin, *R. H.*, II, 1902, 691. Le major général télégraphie au ministre de la guerre (4 heures du soir, *ibid.*, 639) : « Douay restera à Belfort. »

IV

PROJET DE CONCENTRATION SOUS METZ

L'opposition à la retraite sur Châlons. — Conférence du 7 août.
Projet de concentration sous Metz. — Possibilité d'une retraite vers le sud.

L'idée d'une retraite immédiate sur le camp de Châlons n'est pas sans soulever une vive opposition, même autour de l'empereur, si bien qu'il juge nécessaire de la discuter dans une conférence où sont convoqués le maréchal Le Bœuf, les généraux Soleille et Coffinières. Après que Napoléon III a développé ce projet, le gouverneur de Metz fait ressortir les inconvénients d'un mouvement rétrograde aussi précipité. Mieux vaudrait faire tête à un ennemi désuni par la poursuite et accepter le combat sur « la belle position de Mercy-le-Haut[1] », sauf à se retirer en cas d'échec sur la ligne des forts et enfin sous les murs de Metz. Avec son effectif, affirme gratuitement le général, l'armée du Rhin ne peut être bloquée; en cas de besoin, elle se déroberait rapidement à l'ouest de la Moselle.

Ces arguments ne convainquent pas l'empereur; il croit impossible d'attendre l'ennemi avec une rivière à dos et maintient son projet de retraite sur Châlons[2].

Ainsi des considérations purement militaires n'ont exercé

---

1. Mercy-lès-Metz, au sud-est de Metz.
2. Le général Jarras (p. 66-67) ne donne pas la date de cette conférence, mais tout indique qu'elle a lieu le 7. Dans ses Mémoires des hommes du temps présent (*Figaro* du 8 janvier 1894), M. Darimon reproduit une confidence de M. le général Lewal, qui assista, dit-il, à une conférence tenue le 7 août : « Le maréchal Le Bœuf développait le plan proposé. — « Un instant, dit l'empereur, je voudrais voir la carte. »

« La carte était déployée sur une table, au milieu de la pièce.... L'empereur appuya ses deux mains sur les bras de son fauteuil et fit de grands efforts pour se lever. Il ne put y réussir du premier coup ; il dut s'y reprendre à plusieurs fois. Il y parvint enfin, et ce fut en titubant sur les jambes qu'il s'avança vers la table, où fort heureusement se trouva un autre fauteuil dans lequel il se laissa tomber lourdement.

« Cette scène causa une pénible impression... »

aucune prise sur sa volonté vacillante. Il va céder, sans effort, à des préoccupations d'autre nature.

Le conseil des ministres n'approuve pas la retraite sur Châlons. Dès le matin du 7 août, il fait connaître à Napoléon III « qu'il trouve impolitique d'évacuer la Lorraine sans livrer bataille, et qu'il redoute l'effet déplorable » de cette nouvelle sur le pays[1]. Dans la journée, M. Émile Ollivier cherche à atténuer l'effet de ce premier télégramme, sans y parvenir. Il tente en même temps d'obtenir le remplacement au ministère de la guerre du général Dejean par l'auteur de *L'Armée française en 1867*, Trochu. Déjà la popularité naissante de ce dernier s'accroît de la défiance que lui témoignait naguère le gouvernement impérial[2].

Telle est la situation. Le major général vient à peine de confirmer ses ordres pour le mouvement vers Châlons, quand l'empereur y renonce brusquement, sans raison apparente[3]. Dans la soirée, il en prévient l'impératrice : « La retraite sur Châlons devient trop dangereuse ; je puis être plus utile en restant à Metz avec 100,000 hommes bien réorganisés. Il faut que Canrobert retourne à Paris et soit le noyau d'une nouvelle armée. Ainsi, deux grands centres : Paris et Metz, telle est notre conclusion. Prévenez-en le Conseil. Rien de nouveau[4]. »

---

1. *R. H.*, II, 1902, 577. Le texte de ce télégramme n'est pas reproduit par la *Revue d'histoire*.

2. « Nous avons répondu un peu vite, ce matin, sur l'effet de la retraite de Châlons.

« L'effet ne sera pas bon, il va de soi que nous ne parlons que politiquement ; mais le point de vue stratégique doit l'emporter sur le point de vue politique et vous êtes le seul juge.

« Dejean n'inspire confiance à personne dans le public ; il est probable que, si nous ne prenons pas l'initiative, la Chambre le renversa. Je demande à V. M. de m'autoriser de signer (*sic*) en son nom le décret qui nomme Trochu. L'effet d'opinion sera infaillible » (d. t., s. h., *R. H.*, II, 1902, 639). Voir, en ce qui concerne les rapports du général Trochu et du gouvernement impérial, notre *Siège de Paris, Châtillon, Chevilly, La Malmaison*, p. 48, et notre tome I, 158, 382. Le général Lebrun (*Souvenirs militaires*, 60) donne quelques détails sur les relations entre M. Émile Ollivier, le général Trochu et le prince Napoléon à la fin de décembre 1869.

3. Ses dernières instructions dans ce sens sont datées de 5 heures du soir. Voir *suprà*, p. 14.

4. *R. H.*, II, 1902, 578.

Quelle peut être la cause de ce revirement soudain ? Il faut sans doute la chercher dans les télégrammes de l'impératrice[1] et de M. Émile Ollivier. Napoléon III y voit la preuve d'une situation très troublée ; il redoute l'effet que produira infailliblement à Paris sa retraite jusqu'à Châlons. Il est ainsi conduit à des résolutions singulièrement aventurées. Le retour du maréchal Canrobert et du 6e corps à Paris est dicté beaucoup plus par des préoccupations politiques que par des nécessités militaires. Pourquoi former si loin de la Moselle notre 2e armée ? Pourquoi affaiblir l'armée du Rhin, déjà trop faible ? Non seulement elle perdra le 6e corps, mais les 1er, 5e et 7e, qui pourraient encore la rallier, vont rester en dehors de son groupement. Les ordres pour la retraite des deux premiers sur Châlons, pour l'arrêt du troisième à Belfort sont en effet maintenus[2]. Sans doute l'état du 1er corps et de la division Conseil-Dumesnil ne leur permettrait guère de combattre avant de s'être refaits, mais le 5e corps, les divisions Liébert et Dumont du 7e pourraient encore rallier l'armée sur la Moselle. Pourquoi négliger ce sérieux appoint[3] ?

D'ailleurs, qu'elle soit dirigée sur Metz ou prolongée jusqu'à Châlons, c'est la direction même de notre retraite qui est fautive. Nous cherchons uniquement à couvrir Paris de front, comme si la grande ville était sans défense propre. Nous oublions un fait capital, survenu depuis 1814[4] : sa transformation en place forte, jadis tant reprochée à la monarchie de Juillet et à M. Thiers. Dans ces conditions, pourquoi nous attacher à la défendre directement, opposer à l'ennemi une résistance nécessairement passive, dont les chances seront faibles, puisque nous sommes très inférieurs en nombre et en préparation ? Pourquoi ne pas manœuvrer,

---

1. Voir *supra*, p. 5 et 10.
2. Le major général au maréchal de Mac-Mahon et au général de Failly à Saverne, d. t., 9 heures du soir (*R. H.*, II, 1902, 649).
3. La *R. H.*, II, 1902, 579, fait remarquer que la crainte de troubles avait déjà conduit à laisser à Paris la division Levassor-Sorval du 6e corps, et à Lyon la division Dumont avec une brigade de cavalerie du 7e corps.
4. Mémoire du général Frossard, *Revue militaire*, 1900, 749.

ne pas menacer les communications de l'adversaire, ce qui impliquerait une retraite latérale? Nous avons dit ailleurs les avantages d'un mouvement de ce genre[1]. Ils peuvent être d'autant moins négligés que cette solution a souvent été examinée et que, en 1792, elle a reçu la consécration du succès. En se retirant vers Sainte-Menehould, Dumouriez semble abandonner aux Prussiens la route de Reims et de Paris. Il la leur interdit en réalité[2].

De même, Napoléon étudiant la campagne de 1796, Clausewitz dans sa critique de celle de 1814, le général von Willisen en 1841, préconisent les avantages d'une retraite latérale[3].

Enfin, dans le Mémoire de 1867 que nous avons souvent cité, Frossard assigne comme direction de retraite à l'aile droite de l'armée de la Moselle la ligne Lunéville, Rambervillers, Épinal, Langres, solution analogue à celle de Clausewitz et de Willisen. Il est vrai qu'il admet pour la gauche une retraite excentrique sur Metz, dont il n'est pas besoin de souligner les dangers[4].

Dans la pensée du général Frossard, notre retraite vers Langres et Metz impliquerait la défense énergique de posi-

---

1. Voir notre tome III, p. 316.
2. *R. H.*, II, 1902, 581-582.
3. *R. H.*, II, 1902, 583-584, d'après les *Mémoires de Napoléon*, tome IV, 309, Clausewitz, *La Campagne de 1814 en France*, 76-77, et von Willisen cité par M. le général Pierron, *Méthodes de guerre*, IIe partie, I, 260.
4. *R. H.*, II, 580-581, d'après le Mémoire du général Frossard, *Revue militaire*, 1900, 734-750. Bien que Clausewitz (*Théorie de la grande guerre*, traduction, II, 274) se montre très opposé à la retraite divergente, il reconnaît les avantages de la retraite latérale qui y ressemble fort : « Avec plus de certitude encore que les Russes en 1812 pour Moscou, Bonaparte eût pu, en 1813 (*sic*), mettre Paris à l'abri de l'attaque de l'ennemi en prenant une position franchement latérale quelque part derrière le canal de Bourgogne et en envoyant quelques milliers de ses hommes se joindre à la nombreuse garde nationale de la capitale. Il est hors de doute que, sachant Bonaparte avec 100,000 hommes à Auxerre, les Alliés ne se fussent jamais aventurés à diriger un corps de 50,000 à 60,000 hommes sur Paris... » (*ibid.*, 272).

M. le général Chanoine, gendre du général Frossard, a le souvenir très net que, le 7 août, son beau-père, à l'état-major duquel il était attaché, écrivit au major général pour lui recommander une retraite au sud-ouest, sur Langres Cette lettre fut portée par son aide de camp, le capitaine Sabouraud. Nous devons ce détail à l'obligeance de M. le capitaine Fauvel-Gallais, gendre du général Chanoine.

tions successives, et même des retours offensifs à courte portée, aussi répétés que possible. Ce n'est point ainsi que l'envisage l'empereur, bien que les renseignements recueillis n'indiquent pas une poursuite active de l'ennemi[1]. Du Haut-Rhin seulement, surviennent des nouvelles plus inquiétantes. Il semble que l'ennemi se prépare à passer le fleuve en force[2]. Mais il n'y a là, sans doute, que la continuation des manœuvres déjà signalées du contre-espionnage allemand[3]. De fait, on paraît n'y attacher qu'une importance restreinte.

---

1. L'empereur au garde des sceaux, d. t., 3ʰ 55 du soir : « L'ennemi n'a pas poursuivi vivement le maréchal de Mac-Mahon. Depuis hier soir, il a cessé toute poursuite... » (*R. H.*, II, 1902, 579); le major général au maréchal Bazaine, d. t.: « Il est possible que nous ayons à livrer bataille sous Metz dans deux ou trois jours. L'ennemi paraît se concentrer en attendant des renforts qui sont en marche... » (Bazaine, *Épisodes de la guerre de 1870 et le blocus de Metz*, 35). Le grand quartier général n'établit pas de bulletin de renseignements pour le 7 août (*R. H.*, II, 1902, 608).
2. Rapport du lieutenant de gendarmerie de Saint-Louis ; le vice-consul de France à Bâle au ministre des affaires étrangères ; X. à Samuel, chef d'escadron à Metz, 2ʰ 40 du soir : « 80,000 à 100,000 hommes doivent entrer en France, on croit, entre Mulhouse et Huningue » ; le sous-préfet de Schlestadt au major général, d. t., 7ʰ 5, 9ʰ 50, 10ʰ 11 et 11 heures du soir (*R. H.*, II, 1902, 706-708). Le dernier de ces télégrammes porte : « Une armée passe le Rhin à hauteur de Limbourg. »
3. Voir nos tomes II, p. 304, 322, 323, 334, 335, 351, 366, 387, 391, et III, p. 3, 17, 27, 28, 75, 110, 157.

V

MOUVEMENTS DU 7 AOUT

Le 2ᵉ corps et la brigade Lapasset. — Le 3ᵉ corps. — Le convoi de la division Metman. — Les ordres de Bazaine. — Le 4ᵉ corps. — La Garde. — Le 6ᵉ corps. — État moral des troupes.

On sait comment le général Frossard se retire sur Sarreguemines dans la nuit du 6 au 7 août, après son échec de Spicheren. De cette ville, il gagne aussitôt Puttelange, sous la protection de la brigade Lapasset, du 5ᵉ corps, qui fait l'arrière-garde[1] jusqu'à Ernestwiller où elle bivouaque.

Quant au 2ᵉ corps, de 11 heures du matin à 10 heures du soir, il s'installe autour de Puttelange, non sans désordre[2]. La division Montaudon, du 3ᵉ corps, y est déjà depuis 10 heures du matin. Celle du général Metman et la brigade de dragons Juniac vont également y être réunies. L'encombrement est extrême et les vivres introuvables. Aussi, dès son arrivée, Frossard demande-t-il à Bazaine de porter vers l'ennemi la division Montaudon[3]. Évidemment, bien qu'il ait subi l'influence directe des événements, son état d'esprit est moins pessimiste que celui de Napoléon III et de son entourage.

Dans la soirée, il reçoit du major général l'ordre de se diriger sur Châlons, « où l'empereur concentre l'armée après l'avoir ralliée sous Metz ». On l'invite aussi à rendre

---

1. La brigade Lapasset sera désormais rattachée au 2ᵉ corps. Son effectif au 7 août est de 6,441 hommes et 962 chevaux (Journal de marche du 2ᵉ corps) [de 180 officiers, 5,160 hommes de troupe et 861 chevaux, Journal de la brigade Lapasset, (*R. H.*, II, 1902, 651, 653).
2. La *Revue d'Histoire* (II, 1902, 598) porte que le 2ᵉ corps établit ses bivouacs à Puttelange entre 11 heures du matin et 4 heures du soir. Mais il résulte des *Souvenirs* du général Montaudon (II, 80) que le 2ᵉ corps arrive « par fragments », jusqu'à la fin du jour, en piteux état. D'après Dick de Lonlay (II, 204), la division Laveaucoupet est « dans un grand pêle-mêle ». Le 2ᵉ de ligne marche en queue et ne peut établir son campement que vers 10 heures du soir.
3. D. t., s. h., *R. H.*, II, 1902, 654.

compte de sa situation et de la direction approchée qu'il se propose de suivre [1]. Vers la même heure, une dépêche de Bazaine lui parvient, confirmant « l'ordre de concentration sur Metz », et lui demandant quand il pense « pouvoir l'exécuter ». Mais le maréchal omet de lui faire connaître les itinéraires des 3e et 4e corps, ainsi que de lui assigner le sien [2].

Laissé libre de ses décisions, Frossard décide d'entamer le lendemain son mouvement sur Metz, mais en obliquant vers le sud, de façon à suivre jusque vers Gros-Tenquin la route de Nancy [3].

Nous avons dit que les divisions Montaudon et Metman, la brigade Juniac du 3e corps se réunissent à Puttelange dans la journée du 7. Quant au général de Castagny, après y avoir passé quelques heures de la matinée, il se porte à Marienthal, puis un peu au nord, à Guenwiller [4], sans qu'on puisse en saisir la raison. Les divisions Decaen et Clérembault restent autour de Saint-Avold, ainsi que les réserves d'artillerie et du génie [5]. Enfin la division de cavalerie Forton, après avoir, elle aussi, « pris position » à Marienthal, regagne son ancien bivouac de Folschwiller [6], sans autrement s'inquiéter de l'ennemi.

---

1. Le major général au général Frossard, dépêche portée par le capitaine d'état-major Vosseur, *R. H.*, II, 1902, 655.
2. « Le général de Ladmirault a reçu l'ordre direct de l'empereur de se retirer avec tout son corps d'armée sur Metz. Il commence son mouvement demain matin, en partant de Boulay où il est en ce moment.
« Notre gauche se trouvant complètement découverte, il est urgent de se conformer aux ordres de l'empereur et de concentrer l'armée sous Metz. J'ai pris toutes mes dispositions pour que le mouvement commence demain. Je vous ai envoyé, il y a un instant, un ordre du major général à cet égard ; veuillez me dire quand vous pensez pouvoir l'exécuter » (d. t., s. h., Bazaine, *L'Armée du Rhin*, 271).
3. Le général Frossard au maréchal Bazaine, d. t. (?), s. h. ; ordre de mouvement du 2e corps pour le 8 août, *R. H.*, II, 1902, 655-656.
4. Dans l'angle des routes de Saint-Avold à Puttelange et à Sarrebruck. « Sur un ordre du maréchal Bazaine (?), la 2e division va camper sur le plateau de Guenwiller et l'occupe définitivement (*sic*) ; départ de Puttelange à 8h 30 ; arrivée à Guenwiller à 5h 30 du soir. Pendant la journée, la division a pris position défensive à Marienthal » (Journal de la division Castagny, *R. H.*, II, 1902, 659).
5. Journaux de marche, *R. H.*, II, 1902, 659-660.
6. Journal de marche, *R. H.*, II, 1902, 703. Il lui manque ses deux batteries à cheval, les 7e et 8e du 20e régiment, qui débarquent le 7 à Metz (*ibid.*).

Il n'est résulté de ces mouvements aucun contact avec nos adversaires, sauf pour le convoi de la division Metman. Un ordre singulièrement inopportun l'a dirigé le 6 août, à 10 heures du soir, de Marienthal sur Béning, avec une assez forte escorte[1]. Arrivé à 2ʰ30 du matin, le commandant de Beausire ne trouve plus à Béning la division Metman, partie pour Forbach. Apprenant même que l'ennemi est déjà dans cette ville ou va y entrer, il rétrograde sur Merlebach. Mais sa velléité d'initiative n'est pas pour durer longtemps. Un sous-officier survient avec un ordre qu'il n'a pu communiquer la veille au soir : le convoi doit se porter sur Forbach. On reprend la marche dans cette direction, et l'on arrive à deux kilomètres de la ville, par un épais brouillard, sans avoir rencontré les Prussiens. Mais apprenant qu'ils sont sur sa gauche et que Forbach a été évacué par nos troupes, Beausire croit devoir parquer son convoi, mouvement dangereux qui est à peine terminé quand l'ennemi apparaît sur le front et les flancs. Il n'y a plus qu'à se retirer rapidement, sous la protection du détachement du 7ᵉ de ligne et d'une compagnie du 29ᵉ. Le convoi vient de franchir la voie ferrée à l'est de Rosbruck, lorsqu'il est chargé en queue par un escadron de ulans. Une partie de l'escorte, en position derrière l'église et le cimetière du village, ouvre un feu à volonté qui oblige les cavaliers prussiens à faire demi-tour. Quant au convoi, il prend le trot et dépasse Rosbruck ; l'escorte suit, sur la route de Saint-Avold, le 7ᵉ de ligne formant arrière-garde. A ce moment, une batterie prussienne ouvre le feu des

---

[1]. D'après les rapports du commandant de Beausire, du 29ᵉ de ligne, du capitaine Guionic, du 7ᵉ, et du sous-lieutenant Guiraud, du 7ᵉ bataillon de chasseurs (*R. H.*, II, 1902, 195-199), l'escorte comprend les 1ʳᵉ, 2ᵉ, 3ᵉ compagnies du 1ᵉʳ bataillon du 29ᵉ de ligne ; 6 officiers, 266 hommes de troupe du 7ᵉ qui ont été « laissés au camp », pour une raison non précisée ; 537 sous-officiers, caporaux et soldats du même corps venant du dépôt; les malades, gardes de police et cuisiniers des trois corps de la 1ʳᵉ brigade. D:ck de Lonlay y ajoute le 6ᵉ escadron du 10ᵉ chasseurs, mais aucun des documents français ou allemands ne fait mention de cet élément. La *R. H.* (II, 1902, 428) ne mentionne pas la présence des 6 officiers et 266 hommes du 7ᵉ de ligne. Le convoi emporte avec lui les tentes et le campement de la brigade, qui est partie « formée en colonne mobile » (Journal de marche de la division, *ibid.*, 194). Voir aussi de Lonlay, II, 281, et C. von Widdern, *Kritische Tage*, I, III, III, 293.

hauteurs de Morsbach. « ...Une folle panique s'empare des convoyeurs et même de l'escorte[1]. »

Quelques hommes des 7ᵉ et 29ᵉ de ligne, ralliés sur un petit mamelon par le capitaine d'état-major Tardif, parviennent néanmoins à arrêter la poursuite des ulans, tandis que le convoi continue tant bien que mal sa marche. Il atteint ainsi Saint-Avold, avec des pertes relativement faibles[2]. Quant aux escadrons prussiens, ils ne dépassent pas Morsbach, où ils bivouaquent.

On sait que le major général s'est rendu à Saint-Avold dans la matinée du 7. Après l'avoir vu, le maréchal Bazaine arrête ses ordres pour le lendemain. Bien que l'empereur lui ait confié le commandement des 2ᵉ, 4ᵉ corps et de la Garde, il laisse les deux premiers en dehors de ses instructions. Le Bœuf ne s'inquiète pas davantage de leur assigner un itinéraire et même une destination, en sorte que la moitié de l'armée va échapper à toute direction dans la journée du 8.

Aux termes des prescriptions de Bazaine, la marche du lendemain s'effectuera en deux colonnes : celle du nord comprenant la Garde, la division Castagny, les réserves d'artillerie et du génie du 3ᵉ corps, la division Grenier du 4ᵉ [3], les divisions Decaen et Clérembault du 3ᵉ, suivra la route directe de Saint-Avold à Metz ; celle du sud (divisions Metman et Montaudon) se portera sur Faulquemont par Barst. L'ensemble bivouaquera sur la rive gauche des deux Nied,

---

1. De Lonlay, II, 281, version confirmée par le rapport Guionic déjà cité. Les ulans font partie du 2ᵉ escadron du 3ᵉ régiment. Le général von Grüter a avec lui 14 escadrons et 1 batterie (2ᵉ et 4ᵉ escadrons du 15ᵉ ulans, 3ᵉ ulans, 15ᵉ hussards, 12ᵉ dragons, 2ᵉ batterie à cheval du 7ᵉ régiment).

2. Le capitaine Tardif est l'aide de camp du général de Potier, commandant la brigade. Nos pertes auraient été de 3 voitures, une centaine de disparus du 7ᵉ de ligne, 3 tués et 8 blessés (Rapports cités). De 182 disparus de ce régiment, 109 manquent encore le 10 août (Note du général de Potier, *R. H.*, 1902, 195). Le Journal de marche de la brigade Grüter porte 50 voitures de vivres (Von Widdern, *Kritische Tage*, I, III, III, 296). De Lonlay ne mentionne que les pertes du 7ᵉ de ligne : 1 tué, 4 blessés dont 1 officier et 150 disparus (*loc. cit.*, 282). L'*État-major prussien* ne fait pas mention de cette escarmouche.

3. Rattachée provisoirement au 3ᵉ (Ordre signé Le Bœuf du 7 août, *R. H.*, II, 1902, 676).

sans que sa destination soit autrement précisée[1]. Le maréchal ne fait pas davantage mention de l'ennemi, non plus que du but général de l'opération, mais il se répand en détails inutiles et prévoit le cas d'une attaque, pourtant bien improbable, sur ses flancs. On va voir en quels termes : « Dans la marche, on devra bien se faire éclairer, se flanquer, fouiller la lisière des bois, quand ça sera nécessaire prendre position ; puis, dans le cas d'une attaque face à droite, la colonne de la route impériale (ou colonne de droite) se formera rapidement à droite en bataille, faisant occuper les positions militaires en avant de son front, etc..., la deuxième colonne (celle de gauche) se portant par des chemins latéraux derrière la première, afin de former une deuxième ligne.

« Si l'attaque vient de la gauche, cela s'effectuera par un à-gauche, pour la deuxième colonne, et la première fera porter en deuxième ligne les troupes nécessaires[2]. »

Ces recommandations, dont la forme et le fond se valent, jettent un singulier jour sur l'instruction tactique de l'armée française, non moins que sur l'intelligence et le jugement du maréchal Bazaine. Il y mêle les banalités du règlement aux prescriptions les plus inapplicables en cas d'attaque. Ses conceptions procèdent en droite ligne des guerres du XVIIe siècle. Il affecte la même route à cinq divisions d'infanterie et à deux de cavalerie, tandis que la colonne du sud ne comprend que les divisions Metman et Montaudon. Il ne prévoit pour elle aucune liaison avec la colonne du nord ; il n'indique pas sa place personnelle de marche. Enfin il ne ré-

---

1. La Garde sur la rive gauche de la Nied française ; la division Castagny, sur la rive gauche de la Nied allemande, ainsi que la division Metman ; la destination des divisions Grenier, Decaen, Clérembault et Montaudon n'est pas indiquée (Instructions écrites de la main du maréchal, *R. H.*, II, 1902, 665).

2. Instructions citées. Le maréchal ajoute : « La cavalerie légère attachée aux divisions se tiendra au loin, sur le flanc extérieur des colonnes.

« *Nota.* — Les troupes marcheront, autant que possible, par demi-peloton (demi-compagnie), pour faciliter les à-droite et à-gauche en bataille. Les voitures sur deux rangs, autant que possible. »

Un ordre de mouvement pour le 8 août adressé aux divisions Metman et Montaudon développe les mêmes idées, si l'on peut dire ainsi (*ibid.*, 667). De même pour celui de la division Decaen (*ibid.*, 668).

gle pas le mouvement des convois, source ordinaire de tant de difficultés[1]. Fâcheux présage pour les opérations qui vont suivre !

Dans la matinée du 7, le général de Ladmirault a reçu deux ordres contradictoires : le premier, de Bazaine, arrivé à 3 heures, lui prescrit de porter le 4ᵉ corps sur Saint-Avold ; le second, de l'empereur, parvenu à 4ʰ 15, l'invite à se retirer sur Metz, « après avoir rallié toutes » ses troupes. Il se conforme au dernier, comme de raison[2], mais sans pouvoir se faire suivre de la division Grenier, puisqu'elle est provisoirement rattachée au 3ᵉ corps[3].

Le reste du corps d'armée opère un très court déplacement, la division de Cissey allant de Teterchen à Boulay, en décrivant un grand détour par Valmunster, Bettange et Éblange, « pour ne pas encombrer la route que doit suivre » la division Lorencez. Celle-ci va de Coume à Helstroff. Rien ne serait plus aisé que de régler leur écoulement sur la même voie[4]. Quant à la division de cavalerie Legrand, aux réserves d'artillerie et du génie, elles restent à Boulay. Le convoi du quartier général pousse jusqu'à Noisseville.

Ainsi le gros du 4ᵉ corps s'est concentré vers Boulay à 7 kilomètres et 8^{km},5 en ligne droite de ses emplacements du matin. Pourtant l'empereur lui a prescrit de « se rabattre

---

1. La *R. H.* (II, 1902, 603-604) fait remarquer en outre que la division de cavalerie de la Garde est mal placée à l'intérieur de la colonne du nord et que la réserve d'artillerie devrait marcher avec la division Decaen (ou mieux entre les divisions Grenier et Decaen). L'heure de départ des divisions Decaen et Clérembault n'est pas fixée ; rien n'est fait pour échelonner les troupes au bivouac du 7 et faciliter la marche du 8. Enfin les heures de départ sont déterminées sans qu'il soit tenu compte de la durée nécessaire d'écoulement.
2. Le général de Ladmirault au maréchal Bazaine (Bazaine, *Épisodes*, 30) ; un télégramme de 6ʰ08 du matin, sans doute antérieur à cette dépêche, est conçu dans le même sens (*Enquête*, Dépositions, IV, Bazaine, 183). C'est à tort que la *R. H.* écrit (II, 1902, 604) que l'heure d'arrivée de l'ordre de l'empereur ne peut être fixée exactement. Ladmirault en accuse réception au major général à 5ʰ 46 (d. t., *ibid.*, 675).
3. Voir *supra*, p. 25. Le major général la considère comme « indispensable au mouvement du 3ᵉ corps, réduit à trois régiments présents pour le moment » (d. t. à l'empereur, 9ʰ 30 du matin, *R. H.*, II, 1902, 638). La division Decaen, la seule du 3ᵉ corps à Saint-Avold, ne compte que trois régiments, le 60ᵉ, envoyé la veille à Forbach, ayant rallié le général Metman.
4. *R. H.*, II, 1902, 605, d'après le Journal du 4ᵉ corps, *ibid.*, 672.

rapidement sur Metz[1] ». C'est une recommandation au moins inconsidérée, car il y a danger évident à précipiter un mouvement rétrograde. En outre, celui du 4ᵉ corps doit se régler sur la marche du 2ᵉ, qui a plus de terrain à parcourir. Mais Ladmirault n'a pas à discuter le bien-fondé de cet ordre. Il doit s'y conformer. Peut-être est-il amené à raccourcir son déplacement par une recommandation de Bazaine qu'il croit devoir encore exagérer? Le maréchal, craignant sans raison pour son flanc gauche, le prie de ne pas se retirer « trop vite » le premier jour, et d'éviter de dépasser « les positions en arrière des Étangs[2] ».

D'ailleurs, le gros du 4ᵉ corps est à peine installé autour de Boulay et d'Helstroff, que Ladmirault décide de le porter vers l'ouest, par une marche de nuit dont rien n'indique la nécessité. Il va l'établir sur la rive gauche de la Nied française[3], ce qu'il eût pu faire beaucoup plus aisément en allant directement de Teterchen, de Coume et de Boulay à l'ouest des Etangs. On dirait qu'il y a parti pris d'imposer aux troupes des fatigues inutiles.

Quant à la Garde, dans la matinée elle effectue un premier mouvement vers l'est. Sa division de cavalerie part à 3 heures du matin de Marange, parcourt trois kilomètres et demi, bivouaque à Zimming, puis repart vers midi pour Longeville-lès-Saint-Avold, après avoir laissé passer l'infanterie devant elle. Que dire de pareilles dispositions?

Les divisions Deligny, Picard, la réserve et le parc d'artillerie, le convoi quittent Courcelles-Chaussy pour Longeville où ils vont bivouaquer, sauf les voitures de réquisition et les *impedimenta* de toute nature qui retournent à Pange, et le parc à Courcelles-sur-Nied[4].

---

1. Journal de marche du 4ᵉ corps. Le texte du télégramme de l'empereur ne figure pas dans la *Revue d'histoire*.
2. D. t. (?), s. h., 7 août, *R. H.*, II, 1902, 675.
3. Ordres de mouvement des divisions Cissey et Legrand, 7 août soir, *R. H.*, II, 1902, 676-677.
4. Journal de marche de la Garde, *R. H.*, II, 1902, 692. Le départ de Courcelles-Chaussy a lieu de 4ʰ30 à 8ʰ30 du matin; l'arrivée à Longeville entre 11 heures du matin et 3 heures du soir. L'installation au bivouac est réglée en ces termes par le général Bourbaki: « La division Picard s'établira à gauche

Ces mouvements à peine achevés, la Garde reçoit de Bazaine l'ordre de rétrograder le lendemain sur Courcelles-Chaussy. Comme la veille, la division de cavalerie sera couverte dans sa marche par l'infanterie ; elle partira dès 3 heures du matin, suivie de ses bagages, en « s'éclairant sur son front et sur son flanc droit ». On recommandera « aux cavaliers de ne pas entrer dans les bois, mais de les contourner en cherchant à apercevoir s'il n'y a personne ». Les généraux Picard et Deligny suivront à $3^h 45$ et à $4^h 30$ du matin[1]. Bourbaki leur transmet pour la marche les inapplicables recommandations de Bazaine, en les aggravant[2].

Le peu de repos accordé à ces belles troupes est troublé par une alerte sans motif, survenant vers minuit. On prend les armes, la cavalerie demeure la bride au bras le reste de la nuit[3].

De même le 6e corps a reçu ordre d'arrêter le mouvement à peine esquissé du camp de Châlons sur Metz et de regagner son point de départ. Sa 1re division est à Nancy : quatre bataillons en repartent dans la journée ; le matériel manque pour emporter les autres, qui se mettront en route les jours suivants[4].

---

de la vieille route allant de Longeville-Auberge à Longeville-lès-Saint-Avold, à mi-côte dans un champ de trèfle, sa gauche se prolongeant vers Boucheporn... » (Ordre au général Picard, *ibid.*, 696). On voit à quels infimes détails descend ce commandant de corps d'armée, l'un des plus brillants généraux du second Empire.

1. Ordre de mouvement pour le 8 août, *R. H.*, II, 1902, 698. La durée d'écoulement est tout à fait insuffisante.
2. « Chaque division... marchera par section à distance entière, de manière à pouvoir s'établir en bataille, le cas échéant.

« Une compagnie par bataillon marchera sur le flanc droit..., de manière à pouvoir... servir immédiatement de tirailleurs ou de flanqueurs...

« Si l'on était attaqué, le général Desvaux se porterait tout de suite sur un terrain propre à la charge et en échelon derrière l'infanterie, qui serait formée en bataille.

« Chaque général de division aura soin de faire sortir un régiment entier de sa colonne et de le mettre en arrière de sa ligne de bataille, de manière à former une deuxième ligne...

« Aussitôt que possible, on gagnerait un point favorable pour livrer le combat qui s'offrirait... » (Ordre de mouvement cité).
3. De Baillehache, *Souvenirs intimes d'un lancier de la Garde impériale*, 158, détails confirmés par le Journal de marche de la Garde.
4. Le chef d'escadron Caffarel au maréchal Canrobert, d. t., $7^h 13$ du soir, *R. H.*, II, 1902, 687.

Quant à la division du Barail, partie dans l'après-midi de Lunéville, elle arrive le soir à Nancy[1]. Enfin la réserve générale d'artillerie porte de cette ville sur Metz quatre batteries de 12 ; le reste attend des ordres[2]. On commence à diriger sur le camp de Châlons l'équipage de réserve de l'armée, ainsi que tout le matériel du grand parc[3].

On voit combien sont incohérents nos mouvements du 7 août. Succédant à deux défaites graves, précédées de longs jours d'inaction ou de piétinement sur place, ils ne peuvent manquer d'exercer une fâcheuse influence sur l'état physique et moral de nos troupes. Elles sont d'autant plus atteintes que des bruits de victoire ont couru les jours précédents et même le 7 août[4]. Les premières nouvelles de nos défaites ne trouvent aucune créance, tant on a foi dans le succès[5]. Puis la triste vérité réussit à percer, en même temps que commencent nos mouvements rétrogrades, si discordants, si mal réglés qu'ils entraînent pour tous des fatigues inouïes, sans nul profit. Le général Lapasset dort neuf heures en cinq nuits[6]. Pour une grande partie des troupes, les alertes sont continuelles; elles lèvent les camps aussitôt qu'établis ; constamment on « renverse les marmites » sans cause plausible ; le ventre creux, les membres raidis par la fatigue et l'humidité, on passe les nuits à la belle étoile ou sous la pluie. Le jour on foule péniblement l'argile détrempée des champs, à une centaine de mètres d'un excellent chemin qui est vide. Souvent les trains, les convois cheminent au milieu des troupes,

---

1. Journal de marche de la division et ordre de mouvement du 7 août, *R. H.*, II, 1902, 702-703.
2. Le général Canu au major général, d. t., 12ʰ 57 du soir ; le major général au général commandant l'artillerie, dépêche portée, *R. H.*, II, 1902, 704, 705.
3. Le général Soleille au général Mitrecé, d. t. ; le même au général Suzane, d. t., *R. H.*, II, 1902, 705.
4. Capitaine H. Choppin, Souvenirs d'un cavalier du second Empire (*Revue hebdomadaire*, février 1898, 183); lieutenant-colonel Patry, *La Guerre telle qu'elle est (1870-1871)*, 55 ; *Trois mois à l'armée de Metz*, par un officier du génie (3ᵉ corps), 38.
5. Historique du 64ᵉ de ligne reproduit par Bazaine, *Épisodes*, 115.
6. Voir une lettre de lui, *Le Général Lapasset*, II, 118.

qu'ils ralentissent encore. Les arrêts sont de tous les instants[1].

Le mécontentement perce parmi les officiers. « On dit que l'empereur a fait preuve en Italie de trop peu de capacités militaires pour pouvoir diriger la campagne..... le maréchal Le Bœuf ferait bien mieux de l'emmener à Paris, en remettant à Mac-Mahon et à Bazaine le commandement[2]..... » Comme de raison, ces ferments d'indiscipline pénètrent jusqu'aux derniers rangs de l'armée, où ils se traduisent par le pillage, la maraude, la mendicité la plus éhontée[3]. Tous ces fâcheux symptômes s'accentueront durant la retraite, jusqu'à ce qu'ils disparaissent au bruit du canon de Borny.

---

1. Commandant M. Dumas-Guilin, *Souvenirs de la dernière invasion*, I, 6-7.
2. *Trois mois à l'armée de Metz*, 38 ; V. D. (général Derrécagaix), « Guerre de 1870 » (*Spectateur militaire*, I, 1871, 144). Le général Derrécagaix était capitaine à l'état-major général de l'armée du Rhin.
3. Général Montaudon, II, 80.

VI

LES ALLEMANDS LE 7 AOUT

Au grand quartier général allemand. — Idées de Moltke sur la situation. — Ses dispositions. — La cavalerie prussienne. — La 6ᵉ division. — La 5ᵉ division. — Iʳᵉ armée. — IIᵉ armée.

Quoique la cavalerie allemande soit beaucoup plus active que la nôtre, Moltke est fort mal renseigné dans la journée du 7 août. Jusqu'à 3ʰ 30 du matin, il n'a reçu de la IIIᵉ armée qu'un télégramme daté du 6 à 10ʰ 15 du soir. Il sait que le prince royal a remporté une « grande victoire », mais « les données les plus importantes » lui manquent. « Où donc la bataille ? Dans quelle direction l'adversaire s'est-il retiré[1] ? » Si vagues qu'ils soient, il transmet ces renseignements à Steinmetz, ajoutant que notre attitude en Alsace, ainsi que vers Sarrebruck, fait croire à la présence de fortes masses près de la Sarre. « L'exploration par la cavalerie s'impose[2]. » A 8ʰ15, quand il est pourvu de données moins incomplètes, il les communique à Frédéric-Charles : « ... Après la victoire du prince royal hier à Wœrth, Mac-Mahon s'est retiré sur Bitche où il arrivera sans doute aujourd'hui. Peut-être pourra-t-on l'atteindre à Rohrbach avec la cavalerie et l'aile gauche de la IIᵉ armée[3] ? »

On voit que sa pensée se précise : la prétendue retraite du maréchal sur Bitche, toute invraisemblable qu'elle soit,

---

1. Moltke au commandement de la IIIᵉ armée, d. t., 3ʰ30 du matin, *Moltkes Korrespondenz*, I, III, 1, 203.

2. « La IIIᵒ armée a le 6 remporté une nouvelle grande victoire (*sic*) sur Mac-Mahon, des fractions de Canrobert (*sic*) et de Failly. Le fait que l'ennemi a tenu là ainsi qu'à l'ouest de Sarrebruck (*sic*) rend non invraisemblable la présence de grandes forces près de la Sarre... » (Moltke au commandement de la Iʳᵉ armée, d. t., 3ʰ30 du matin, *Moltkes Korrespondenz*, I, III, 1, 203).

Un croquis de la main de Moltke, reproduit *ibid.*, 207, indique pour le 7 au matin les emplacements suivants : un peu à l'est de Sarreguemines une partie du corps Failly ; en marche à l'ouest, Frossard et des fractions du corps Bazaine ; au sud-ouest de Forbach, des fractions de Bazaine ; à Boucheporn, le corps Ladmirault, avec une fraction à Boulay.

3. D. t., 8ʰ15 du matin, *Moltkes Korrespondenz*, I, III, 1, 203.

le confirme dans l'opinion que nous tiendrons tête entre cette ville et Sarreguemines. C'est d'ailleurs ce que l'état-major de Frédéric-Charles va conclure de son télégramme[1].

« Jusqu'ici, écrit Moltke un peu plus tard à Blumenthal, rien que des conjectures au sujet des intentions du gros des forces ennemies.

« La solution la plus juste serait peut-être une offensive générale contre la IIe armée qui... n'a pu encore terminer sa concentration. Mais les Français se heurteraient à des effectifs supérieurs et, en outre, une résolution aussi énergique ne s'accorderait pas avec l'attitude qu'ils ont gardée jusqu'ici.

« Si leur principale armée se retire sur Metz, elle s'éloignera de Mac-Mahon, en le livrant à votre poursuite et peut-être à une attaque de flanc de la IIe armée.

« Si elle recueille Mac-Mahon... ce ne sera guère que dans les environs de Sarrebourg, où nous pourrons, au besoin, arriver en même temps.

« Il est donc important de savoir si Mac-Mahon se retire à l'ouest ou au sud-ouest.

« Autant que l'on peut en juger, il semble que les Ire et IIe armées ne doivent pas, quant à présent, marcher sur la Moselle en aval de Metz, mais en amont, pour rétablir la liaison avec la vôtre. Toutefois, il faut d'abord être renseigné sur les premières décisions du commandement français.

« Ce que l'ennemi a de troupes à Haguenau pourrait être destiné à la garnison de Strasbourg, où il n'y a guère que de la garde mobile... Il serait fort à désirer que l'on prît Haguenau d'un coup de main... Dès maintenant on peut songer sérieusement au siège de Strasbourg...[2] »

Ainsi Moltke entend, malgré sa double victoire, subordonner ses décisions aux nôtres, contre ce qui devrait être[3].

---

1. *État-major prussien*, I, 411.
2. Moltke au général von Blumenthal, 9^h 30 du matin, *Moltkes Korrespondenz*, I, III, 1, 204.
3. En 1805, Napoléon passe par des incertitudes beaucoup plus marquées

De là vient qu'il assigne à la Iʳᵉ armée une attitude nettement défensive : le 8 août, elle gardera ses emplacements actuels de Sarrebruck à Völklingen, prête à défendre les hauteurs de Spicheren contre toute attaque. Son chef recevra des directives pour les opérations ultérieures dès que la cavalerie aura transmis des données positives sur nos emplacements [1].

Quant à Frédéric-Charles, il arrête des dispositions, que Moltke approuve [2], en vue de porter vers Rohrbach une partie de sa cavalerie et son aile gauche. Il croit ainsi se jeter sur la ligne de retraite de Mac-Mahon. A cet effet, le IVᵉ corps, déjà en marche sur Alt-Hornbach, poussera le jour même son avant-garde vers Rohrbach, de manière à y être concentré le 8 avant 8 heures du matin. Il sera renforcé de la brigade Bredow (5ᵉ division de cavalerie); la cavalerie et une division d'infanterie de la Garde se tiendront prêtes à le soutenir à Gros-Réderching ; le Xᵉ corps sera établi au sud-ouest, dans le même but. Au cas où nous occuperions fortement Sarreguemines, on se bornerait à une démonstration vers l'est, tandis que le IIIᵉ corps attaquerait au nord par la rive gauche de la Sarre. « Si Mac-Mahon a réellement pris la direction supposée, il ne pourra échapper à une nouvelle et écrasante défaite [3]. » Mais il n'en est rien, comme on sait.

On a vu que Moltke veut baser ses décisions sur les renseignements de la cavalerie. Ils seront à la fois vagues et peu nombreux.

Après la bataille de Spicheren, la poursuite est nulle, ou peu s'en faut. Les Prussiens perdent entièrement le contact.

---

avant l'investissement d'Ulm. Les circonstances l'empêchent de concevoir exactement la situation. D'autre part, il ne peut attendre des renseignements exacts pour agir, sous peine d'arriver trop tard. Mais il se ménage les moyens de parer à l'imprévu ; il ne peut être surpris (La campagne de 1805 en Allemagne, *R. H.*, II, 1902, 295).

1. Moltke au commandement de la Iʳᵉ armée, d. t., 10ʰ 15 du soir, *Moltkes Korrespondenz*, I, III, I, 205. Moltke ajoute que la IIᵉ armée s'arrête également, ce qui n'est pas exact.
2. Moltke au commandement de la IIᵉ armée, 11 heures du soir, *ibid.*, 205.
3. *État-major prussien*, I, 411. Frédéric-Charles porte son quartier général à Bliescastel ; la Garde est à Assweiler ; le Xᵉ corps à Saint-Ingbert ; le XIᵉ à Bexbach ; le XIIᵉ à Homburg. Le transport du IIᵉ corps n'est pas terminé.

Afin d'excuser ce fait, on a mis en avant l'obscurité de la nuit, la non-occupation de Forbach par la division Glümer, qui aurait si bien pu y entrer, la difficulté de contourner cette ville en partant de Spicheren, l'invraisemblance d'une retraite de Frossard sur Sarreguemines, enfin la nature mouvementée et couverte du pays. Le vrai motif est que les Prussiens ignorent l'étendue de leur victoire. Ils s'attendent à une nouvelle bataille pour le lendemain [1]. Autrement il ne leur serait nullement impossible de pousser des patrouilles entre Forbach et Saint-Avold ou sur les plateaux au sud de Spicheren [2].

Dans la journée du 7, l'activité de la cavalerie prussienne est à peine plus grande, bien que, sur le champ de bataille même, elle dispose de forces considérables [3]. Aucune entente n'intervient entre Steinmetz et Rheinbaben, qui commande les 5e et 6e divisions de cavalerie, quoiqu'ils occupent le même cantonnement. Le premier affecte de ne s'occuper en rien des fractions de la IIIe armée, bien que, par la force des choses, il exerce le commandement supérieur à Sarrebruck [4]. Contre toute raison, il reproche à Frédéric-Charles d'avoir empiété sur sa zone de marche. « Nous craignons

---

1. Au sujet des résultats de la bataille, il y a différence marquée entre deux télégrammes envoyés le 7 août à 6 heures du matin et à 11h45 du soir, par le grand quartier général. Le second porte ce qui suit : « Le combat du 6 août, livré près de Spicheren,..... a eu des proportions et des résultats plus considérables qu'on n'avait supposé..... » (*Recueil complet des dépêches militaires allemandes*, 11.)
Le fait que les Prussiens s'attendent à une nouvelle bataille pour le 7 août ressort nettement du télégramme de Steinmetz au roi daté de 11h30 du soir le 6 août (von Widdern, *Kritische Tage*, I, III, III, 72). Le même auteur (*Verwendung und Führung der Kavallerie 1870 bis zur Kapitulation bei Sedan*, II, 11) montre que le 6, à 5h30 du soir, il y a 24 escadrons disponibles pour la poursuite; à partir de 9 heures, 28; le 7, à 5 heures du matin, 36 ; à 7 heures, 48 et à 8 heures, 60.

2. P. S. (lieutenant-colonel Silvestre), La cavalerie allemande le lendemain de Spicheren, *Revue de cavalerie*, 1902, tome XXXIII, 45. « Pas une seule fraction de cavalerie, pas une seule patrouille d'officier ne reçoit ordre d'aller à Forbach ou au delà, de se porter sur le réseau routier entre cette ville et Sarreguemines pour garder la nuit le contact de l'ennemi.
« De là vient l'erreur complète où l'on est le matin du 7 sur la direction de sa retraite » (von Widdern, *Kritische Tage*, I, III, III, 285).

3. Voir la fin de la note 1.

4. Von Widdern, *Kritische Tage*, I, III, III, 274.

Steinmetz plus que les Français », dit le chef d'état-major du prince[1].

Sur l'ordre de ce dernier, la 6ᵉ division s'est rassemblée au sud de Sarrebruck, avec mission « de conserver le contact, quoi qu'il arrive, et de pousser le plus avant possible[2]. » La brigade Grüter arrive à l'Exerzier Platz vers 4 heures du matin, par un brouillard épais. Bien que ni Rheinbaben, ni Steinmetz ne lui aient donné aucune instruction, le duc de Mecklembourg se décide, sur les instances d'un officier d'état-major, à porter vers Forbach le général von Grüter avec les 3ᵉ et 15ᵉ ulans. En même temps il dirige un escadron (1ᵉʳ du 6ᵉ cuirassiers) vers Etzling où l'on trouve environ 500 Français blessés. Le reste de la 6ᵉ division[3] demeurera au bivouac « en réserve »[4], procédé assurément injustifiable. C'est à l'infanterie déjà au sud de la Sarre qu'il appartient de soutenir la cavalerie et, au besoin, de la recueillir. La 6ᵉ division tout entière ne serait pas de trop pour son rôle de poursuite[5]. Quant à la direction donnée à Grüter, elle est mal choisie, car elle le conduit dans une sorte de goulet, resserré entre des collines boisées.

Quoi qu'il en soit, cette brigade part vers 5ʰ 45 et arrive devant Forbach. En entrant dans la ville, son avant-garde est accueillie « par un feu roulant d'infanterie[6] ». Les ulans s'arrêtent aussitôt et Grüter rend compte que, Forbach étant encore occupé, il est impossible de pousser plus avant.

---

1. Von Widdern, *Kritische Tage*, I, III, III, 279. Voir *ibid.*, le télégramme que Steinmetz adresse au commandement de la IIᵉ armée dans la nuit du 6 au 7.
2. Général von Pelet-Narbonne, *La cavalerie des Iʳᵉ et IIᵉ armées allemandes dans les journées du 7 au 15 août 1870*, traduction, 33, cité par la *R. H.*, II, 1902, 612.
3. 15ᵉ brigade et 3 escadrons du 6ᵉ cuirassiers. D'après von Widdern, *Kritische Tage*, I, III, III, 281, la 15ᵉ brigade n'atteint l'Exerzier Platz que vers 9 heures du matin. La *R. H.*, II, 1902, 612, écrit à 6 heures.
4. Compte rendu de 11ʰ 30 du matin au commandement de la IIᵉ armée (von Widdern, *Kritische Tage*, I, III, III, 281).
5. Von Widdern, *loc. cit.*, 292.
6. Journal de marche de la brigade, von Widdern, *loc. cit.*, 289. On ignore si ce feu provient de traînards français ou de l'avant-garde de la division Glümer, quoique cette dernière entre dans Forbach vers 6ʰ 45 seulement.

Quand ce rapport parvient à Steinmetz, il s'irrite du mouvement de la 6ᵉ division et fait dire à son chef de ne pas « exciter » (*haranguiren*) l'ennemi devant le front de la Iʳᵉ armée. Ses troupes ne sont pas encore remises en ordre et ne pourraient combattre[1].

A 8ʰ 30 seulement, lorsque la ville a été occupée par la division Glümer et que le brouillard s'est dissipé, les ulans reprennent leur marche sur la route de Saint-Avold. Dans l'intervalle ils ont été ralliés par le 15ᵉ hussards, le 12ᵉ dragons et une batterie à cheval, que le commandant du VIIᵉ corps et celui de la 5ᵉ division de cavalerie ont envoyés en reconnaissance. Par contre, deux nouveaux escadrons (1ᵉʳ et 4ᵉ du 15ᵉ ulans) ont été détachés vers l'est. Le reste dépasse Morsbach et attaque le convoi de la division Metman, ainsi que nous l'avons vu[2], puis bivouaque à la sortie nord de ce village, à 4 kilomètres environ de Forbach[3]. On ne saurait dire, assurément, que ces escadrons ont rempli leur tâche. Il y a aux environs trois divisions d'infanterie et une de cavalerie française dont ils ne soupçonnent même pas la présence[4]. Quant au duc de Mecklembourg, ce singulier général de cavalerie s'est borné à aller de Saint-Johann à Forbach où il cantonne[5].

Les deux escadrons détachés vers l'est ne rapportent au-

---

1. Von Widdern, *Kritische Tage*, I, III, III, 282, d'après une lettre du général von Treskow, alors capitaine, qui fut chargé de ce compte rendu.
2. Voir *supra*, p. 24.
3. Von Widdern, *Kritische Tage*, I, III, III, 294. Les huit escadrons et la batterie des IIIᵉ et VIIᵉ corps rejoignent aussitôt leurs corps d'armée. D'après le général von Pelet-Narbonne, Grüter aurait reçu vers 10 heures notification de la recommandation de Steinmetz : « ne pas exciter l'ennemi » (*loc. cit.*, cité par la *R. H.*, II, 1902, 614). L'à-propos de son arrêt fait l'objet d'une longue discussion de von Widdern, *Verwendung und Führung der Kavallerie*, II, 105 et suiv.
4. Divisions Castagny, Grenier, Decaen, Forton (von Widdern, *Kritische Tage*, I, III, III, 298). On pourrait y ajouter la division de cavalerie Clérembault, qui est à Saint-Avold.
5. Au dire de Widdern, c'est une « nature tout à fait passive, sans initiative, encline à rechercher ses aises et le confort, sans grand coup d'œil militaire, dépendant entièrement de son entourage pour ce qui concerne le commandement ». Il n'y a là « rien moins que le chef d'avant-garde actif et audacieux », nécessaire en vue d'une poursuite (Von Widdern, *Kritische Tage*, I, III, III, 292).

cun renseignement, bien qu'ils parcourent un terrain foulé en tous sens par les colonnes des 2ᵉ et 3ᵉ corps. Un troisième (2ᵉ du 8ᵉ hussards) a bivouaqué près de Ludweiler, sur le flanc droit de la division Glümer. Le 7, de grand matin, après avoir marché vers le sud, il constate la présence d'infanterie française à Nassweiler et à Merlebach. Son compte rendu porte même que des renforts importants nous sont arrivés de Saint-Avold et de Metz, surtout en artillerie et en cavalerie. Nous semblons vouloir prendre position entre les deux villages signalés plus haut[1]. Rien de plus faux, comme on sait.

De même un autre escadron prussien (1ᵉʳ du 8ᵉ hussards) fait connaître que 8 000 hommes de toutes armes ont bivouaqué vers Creutzwald-la-Croix et Ham-sous-Varsberg, puis se sont portés vers le sud[2]. Le lieutenant Stumm, du même corps, annonce qu'il a passé la nuit vers Boucheporn, tout près d'un camp occupé par trois divisions et plusieurs régiments de cavalerie[3]. Il s'agit en réalité de la division Grenier, du 4ᵉ corps. Enfin un escadron (4ᵉ du 8ᵉ hussards) jeté vers Sarreguemines, dans une direction tout à fait divergente, annonce l'évacuation de cette ville[4], renseignement que les Allemands reçoivent aussi

---

1. Voir le texte du rapport du capitaine Haellmigk, sans date, ni heure, von Widdern, *Verwendung und Führung der Kavallerie*, II, 33 ; un autre compte rendu, de 11ʰ30, confirme le précédent (*ibid.*, 39). Entre 3 et 4 heures du soir, Haellmigk écrit encore à Glümer que « Merlebach est fortement occupé par l'ennemi » (*ibid.*, 40). Widdern fait remarquer (*ibid.*, 37) que, dans la matinée du 7, il n'y avait pas d'autres troupes à Nassweiler et à Merlebach que le convoi de Metman et son escorte. La division Castagny n'arrive à Guenwiller qu'à 5 heures du soir et la division Forton reste à Marienthal (Journaux de marche cités par la *R. H.*, II, 1902, 607).
2. Compte rendu sans indication de temps, ni de lieu d'origine (von Widdern, *Verwendung und Führung der Kavallerie*, II, 55). Peut-être s'agit-il de la division Grenier, du 4ᵉ corps, bien que, le 6 au soir, elle soit en réalité à Boucheporn (Journal de marche).
3. Compte rendu sans indication d'heure ni de lieu (von Widdern, *Verwendung und Führung der Kavallerie*, II, 51). Par suite d'un retard inexplicable, ce renseignement si important n'est adressé à l'état-major du roi que le 8 août à 10ʰ30 du matin, vingt-deux heures après être parvenu à la division Glümer (voir le télégramme de Steinmetz, *ibid.*, 53).
4. Von Widdern, *Verwendung und Führung der Kavallerie*, II, 35, d'après le Journal du 8ᵉ hussards. La retraite de Frossard sur Sarreguemines a été

d'autre part. Il n'est pas encore parvenu à Frédéric-Charles, quand ce prince invite la 6ᵉ division à prendre la route de Saint-Avold et à faire savoir de grand matin, le 8, si Sarreguemines est encore occupé[1]. Cette fois le duc de Mecklembourg se décide à porter sur Forbach le reste de sa division; il fait diriger des patrouilles vers Sarreguemines, Farschwiller, Saint-Avold. On confirme ainsi la présence de rassemblements français autour de ce dernier bourg.

Quant à la 5ᵉ division de cavalerie, le soir du 6 elle avait cinq régiments et une batterie sur le champ de bataille. Le général von Rheinbaben a l'ordre de les réunir à sa colonne de gauche, de façon à dégager la zone d'action de la 6ᵉ division, qui séparait jusqu'alors ces deux fractions. Au lieu d'opérer cette concentration en avant, au sud de la Sarre, il imagine de l'effectuer au nord : les 11ᵉ et 13ᵉ brigades cantonnent de Kleinblidersdorf à Bliesbrücken. C'est dans la soirée du 7 seulement qu'un régiment occupe Sarreguemines, sur l'ordre direct de Frédéric-Charles. Il apprend ainsi, fort tard, notre retraite sur Puttelange[2].

En somme, les renseignements positifs recueillis par la cavalerie prussienne sont de peu de valeur. Ils se bornent à la présence de trois masses vers Boucheporn, Saint-Avold et Puttelange. Mais l'on ignore entièrement leur composition et leurs intentions. On n'a aucune idée des mouvements exécutés à quelques kilomètres des avant-postes allemands par huit divisions françaises. Quant à la poursuite, elle n'a

---

signalée vers 6ʰ 30 du matin, le 7 août, par le lieutenant Itzenplitz, du 8ᵉ hussards (*ibid.*, 34). On remarquera l'éparpillement de ce régiment, avec trois escadrons dirigés respectivement sur Ham-sous-Varsberg, Merlebach et Sarreguemines (P. S., *loc. cit.*, 149).

1. Ordre parvenu à 5 heures du soir.
2. Von Widdern, *Kritische Tage*, I, III, III, 303 et suiv.; le même, *Verwendung und Führung der Kavallerie*, II, 85; général von Pelet-Narbonne, 44 et suiv. — Frédéric-Charles croyait à une poursuite effectuée par la droite des 5ᵉ et 6ᵉ divisions de cavalerie le 7 août (Lettre du même jour à Moltke). Il fut si peu satisfait de leur action qu'il les subordonna respectivement aux commandants des IIIᵉ et Xᵉ corps par ordre du 8 (von Widdern, *Kritische Tage*, I, III, III, 306). La brigade de gauche de la 5ᵉ division, général von Bredow, reste à peu près inactive le 7. Elle ne fait rien pour reprendre le contact (von Pelet-Narbonne, 47) et reste provisoirement rattachée au IVᵉ corps.

pas même été esquissée, au point que, malgré les pires maladresses, de gros convois peuvent échapper aux cavaliers prussiens[1]. Ni le haut commandement, ni la cavalerie de nos adversaires n'ont été à hauteur de leur tâche. La réunion dans une main vigoureuse des 5ᵉ et 6ᵉ divisions, peut-être du gros de la cavalerie divisionnaire, aurait permis d'obtenir des résultats plus sérieux[2].

Donné sous l'impression d'un succès incomplet, péniblement obtenu, et dans la prévision d'un retour offensif[3], l'ordre de Steinmetz daté du 6 à 11ʰ 30 du soir prescrit simplement aux VIIᵉ et VIIIᵉ corps de conserver leurs emplacements près de Sarrebruck et de Völklingen. « Les commandants de corps d'armée remettront les troupes en ordre. » La 3ᵉ division de cavalerie se portera autour de Sarrelouis, en reconnaissant les routes vers Metz. Le Iᵉʳ corps et la 1ʳᵉ division de cavalerie se concentreront entre Lebach et Sarrelouis[4].

En effet la division Kameke, du VIIᵉ corps, se rassemble à Stiring-Wendel[5]; l'artillerie de corps à Völklingen; la division Glümer près de Forbach. Quant au VIIIᵉ corps, la division Barnekow est aux abords de Drahtzug; la division Kummer et l'artillerie de corps entre Burbach et Malstatt. Enfin la 3ᵉ division de cavalerie se déplace de quelques kilomètres, tout en restant sous le canon de Sarrelouis, à l'est

---

1. P. S., *loc. cit.*, 155. Le général von Pelet-Narbonne assure néanmoins que les renseignements recueillis suffisent largement à donner une idée de notre répartition ; l'opinion contraire a été développée dans le *Militär Wochenblatt* de 1900, p. 1713, *Massen- oder Theilführung der Kavallerie*, ainsi que par le colonel von Widdern. Suivant Pelet-Narbonne les patrouilles allemandes ont atteint le 7 août la limite extrême : Ham-sous-Varsberg, Porcelette, Carling, l'Hôpital, Merlebach, Farschwiller, Cappel, Puttelange et Ernestwiller.

2. Rheinbaben a bien le commandement supérieur des 5ᵉ et 6ᵉ divisions, mais il n'en fait aucun usage le 7 août pour la 6ᵉ. D'ailleurs il n'a rien des qualités voulues.

3. Voir le télégramme de Steinmetz au roi, 6 août, 11ʰ30 du soir, von Widdern, *Verwendung und Führung der Kavallerie*, II, 9 et suiv.

4. Voir le texte de cet ordre, von Widdern, *Kritische Tage*, I, III, III, 278. Pour la composition du Iᵉʳ corps et de la 1ʳᵉ division de cavalerie, qui rejoignent à ce moment l'armée, voir les Annexes 3 et 4 du présent volume.

5. *État-major prussien*, I, 408. Saint-Wendel d'après la *R. H.*, II, 1902, 624.

de la Sarre que, seules, ses patrouilles dépassent[1]. Singulière façon d'utiliser ces escadrons au lendemain d'une victoire.

Sur les entrefaites, Steinmetz a reçu l'ordre du roi réservant à la IIe armée la route de Sarrebruck à Saint-Avold[2]. Il porte aussitôt son quartier général de Saint-Johann à Völklingen, en prescrivant aux VIIe et VIIIe corps d'évacuer le 8 août la chaussée contestée pour appuyer vers l'ouest. Cet ordre cadre avec l'intention où est Moltke de laisser en place la Ire armée durant cette journée[3].

Quant à la IIe armée, elle se borne à serrer sur ses têtes de colonne. La 6e division (IIIe corps) relève la 5e au sud de Sarrebruck[4]. Le IVe corps, auquel est adjointe la brigade de cavalerie Bredow, pousse jusqu'à Wolmunster; la Garde atteint Assweiler; le Xe corps, Saint-Ingbert; le IXe, Bexbach; le XIIe, Homburg[5].

Le gros de la IIe armée est établi dans un quadrilatère dont les côtés mesurent au plus 15 à 18 kilomètres (Saint-Ingbert, Assweiler, Homburg, Bexbach); deux corps sont d'une demi-étape en avant, le IIIe vers Sarrebruck, le IVe vers Wolmunster, ce dernier menaçant l'intervalle de Bitche à Rohrbach.

---

1. *État-major prussien*, I, 409. Les deux divisions du Ier corps atteignent la ligne Lebach-Sand. La 2e brigade de cavalerie est en marche de Birkenfeld et Neunkirchen sur Lebach; la 1re commence de débarquer à Birkenfeld. Il n'est pas exact que la 3e division de cavalerie se porte « de Sarrewellingen sur Fraulautern », comme l'écrit la *R. H.*, II, 1902, 624. Dans la nuit du 6 au 7, elle est ainsi répartie : 5e ulans, Hülsweiler et Griesborn; 14e ulans, Saarwellingen; 7e ulans, Nalbach et Piesbach; 8e cuirassiers, Bilsdorf, Körperich, Bettstadt; quartier général Lebach. Le 7, les 5e et 14e ulans restent en place; les 7e ulans et 8e cuirassiers se réunissent au bivouac de Saarwellingen où est déjà le 14e ulans; le quartier général va à Saarwellingen (von Widdern, *Kritische Tage*, I, III, III, 282 et croquis).
2. Voir notre tome III, p. 412.
3. Steinmetz a d'abord l'intention de ramener le 8 août les VIIe et VIIIe corps derrière la Sarre, comme l'indique une dépêche de lui au commandement de la IIe armée, dans la nuit du 6 au 7. Il y renonce après avoir reçu le télégramme de Moltke daté du soir du 7 (von Widdern, *Verwendung und Führung der Kavallerie*, III, 122).
4. Gros de la 6e division au bivouac sur le Galgen-Berg, avec des avant-postes de Stiring-Wendel à la Sarre; 5e division cantonnée à Sarrebruck et Saint-Johann.
5. *État-major prussien*, I, 412. Le IIe corps n'a pas encore achevé son mouvement par voie ferrée.

En somme, la journée du 7 août est marquée pour les Allemands par une hésitation visible, du moins en ce qui touche les Ire et IIe armées. Ils ignorent l'étendue réelle de leur victoire et ne peuvent croire à une retraite immédiate de notre part. C'est l'attitude même de l'armée du Rhin qui va régler la leur. Le vainqueur subira la volonté du vaincu, contre ce qui devrait être.

VII

NOUVEAUX PROJETS DE CONCENTRATION

Nouvelles hésitations de l'empereur. — Il revient à la retraite sous Metz. — Idées dominantes à ce sujet. — La concentration derrière la Nied. — Perturbations dans les transports. — Le commandement de Bazaine. — Renseignements sur l'ennemi.

On a vu que la nuit du 6 au 7, puis le 7 août, l'empereur hésite entre trois solutions : l'offensive par Saint-Avold, la retraite sur le camp de Châlons et celle sur Metz qu'il finit par adopter en dernier lieu. Ses hésitations sont loin d'être closes, car il semble que, dès la nuit du 7 au 8, il revienne au mouvement sur Châlons. Mais ce revirement est de courte durée et l'on paraît de nouveau décidé à se retirer sur Metz[1]. Il a suffi de quelques renseignements, parvenus dans la nuit, concernant l'ennemi, pour que l'empereur obéisse encore une fois à l'attraction de la grande place lorraine. Il croit que l'armée y trouvera une protection assurée, un point d'appui solide pour les opérations ultérieures. Idée dangereuse, qui est fort répandue ! Frossard écrit au major général : « ...Quant à la concentration sous Metz, dans son grand camp retranché, c'est une nécessité et une planche assurée de salut. Il en est de même pour Langres. C'est là que les trois corps d'Alsace doivent se concentrer et pas ailleurs. Là

---

1. « ...L'empereur réunit l'armée sous Metz et marche sur Châlons en arrière de la Marne » (Le major général au général de Failly, d. t., 2 heures du matin, R. H., II, 1902, 903). Par contre, dans une dépêche du 8 août, s. h., le major général écrit au général Frossard (ibid., 840) : « L'empereur vient de décider, en ce moment même, que ces trois corps ne marcheront pas sur Châlons, en raison des nouvelles qu'on a reçues cette nuit de l'ennemi, mais qu'ils formeront à Metz les éléments d'une forte armée destinée, soit à arrêter celle du prince Charles (sic), soit à se jeter sur le flanc ou les derrières de celle qui paraît devoir pénétrer par Saverne... » (ibid., 876). Un projet de mouvement sur Mourmelon, préparé le matin du 8 par les généraux Lebrun et Jarras, existe aux Archives historiques (ibid., 840). Cette décision de s'arrêter à Metz tient peut-être aux renseignements résumés dans un télégramme du maréchal Le Bœuf à Canrobert, 8 heures du matin : « L'ennemi a passé le Rhin au-dessus de Schlestadt. — L'ennemi qui a battu Mac-Mahon a ses premiers coureurs vers Lutzelbourg. La concentration sur Châlons peut devenir difficile » (ibid., 904).

on se tirera d'affaire, je l'espère ; autrement l'empire serait perdu¹. » Le général voit dans Metz, non une place de refuge, mais un pivot de manœuvres², permettant de continuer sans trop de risques les opérations actives. Peut-être a-t-il subi l'influence d'un ingénieur célèbre³, dont les travaux firent longtemps autorité en matière de défense des places? Un grand nombre de nos officiers pensent de même⁴.

Une autre idée paraît dominer un instant autour de l'empereur : celle d'un arrêt derrière la Nied. On croit qu'en tenant, avec quatre corps d'armée, une position centrale entre les deux grandes routes conduisant à Metz, on pourra arrêter un certain temps la masse principale de l'adversaire. Sans doute on ne résistera pas longuement à ses deux armées réunies, mais peut-être sera-t-il possible de mettre en ligne le 6ᵉ corps avant la bataille décisive? On se flatte même de l'espoir que les 1ᵉʳ et 5ᵉ corps, après s'être reconstitués à Nancy et à Toul, pourront être appelés sur la Nied ou portés sur la Moselle avec le reste de l'armée. On constituera ainsi une masse compacte de sept corps d'armée, que deux autres suivront, les 7ᵉ et 12ᵉ, ce dernier commençant à peine de se former au camp de Châlons. Mais la condition absolue est que l'ennemi nous laisse un certain répit⁵, et la chose est, pour le moins, douteuse.

---

1. *R. H.*, II, 1902, 1139. Ce texte diffère légèrement de celui publié par l'ex-maréchal Bazaine, *Épisodes*, 41. Les idées développées par le général Frossard sont celles de son Mémoire bien connu (voir *suprà*, p. 20). Toutefois, il veut ramener sous Metz, non l'aile gauche, comme en 1867, mais la masse de l'armée.
2. Général Frossard, *Rapport sur les opérations du 2ᵉ corps*, 119, 120, cité par la *R. H.*, II, 1902, 841.
3. Général Brialmont, *Étude sur la défense des États*, 17, 31, cité par la *R. H.*, II, 1902, 842.
4. « Il était donc sage de rester dans un camp retranché qui devait être pourvu de vivres et de munitions pour plusieurs mois... Cet avis, alors partagé par un grand nombre d'officiers, prévalut le 8 dans le conseil de l'empereur et je crois que l'on eut raison de l'adopter... » (Général Fay, *Journal d'un officier de l'armée du Rhin*, 53, 54). Le général Coffinières professe la même opinion (*Procès Bazaine, Compte rendu sténographique quotidien*, déposition).
5. Général Lebrun, *Souvenirs militaires 1866-1870*, 290. Après avoir annoncé au maréchal de Mac-Mahon, à 2ʰ 30 du matin, que « l'ennemi passe le Rhin en force, au-dessus de Schlestadt », le major général lui télégraphie de continuer sur Nancy (10ʰ 30 du matin, *R. H.*, II, 1902, 870, 871). A 7ʰ 30 du soir, nou-

Point n'est besoin, en effet, d'étudier longuement ce projet pour voir combien sa réalisation serait difficile. Le 6ᵉ corps vient d'être rappelé au camp de Châlons, où il est de nouveau concentré le 8, moins une division encore à Paris. On ne doit pas compter sur son arrivée à Metz avant le 12 au plus tôt. Le 1ᵉʳ corps est hors d'état de combattre; le 5ᵉ, beaucoup moins éprouvé par le feu, mais aussi atteint dans son moral, peut être coupé du reste de l'armée. Le 7ᵉ corps, très incomplet, est à Belfort[1]. Comment le transporter assez rapidement à Metz?

A peine conçue, l'idée de tenir sur la Nied est abandonnée, au moins pour l'instant, sous la pression de faits qui en montrent l'inanité. D'ailleurs, l'empereur arrête un certain nombre de mesures dictées par la pensée d'une retraite sur la Moselle. Il prescrit de « faire des efforts surhumains pour envoyer du biscuit à Metz pendant trois jours » et de rappeler à Paris le corps Canrobert qui change ainsi de destination pour la troisième fois en deux jours[2].

Ces modifications incessantes ne sont pas sans compliquer grandement nos transports par voies ferrées et, par suite, le

---

veau télégramme au maréchal, au général de Failly et au commandant Vanson : les 1ᵉʳ et 5ᵉ corps ne devront pas dépasser Nancy jusqu'à nouvel ordre (*ibid.*, 867). Une lettre confiée au capitaine de France et datée du 8 août donne également Nancy pour direction au général de Failly. « ...A Nancy, l'empereur vous appellera à Metz et vous indiquera votre retraite, soit sur Châlons, soit sur Paris » (*ibid.*, 1114). On doit se demander quelle nécessité il y a de passer par Metz pour se retirer de Nancy sur Châlons ou Paris.

1. Le major général ignore l'emplacement de la division Liébert (d. t. au général Douay, 5 heures du soir); il maintient la division Dumont à Lyon « jusqu'à nouvel ordre » (Annotation à un télégramme du ministre de la guerre, 12ʰ 2 du soir, *R. H.*, II, 1902, 909).

2. L'empereur au ministre de la guerre, d. t. ch., 10ʰ 35 du matin, expédiée à 11ʰ 30. Napoléon III ajoute : « Je désire... que les neuf bataillons de la garde nationale mobile soient envoyés à Verdun. » Il faut sans doute sous-entendre *déjà réunis au camp*, car il y a vingt bataillons de mobiles de la Seine. — Une annotation au crayon, en marge, porte : « Faire tout le possible pour Metz ; l'armée s'y concentre et Châlons se dégage » (*R. H.*, II, 1902, 867).

Le retour du 6ᵉ corps à Paris est également prévu dans un télégramme du général Soleille au colonel Châtillon, directeur du parc du corps d'armée à La Fère (8 août, s. h., *ibid.*, 905). Il motive ce télégramme de l'impératrice à l'empereur, 8 août : « Ne vous privez pas de Canrobert; il peut vous être utile... » (Général Ambert, *Gaulois et Germains*, I, 126). On voit par quelles fluctuations passe la pensée de l'impératrice à l'égard de ce maréchal (V. *supra*, p. 10).

ravitaillement. Il en résulte une « sorte de mouvement de remou très préjudiciable à la concentration des munitions sous Metz »[1]. Vainement le commandant de l'artillerie de l'armée, général Soleille, prescrit de diriger sur cette ville tout ce qui reste disponible, surtout en cartouches d'infanterie[2]. Le résultat demeure au-dessous des prévisions.

Il faut aussi arrêter l'envoi sur Châlons du matériel d'artillerie réuni à Toul, et le diriger sur Metz ainsi que les douze batteries de la réserve générale encore à Nancy[3]. Ces mouvements, déjà compliqués, sont rendus plus difficiles encore par un ordre inopportun. Le général Soleille informe les directeurs des parcs des 5ᵉ et 7ᵉ corps que « l'ennemi a passé le Rhin sur plusieurs points dans la Haute-Alsace... », ce qui est entièrement faux. Il fait évacuer leur matériel sur Langres et Besançon[4], sans que rien milite pour cette dernière direction. L'inutilité, sinon le danger, des grands commandements d'armes spéciales apparaît là sous son vrai jour.

Enfin le général Coffinières donne ordre, sans doute d'après les instructions verbales de l'empereur, « d'établir des ponts par groupes de trois sur tous les cours d'eau et leurs bras en amont et en aval de Metz ». Les ingénieurs des ponts et chaussées, ceux du chemin de fer, sont chargés de ces travaux, sous la direction d'un officier du génie. On pré-

---

1. Journal du général Soleille, *R. H.*, II, 1902, 918.
2. Le général Soleille au général Suzane, d. t. ; le même au même, d. t., s. h., *R. H.*, 1902, 919.
3. Le général Soleille au général Mitrecé ; le même au même ; le même au général Canu, d. t., s. h. Le ministre de la guerre prévient ce dernier que les deux batteries *de montagne* attachées à la réserve générale (8ᵉ et 12ᵉ du 13ᵉ régiment) sont provisoirement arrêtées à Lyon (d. t., s. h.) [*R. H.*, II, 1902, 919, 920].
4. Le général Soleille aux colonels Gobert, Artus et Hennet (ce dernier commandant le 2ᵉ régiment du train d'artillerie à Vesoul), d. t., s. h., *R. H.*, II, 1902, 920. Rapprocher ces télégrammes de celui-ci : « ...L'ennemi vient de franchir le Rhin au-dessus de Schlestadt. L'ennemi qui a battu Mac-Mahon a ses premiers coureurs vers Lutzelbourg. La concentration sur Châlons peut devenir difficile » (Le major général au maréchal Canrobert, d. t., 8 heures du matin, *ibid.*, 904). Le commandant de l'artillerie du 7ᵉ corps prend l'initiative de modifier la destination du parc, « parce que la nouvelle du passage du Rhin est controuvée » (Directeur du parc du 5ᵉ corps au général Soleille, d. t., 5ʰ 28 du soir, *ibid.*, 922). Les commandants de corps d'armée n'ont pas été consultés au sujet de ces mouvements de leurs parcs, contre toute nécessité.

pare également la destruction de divers ouvrages d'art, notamment du pont-barrage d'Ars[1].

Si, en droit, le maréchal Bazaine possède le commandement des corps de la Moselle, il est loin de l'exercer dans toute sa plénitude. Au cours de sa correspondance journalière avec l'empereur et le major général, il semble même affecter parfois de ne s'occuper ni du 2e, ni du 4e corps, qui ont reçu d'eux des ordres directs[2]. Il demande si la Garde doit rentrer le 9 à Metz[3], comme s'il ne lui appartenait pas de le décider. Il n'a pas été informé, semble-t-il, du projet de retraite sur Châlons[4].

Par contre, tout en y apportant des entraves, le major général s'efforce d'obtenir qu'il exerce réellement son commandement. Il l'informe que Frossard a reçu avis de se porter sur Metz pour le rallier[5]. A l'égard de la Garde, les prescriptions de l'empereur sont parfois contradictoires, mais elle n'en reste pas moins sous le commandement direct du maréchal, en liaison avec les autres corps d'armée. « ... Vous seul avez des ordres à donner. Faites donc ce que les circonstances vous inspireront. Il est possible que nous ayons une bataille à livrer sous Metz dans deux ou trois jours. L'ennemi paraît se concentrer en attendant des renforts qui sont en marche... » Bazaine doit « séjourner à Faulquemont, pour rester lié avec le général Frossard ». Le major général lui renouvelle à deux reprises l'invitation de s'éclairer « très au loin » avec sa cavalerie. Il ajoute : « Les nouvelles de Paris sont très bonnes »[6], alors que, le lendemain, le ministère va être renversé, presque sans lutte.

---

1. Journal de défense de la place de Metz ; Relation du capitaine Boyenval, 31 mai 1872 ; Relation du capitaine Philippe, 3 juin 1872 (*R. H.*, II, 1902, 922 ; II, 1903, 165, 167).
2. D. t. (?) à l'empereur, s. h., *R. H.*, II, 1902, 883.
3. D. t. (?) au major général, 8h 50 du soir, *R. H.*, II, 1902, 884.
4. *Procès Bazaine. Compte rendu sténographique quotidien*, interrogatoire, 58.
5. Le major général au maréchal Bazaine, d. t. (?) s. h., *R. H.*, II, 1902, 884.
6. Le major général au maréchal Bazaine, d. t., 10 heures du soir ; le même au même, d. t., s. h., reçue le 9 à 3h 30 du matin, *R. H.*, II, 1902, 884, 885. D'après *L'Armée du Rhin*, 272, cette dépêche datée du 9 août, à 2h 45 du

Dans cette journée du 8 août arrive au quartier impérial un personnage dès longtemps oublié, jadis ennemi acharné de l'empire. C'est le général Changarnier. Malgré son âge avancé, il est accouru près de l'empereur, à la nouvelle de nos premiers désastres, offrant son épée et ses conseils à ce souverain qui les a dédaignés jusqu'alors. Peut-être une part d'ambition sénile entre-t-elle dans sa démarche, à côté d'un patriotisme très réel[1] ? Napoléon III l'accueille avec sa bonne grâce habituelle, mais sans lui assigner aucun commandement. L'influence du vieux général n'en sera pas moins grande ; même elle ira croissant vers la fin du blocus de Metz, non sans de fâcheux résultats[2].

On a vu que, le soir du 7 août, la nouvelle de l'entrée d'une armée allemande dans la Haute-Alsace parvient au quartier impérial, y causant une émotion dont témoignent plusieurs télégrammes[3]. Elle ne tarde pas à être démentie de divers côtés, sans qu'une certitude puisse se dégager de renseignements contradictoires. Le seul fait positif est que l'ennemi n'a pas encore passé le Rhin[4].

---

matin, est *expédiée* à 3ʰ 30. Dans la dernière, Le Bœuf répète : « Tâchez de concentrer le plus tôt possible sous Metz les 2ᵉ, 3ᵉ, 4ᵉ corps et la Garde, qui sont tous placés sous vos ordres et doivent s'y conformer strictement. Faites-vous éclairer très au loin par votre cavalerie légère. »

1. Colonel Fix, *Lecture* du 18 mars 1899, 274. Suivant le général Jarras (*loc. cit.*, 75), Changarnier fit une première demande de commandement, par écrit, peu de jours après la déclaration de guerre. Le maréchal Le Bœuf en fut fort embarrassé. Ni l'empereur, ni lui ne songeaient à accepter cette offre de concours. La réponse fut donc évasive. L'attitude du général parut à Jarras d'une sincérité douteuse. « Assurément, l'impérialiste le plus dévoué n'aurait pas parlé avec plus de mépris que lui des membres de l'opposition. Quant à M. Thiers... il ne trouvait pas de termes assez violents pour qualifier son ambition malsaine et son action révolutionnaire... »

2. La date de l'arrivée du général est précisée par un télégramme de M. Pietri à M. Changarnier, avocat à Autun, 9 août, *R. H.*, II, 1902, 1135. Voir à son sujet général du Barail, III, 161 et 481 ; général Castex, *Ce que j'ai vu*, II, 45 ; P. de Massa, 283 ; général Trochu, *Œuvres posthumes*, II, 315 ; général Ambert, *Gaulois et Germains*, I, 212 ; colonel Rossel, *Papiers posthumes*, 33 ; de Lonlay, II, 293, etc.

3. Voir *suprà*, p. 43, 44.

4. « Nous avons été l'objet d'une fausse alerte... » (Le sous-préfet de Schlestadt au major général, d. t., 9ʰ 42 du matin) ; « le préfet de Colmar me fait savoir qu'il n'y a rien encore au delà du Rhin, qu'il est probable que les forces (*sic*) se portent sur Saverne par la rive droite... » (le ministre de la guerre au major général, d. t., 4ʰ 45 du soir) ; « un Français venu de Bâle y a entendu

De nos places les nouvelles affligeantes continuent d'affluer. Faute de garnison sérieuse, Phalsbourg n'est pas même à l'abri d'une attaque de vive force ; elle est gardée uniquement par 450 hommes d'infanterie, 50 canonniers et 600 gardes mobiles « complètement incapables de participer à la défense ». Le sous-lieutenant Archer, qui commande le fort de Lichtenberg, dispose de 27 fantassins et de 6 artilleurs pour servir sept pièces. Il n'a ni médecin, ni approvisionnement de viande, et possède en tout 67,000 kilogrammes de biscuit. Enfin il sollicite des instructions[1].

---

dire que les Prussiens devaient dans la nuit du 6 août jeter un pont sur le Rhin... » (Le général Douay au major général, d. t., s. h., *R. H.*, II, 1902, 926, 927). Un autre télégramme montre le danger des indiscrétions de presse en cas de guerre : « *Nouvelle presse,* chroniqueur militaire, croit que armée prince royal, après bataille de Wœrth, se dirigera sur Sarreguemines pour arriver à temps à la bataille principale... » (de Vienne Havas Paris, d. t., 3ʰ40 du soir, *ibid.*) On a vu que c'est l'intention même de Moltke (V. notre tome III, *Wissembourg, Frœschwiller, Spicheren,* 102).

1. Le général Crespin, commandant la 5ᵉ division militaire (Metz), au major général, d. t. (?) ; le sous-lieutenant Archer, du 96ᵉ, au maréchal de Mac-Mahon. Lichtenberg renferme en outre 209 fuyards de Frœschwiller (*R. H.*, II, 1902, 923).

VIII

MOUVEMENTS DU 8 AOUT

Le 2ᵉ corps. — Le 3ᵉ corps. — La Garde. — Les difficultés de la marche. — Le 4ᵉ corps. — Les réserves générales. — Ensemble de l'armée. — État des troupes.

Le 2ᵉ corps s'est porté de Puttelange autour de Gros-Tenquin, la brigade Lapasset formant arrière-garde[1]. Bien que le départ du premier élément ait lieu à 3 heures du matin et que la distance à parcourir soit faible, la marche s'opère dans de mauvaises conditions, avec des retards considérables, suite nécessaire d'un ordre de mouvement défectueux[2]. Au lieu de partir à 4ʰ30, la division Laveaucoupet se met en marche à 6 heures. Il fait une chaleur accablante. Les voitures abondent dans les colonnes, les arrêts sont fréquents et les traînards nombreux[3]. Le 2ᵉ corps s'établit dans des positions défensives aux abords de Gros-Tenquin, Leinstroff et Erstroff, à cheval sur la route de Metz. La brigade Lapasset, à l'ouest d'Hellimer, la couvre comme pendant la marche.

Durant l'après-midi, l'apparition de quelques ulans provoque une alerte. A la division Laveaucoupet plusieurs ba-

---

[1]. Ordre de marche : réserve d'artillerie, divisions Vergé, Bataille, Laveaucoupet (1ʳᵉ, 2ᵉ, 3ᵉ), division de cavalerie, brigade Lapasset (Journal de marche du 2ᵉ corps, *R. H.*, II, 1902, 873). De Puttelange à Gros-Tenquin, 16 kilomètres en ligne droite.

[2]. Il porte que la réserve d'artillerie se mettra en mouvement à 3 heures du matin, la 1ʳᵉ division à 3ʰ30, la 2ᵉ à 4 heures, la 3ᵉ à 4ʰ30, la cavalerie à 5 heures (*R. H.*, II, 1902, 656). La durée d'écoulement est très insuffisante.

[3]. Journal de marche de la division, *R. H.*, II, 1902, 874 ; *Le général de Laveaucoupet*, 225. « Par suite d'erreurs et de retards dans l'exécution des ordres, les chemins sont souvent encombrés par les voitures de l'intendance et des convoyeurs. Plusieurs colonnes d'infanterie, d'artillerie et de cavalerie se pressent à la fois ou même débouchent et cheminent, pendant quelque temps, côte à côte ; un grand nombre de traînards marchent péniblement, se couchent dans les fossés ou dans les champs, ou essaient de se faire transporter sur les voitures. Les charrettes des paysans qui fuient l'invasion ajoutent encore à la confusion » (de Lonlay, II, 207).

taillons prennent les armes ; de même pour la brigade Lapasset. Ils n'ont pas à tirer un coup de feu[1].

Pour la première fois, la cavalerie du général Frossard pousse à une certaine distance des reconnaissances qui explorent vers Sarralbe et Munster, à l'est et au sud-est. Les renseignements qu'elles rapportent sont d'un vague extrême : il y aurait de l'infanterie ennemie « en assez grande quantité » à Puttelange ; « de grosses forces de cavalerie à Sarralbe..... Au dire des habitants » un camp ennemi serait situé « entre Rémering et Richeling... »[2]. A la nuit, « on aperçoit distinctement les feux nombreux des bivouacs » allemands[3]. Frossard en conclut qu'il pourra le lendemain être suivi de près, sinon attaqué pendant sa marche. Il arrête ses dispositions en conséquence. Les réserves d'artillerie et du génie, prenant les devants comme des *impedimenta,* se mettront en mouvement l'une à 9 heures du soir, l'autre à minuit, pour aller bivouaquer vers Brulange, sur la route de Metz. Les bagages de tous les corps prendront à 10 heures la même direction. « Les voitures et les services administratifs » quitteront leurs emplacements « dès ce soir », sans qu'aucune destination leur soit assignée.

Quant aux troupes, leur départ est fixé de 2 à 3 heures du matin ; elles iront à Brulange, Thonville et Suisse-Basse[4]. Commencé en pleine nuit, par une pluie battante, ce mouvement va imposer d'inutiles fatigues aux troupes.

Le 3ᵉ corps doit s'établir des abords de Faulquemont vers Bionville, sur la Nied allemande : en occupant cet emplacement provisoire, le maréchal Bazaine entend donner à Frossard le temps de le rallier. Il compte gagner « en arrière,

---

1. Journal de marche de la division Laveaucoupet, *loc. cit.* ; *Le général de Laveaucoupet,* 225-228 ; de Lonlay, II, 209.
2. Le général de Valabrègue au commandant du 2ᵉ corps, 8 août soir, *R. H.,* II, 1902, 878.
3. Journal de marche du 2ᵉ corps, *loc. cit.*
4. Ordre de mouvement pour le 9 août, *R. H.,* II, 1902, 877. L'heure du départ de la division Vergé est omise dans ce document. Distance de Gros-Tenquin à Brulange, 19 kilomètres. D'après de Lonlay, II, 212, le départ réel a lieu à 1 heure pour la brigade Lapasset et vers 3 heures pour la division Vergé qui forme arrière-garde.

sur la Nied française, une ligne de défense tout indiquée, couvrant Metz d'une façon effective et permettant » d'attendre les renforts, les détachements de réservistes qui ne cessent d'affluer[1].

Avec la Garde et la division Grenier du 4ᵉ corps, le 3ᵉ continue de former deux colonnes. Celle du sud, divisions Metman et Montaudon, part de Puttelange et se porte autour de Faulquemont[2]. Quant à la colonne du nord, beaucoup plus lourde, elle comprend la Garde, les divisions Grenier, Decaen, Castagny et Clérembault. Contre toute raison, c'est la cavalerie de la Garde qui ouvre la marche, à 2 heures et demie du matin. Elle est suivie des divisions Picard, Deligny et de la réserve d'artillerie ; les bagages sont intercalés dans ces divers éléments, au même titre que les parcs divisionnaires et les ambulances[3].

A la suite de ce mouvement, la Garde s'établit à Courcelles-Chaussy et Pont-à-Chaussy. Bourbaki prescrit sa rentrée à Metz pour le 9 août. Elle se mettra en marche dès 5 heures du matin, la cavalerie continuant de tenir la tête de colonne, immédiatement à la suite du « grand convoi de l'administration ». Aux prescriptions touchant ce déplacement, le général juge à propos d'en joindre d'autres qui lui sont tout à fait étrangères, telles que la conduite du combat en tirailleurs, l'étude du terrain par l'artillerie et la nécessité d'une réserve pour toute troupe de cavalerie lancée à la charge[4].

---

1. Journal de marche du 3ᵉ corps, *R. H.*, II, 1902, 879.
2. Le départ aurait lieu à 4 heures pour les deux divisions (Journal de marche de la division Metman, *R. H.*, II, 1902, 880, et général Montaudon, *Souvenirs militaires*, II, 84), ce qui est inadmissible. Itinéraire : Barst, Biding, Val-Ebersing. La division Metman bivouaque entre Faulquemont et Créhange, la division Montaudon à Vahl-lès-Faulquemont, le 18ᵉ bataillon de chasseurs à Pont-Pierre comme « poste avancé » (*ibid.*).
3. Journaux de marche de la Garde, des divisions Deligny, Picard, Desvaux, *R. H.*, II, 1902, 910 et suiv.
4. Ordre de mouvement pour le 9 août, *R. H.*, II, 1902, 913. La cavalerie est suivie de la réserve du génie, du train des équipages, de la réserve d'artillerie, des divisions Deligny et Picard.
Le maréchal Bazaine semble avoir été étranger à la conception de cet ordre. D'après M. d'Eichthal: *Le général Bourbaki*, par un de ses anciens officiers d'ordonnance, 52, Bourbaki le vit à Courcelles-Chaussy et lui dit qu'il serait avantageux de tenir derrière la Nied allemande, de façon à faciliter la retraite

Derrière la Garde viennent la division Grenier et celles du 3e corps, qui opèrent une retraite par échelon, sans nécessité aucune, dont l'unique résultat est d'accroître la fatigue des troupes. Le général de Castagny consacre ainsi treize heures à parcourir 24 kilomètres ; la division Decaen, « debout à 3 heures du matin... n'arrive à Bionville qu'à la tombée de la nuit, par une pluie battante... l'encombrement des routes... ne permet pas à certains corps de s'établir au bivouac avant 3 heures du matin »[1].

Quant à la division Clérembault, qui termine la marche, après avoir sellé « à la pointe du jour », elle monte à cheval à midi et s'ébranle à 2 heures du soir seulement. « La nuit arrive et avec elle la pluie ; les troupes d'infanterie gagnent leurs bivouacs ; la colonne ralentie par ses *impedimenta* s'allonge ; on piétine sur place ; au lieu de s'établir à Bionville comme on le devait, on reçoit l'ordre de bivouaquer « derrière et à côté de la division Castagny », près de Fouligny et de Raville, sans qu'on ait pu reconnaître cet emplacement. Enfin Clérembault décide de rester près de Bionville, où il trouvera plus aisément des subsistances pour la brigade Juniac, qui n'a perçu ni vivres, ni fourrages, depuis quarante-huit heures, « et dont toutes les avances sont épuisées.

---

de Mac-Mahon et la concentration des renforts. Un mouvement rétrograde serait facile par les routes de Château-Salins, de Nancy, de Toul et de Metz. On se retirerait sur Châlons, puis sur Paris où l'on livrerait une bataille suprême. Le maréchal répondit : « Vous avez peut-être raison. »

1. Journaux de marche des divisions Castagny et Decaen, *loc. cit.* La première vient de Guenwiller. A Saint-Avold, de grand matin, on voit à distance une colonne marchant par section en si bon ordre que l'on s'écrie : « Ce sont les Prussiens ! Il n'y a qu'eux pour marcher ainsi ! » Vérification faite, il s'agit de Castagny (*Trois mois à l'armée de Metz*, 49).

Au 85e (division Decaen), « on nous indique un grand champ dans lequel le régiment devait camper. C'était comme une mare, il y avait 5 centimètres d'eau partout. Les hommes, accablés par la fatigue, mirent sac à terre, s'assirent dessus et beaucoup s'endormirent là tout trempés... Aucune grand'garde ne fut placée, aucun service de sûreté établi ; les régiments étaient enchevêtrés les uns dans les autres. Si une attaque quelconque avait eu lieu pendant la nuit, la panique eût été sans doute indescriptible » (Souvenirs manuscrits du commandant Tarret). — Au 64e (division Grenier), il est impossible de préparer la soupe ; de tout le jour, on n'a pu faire que le café (Historique reproduit par Bazaine, *Épisodes*, 115).

« Les corps de la division commencent à arriver sur le terrain du bivouac à minuit ; leur installation, retardée par l'obscurité et la pluie, n'est terminée qu'à 1ʰ 45 »[1]. Dans un compte rendu qu'il adresse au maréchal Bazaine, Clérembault se borne à constater qu'il a mis « onze heures et demie pour faire dix-huit kilomètres ». Il sollicite timidement pour l'avenir des ordres lui permettant « de quitter le bivouac et d'y arriver de jour »[2].

L'heure tardive, la fatigue des troupes et aussi les instances du major général font que Bazaine ne prescrit aucun mouvement pour le lendemain 9 août, du moins en ce qui concerne le 3ᵉ corps et la division Grenier.

On sait que Ladmirault a jugé nécessaire d'imposer à ses troupes une marche de nuit[3]. Ses convois et ses bagages prennent les devants pour gagner Noisseville et Glattigny. Contre toute raison sa cavalerie suit immédiatement. A minuit la brigade de dragons se porte de Boulay par Helstroff sur Lauvallier ; à 1 heure du matin celle de hussards part pour Silly-sur-Nied par Volmerange[4]. Les réserves d'artillerie et du génie vont bivouaquer entre Les Étangs et Glat-

---

1. Journal de la division Clérembault, *R. H.*, II, 1902, 882. Voir ce qu'écrit le général Bonie de cette marche (*La cavalerie française pendant la guerre*, 174). On a quitté Saint-Avold en brûlant des approvisionnements de sucre et de café. Il reste à la mairie 30,000 à 40,000 shakos et 50,000 demi-couvertures (*Trois mois à l'armée de Metz*, 49).
2. Le général de Clérembault au maréchal Bazaine, 8 août, minuit, *R. H.*, II, 1902, 890. La division Grenier bivouaque à l'ouest de Bionville ; Castagny entre Raville et Guinglange ; Decaen entre Bionville et Plappecourt ; Clérembault à Bionville ; la réserve d'artillerie à Arriance. Le quartier général du 3ᵉ corps est à Faulquemont, c'est-à-dire à la colonne du sud, la moins forte de beaucoup et la moins exposée (*ibid.*, 863).
3. La *R. H.*, II, 1902, 672 et 891, ne contient pas l'ordre de Ladmirault relatif à ce mouvement, auquel font allusion les Souvenirs inédits du général de Cissey et le Journal de marche de sa division (*ibid.*, 673). Aucun document ne permet d'en connaître les motifs. Peut-être le général crut-il devoir se conformer dès le 7 à l'ordre de Bazaine : « J'ai reçu le même ordre de concentration que vous. Pour que rien ne soit livré au hasard, ne vous retirez pas trop vite et arrêtez-vous le premier jour sur la position en arrière des Étangs, afin de couvrir le flanc droit de nos colonnes » (*ibid.*, 673). Voir *supra*, p. 28.
4. Journal de marche de la division Legrand, *R. H.*, II, 1902, 674. La *R. H.* (*ibid.*, 849) écrit l'inverse : « La brigade de hussards, partant de Boulay à minuit, se rend, par Volmerange, à Lauvallier ; la brigade de dragons, rompant à 1 heure du matin, se dirige par Hellstroff sur Silly. »

tigny; la division Cissey près des Étangs, celle du général de Lorencez de Silly à Glattigny[1].

Quoique la hâte mise par le 4ᵉ corps à quitter Boulay semble impliquer le voisinage de l'ennemi, rien de sérieux n'est fait pour s'en assurer. Tout se borne à une reconnaissance, et les dispositions prises reflètent une singulière timidité[2]. Ce n'est pas vers Boulay que fait reconnaître Ladmirault, comme il serait naturel, c'est vers Bouzonville, dans l'intervalle entre Sierck et Sarrelouis où l'ennemi n'a point encore paru. Visiblement, le commandant du 4ᵉ corps continue d'être hanté par la crainte d'un mouvement contre notre gauche[3].

Bien qu'il n'ait reçu aucun ordre du maréchal Bazaine et que le 3ᵉ corps doive rester en position le 9 août, il prescrit de continuer la retraite sur Metz. A 4 heures du matin, la division Cissey prendra la direction de Petit-Marais, Sainte-Barbe, Saint-Julien où elle s'arrêtera ; celle du général de Lorencez marchera sur Retonfey, Petit-Marais, Lauvallier[4].

La division de cavalerie Forton est arrivée le 7 dans la matinée à Marienthal. Vers 7 heures du soir, elle en repart pour Folschwiller, avec ordre d'atteindre le plus tôt possible Pont-à-Mousson. Elle va bivouaquer le 8 à Solgne et à Luppy, à 12 kilomètres de cette ville[5]; 35 kilomètres à vol d'oiseau la séparent de l'arrière-garde du 2ᵉ corps. Singulier emplacement pour une cavalerie d'armée !

---

1. Journal de la 3ᵒ division, *R. H.*, II, 1902, 893. Le quartier général du corps d'armée est à Glattigny. D'après le Journal de marche du 4ᵉ corps (*ibid.*), la division Lorencez serait à Pont-à-Chaussy.
2. Le général de Ladmirault au général Legrand, 8 août : « La cavalerie enverra ce soir une reconnaissance sur la route directe de Metz à Bouzonville ; à cet effet, elle s'avancera jusqu'au Petit-Marais et prendra la route qui se dirige vers Vry et Gondreville. Elle se portera un peu au delà de ce dernier point. Cette reconnaissance sera faite par un peloton de la brigade de hussards ; elle partira de Lauvallier vers 5 heures du soir » (*R. H.*, II, 1902, 851).
3. Voir notre tome III, *Wissembourg, Frœschwiller, Spicheren*, 2, 5, 28, 76, 78, 89.
4. Les réserves d'artillerie et du génie suivront la route des Étangs à Metz. La brigade de dragons sera à 4 heures au Petit-Marais où Ladmirault lui indiquera sa direction de marche (Le général de Ladmirault au général Legrand- 8 août, *R. H.*, II, 1902, 894).
5. Journal de la division, *R. H.*, II, 1902, 916 ; de Lonlay, II, 396.

Quant à la division du Barail, elle atteint Bernécourt, à l'ouest de la Moselle[1]. La réserve générale d'artillerie est en route de Nancy sur Metz, où sont déjà quatre de ses batteries[2]. Le 6e corps va être de nouveau groupé au camp de Châlons, sauf certains éléments encore à Paris[3].

En somme, le soir du 8 août, les corps aux ordres du maréchal Bazaine sont répartis sur un front de 37 kilomètres environ, des Étangs à Altroff, dirigé à peu près de l'ouest à l'est, c'est-à-dire obliquement à la ligne de marche des Allemands. A droite le 2e corps, les divisions Montaudon et Metman, tout à fait isolées des autres troupes, sont en flèche par rapport à l'ennemi. Si le front des 3e et 4e corps est couvert par la Nied allemande et, en partie, par la Nied française, le 2e corps n'a aucune protection. Les 2e, 4e corps et la Garde ont ordre de continuer le 9 leur retraite sur Metz; le 3e paraît devoir rester immobile. Il suit de là qu'aucune vue d'ensemble et même aucune direction ne président à notre retraite. On dirait qu'elle est dictée uniquement par un désir encore inavoué, mais que l'on peut déjà pressentir, celui de se réfugier sous le canon de Metz.

L'état des troupes est ce qu'on doit attendre de l'incertitude et de l'imprévoyance du commandement, du décousu de ses ordres, des impressions pénibles qui résultent pour tous de la défaite et de la retraite. Au 2e corps surtout, la situation laisse grandement à désirer. Il n'a pas été désorganisé, assure Frossard, et a pu être rallié dès le lendemain de Spicheren, « mais plusieurs régiments n'ont plus ni sacs, ni campement, ni ustensiles. Les vivres, hier, nous ont manqué; aujourd'hui nous avons trouvé ici quelque chose, mais demain je ne sais pas quelles distributions nous pourrons faire... Mes hommes sont extrêmement fatigués; ils ne sont pas nourris; je ne pourrai longtemps les garder dans cet

---

1. Journal de la division, *R. H.*, II, 1902, 916; général du Barail, *Mes souvenirs*, III, 159.
2. Journal des opérations de l'artillerie, général Pierron, *Méthodes de guerre*, tome II, I, 53.
3. Voir Situations et emplacements, *R. H.*, II, 1902, 905.

état... Il me faudrait des vivres assurés pour demain, par un fort convoi à la gare de Remilly... Faites-moi envoyer aussi des marmites et des gamelles, ainsi que des petites tentes-abris ; mes pauvres hommes ne peuvent faire la soupe, ni se préserver de la pluie la nuit. Je ne voudrais pas les ramener exténués sous Metz...[1] ».

La nécessité oblige le 2ᵉ corps à revenir au mode d'alimentation sur le pays, qui a tant contribué à nos succès de l'épopée révolutionnaire ; mais l'habitude de grouper étroitement les troupes au bivouac gêne l'exploitation des ressources locales, pour laquelle, d'ailleurs, rien n'a été prévu. Il en résulte que nous manquons de vivres dans l'une des plus fertiles régions de la France.

Bien que le 3ᵉ corps n'ait pas été engagé le 6 août, les allées et venues de la plupart de ses troupes leur ont imposé de lourdes fatigues. Aussi le général Montaudon réclame-t-il un jour de repos pour sa division[2]. Les troupes de Decaen et de Clérembault accomplissent également leur étape du 8 août dans de fâcheuses conditions[3], en sorte que le maréchal Bazaine fait ressortir auprès du major général l'absolue nécessité d'un séjour sur les positions du 3ᵉ corps[4].

---

1. Le général Frossard au major général, 8 août, *R. H.*, I, 1902, 1138. — « Des vivres avaient été commandés par l'administration dans les villages voisins du bivouac, mais la troupe n'en peut toucher qu'une quantité insuffisante.
« Un ordre spécial du 8 accorde une indemnité de 0 fr. 80 c. par homme en sus de la solde de guerre, jusqu'à ce qu'il soit possible d'assurer les vivres de campagne. Malheureusement le pain est si rare que l'on n'en peut acheter qu'une faible quantité et à des prix très élevés » (Journal de la division Laveaucoupet, *R. H.*, II, 1902, 875). Voir dans les *Souvenirs* du général du Barail (III, 160) le récit d'une scène pénible entre le major général et Frossard, en présence de l'empereur, au sujet du matériel de campement dont il n'existe aucun approvisionnement à Metz, fait que, avec raison, le commandant du 2ᵉ corps juge injustifiable.
2. « La marche d'aujourd'hui a assez fatigué les troupes de la division, déjà épuisées par les marches de nuit et les alertes des jours précédents ; aussi prierai-je V. E., si cela est possible, de vouloir bien donner un jour de repos à la division » (Le général Montaudon au maréchal Bazaine, Bazaine, *Épisodes*, 45). Ce texte n'est pas rigoureusement conforme à celui de la *R. H.*, II, 1902, 886.
3. Journaux des divisions Decaen et Clérembault ; le général de Clérembault au maréchal Bazaine, *R. H.*, II, 1902, 881, 882, 890. Voir *supra*, p. 53.
4. D. t. (?), 8ʰ50 du soir, *R. H.*, II, 1902, 884.

Au 4ᵉ corps, qui a pris moins de part encore que le 3ᵉ aux opérations du 6, les dispositions prises par Ladmirault pour les déplacements des 7 et 8 août sont si défectueuses que les troupes arrivent dans le plus déplorable état. « Trempés jusqu'aux os, ne pouvant ni assujettir leurs misérables petites tentes sur un sol qui n'était plus qu'une mer de boue, ni allumer les feux pour faire la soupe, n'ayant pas même à manger leur pain, transformé en bouillie sur les sacs », les soldats, « la figure tirée et les vêtements souillés, semblaient prêts à tomber d'épuisement. Les cavaliers qui, en raison de l'encombrement des routes, avaient marché très lentement, après avoir passé une partie de la nuit à la bride de leurs chevaux, et erraient maintenant à la recherche d'abreuvoirs, traversaient les bivouacs en escadrons épars, plus fatigués d'être inutiles que s'ils fussent revenus d'une lointaine exploration. Les officiers, aussi éprouvés que leurs soldats, aussi mal vêtus qu'eux, commentaient avec inquiétude les nouvelles contradictoires qui venaient de se répandre et qui tantôt annonçaient une victoire du maréchal de Mac-Mahon, tantôt propageaient, plus justement, hélas! l'écho des désastres du 6. On ne savait ni ce qu'on faisait, ni où on allait... Telles... étaient cependant la force de la discipline, la valeur des hommes et leur résistance, que pas un murmure ne se faisait entendre sous les tentes où s'étendaient, transis d'humidité et de froid, des êtres affamés. Il devait suffire, trois jours plus tard, d'un rayon de soleil et d'espérance pour que chacun se retrouvât, ardent et fort, prêt à combattre avec joie et à mourir sans regrets [1]... ».

Si grandes que soient, en effet, les fatigues et les privations supportées, elles sont loin d'avoir entamé la réserve d'énergie que détiennent nos troupes. Dans d'autres circonstances mémorables, elles ont supporté de bien plus

---

[1]. Lieutenant-colonel Rousset (sous-lieutenant au 4ᵉ corps, division Cissey, en 1870), *Le 4ᵉ corps de l'armée de Metz*, 50. Il y a des réserves à faire sur cet ouvrage, qui n'est pas exempt d'un certain parti pris d'optimisme. Il présente, notamment, le général de Ladmirault sous un jour beaucoup trop favorable en tant que commandant du 4ᵉ corps.

cruelles épreuves. En octobre 1805, par exemple, pendant la manœuvre d'Ulm, la fatigue, la faim et le froid sévissent au suprême degré[1]. Nos soldats n'en commencent pas moins l'immortelle campagne qui doit aboutir à Austerlitz. C'est qu'ils sentent, toujours présente, l'impulsion d'un commandement énergique, conscient de sa force et de son objectif. Rien de pareil en août 1870. Chez nous, plus que dans toute autre armée, tant vaut le chef, tant vaut le soldat.

---

1. La campagne de 1805 en Allemagne, *R. H.*, I, 1902, 1261 et suiv.

IX

LES ALLEMANDS LE 8 AOUT

Le grand quartier général allemand. — La cavalerie. — Reconnaissances du 8 août. — Répartition des 5ᵉ et 6ᵉ divisions entre les corps d'armée. — Iʳᵉ armée. — IIᵉ armée.

On a vu que, dès les victoires de Wœrth et de Spicheren, la première idée de Moltke est de couper la retraite du maréchal de Mac-Mahon, qu'il croit dirigée vers Bitche et la haute Sarre. De là le mouvement d'une partie de la IIᵉ armée sur Rohrbach et Sarreguemines. La suite des opérations doit conduire les masses allemandes vers l'ouest, en leur faisant exécuter une conversion à droite dans laquelle la Iʳᵉ armée servira de pivot[1]. Il est nécessaire, par suite, de beaucoup ralentir son mouvement. En outre, on a les données les plus vagues sur les dispositions prises par nous après Spicheren, et l'on croit bon d'attendre d'être renseigné davantage[2].

Si tels sont réellement les motifs de Moltke, il ne s'inquiète guère de les faire connaître à Steinmetz; l'unique raison qu'il lui donne, pour suspendre encore le 8 août le mouvement de la Iʳᵉ armée, est l'absence de nouvelles relatives à l'évacuation « de Boulay et de Bouzonville » par nos troupes[3]. L'occupation de ces deux points, coïncidant avec celle de Saint-Avold, de Puttelange et du terrain au delà vers l'est, indiquerait au contraire que notre front est très

---

1. *État-major prussien*, I, 156, 415. L'État-major prussien ajoute : « Si l'on voulait attaquer sur un large front l'armée de l'empereur Napoléon, supposée forte de cinq corps sur la Moselle, en même temps que l'on déborderait son flanc droit avec des forces supérieures, il fallait maintenir en arrière sa propre droite. Son mouvement en avant (celui de la Iʳᵉ armée) devait être d'autant plus ralenti que les circonstances avaient conduit à porter la gauche de la IIᵉ armée loin au sud, tandis que le centre opérait encore sa concentration. » Il est permis de penser que, à la date du 8 août, l'idée d'une conversion autour de la droite, préliminaire à une attaque de notre armée de la Moselle, n'est pas encore arrêtée dans l'esprit de Moltke, faute de savoir notre répartition et nos projets. Du moins c'est ce qu'indique sa correspondance.
2. « Par la cavalerie », *État-major prussien*, I, 416.
3. D. t., s. h., *Moltkes Korrespondenz*, I, III, I, 206.

étendu, c'est-à-dire augmenterait les chances de l'offensive allemande. Si Moltke maintient en place la Ire armée, tandis que les derniers corps de la IIe serrent sur la Sarre, c'est aussi, sans doute, qu'il n'a pas encore renoncé à l'hypothèse d'une attaque française, envisagée la veille[1].

Bien que la nécessité de mieux assurer l'unité de direction ait enfin amené le roi Guillaume à porter son quartier général de Mayence à Homburg[2], il est loin de la réaliser effectivement, ainsi qu'en témoigne un télégramme de lui au prince Frédéric-Charles : « Votre quartier général sera-t-il demain à Saint-Johann ? Quels mouvements sont prescrits pour cette date ? Le IIe corps ne peut débarquer à Sarrebruck[3]. » Il laisse aux commandants d'armée une telle latitude dans leurs opérations qu'on ne pourra s'étonner de le voir, dès le 14, surpris par les événements.

C'est aussi de Homburg que le roi de Prusse date une proclamation portant qu'il ne fait pas la guerre aux habitants paisibles de notre pays, assertion à laquelle les faits donneront bientôt un solennel démenti[4].

On a vu que Moltke attend les renseignements de la cavalerie pour arrêter ses décisions. A la Ire armée, la 3e division a traversé Sarrelouis afin d'opérer à l'ouest de la Sarre.

---

1. Voir *suprà*, p. 35 ; *R. H.*, II, 1902, 861. Un projet au crayon de lettre du roi à Steinmetz, reproduit dans la *Moltkes Korrespondenz* (*loc. cit.*, 206), se réfère au passé et ne donne aucun éclaircissement sur ce point. Il est douteux qu'il ait été envoyé, mais, le 9 août, Steinmetz fut reçu par le roi à Sarrebruck et son humeur se ressentit de cette audience, vis-à-vis de son chef d'état-major, Sperling, qu'il traita fort mal (*Privattagebuch* du colonel von Wartensleben, cité par von Widdern, I, III, II, 187). Lire *ibid.*, 188, une lettre de Gœben à sa femme (11 août), au sujet du caractère de Steinmetz.
2. *État-major prussien*, I, 415.
3. D. t., 8 août, 11 heures du soir, *Moltkes Korrespondenz*, I, III, I, 206.
4. « Soldats ! La poursuite de l'ennemi repoussé après de sanglants combats a déjà conduit une grande partie de notre armée au delà de la frontière. Plusieurs corps d'armée fouleront aujourd'hui et demain le sol français. Je compte que la discipline qui vous a distingués jusqu'ici sera observée, surtout en territoire ennemi.

« Nous ne faisons pas la guerre aux pacifiques habitants du pays ; c'est au contraire le devoir de tout bon soldat de protéger la propriété privée et de ne pas permettre que le bon renom de notre armée soit entaché même par des actes isolés d'indiscipline.

« Je compte à cet effet sur le bon esprit de l'armée, ainsi que sur la sévérité et la surveillance de tous les chefs » (*État-major prussien, loc. cit.*).

Un ordre de Steinmetz, singulièrement inopportun, la rappelle à l'est. Elle bivouaque à Derlen, au sud-ouest de cette place. Il faut dire que, le 7, le commandant de la division, général von der Grœben, a télégraphié de Saarwellingen que « de grosses masses de cavalerie n'auraient pour le moment aucune utilité au delà de la Sarre[1] ». Quant au gros de la 1re division, il atteint les environs de Saint-Johann, mais l'un de ses régiments est encore à Lebach[2]. Ainsi toute la cavalerie d'armée de Steinmetz est à l'est de la Sarre, esquissant à peine un gauche essai d'exploration dont les résultats sont encore peu appréciables[3].

A la IIe armée, la brigade Grüter (6e division)[4] dirige, dans l'après-midi seulement, une forte reconnaissance de Morsbach sur Saint-Avold, Faulquemont et Lixing. En même temps deux escadrons cherchent à établir vers Metzing la liaison avec la 5e division de cavalerie.

Le colonel von Alvensleben, du 15e ulans, trouve encore Saint-Avold « fortement occupé » et n'y pénètre qu'après notre retraite. Il nous suit jusqu'à Longeville seulement, non sans recueillir de nombreux traînards du 3e corps. « Tout, dans l'attitude des troupes adverses, montrait que leur moral était ébranlé et que les liens de la discipline y avaient faibli[5]. »

---

1. Von Widdern, *op. cit.*, 121.
2. *État-major prussien*, I, 417 ; voir dans von Widdern, *Verwendung und Führung der Kavallerie*, III, 146, l'ordre de Steinmetz daté du 8 août à la Ire armée.
3. Deux reconnaissances des 5e et 14e ulans poussent jusqu'à Boulay, y voient la trace de grands bivouacs, mais n'indiquent pas la direction suivie par nos troupes. La première rend même compte qu'elle n'en a rencontré aucune de Boulay aux Étangs, contre toute vraisemblance. Von Widdern, *Verwendung und Führung der Kavallerie*, III, 126, donne le texte de ces rapports et les discute longuement. Voir *ibid.*, 140, le compte rendu de von Papen, daté de 4h 30 du soir.
4. Sur l'ordre du duc de Mecklembourg, provoqué par d'autres du commandant du IIIe corps et de Frédéric-Charles (voir les textes dans von Widdern, *Verwendung und Führung der Kavallerie*, III, 136, 137, 174, et *Kritische Tage*, I, III, III, 299). La brigade Grüter ne détache *aucune* patrouille avant 9 heures du matin. Vers 6 heures, la 6e compagnie du 15e régiment d'infanterie a opéré seule une reconnaissance vers Merlebach, c'est-à-dire en avant du front de Grüter (von Widdern, *Verwendung und Führung der Kavallerie*, III, 121).
5. Voir dans von Widdern, *Verwendung und Führung der Kavallerie*, II, 189 et suiv., les comptes rendus d'Alvensleben datés de 2 heures et 5 heures

Une autre reconnaissance jetée vers Saint-Avold observe près de Haut-Hombourg une colonne de 800 hommes d'infanterie avec une demi-batterie[1]. Il s'agit d'une fraction de la division Castagny, à laquelle on enlève aussi quelques traînards.

Quant aux escadrons détachés vers Metzing[2], ils rétablissent la liaison avec la 5e division de cavalerie, tout en constatant l'évacuation de Puttelange et de Cappel. Ils ramènent aussi des traînards du 2e corps et de la division Montaudon.

A la 5e division, les brigades Barby et Redern, poussées d'Habkirchen au delà de Sarreguemines, signalent une colonne d'environ 8,000 hommes en retraite au sud-ouest de Puttelange. Il n'y a pas trace de troupes vers Sarralbe[3].

Enfin la brigade Bredow atteint l'intervalle de Lorentzen et de Sarre-Union. Trois escadrons jetés de Lemberg vers les Vosges rencontrent à Wimmenau de l'infanterie française qui les arrête[4]. Ils se replient sans garder le contact, comme presque toutes les reconnaissances qui précèdent.

En somme les renseignements recueillis par cette brillante et nombreuse cavalerie ne répondent guère à son effectif. Elle a simplement constaté la retraite de forces considérables de Haut-Hombourg et de Puttelange vers l'ouest ; elle ne sait

---

du soir ; *État-major prussien*, I, 414. Un rapport de lui signale la présence à Saint-Avold des 95e, 81e, 62e, 51e de ligne, chiffres qui ne correspondent à aucune des divisions Castagny, Decaen, Grenier, et qui, par suite, sont de nature à tromper nos adversaires. Ces quatre régiments sont ceux de la division Montaudon, qui a traversé Saint-Avold avant la bataille de Spicheren pour se rendre à Sarreguemines. — Un autre rapport d'Alvensleben porte que le 2e corps a passé au sud de Saint-Avold (général von Pelet-Narbonne, 63, 64, cité par la *R. H.*, II, 1902, 853).

1. Compte rendu du major von Thile, du 12e dragons, 8 août, von Widdern, *Verwendung und Führung der Kavallerie*, III, 162 ; *État-major prussien*, I, 414. Dans un récit ultérieur (*ibid.*, 165), Thile mentionne, évidemment à tort, « de 13 à 17 bataillons, de la cavalerie et de l'artillerie ». Cette reconnaissance a été envoyée par le commandant de la 5e division d'infanterie, von Stülpnagel, *en avant* du front de la 6e division de cavalerie.

2. 1er escadron du 3e ulans à Fareberswiller et 3e du 15e ulans à Metzing. Voir leurs rapports, von Widdern, *Verwendung und Führung der Kavallerie*, II, 177.

3. *État-major prussien*, I, 414.

4. *État-major prussien*, I, 413. Il s'agit, semble-t-il, de traînards du 5e corps

rien des 4ᵉ et 5ᵉ corps aux ailes. C'est que ses masses ont été maintenues sur place au lieu d'être jetées à notre suite[1]. C'est aussi qu'il lui a manqué une direction et un commandement.

En faisant dessiner à sa gauche l'inutile mouvement sur Rohrbach, Frédéric-Charles a tellement accru le front de la IIᵉ armée, « qu'il juge opportun de répartir entre les corps d'armée la cavalerie employée jusqu'alors en divisions » indépendantes. La Garde et le XIIᵉ corps disposent de leur division ; le IXᵉ corps a sa brigade hessoise. De là l'idée d'affecter la 6ᵉ division au IIIᵉ corps et de partager la 5ᵉ entre les IVᵉ et Xᵉ. « Au cas d'une bataille, le commandement se réserve pourtant de les grouper de nouveau et d'en garder la disposition[2]. »

On peut douter de la parfaite exactitude des motifs ainsi mis en avant. Loin de rétrécir le rôle de la cavalerie, l'accroissement du front de l'armée le rend plus nécessaire et plus délicat. Au lieu de la répartir entre les corps d'armée, en la diminuant moralement et physiquement[3], il serait naturel d'en grouper la majeure partie sous un même commandement. C'est le contraire qui prévaut, sans doute parce que Frédéric-Charles est peu satisfait de la manière dont les 5ᵉ et 6ᵉ divisions se sont jusqu'alors acquittées de leur mission[4]. Ni avant, ni après Spicheren, elles n'ont été à la hauteur des circonstances.

Comme le veut Moltke, les mouvements de la Iʳᵉ armée sont très peu étendus le 8 août. Le VIIᵉ corps allait s'établir sur la route de Völklingen-Carling, quand il reçoit un contre-ordre : outre l'artillerie de corps et les trains, l'avant-garde seule de la 13ᵉ division atteint cette voie à Ludweiler ; le gros s'arrête à Petite-Rosselle. La 14ᵉ division s'avance jusqu'à Forbach et Morsbach, ses avant-postes se reliant à

---

1. Von Widdern, *Kritische Tage*, I, III, III, 301.
2. *État-major prussien*, I, 413. Voir l'ordre de Frédéric-Charles, 8 août, 7 heures du soir, von Widdern, *Verwendung und Führung der Kavallerie*, II, 99.
3. Général von Pelet-Narbonne, 69, cité par la *R. H.*, II, 1902, 837.
4. Von Widdern, *Kritische Tage*, I, III, III, 299.

ceux du VIIIe corps. Ce dernier s'est également mis en marche le matin sur Völklingen et Wehrden, pour s'établir derrière le VIIe. Mais Gœben, informé qu'une prétendue attaque, dirigée de Puttelange, menace les hauteurs de Spicheren, rappelle la 16e, puis la 15e division sur la rive gauche de la Sarre pour occuper ces positions, et pousse une avant-garde vers le sud, au delà d'Etzling. L'artillerie de corps et les trains restent dans la vallée. Enfin le Ier corps atteint Völklingen, Püttlingen (1re division) et Saint-Wendel (2e)[1]. On voit combien est lente à s'éveiller chez l'ennemi la conscience de sa victoire.

Si la Ire armée reste à peu près immobile, la IIe, dans l'hypothèse d'une rencontre probable avec le maréchal de Mac-Mahon, continue les mouvements divergents commencés la veille. Le IVe corps suit la route de Rohrbach à Sarre-Union, son avant-garde allant jusqu'à Lorentzen ; la Garde se masse à Gros-Réderching, au nord-ouest ; le Xe corps pousse une avant-garde à Sarreguemines ; le IXe serre sur sa tête de colonne à Bexbach, ainsi que le XIIe à Homburg. Même le IIIe corps reste à peu près immobile vers Sarrebruck, la 6e division, seule, portant son avant-garde jusqu'à Forbach[2].

Ainsi, de toute l'armée, le IVe corps seul opère un déplacement de quelque importance ; les autres se massent comme s'il s'agissait de résister à notre offensive, beaucoup plus que de nous poursuivre au lendemain d'une double victoire.

---

1. *État-major prussien*, I, 417.
2. *État-major prussien*, I, 413. Frédéric-Charles s'est rendu de Bliescastel par Petit-Réderching, sur la route de Bitche à Rohrbach, dans la prévision d'un combat contre le maréchal de Mac-Mahon. La *R. H.*, II, 1902, 861, écrit : « Le IVe corps, prêt à s'engager, se tenait déployé entre Petit-Réderching et Rohrbach », en attribuant cette citation à la *Correspondance de Moltke*, I, n° 120. Le télégramme indiqué ne contient rien de semblable.

X

LES 8 ET 9 AOUT A PARIS

mpopularité croissante de l'empereur et des ministres. — Le Corps législatif. — Le général Trochu, l'impératrice et M. Émile Ollivier. — Séance du 9 août. — Chute du ministère.

Depuis le 7 août, l'agitation n'a pas cessé à Paris. A l'incrédulité provoquée par les premières nouvelles de nos défaites, ont succédé la stupeur, puis un âpre désir de revanche[1]. Les journaux sont à peu près unanimes dans ce sentiment. « La France est blessée, elle n'est pas vaincue ! » écrit le *Constitutionnel*; « si les Prussiens ont l'audace de s'avancer en France, ils n'en sortiront pas vivants », assure le *Figaro*[2]. D'un grand nombre de départements, on signale des démonstrations en faveur de la résistance[3].

Si l'on court de grand cœur au-devant de tous les sacrifices, sans toujours en avoir mesuré l'étendue, on souhaite aussi passionnément que la conduite de nos affaires militaires passe en d'autres mains. A cet égard, l'opinion se montre presque unanime. Même parmi les députés conservateurs, on agite l'idée d'un « comité de défense » émanant du Corps législatif, ce qui équivaudrait à un coup d'État. Le sentiment général est qu'on devrait rappeler l'empereur et lui enlever le commandement. On en ferait volontiers une sorte de « bouc émissaire » assumant les fautes communes. « C'est son incapacité qui nous a perdus[4]. »

---

1. « A l'agitation bruyante où vous avez laissé Paris a succédé le calme et le silence de la stupeur..... On parle à voix basse et comme des gens honteux ; mais là-dessous vibre la fibre patriotique et le vieux sang français se réveille. On parle de la levée en masse comme de la chose la plus simple du monde » (Mme Aubry, *Lettres d'une Parisienne pendant la guerre*, 15, à la date du 8 août).

2. Voir les extraits des journaux des 8 et 9 août publiés par le *Journal officiel* des 9 et 10 août, p. 1388 et 1392.

3. Voir au *Journal officiel* du 9 août des dépêches de 25 préfets conçues dans ce sens.

4. Voir ce qu'écrit M. Darimon, *Notes pour servir à l'histoire de la guerre de 1870*, 173, des idées dominantes à l'enterrement de Prévost-Paradol, le 8 août. M. Buffet est de ceux qui acceptent hautement l'idée d'un comité de défense élu.

L'opposition ne s'en tient pas là. Dix-huit députés publient dans le *Siècle* un manifeste mettant en cause « l'incapacité du chef de l'État » et réclamant, avec « la levée en masse », l'institution d'un comité de défense pourvu de pouvoirs dictatoriaux [1]. Plusieurs journaux précisent que ce conseil devra être composé uniquement de députés de Paris [2], déplorable tendance à laquelle on n'obéira que trop volontiers après le 4 septembre et qui semble viser à isoler Paris de la France.

L'impopularité du ministère est telle que, le 8 août, une centaine de députés de nuances modérées se réunissent au Palais-Bourbon, sous la présidence de M. Brame. Une délégation de six d'entre eux, choisie parmi les centres et la droite, est envoyée aux Tuileries, avec mission de réclamer la démission du cabinet, la nomination des généraux Trochu et de Palikao au ministère de la guerre et au commandement de l'armée de Paris [3].

La situation est si grave que, à 10 heures du soir, l'impératrice interrompt le conseil des ministres pour recevoir les délégués. A leur première demande elle objecte naturellement le danger d'une crise ministérielle devant l'ennemi. Quant au choix du général Trochu, il lui inspire des objections non moins sérieuses. Déjà M. Émile Ollivier et elle-même ont eu la pensée de mettre à profit sa popularité chaque jour croissante. Quelques mois auparavant, l'auteur de *L'Armée française en 1867* s'est rencontré avec le président du conseil chez le prince Napoléon. Ses facultés oratoires « fascinent littéralement » M. Émile Ollivier, qui le prise très haut pour ce don naturel. Quand la situation du

---

1. « Considérant que l'incapacité du chef de l'État a mis la France en péril et a fait perdre à nos soldats, malgré leur valeur héroïque, deux grandes batailles.... » (Darimon, *Notes pour servir à l'histoire de la guerre de 1870*, 181).

2. *L'Avenir national*, la *Cloche*, la *Démocratie*, le *Rappel*, le *Réveil*, le *Siècle*, cités par M. Darimon, 181.

3. M. Brame était naguère en très bons termes avec M. Émile Ollivier; il avait failli entrer dans son Cabinet (Darimon, *Notes, etc.*, 185). Les six délégués furent MM. Brame et de Dalmas (centre gauche); Dupuy de Lôme et Josseau (centre droit); Gaudin et Dugué de la Fauconnerie (droite).

cabinet paraît compromise, le ministre lui offre le portefeuille de la guerre. Trochu se dérobe aussitôt : ce serait une erreur que de se séparer du général Dejean en pleine crise. On ne change pas l'attelage au milieu d'un gué. D'ailleurs, sa propre collaboration ne pourrait retarder d'un jour la chute du cabinet, accablé par un poids trop lourd.

De la part de l'impératrice d'autres ouvertures sont faites au général. Le président du Corps législatif, M. Schneider, puis l'amiral Jurien de La Gravière lui offrent la présidence du conseil et le portefeuille de la guerre. Trochu oppose un nouveau refus à leurs instances : il se croirait obligé de dire à la tribune ce que lui inspirent la situation présente et ses causes antérieures. Serviteur d'un régime à son déclin, après avoir usé devers lui, dans ses jours heureux, d'une franchise importune, il aurait à l'incriminer publiquement, et ce rôle « déplorablement faux » ne saurait lui convenir[1].

Ces raisons paraissent de valeur fort contestable. Si le général acceptait la direction des affaires dans un moment aussi critique, il aurait au contraire l'obligation stricte d'éviter dans ses paroles tout retour inutile sur le passé. C'est des actes et non des récriminations stériles que réclame la nation et, avec son esprit, Trochu n'est pas sans s'en rendre compte. Il semble donc que la vérité soit tout autre. S'il refuse à l'impératrice comme à M. Émile Ollivier d'accepter le pouvoir, c'est qu'il voit la situation tout à fait compromise ; il ne se soucie pas d'apporter son concours à un gouvernement agonisant, qui l'a dédaigné alors que les circonstances étaient bien différentes et qui l'appelle aujourd'hui qu'il n'y a plus chance d'empêcher sa chute. Peut-être aussi se réserve-t-il pour un avenir qu'il pressent peu éloigné ?

Quoi qu'il en soit, les délégués sont d'accord avec l'impératrice pour trouver inadmissibles les conditions du général Trochu. Quant à la nomination du comte de Palikao au com-

---

1. Général Trochu, *Œuvres posthumes*, I, 106 ; Darimon, *Notes, etc.*, 174.

mandement de l'armée de Paris, la souveraine objecte qu'elle lui réserve le portefeuille de la guerre[1].

Cette démarche insolite, les nouvelles alarmantes qui parviennent de certaines villes[2] ne sont pas sans exercer leur influence : l'impératrice est ébranlée dans sa résolution première de maintenir le ministère. Autour d'elle, les hostilités contre lui n'ont pas désarmé. Le « parti de l'impératrice » croit le moment venu de reconquérir le pouvoir, en provoquant la chute d'hommes d'État dont certaines tendances l'effraient pour l'avenir[3]. D'ailleurs le cabinet se rend compte de cette situation. M. Émile Ollivier est décidé, dit-on, s'il n'est renversé par le Corps législatif, à le proroger dès qu'il en aura obtenu des hommes et de l'argent, puis à faire arrêter les députés de la gauche qui seront transportés à Cherbourg[4]. Dans l'état actuel de l'opinion, ce coup d'État comporterait les risques les plus graves. Le régime impérial est trop compromis pour qu'une tentative aussi désespérée ait la moindre chance de succès.

Toutes ces circonstances expliquent l'extrême agitation au milieu de laquelle se réunit le Corps législatif, dans l'après-midi du 9 août. La foule est immense autour du Palais-Bourbon. Un moment, le jardin qui borde le quai est envahi et l'on peut craindre une révolution[5].

La séance est l'une des plus tragiques de notre histoire. Dès le début, M. Émile Ollivier pose la question de confiance, non sans netteté, ni courage : « Je vous en supplie,

---

1. *Enquête sur les actes du gouvernement de la défense nationale*, dépositions, I, Brame, 186, 187 ; IV, Josseau, 334 ; rapport Saint-Marc Girardin, 104 ; Darimon, *Notes, etc.*, 185. Le général de Palikao reçut à 10 heures du soir, le 9 août, à Lyon, où il commandait le territoire, un télégramme de l'impératrice l'appelant à Paris. Aucune autre ouverture ne lui avait été faite (Général de Palikao, *Un ministère de la guerre de vingt-quatre jours*, 48).
2. Des demandes de déchéance sont signées publiquement dans plusieurs villes, notamment à Roanne et à Dijon (Darimon, *Notes, etc.*, 187).
3. Darimon, *Notes, etc.*, 187, 248.
4. Darimon, 191, d'après ce qu'aurait écrit M. Émile Ollivier en 1882, sans autre indication de source. Voir *Enquête*, dépositions, I, Jules Favre, 330, au sujet de ce coup d'État projeté.
5. *Enquête*, dépositions, I, Piétri, 253 ; Jules Ferry, 377 ; Mme Aubry, *loc. cit.*, 17. Le maréchal Baraguey d'Hilliers, qui commandait encore à Paris, dut intervenir personnellement, ainsi que Jules Ferry.

aujourd'hui... ne songez qu'à la patrie ; renvoyez-nous, si vous voulez, mais de suite et sans phrases ; car ce qu'il faut avant tout, ce n'est pas pérorer, ce n'est pas discuter, c'est agir » (*Voix nombreuses :* C'est vrai ! *Applaudissements*). Son discours n'en est pas moins haché d'interruptions constantes ; le terrain semble fuir sous ses pieds ; président et majorité l'abandonnent également.

C'est un député conservateur, M. Latour du Moulin, qui lui porte le premier coup, atteignant du même trait mortel le gouvernement impérial. Il propose que la présidence du conseil soit confiée au général Trochu, avec mission de constituer un cabinet. Puis le ministre de la guerre intérimaire, général Dejean, dépose un projet de loi autorisant l'incorporation dans la garde mobile de tous les célibataires âgés de moins de trente ans et permettant d'en prélever des fractions destinées à l'armée active. Enfin le contingent de 1870 comprendrait toute la classe, moins les exemptés et les dispensés, ce qui abrégerait très sensiblement sa levée. L'urgence est aussitôt prononcée.

C'est alors que Jules Favre réclame l'armement de tous les citoyens valides à Paris, la réorganisation des gardes nationales dans le reste de la France, d'après la loi de 1831, enfin la création d'un comité exécutif de quinze membres. Ces exigences, même la dernière, si peu conforme à la Constitution, soulèvent à peine un semblant d'opposition, qui ne trouve aucun écho[1]. Jules Favre termine en demandant « que le maréchal Bazaine soit mis à la tête de l'armée et que l'empereur revienne à Paris » (*Bruit*).

Le résultat ne saurait être douteux. Après une intervention de M. Jérôme David, l'un des plus dévoués partisans de l'empire qui, lui aussi, ose accuser notre manque de préparation, un autre député de la droite, Clément Duvernois, précise la pensée générale dans une formule qui est aussitôt

---

1. « .... Si j'avais l'honneur de siéger au banc du gouvernement, vous tous signataires, vous seriez ce soir devant un conseil de guerre ! » s'écrie M. Granier de Cassagnac (*Journal officiel* du 10 août, 1393). Cette protestation est la seule.

votée par assis et levé : « La Chambre, décidée à soutenir un Cabinet capable de pourvoir à la défense du pays, passe à l'ordre du jour. » Jamais ne fut donné congé plus dédaigneux. M. Émile Ollivier annonce alors que le général de Palikao est chargé de former un cabinet[1].

Le rôle de Jérôme David et de Clément Duvernois, leur entrée au pouvoir achèvent de donner à cette révolution parlementaire son véritable aspect. Tous deux ont eu une part prépondérante dans les incidents d'où est sortie la guerre[2]; ils devraient être les derniers à en assumer la direction. Mais ils figurent au premier rang du « parti de l'impératrice », et mettent nos malheurs à profit pour renverser un cabinet libéral qui leur est dès longtemps antipathique.

Quant à M. Émile Ollivier et à ses collègues, ils sont sacrifiés en victimes expiatoires, pour des fautes dont beaucoup leur sont étrangères et une situation générale que la plupart n'ont point créée. Sans doute, leur responsabilité dans la déclaration de guerre n'est pas douteuse, et elle est écrasante. Ils ont leur part aussi dans les erreurs commises depuis lors, si graves qu'il sera impossible d'y remédier. Mais aucun des partis de la Chambre, et la droite moins que tout autre puisqu'elle a eu longtemps la direction effective, n'est en droit de leur reprocher notre manque de préparation. Chacun y a contribué dans la mesure de son influence, parce que la nation elle-même ne comprenait pas

---

1. « Bruit à gauche, vifs applaudissements dans les autres parties de la Chambre » (*Enquête*, rapport Saint-Marc Girardin, 108). Le cabinet est ainsi constitué :
Général de Palikao, guerre et présidence du Conseil ;
Henri Chevreau, intérieur ;
Baron Jérôme David, travaux publics ;
Magne, finances ;
Clément Duvernois, commerce ;
Busson-Billault, présidence du Conseil d'État ;
Brame, instruction publique ;
Rigault de Genouilly, marine ;
Prince de Latour d'Auvergne, affaires étrangères ;
Grandperret, justice.
2. Voir notre tome Ier, *Les Origines*, 266, 307 et suiv.

la nécessité d'être forte en face d'une Prusse démesurément grandie. Mais l'heure de chercher les responsabilités n'est pas venue. Il faut combattre, en usant des moyens qui nous restent, et le cabinet Ollivier n'a plus une parcelle d'autorité morale. Sa chute, inévitable tant elle est impérieusement réclamée par l'opinion, n'améliorera pas l'état de nos affaires. Elles sont trop compromises déjà pour qu'une simple modification de nuances puisse y remédier. A de pareils événements il faudrait les remèdes les plus énergiques[1]. Celui-là est tout au plus un palliatif.

---

[1]. Avant de succomber, le ministère a pris différentes mesures de défense. Sur sa demande, le préfet de la Seine charge les ingénieurs du service municipal de l'exécution des travaux du génie autour de Paris. M. Alphand, inspecteur général, en a la direction, avec 3 ingénieurs en chef et 11 ingénieurs ordinaires sous ses ordres. Il traite le 8 août avec les plus gros entrepreneurs de Paris et fait ouvrir les chantiers le soir même (*Journal officiel* du 9 août, p. 1386). Un décret du 6 août autorise l'appel des inscrits maritimes ayant accompli six ans de service (*ibid.*, 10 août, 1341).

XI

LE 9 AOUT EN LORRAINE

L'entourage impérial. — La démission de Le Bœuf. — Le commandement de Bazaine. — Arrêt sur la Nied. — Nos positions. — Conférence de Faulquemont. — Le 6ᵉ corps appelé à Metz. — Le maréchal Canrobert et le général Trochu. — Le 5ᵉ corps. — La réserve de cavalerie.

Si l'état physique de l'empereur laisse grandement à désirer[1], ses dispositions morales ne sont pas meilleures. Son entourage est loin d'envisager l'avenir avec confiance. Quant à lui, rempli d'appréhensions sur l'issue d'une campagne à peine commencée, il ne voit guère avec moins d'inquiétude la situation intérieure de la France. Il considère la chute du ministère Émile Ollivier comme le résultat d'une « intrigue orléaniste », à laquelle M. Thiers ne serait pas étranger[2]. Il va jusqu'à douter de la fidélité du général de Palikao[3].

Ces inquiétudes sont encore accrues de celles de la régence. Ému de l'agitation qui se manifeste parmi les députés, avant même leur réunion officielle, le conseil demande instamment que Le Bœuf renonce à ses doubles fonctions de ministre de la guerre et de major général. Les dépêches par lesquelles l'impératrice en informe Napoléon III lui portent un nouveau coup. En même temps, elle adresse au maréchal un télégramme qui est à la fois un appel confiant de la souveraine à son dévouement et un cri de détresse arraché au cœur de la mère. Il se met en devoir d'y répondre, après en avoir donné lecture au général Lebrun, quand celui-ci est appelé chez l'empereur qu'il trouve avec l'un de ses aides

---

1. « Je trouve le souverain bien vieilli, bien affaibli et n'ayant en rien l'attitude d'un chef d'armée » (Général Montaudon, II, 85, à la date du 9 août).
2. P. de Massa, *Souvenirs et impressions, 1840-1871*. L'auteur porte à tort au 9 août l'arrivée à Metz du général Changarnier ; elle eut lieu le 8 (Voir *suprà*, p. 48). Bien que sa situation d'officier d'ordonnance de l'empereur l'ait mis à même de bien voir, ses souvenirs réclament un contrôle attentif : visiblement ils ont été écrits à distance des événements.
3. Général Jarras, 74.

de camp, général Castelnau, et M. Piétri, son secrétaire particulier : « Le maréchal Le Bœuf vient de me remettre sa démission des fonctions de major général ; on l'exige à Paris et je le déplore ; par qui dois-je le remplacer ? Des maréchaux de Mac-Mahon et Bazaine, quel est celui des deux qui pourrait être le plus utile à l'armée comme major général ? »

Pour Lebrun, tous deux sont bien nécessaires à leurs troupes. Comment leur donner une situation qui les en éloignerait ? Mais si l'empereur est disposé à confier le commandement en chef à l'un d'eux, il n'est pas indispensable que les fonctions de Le Bœuf soient remplies par un autre maréchal. Il suffirait d'un divisionnaire, avec le titre de chef d'état-major général, et le général Jarras paraît tout particulièrement indiqué : depuis un mois il a été chargé « du service des bureaux de l'état-major au grand quartier général » ; à l'armée d'Orient, en Italie, où il remplissait un rôle analogue, il a fait preuve de capacité. Intelligent, instruit, d'un caractère ferme et droit, il réunit toutes les qualités désirables. Du moins c'est l'avis de son collègue.

Aucune décision n'est encore prise par l'empereur, toujours incertain. Mais Lebrun prévoit dès lors la désignation qui va suivre : « Il semblait qu'il n'y eût dans tous les rangs de l'armée qu'un cri pour proclamer que le maréchal Bazaine seul pouvait la relever des revers qu'elle venait d'essuyer[1]... »

Pour l'instant, Napoléon III se borne à confirmer par dé-

---

[1]. Général Lebrun, *Souvenirs militaires, 1866-1870*, 286-289. On remarquera que Lebrun envisage une éventualité, renonciation au commandement en chef, dont l'empereur n'a pas fait mention.

Peu après, le général rencontrant Jarras lui annonce comme imminente la nomination du maréchal Bazaine au commandement en chef et la sienne propre aux fonctions de chef d'état-major général. Jarras se récrie beaucoup, « arguant de graves motifs..... Je lui représentai qu'il avait eu avec le maréchal..... des relations qui dataient de loin et que jamais il n'avait eu à s'en plaindre..... » Il sembla convaincu par ces raisons et Lebrun eut fort à le regretter. Au lieu d'utiliser Jarras, Bazaine ne fit « de lui qu'un instrument passif, en l'annihilant complètement dans ses fonctions..... » Aucun document à notre connaissance ne confirme le récit du général. Toutefois il est vraisemblable qu'avant la désignation officielle du maréchal Bazaine et la démission de Le Bœuf, qui eurent lieu seulement le 12, l'empereur traversa une de ses coutumières périodes d'hésitation.

cret Bazaine dans le commandement des 2ᵉ, 3ᵉ et 4ᵉ corps [1]. Au lieu de lui confier « toutes les forces réunies en avant de Metz », comme l'écrit le major général au ministre [2], la Garde est encore exceptée de ce groupement; dans la réalité, elle continue d'être sous les ordres du maréchal [3]. En outre, l'empereur garde la direction suprême; le rôle de Bazaine n'aura guère plus d'importance que par le passé. « Les opérations, restant dans les mêmes mains, ne pouvaient tourner que dans le même cercle d'incertitudes et de fautes... il n'y avait pas à compter sur une résolution héroïque, capable seule de rétablir nos affaires [4]. »

Le 9 août, comme les jours précédents, les commandants de corps d'armée recevront à la fois des ordres du major général et du maréchal [5]. Ce dernier apportera une évidente nonchalance à exécuter des dispositions qu'il n'aura pas conçues, et l'on n'est guère en droit de s'en étonner.

Dans la matinée, il semble que l'empereur soit résolu à s'arrêter sur la Nied. Il décide que Bazaine séjournera à Faulquemont « pour rester lié avec le général Frossard »; il conservera la Garde sous ses ordres, en s'en faisant appuyer au besoin. L'ennemi marchant sur notre gauche, dit-on, Ladmirault devra rester en position pour la couvrir.

---

1. Le major général au maréchal Bazaine, 9 août, *L'Armée du Rhin*, 275. Le général Decaen remplace le maréchal au 3ᵉ corps; on constitue pour ce groupe de corps d'armée l'état-major ci après : chef d'état-major général, général de brigade Manèque; sous-chef, lieutenant-colonel de Kleinenberg; chef d'escadron Tiersonnier; capitaines Adorno de Tscharner, de Locmaria, Costa de Serda, Foucher, de Vaudrimey-Davout; commandant l'artillerie, général de division de Rocheboüet; commandant le génie, général de division Vialla; directeur des services administratifs, intendant militaire Friant (Le maréchal Bazaine au général de Ladmirault, 9 août, *R. H.*, II, 1902, 1135).

2. D. t., 9 août, 11ʰ20 du matin : « Je reçois votre dépêche du 8. Considérez comme non avenue ma demande de bataillons de marche. J'approuve trop les mesures énergiques que vous prenez pour les contrarier.

« L'empereur rentre à l'instant des avant-postes. Le maréchal Bazaine est, par décret impérial, nommé commandant en chef de toutes les forces réunies en avant de Metz. Le général Decaen prend le commandement du 3ᵉ corps » (*Papiers et Correspondance de la famille impériale*, I, 432).

3. Le major général au maréchal Bazaine, d. t., 9 août, 2ʰ45 du matin. Voir *supra*, p. 47.

4. Général d'Andlau, *Metz, Campagne et négociations*, 52.

5. Voir *supra*, p. 47, le télégramme du major général au maréchal daté de 2ʰ45 du matin.

Mais ces emplacements sont tout à fait provisoires. Le devoir du maréchal est « de concentrer le plus tôt possible sous Metz les 2ᵉ, 3ᵉ, 4ᵉ corps et la Garde, qui sont tous placés » sous ses ordres et « doivent s'y conformer strictement »[1].

En effet, Bazaine donne les instructions suivantes, destinées à être bientôt révoquées en grande partie. Le 3ᵉ corps défendra ses positions sur la rive ouest de la Nied allemande, le 4ᵉ couvrant sa gauche, une de ses divisions vers Glattigny; la Garde restera à l'ouest de la Nied française, avec ordre de faire reconnaître les passages pour se porter sur le front, selon les circonstances. Au cas d'une attaque sérieuse, le 2ᵉ corps viendrait de Gros-Tenquin à Guessling, afin de pouvoir prendre le 10 la direction de Metz[2]. Cette dernière prescription montre assez que notre arrêt sur la Nied est tout à fait momentané.

De Guessling à Glattigny, pour trois corps d'armée, nos positions ne mesureraient pas moins de 27 à 28 kilomètres en ligne droite; entre le 3ᵉ corps, sur la rive ouest de la Nied allemande, et le 4ᵉ, sur la même rive de la Nied française, la liaison serait fort imparfaite. Notre droite pourrait être aisément tournée, puisque la direction générale du front serait oblique par rapport aux lignes de marche des Allemands. Enfin l'étendue occupée, à elle seule, constituerait un vice capital. L'idée d'attendre une attaque derrière la Nied serait donc néfaste, au moins dans ces conditions. Elle ne tardera pas à être abandonnée de nouveau[3], non sans un surcroît de fatigues pour les troupes.

L'empereur s'est rendu le matin de Metz à Faulquemont

---

[1]. Le major général au maréchal Bazaine, d. t. citée, 2ʰ45 du matin. A 5ʰ20, le major général envoie le télégramme suivant, qui montre dans quelle étrange dépendance est tenu Bazaine : « Avez-vous reçu mon télégramme de cette nuit qui vous prévient d'une attaque possible ?

« Répondez-moi sur-le-champ et faites-moi connaître les dispositions que vous prenez » (R. H., II, 1902, 1148). A rapprocher des dépêches de Moltke aux commandants d'armée, Steinmetz compris. Ni le ton, ni la forme ne sont admissibles.

[2]. Le maréchal Bazaine au major général, d. t., 6ʰ15 du matin, R. H., II, 1902, 1148. Voir les ordres de détail au général Frossard, ibid., 1143; aux divisions Montaudon et Decaen, ibid., 1149-1150; les dépêches de Ladmirault au major général et au maréchal Bazaine, ibid., 1155-1157.

[3]. Général Lebrun, 292.

avec le maréchal Le Bœuf, les généraux Changarnier et Lebrun[1]. Dans une courte conférence, Bazaine émet l'avis qu'il faut se retirer vers Nancy et Frouard pour rallier les 1ᵉʳ, 5ᵉ, 6ᵉ et 7ᵉ corps. On objecte à tort que ce serait découvrir Paris ; comment l'ennemi continuerait-il sa marche sur Metz, Verdun, Reims, sans s'inquiéter d'une masse de huit corps d'armée sur son flanc ?

On pourrait faire une objection plus fondée : c'est qu'il est bien tard déjà pour porter le 4ᵉ corps, par exemple, des Étangs vers Frouard, en opérant un vrai mouvement de flanc devant l'ennemi. Facile et naturelle le 7 août, la marche sur Nancy et Frouard serait délicate le 10. Quoi qu'il en soit, on décide de ramener le même jour l'armée derrière la Nied française[2]. Sans le 2ᵉ corps, elle occupera un front beaucoup plus restreint, 12 kilomètres, de Pange aux Étangs et à Glattigny, la gauche en équerre, la Garde formant réserve générale entre le château de Maizery et Silly, à cheval sur la route de Metz par Courcelles-Chaussy[3].

---

1. Voir au sujet de cette conférence M. P. de Massa (*Figaro* du 9 juin 1897) qui la porte à tort au 12 août. L'empereur arriva par voie ferrée à Faulquemont. Il aurait vu le maréchal Bazaine pendant vingt minutes environ chez M. Toussaint, notaire, et serait reparti à 10ʰ 30 (Compte rendu du lieutenant von Czettritz daté de 11ʰ 45 du soir, von Widdern, *Verwendung und Führung der Kavallerie*, II, 246). En réalité, l'empereur est avant 9ʰ 20 du matin à Faulquemont (L'empereur au major général, d. t., 9ʰ 20 du matin, *R. H.*, II, 1902, 1136).
2. Bazaine, *L'Armée du Rhin*, 40 ; *Épisodes*, 44. Le maréchal ajoute qu'il dut abandonner ainsi, de nouveau, l'espoir de reprendre l'offensive, assertion qui paraît au moins douteuse. L'existence d'un projet de retraite sur Nancy et Frouard a été confirmée au cours du procès de Trianon (Déposition Le Bœuf et interrogatoire Bazaine). L'heure de la rentrée de l'empereur à Metz résulte d'un télégramme du major général au ministre de la guerre daté de 11ʰ 20. du matin (*Papiers et Correspondance*, I, 432) : « L'empereur rentre à l'instant des avant-postes. Le maréchal Bazaine est par décret impérial nommé commandant en chef de toutes les forces réunies en avant de Metz... » (détail inexact quant à la Garde, nous l'avons dit).
3. Note du Cabinet du major général, 9 août, *R. H.*, II, 1902, 1136. Il y a contradiction, en ce qui touche la Garde, entre cette note et un télégramme de l'empereur au major général daté de Faulquemont à 9ʰ 20 du matin (*ibid.*). D'après ce dernier la Garde va s'établir à Colligny, Puche et Ogy, c'est-à-dire plus en arrière et à proximité de notre droite, qui est sans point d'appui et plus directement menacée. En réalité elle occupera une troisième position : la division Deligny à la Tuilerie, à cheval sur la route de Courcelles-Chaussy à Metz ; la division Picard à gauche de Deligny jusqu'à la ferme de Béville ; la division Desvaux au sud de Maizery ; la réserve d'artillerie sur la route de Metz derrière Deligny (Ordre de mouvement de la Garde, 9 août, *ibid.*, 1177).

Si l'ennemi attaque le matin du 10, « c'est sur cette première position que l'armée recevra la bataille ». Les dispositions seront prises pour en rendre « le plus possible inabordables... le front et les... flancs » au moyen de travaux appropriés. C'est donc une action purement défensive qu'entendent livrer, s'ils y sont forcés, l'empereur et le major général. Ils prévoient le cas où nous serions encore contraints à la retraite. Bazaine chercherait alors l'abri du camp retranché de Metz, où il occuperait « la position très belle... en avant des forts de Queuleu et de Saint-Julien », celle même où nous allons livrer la bataille de Borny. Mais la répartition des troupes serait autre : le 4ᵉ corps aurait sa gauche à la Moselle, sa droite à la route de Sarrelouis ; le 3ᵉ irait de celle-ci à la route de Strasbourg ; la Garde de cette dernière au chemin de fer de Metz à Sarrebruck, tenant fortement la hauteur de Haute-Bévoye et le télégraphe de Mercy-le-Haut [1]. Si le 2ᵉ corps ralliait à temps l'armée, il occuperait les positions assignées à la Garde, qui s'établirait en réserve. Enfin la réserve générale d'artillerie se tiendrait à la jonction des routes de Sarrelouis et de Sarrebruck [2].

Ces ordres sont complétés par une série de dispositions accessoires : Frossard « reçoit itérativement avis » du major général de se porter au plus vite sur Metz, afin d'y rallier les forces de Bazaine sans contrarier leurs mouvements [3]. Ce dernier l'invite aussi à hâter sa marche : « Si l'attaque devenait vraiment sérieuse, comme vous devez, ainsi que nous, rallier Metz le plus tôt possible, il serait bien que vous vinssiez vous établir à Han-sur-Nied et Remilly [4]. » Après la conférence de Faulquemont, Bazaine est plus pressant encore : le 2ᵉ corps doit gagner dans le plus bref délai ces

---

1. Mercy-lès-Metz de la carte au 80,000ᵉ.
2. Note citée du Cabinet du major général. Dans la première comme dans la deuxième de ces positions défensives, « l'infanterie sera disposée, autant que possible, sur deux lignes, avec de fortes réserves en troisième ligne ».
3. Le major général au général Frossard et au maréchal Bazaine, 3 heures et 10ʰ30 du matin, *R. H.*, II, 1902, 1142, 1149 (Voir *suprà*, p. 47).
4. Le maréchal Bazaine au général Frossard, 8ʰ30 du matin, *L'Armée du Rhin*, 274.

deux points et même Courcelles-sur-Nied. Au besoin, il ferait une marche de nuit, quitte à alléger ses troupes par un large usage des voitures de réquisition. Le maréchal croit à la concentration prochaine de l'ennemi et à une attaque, surtout vers notre droite [1].

On voit l'état moral que décèlent ces dépêches, le décousu et les contradictions des ordres simultanés de Bazaine et du major général. De Pange à Remilly, il y a plus de 20 kilomètres en ligne droite. Quelle liaison pourrait exister entre les 2e et 3e corps ? Afin d'en établir une, il serait nécessaire de porter le gros de l'armée plus au sud, de Courcelles à Remilly. On serait ainsi dans de bonnes conditions pour traverser la Moselle en amont de Metz, de façon à se relier plus aisément aux 1er, 5e, 6e et 7e corps. On couvrirait même plus efficacement la grande place lorraine en occupant une position de flanc. Mais on est déjà hypnotisé par l'appui trompeur de ses fortifications ; on croit à la nécessité de barrer à l'ennemi la route directe de Paris ; on ignore la manœuvre. On va donc se retirer sur le glacis même des forts de Metz et, peu à peu, s'accoutumer à l'idée d'y chercher une protection, puis un refuge. Nouvel et saisissant exemple des conséquences qu'entraîne l'idée persistante de la défensive, quand elle s'empare d'une armée.

En même temps que le 2e corps, le 6e, à peine de retour au camp de Châlons, est rappelé sous Metz. L'impératrice l'a recommandé instamment : « Je crois absolument nécessaire que vous ayez des renforts. D'après les avis que j'ai reçus, la jonction des deux armées prussiennes va vous mettre au moins 300,000 hommes sur les bras. Appelez à vous les troupes de Châlons et tout ce que vous pourrez rassembler. Si vous approuvez, envoyez-moi des ordres immédiats [2]. » A 10 heures du soir, l'empereur répond qu'il fera venir à

---

1. Le maréchal Bazaine au général Frossard, s. h., mais aussitôt après la conférence de Faulquemont (*L'Armée du Rhin*, 275).
2. L'impératrice à l'empereur, d. t. arrivée à Metz le soir du 9 août (*Les derniers télégrammes de l'Empire*, cité par la *R. H.*, II, 1902, 1122). Voir, au sujet du 6e corps, *suprà*, p. 13, 29.

Metz le corps de Châlons, s'il en a « le temps et les moyens », mais qu'il ne peut réunir pour l'instant des forces plus nombreuses[1]. En réalité, il n'a pas attendu cet avis[2]. Mais il se borne d'abord à rappeler une division du 6e corps, sans motif appréciable.

Une grave question de personne se greffe sur ce mouvement. Le désir de la régente serait de confier le commandement de l'armée de Paris au maréchal Canrobert, alors que de nombreuses influences s'agitent afin d'y pousser le général Trochu. Elle voudrait envoyer ce dernier à l'armée, l'y jugeant moins dangereux sans doute[3]. Un télégramme qu'elle adresse à l'empereur montre quel est son découragement, combien elle a peu de confiance dans son entourage. Mais le maréchal Canrobert, mû par le scrupule le plus honorable, sinon le plus opportun, ne veut pas quitter ses troupes au moment où elles retournent à l'ennemi ; la force invincible des circonstances conduira bientôt Trochu à ce poste de gouverneur de Paris, où il décevra toutes les espérances mises en lui, des côtés les plus opposés.

Napoléon III n'a pas encore renoncé à ramener le 5e corps sur la Moselle. Dans la soirée, le capitaine d'état-major de France apporte au général de Failly, à Réchicourt, des instructions formelles dans ce sens : « L'ennemi est entré à Sarralbe et paraît se diriger sur Nancy, où il peut être dans cinq jours..... L'empereur maintient l'ordre qu'il vous a donné de vous diriger en toute hâte sur Nancy, et c'est vers ce but que doivent tendre tous vos efforts, en forçant votre marche, s'il est nécessaire.

---

1. *R. H.*, II, 1902, 1122.
2. Le major général au maréchal Canrobert, d. t. s. h. (avant 8h 55 du matin); le même au commandant du camp de Châlons, d. t., 5h 3 du soir (Ordre de diriger sur Metz la 3e division du 6e corps) [*R. H.*, II, 1902, 1167, 1168].
3. L'impératrice à l'empereur, 9 août, d. t. : « Canrobert m'est indispensable. Prenez Trochu à sa place; vous donnerez satisfaction à l'opinion publique et vous me donnerez un homme dévoué, ce dont je manque complètement. Dans quarante-huit heures, je serai trahie par la peur des uns et l'inertie des autres » (Général Ambert, *Gaulois et Germains*, I, 126, sans indication de source). La *R. H.* ne reproduit pas ce télégramme quoique son intérêt soit capital. Au sujet du maréchal Canrobert et de l'impératrice, voir *supra*, p. 10.

« C'est seulement dans le cas où vous vous verriez devancé à Nancy par l'ennemi, que, pour ne pas vous mettre dans la nécessité de lutter contre des forces supérieures, vous devriez... prendre une direction plus à gauche, vers Langres[1], par exemple...

« A Nancy, l'empereur vous appellera à Metz et vous indiquera votre direction, soit sur Châlons, soit sur Paris[2]. »

Ainsi le 5ᵉ corps doit continuer, aussi vite que possible, sa marche vers Nancy. C'est seulement au cas où il y serait devancé par l'ennemi, qu'il obliquerait au sud de cette ville. Or ses éléments sont répartis entre Réchicourt, Cirey et Badonviller[3]. Ils pourraient atteindre Nancy les 11 et 12 août, c'est-à-dire un jour avant la date prévue par le major général[4]. Mais de Failly se montre « très préoccupé d'avoir à entreprendre, pour se rendre à Metz par Nancy, une marche de flanc dans le voisinage presque immédiat des têtes de colonnes de l'ennemi ». En outre, ses troupes de Réchicourt, bien qu'elles n'aient pas tiré un coup de feu, sont « très ébranlées par une retraite précipitée, commencée à Bitche et effectuée dans des conditions telles qu'officiers et soldats » sont dépourvus « de tous bagages et de tout campement »[5].

---

1. Réminiscence du Mémoire du général Frossard (Voir *supra*, p. 20).
2. Journal du 5ᵉ corps, rédigé par le capitaine de Piépape, *R. H.*, II, 1902, 1161. D'après ce document, la déposition du capitaine de France au procès Bazaine (*Compte rendu sténographique quotidien*, 173), le rapport de cet officier, 10 août, 10 heures du matin (*R. H.*, II, 1902, 1404), une note du général de France (remise le 14 décembre 1901 à la Section historique, *ibid.*, 1401), les instructions qui précèdent ont été remises le 9 août au général de Failly. C'est donc à tort que le Journal du 5ᵉ corps rédigé par le colonel Clémeur et l'ouvrage du général de Failly (*Opérations et marches du 5ᵉ corps*, 20) indiquent le 10 août comme date d'arrivée de ces instructions (*R. H.*, II, 1902, 1116). Il est difficile de ne pas voir une intention dans cette erreur, jointe à tant d'autres.
3. Quartier général, division Goze, brigade Maussion, réserves d'artillerie et du génie, ambulances à Réchicourt ; division Lespart à Cirey ; division de cavalerie Brahaut à Badonviller (Journaux de marche du 5ᵉ corps, du capitaine de Lanouvelle, des divisions Goze et L'Abadie, *R. H.*, II, 1902, 1160 et suiv.).
4. L'ennemi pouvant être à Nancy « dans cinq jours », d'après les instructions confiées au capitaine de France (*R. H.*, II, 1902, 1115), son entrée est à prévoir pour le 13 ou le 14. Ces instructions ne sont pas datées dans le Journal du capitaine de Piépape ; le capitaine de France partit de Metz le 9 à 1 heure du soir, mais il est possible que les instructions dont il était porteur fussent du 8 au soir.
5. Note citée de M. le général de France.

Il craint d'arriver à Nancy trop tard pour éviter un engagement qu'il ne pourrait soutenir; il désire éviter le contact démoralisant du 1er corps. Jugeant que ces considérations l'autorisent à contrevenir aux ordres formels de l'empereur, il décide de se diriger, non sur Nancy, mais « sur le camp de Châlons par Bayon, Vézelise, Colombey, Void et Commercy »[1]. Aucun motif sérieux ne justifie une pareille désobéissance[2].

Outre les 5e et 6e corps, le major général appelle les divisions Forton et du Barail à Metz. La première, partie de Pont-à-Mousson, atteindra le soir même la forteresse lorraine; la seconde devrait n'y être que le 12 dans la matinée[3], mais un nouvel ordre accélère son mouvement qui s'achèvera le matin du 10, après une marche de nuit. Les circonstances ne justifient certes pas une pareille hâte[4].

Enfin le ministre de la guerre fait de sérieux efforts pour assurer notre ravitaillement en munitions. Ordre est donné d'envoyer d'urgence à Metz 1,200,000 cartouches de La Rochelle; 500,000 de Vitry-le-François; 4 millions environ de

---

1. Rapport cité du capitaine de France : « M. le général de Failly ne se dirige pas sur Nancy, parce qu'il craint de n'arriver dans cette ville que cinq ou six heures avant l'ennemi et parce qu'avec les trois brigades de son corps d'armée qui, seules, sont intactes, il ne pourrait soutenir un engagement.

« D'un autre côté, le général craint aussi le contact de ses brigades avec les troupes du 1er corps et redoute leur voisinage au camp de Châlons. » On doit faire remarquer que la division Lespart, la seule qui ait été engagée au 5e corps, l'a été fort légèrement. Le général de Failly joue sur les mots en mentionnant trois brigades intactes seulement.

2. Le Journal du 5e corps (colonel Clémeur), R. H., II, 1902, 1160, mentionne une reconnaissance vers Dieuze faite par un officier sur une locomotive. Il « apprend par les habitants et les employés de chemin de fer que des partis de cavalerie ennemie ont déjà été signalés près de Dieuze et que de fortes colonnes marchent sur Château-Salins ». Mais le Journal du capitaine de Lanouvelle (ibid., 1163) porte au contraire que le commandant Perrotin ne « rapporte aucune nouvelle de l'ennemi ». Le Journal du capitaine de Piépape date cette reconnaissance de la nuit (du 10 au 11 août?): « L'ennemi n'est pas encore signalé » à Dieuze; « mais il y arrive et marche sur Château-Salins ». En réalité il n'y a que des patrouilles de cavalerie dans cette direction, le corps de la IIe armée le plus avancé, le IVe, est encore sur la Sarre.

3. Le major général aux généraux de Forton et du Barail, 6 heures et 8h 15 du matin, d. t.; le général de Forton au major général, 9h 20 du matin, d. t., R. H., II, 1902, 1180.

4. Le général du Barail au major général, 6h 37 du soir, R. H., II, 1902, 1180.

Douai. La fraction du grand parc constituée à La Fère peut en fournir également un nombre considérable[1], mais l'encombrement et le désordre sont extrêmes sur nos voies ferrées. Ces cartouches, arrivées à Metz, se perdront dans la masse immense des approvisionnements de toute nature, amoncelés à la gare ou sur les voies de garage. C'est après le 18 août seulement qu'on les y retrouvera.

---

[1]. Le ministre de la guerre au général Soleille, 9 août, *R. H.*, II, 1902, 1182.

XII

MOUVEMENTS DU 9 AOUT

Renseignements recueillis le 8 août. — Mouvements du 9 août. — Le 2ᵉ corps. — Le 3ᵉ corps. — Le 4ᵉ corps. — La Garde. — Les réserves générales. — Le 6ᵉ corps. — L'ensemble. — État des troupes.

Malgré les recommandations répétées de l'empereur et du major général, la cavalerie française reste à peu près inerte. Elle ignore à tel point son métier qu'il lui paraît naturel d'être en permanence au contact de sa propre infanterie. Dans les cas trop rares où le commandement lui prescrit des reconnaissances, on la voit partir en colonne, « comme pour aller au terrain de manœuvres, et revenir tranquillement après avoir parcouru six kilomètres, sans avoir rien reconnu... ». Quelquefois elle craint « de s'aventurer aussi loin » et réclame « impérieusement l'appui de bataillons d'infanterie »[1]. Constamment elle campe en arrière des divisions de cette arme, qui la couvrent au lieu d'en être couvertes. Elle les devance dans nos marches en retraite. Il semble que tout service de guerre lui soit étranger hors du champ de bataille, où elle sait mourir héroïquement, mais sans profit.

Aussi les renseignements recueillis le 8 août sont-ils vagues et peu nombreux. La plupart viennent d'autres sources. Le ministre des affaires étrangères écrit que « l'état-major prussien a décidé d'attaquer très incessamment..... et que les troupes destinées à cette attaque s'élèveront à 450,000 hommes[2]. De Luxembourg, on télégraphie que « l'armée allemande entière, y compris la landwehr, se

---

[1]. Général d'Andlau, 462, cité par la *R. H.*, II, 1902, 1117.
[2]. Le ministre de la guerre au maréchal Le Bœuf, 12ʰ25 du soir, d. t., *R. H.*, II, 1902, 1185.

masse sur la frontière ». Le landsturm est appelé[1]. Un autre télégramme venant de la même ville porte que la tactique de l'armée prussienne est de noyer la nôtre dans des masses supérieures en nombre[2].

Après avoir signalé un prétendu mouvement de Cologne vers Trèves et Sierck ou Bouzonville, un agent de Thionville annonce qu'il n'y a plus de troupes entre Trèves et Sarrelouis[3]. Si le sous-préfet de Schlestadt écrit que tout est tranquille au bord du Rhin, le capitaine Jung télégraphie que « 60,000 hommes environ » ont passé le fleuve à Limbourg et à Brisach « le 7 août, à 11 heures du soir ». Il est vrai que, peu après, il annonce l'arrêt du mouvement « sur le Rhin et à Saverne[4] ». Le prince royal se dirigerait vers Sarre-Union pour faire sa jonction avec Frédéric-Charles[5].

On voit combien ces renseignements restent vagues ou inexacts. Ceux des corps d'armée, un peu plus précis, ne sont pourtant pas de nature à éclaircir la situation. Au 2ᵉ corps, l'interrogatoire de quelques prisonniers amène à conclure faussement que nous avons eu devant nous à Spicheren les IIIᵉ, VIIᵉ et VIIIᵉ corps, sinon en entier, du moins en grande partie[6]. Les reconnaissances du 4ᵉ corps vers Boulay confirment l'absence « de tout rassemblement prussien jusqu'à Teterchen ». Le général de Lorencez écrit à

---

1. Un agent de Luxembourg au préfet de la Moselle et au duc de Gramont, d. t., *R. H.*, II, 1902, 1185.
2. Le préfet de la Moselle au ministre des affaires étrangères, d. t., 2ʰ 10 du soir, *R. H.*, II, 1902, 1185.
3. D. t. au major général, 9 heures, 10ʰ 30 du matin, 3 heures du soir, *R. H.*, II, 1902, 1186 et suiv.
4. Le capitaine Jung au maréchal Le Bœuf, 10 heures du matin, d. t., *R. H.*, II, 1902, 1190.
5. Le capitaine Jung au maréchal Le Bœuf, midi 30, *R. H.*, II, 1902, 1191. Le général Douay écrit au major général, d'après un Français revenant d'Allemagne, que, quelques jours auparavant, 120,000 hommes des landwehrs du Sud étaient concentrés entre Hausach et Ulm; il y avait de Rastatt à Offenburg une armée évaluée par lui à 50,000 hommes et à 100,000 par d'autres (Bulletin du 7ᵉ corps, 9 août, *ibid.*, 1192). Il est difficile de ne pas voir dans la diffusion déjà signalée de ces fausses nouvelles une manœuvre du contre-espionnage allemand. Voir *suprà*, p. 21.
6. Renseignements datés de Gros-Tenquin, *R. H.*, II, 1902, 1189.

Ladmirault que, d'après tous les renseignements, les Prussiens sont en force à Bouzonville, Teterchen, Ottonville, Coume et Boucheporn, avec peu de monde à Boulay, et que leurs mouvements semblent annoncer l'intention de se porter sur Saint-Avold [1]. Rien, on le voit, n'indique un prochain contact avec l'ennemi.

Dans la journée du 9 août, le 2e corps marche de Gros-Tenquin sur Rémilly, les réserves d'artillerie et du génie poussant jusqu'à Lemud. Ce n'est pas sans désordre, par suite d'un faux mouvement de la division Vergé, qui encombre la route destinée au reste du corps d'armée. Néanmoins cette étape de 32 kilomètres est faite, dit-on, sans qu'un homme ou une voiture reste en arrière [2].

Le 3e corps effectue un court déplacement pour s'établir sur la Nied française, une partie des troupes dans les plus mauvaises conditions. La division Montaudon quitte Faulquemont vers 2 heures du soir [3], se dirigeant sur Pange. Mais ce départ tardif et une erreur d'itinéraire la jettent dans les colonnes du 2e corps. Sa marche en est ralentie de telle sorte que la division bivouaque vers Saury-sur-Nied à 2 heures du matin seulement [4]. Le 2e escadron du 3e chasseurs, dirigé vers Gros-Tenquin, « où le convoi du 2e corps est compromis », le ramène après une escarmouche où il fait 7 prisonniers [5].

---

1. Lettre du 9 août, *R. H.*, II, 1902, 1159.
2. Journal de marche du 2e corps, *R. H.*, II, 1902, 1140; *Le général de Laveaucoupet*, 229. La brigade d'arrière-garde Lapasset reste à Aubecourt. Des fractions du 3e corps coupent également la colonne du 2e et sont coupées par elle (*Trois mois à l'armée de Metz*, 50 ; général Montaudon, II, 84).
3. Général Montaudon, II, 84. L'ordre de départ a pourtant été reçu à 9 heures (Journal de marche de la division, *R. H.*, II, 1902, 1145).
4. Journal de marche cité. La *R. H.*, II, 1902, 1107, fait ressortir les divergences sur ce point entre les historiques manuscrits des corps, les *Souvenirs* du général Montaudon et le Journal cité. Il est à croire que les corps bivouaquèrent au hasard de leur marche de nuit à travers un pays inconnu, vers Pange, Courcelles-sur-Nied, Lemud et même Rémilly.
5. Journal de marche cité. D'après le rapport du colonel de Sansal (3e chasseurs), *R. H.*, II, 1902, 1151, les pertes de l'ennemi furent de 7 tués, 7 prisonniers, 9 chevaux; 1 officier de chasseurs fut blessé. La *R. H.* (*ibid.*, 1107) n'indique pas pour quelle raison le 3e chasseurs (3e corps) est chargé de secourir le convoi du 2e corps. Les prisonniers étaient des 15e ulans et 4e cuirassiers

Quant à la division Castagny, partie à 1 heure du soir de Fouligny, elle arrive à Mont, sur la Nied, à 7 heures, après avoir consacré six heures à parcourir 12 kilomètres [1]. De même la division Metman quitte Faulquemont derrière celle du général Montaudon et n'atteint Mont qu'après minuit [2].

L'état de la division Decaen laisse tant à désirer le matin du 9, que le général fait tous ses efforts pour obtenir du maréchal une journée de repos [3], sans y réussir. Enfin ses troupes se mettent en marche à une heure très tardive et vont bivouaquer vers Silly et Pont-à-Chaussy [4].

La division Clérembault et la réserve d'artillerie campent également aux abords de ce dernier point. La première s'est croisée avec l'une des colonnes de Decaen, qui en a ralenti la marche [5].

Le 4ᵉ corps, lui aussi, opère un très faible déplacement. Il est déjà en mouvement et ses convois atteignent les portes de Metz, quand Ladmirault reçoit de nouvelles prescriptions. Le major général écrit que « l'ennemi se concentre

---

(Voir leur interrogatoire, *R. H.*, I, 1903, 229). La patrouille prussienne comprenait 7 ulans et 8 cuirassiers; 3 cuirassiers et 1 ulan purent seuls s'échapper (Von Widdern, *Verwendung und Führung der Kavallerie*, II, 232, d'après les historiques et le récit du chef de la patrouille du 15ᵉ ulans, qui est reproduit).

1. Journal de marche, *R. H.*, II, 1902, 1145.
2. Journal de marche, *R. H.*, II, 1902, 1145. La brigade Potier n'y arrive qu'à 2 heures du matin (Journal de marche, *ibid.*, 1146).
3. Sa lettre est caractéristique : « Je vous prie en grâce de ne pas me faire faire de mouvement aujourd'hui. Les hommes sont rendus de fatigue, la soupe n'est pas mangée et il faudrait encore y renoncer ce soir. Enfin j'ai dit à M. Duvernoy, chef d'escadron, l'état moral que j'ai constaté. Hier, arrivé à 11ʰ30 du soir, avec une pluie battante, manquant de moral (j'ai le regret de vous le dire); il leur faut un peu de repos et de la soupe ce soir. De plus, arrivé hier soir à 11 heures, j'ai dû, ce matin de bonne heure, aller rectifier les emplacements pris sans y voir. Ils n'ont donc pu se reposer.
« J'attends vos ordres » (10ʰ30 du matin, *R. H.*, II, 1902, 1150). Ni la forme, ni le fond de cette lettre n'indiquent une certaine netteté de conception.
4. La 2ᵉ brigade, partie à 3 heures du soir, va « en arrière de Silly »; le reste de la division part à 8 heures et campe à Pont-à-Chaussy. Le Journal de marche (*R. H.*, II, 1902, 1146) ne donne aucun motif de ce fractionnement. D'après l'ordre de mouvement de Decaen (*ibid.*, 1152), la 1ʳᵉ brigade, qui part la dernière, va d'abord occuper l'emplacement laissé vacant par la 2ᵉ. Quel peut être le but de ce procédé, dont l'unique résultat est de fatiguer les troupes sans profit? Decaen entend sans doute opérer une retraite par échelon.
5. Journaux de marche, *R. H.*, II, 1902, 1146.

sur notre gauche ». Nous pouvons « être attaqués, par des forces considérables, ce soir ou demain matin ». Le Bœuf invite donc le général à prendre les ordres de Bazaine avant tout déplacement ; il lui recommande aussi de s'éclairer très au loin en avant et à gauche, avec sa cavalerie [1].

Dans ces conditions, le corps d'armée arrête sa marche. A 8 heures du matin, il est établi de Glattigny au delà de Sainte-Barbe, à cheval sur la route de Sarrelouis. Le soir, la division Grenier vient en seconde ligne, derrière la droite du général de Cissey [2]. Suivant les instructions du major général, Ladmirault prescrit pour le matin du 10 août des reconnaissances dans les directions de Bouzonville et de Boulay, mais sa recommandation finale est au moins inutile : « Agir avec beaucoup de prudence et de circonspection. » Vraiment nous n'avons lieu de recommander ni l'une ni l'autre à notre cavalerie. Quel moyen plus efficace d'y paralyser toute ardeur, toute initiative ?

Dans la journée du 9, le 4ᵉ corps a déjà poussé deux reconnaissances au delà de Boulay. L'une n'a rien vu ; l'autre a eu une escarmouche avec des ulans vers le bois d'Ottonville [3].

Quant à la Garde, d'après les instructions à peu près simultanées du major général et de Bazaine [4], elle doit

---

1. Le major général au général de Ladmirault, d. t., 3 heures du matin, *R. H.*, II, 1902, 1154.
2. Son mouvement ne se termine qu'à minuit. La division Cissey est entre Glattigny et Cheuby ; la division Lorencez entre Cheuby et les hauteurs en avant de Sainte-Barbe (Journal de marche du 4ᵉ corps, *R. H.*, II, 1902, 1153).
3. 20 cavaliers du 2ᵉ hussards contre 15 ulans du 5ᵉ régiment. Ces derniers auraient laissé sur le terrain 1 officier et 5 cavaliers tués, 3 chevaux ; nous avons 1 officier et 2 cavaliers tués ; 1 officier et 3 cavaliers blessés. La rencontre a lieu entre Boulay et Volmerange. Les ulans attendent nos hussards de pied ferme, en croisant la lance (Rapport du colonel du 2ᵉ hussards, 10 août ; le général de Ladmirault au maréchal Bazaine, 9 août ; Bulletin de renseignements du 4ᵉ corps, 9 août ; *R. H.*, II, 1902, 1191, 1110, 1156 ; Historique du 2ᵉ hussards, 180). D'après deux rapports du lieutenant von Papen-Kœnigen, 9 et 10 août (Von Widdern, *Verwendung und Führung der Kavallerie*, III, 149, 154), les ulans perdirent 1 tué, 1 blessé, 1 disparu, 1 cheval tué et 2 blessés ; les hussards, 1 officier tué, 6 hussards grièvement blessés. Tous ces documents sont en complète discordance.
4. Le major général au général Bourbaki ; le maréchal Bazaine au même, *R. H.*, II, 1902, 1174-1175.

d'abord rester dans ses positions de la veille, tout en se tenant prête à appuyer selon les circonstances le 4ᵉ ou le 3ᵉ corps. Après la conférence de Faulquemont, cet ordre se précise : la Garde occupera, « à partir de Colligny comme centre, les positions » lui permettant de se porter rapidement, soit vers notre gauche à Glattigny, soit vers notre droite à Courcelles-sur-Nied [1]. Par suite, dans l'après-midi, elle quitte Noisseville et Lauvallier pour se rapprocher de la Nied, en sens inverse de son mouvement de la veille, et s'établit à cheval sur la route de Saint-Avold, derrière notre centre [2]. Depuis le 1ᵉʳ août elle n'a fait qu'opérer des marches et des contre-marches continuelles de Metz à la frontière. Elle a été ballottée sans cesse entre les ordres de l'empereur et ceux de Bazaine.

Enfin la division de cavalerie Forton s'est rendue de Pont-à-Mousson, non sur le front de l'armée comme le voudrait la simple raison, mais à Montigny-lès-Metz, sur ses derrières ; la division du Barail va quitter Saint-Mihiel pour se porter à Metz par une marche de nuit [3]. La réserve générale

---

[1]. Le maréchal Bazaine au général Bourbaki, *R. H.*, II, 1902, 1175.

[2]. La division Deligny à la Tuilerie, à cheval sur cette route ; la division Picard à gauche, allant jusqu'à la ferme de Béville occupée par trois bataillons de grenadiers et une batterie ; la division Desvaux à Maizery ; la réserve d'artillerie sur la route, près de son embranchement avec le chemin de Pange à Vigy. Le bataillon de chasseurs revenant de Thionville rallie le corps d'armée dans la soirée ; les régiments des chasseurs et des guides sont définitivement rattachés aux divisions Deligny et Picard (Journaux de marche de la Garde ; le général Bourbaki au major général, 10ʰ 15 du matin; ordre de mouvement du 9 août ; le général Bourbaki au général de France, *R. H.*, II, 1902, 1171, 1176, 1177, 1179). Notons que le compte rendu anticipé de Bourbaki est adressé au major général et non à Bazaine, bien que la Garde soit sous les ordres de ce dernier.

[3]. Journaux de marche, *R. H.*, II, 1902, 1179. Cette Revue (*ibid.*, 1112) écrit que la division du Barail reçut à 6 heures du soir du major général l'ordre (non reproduit par la *R. H.*) de se porter le 10 sur Metz en trois jours ; le général aurait répondu à 6ʰ 37 qu'il partirait à 9 heures et marcherait toute la nuit jusqu'à son arrivée à Metz. Il y a là une erreur. Du Barail arrive de bonne heure à Saint-Mihiel (9ʰ 30 du matin) avec sa division. Il y reçoit sans doute peu après, mais assurément pas à 6 heures du soir, le télégramme du major général daté de Metz à 8ʰ 15 du matin. Il donne des ordres pour que la division passe la nuit à Saint-Mihiel, puis, « vers 5 heures du soir », reçoit un mot du général Lebrun demandant s'il pouvait arriver « le lendemain matin à Metz », où sa présence est impatiemment attendue. C'est alors qu'il répond par le télégramme précité de 6ʰ 37 du soir (Général du Barail, III, 159 ; Journal de marche de la division et télégrammes reproduits par la *R. H.*, II, 1902, 1180).

d'artillerie est concentrée tout entière dans l'île Chambière, en aval de la vieille cité lorraine [1].

Quant au 6ᵉ corps, à peine de retour au camp de Châlons, il s'embarque en chemin de fer pour Metz, ainsi qu'il avait fait quelques jours auparavant [2]. La seule différence est que cette opération commence par la 3ᵉ division au lieu de la 1ʳᵉ.

En somme, l'armée est établie sur un front généralement marqué par la Nied française et mesurant en droite ligne 21 kilomètres. Si, de Sainte-Barbe à Pange, la gauche et le centre sont relativement concentrés, la droite jusqu'à Aubecourt l'est beaucoup moins. Il n'y a aucune liaison entre les 2ᵉ et 3ᵉ corps, fait qui tient aux dispositions vicieuses prises pour la retraite. Au lieu d'accélérer leur marche, les 3ᵉ, 4ᵉ corps et la Garde eussent dû la ralentir afin de permettre au général Frossard de les rallier.

Enfin, à partir de Pont-à-Chaussy, la gauche est en retrait vers Sainte-Barbe; elle s'éloigne de la Nied pour éviter, semble-t-il, le voisinage immédiat des bois de Cheuby, de Hayes et de Silly. Mais son front est néanmoins compromis par leur existence; la liaison entre les 3ᵉ et 4ᵉ corps est très mal assurée. Pour être susceptible de défense, la position du 9 août devrait s'étendre de Pange aux Étangs, en comprenant la partie ouest du bois de Hayes.

Si nos emplacements ne sont de nature à favoriser ni un retour offensif, ni une défense énergique, l'état moral et matériel des troupes n'est pas moins défectueux. Les témoignages sont irréfutables à cet égard. Les soldats sont d'une tristesse morne, eux d'ordinaire si gais; le bruit de nos revers court dans leurs rangs, non sans exagérations. Pour alléger la fatigue de ces marches si lentes, coupées de tant

---

1. Journal des opérations du général Soleille, *R. H.*, II, 1902, 1181. Un télégramme du ministre de la guerre, 9 août, informe le major général du départ à la date du 10 du grand parc du génie de Versailles pour Metz (2ᵉ compagnie de sapeurs [télégraphistes], du 1ᵉʳ régiment; 1ʳᵉ compagnie de sapeurs [mineurs] et 1ʳᵉ compagnie de sapeurs [chemins de fer], du 3ᵉ régiment, *R. H.*, II, 1902, 1184).

2. Journal de marche de la 3ᵉ division, *R. H.*, II, 1902, 1167.

d'arrêts, de tant d'heures de piétinement sur place, souvent opérées de nuit, sans les moindres précautions afin d'éviter les croisements de colonnes, ils jettent les objets d'équipement qui les gênent : demi-couvertures, petites tentes, ustensiles de campement, gibernes pleines de cartouches jonchent les routes[1]. La funeste habitude du bivouac, sous des pluies continuelles, ruine leur santé autant que leur moral. Si certaines troupes opèrent leur marche dans de bonnes conditions, malgré tant de circonstances déplorables[2], il n'en est pas de même d'une grande partie des 3e et 4e corps[3].

La fatigue des hommes et des chevaux y est extrême ; officiers et hommes de troupe laissent percer un découragement visible. « Il vaudrait mieux pour mon corps d'armée, écrit Ladmirault, se retirer sous les murs de Metz que de rester exposé à supporter seul les attaques de l'ennemi... » Pourtant la campagne n'est qu'à son début et ces corps n'ont pas été engagés. Ils n'ont devant eux, à proximité, que des pointes de cavalerie, et elles ne se sont pas encore montrées entreprenantes. Les masses allemandes sont à plusieurs étapes en arrière. Mais chacun, chez nous, souffre des incertitudes, des hésitations, des craintes, des contradictions sans nombre d'un commandement qui n'a ni

---

1. Bazaine, *Épisodes*, 42. Ce témoignage est suspect, mais il est confirmé par des rapports de reconnaissances allemandes qui ne le sont pas.

2. Journal de marche du 2e corps déjà cité. Voir *suprà*, p. 86.

3. Voir *suprà*, p. 87, la lettre de Decaen à Bazaine et ce qui regarde la marche de la division Montaudon. « ...... Depuis cinq jours mes troupes sont en marche : la journée d'hier 8 août a été très pénible par suite d'un orage qui nous a inondés d'eau. La pluie n'a cessé de tomber en abondance pendant toute la nuit ; les hommes sont restés debout, sans sommeil, mais pouvant faire de grands feux.

« Les chevaux de la cavalerie et les attelages de l'artillerie sont horriblement fatigués ; ils ont passé la nuit du 8 au 9 août dans des bourbiers profonds.

« Dans cet état de choses, les troupes de mon corps d'armée ont le plus grand besoin de repos et d'un bivouac tranquille. Il vaudrait mieux, pour mon corps d'armée, se retirer sous les murs de Metz que de rester exposé à supporter seul les attaques de l'ennemi... » (Le général de Ladmirault au major général, 10 heures du matin, *R. H.*, II, 1902, 1155). On remarquera que Ladmirault, comme Bourbaki, rend compte au major général et non à Bazaine. Sa dernière phrase indique assez l'affaissement moral de cet officier général, l'un des meilleurs de l'armée.

unité, ni objectif assuré. Des négligences incroyables se produisent à tous les échelons : «... La nuit du 8 au 9, une douzaine de paysans ont été placés dans les bois autour du camp, pour prévenir les surprises ; ils gardaient les bois de Hayes, de Landonvillers et de Vigy... »[1]. Une armée peut-elle descendre plus bas dans l'accomplissement de ses devoirs les plus impérieux ?

---

1. Bulletin de renseignements du 4ᵉ corps, *R. H.*, II, 1902, 1192. Une reconnaissance allemande constate le même fait (celle du capitaine von Rosenberg, du 13ᵉ ulans, le 11 août [Von Pelet-Narbonne, *op. cit.*, 354]).

Nous revenons ainsi à une pratique oubliée depuis les guerres de Louis XV. En 1744, vers Douai, le comte d'Estrées fait placer « dans tous les villages en avant et dans les principaux passages des paysans à cheval pour nous avertir » (*R. H.*, II, 1903, 273).

XIII

LES ALLEMANDS LE 9 AOUT

Au grand quartier général. — La Ire armée. — La IIe armée. — Le IIIe corps. — La 5e division de cavalerie. — Situation générale des Ire et IIe armées. — Ordre de Frédéric-Charles.

Malgré l'inertie de la cavalerie française et la faiblesse de notre commandement, l'état-major du roi Guillaume se rend imparfaitement compte de la situation. Mal informé par les commandants d'armée, surtout Steinmetz, il ne saisit pas les causes de mouvements d'ailleurs peu explicables de par leur incohérence. Il n'est pas loin de croire encore à un retour offensif de notre part[1]. Pourtant, la IIe armée ayant terminé son déploiement sur la Sarre, Moltke juge possible d'entamer un mouvement d'ensemble vers la Moselle et, à 8 heures du soir, il adresse aux commandants d'armée des « directives » dans ce sens. Les renseignements recueillis lui font admettre pour nos troupes l'hypothèse d'une retraite derrière la Seille, sinon la Moselle[2]. Les trois armées alle-

---

1. Le 9 août, à 9 heures du soir, le grand quartier général n'a pas reçu un rapport des trois armées sur les événements du jour. « Si les Français ne nous attaquent pas demain, ce qui est certainement possible, mais absolument pas vraisemblable, après-demain nous les chercherons là où toutes leurs forces sont rassemblées » (Général von Verdy du Vernois, *Im Grossen Haupt-Quartier*, 65). Ce passage est en contradiction avec la relation de l'État-major prussien (I, 424) : « Maintenant que le déploiement de la principale armée sur la Sarre était à peu près terminé et que les rapports de la cavalerie avaient suffisamment éclairci la situation de l'ennemi... » Un croquis de la main de Moltke (et non du lieutenant-colonel von Verdy du Vernois, comme l'écrit la *R. H.*, II, 1902, 1122) indique ainsi nos emplacements supposés au matin du 9 août : Ladmirault près de Metz, sur la route de Boulay ; Bazaine à mi-chemin entre Saint-Avold et Metz ; Frossard en retraite vers Metz par la route de Morhange ; de Failly en marche d'Altroff vers Morhange ou Dieuze (?) [*Moltkes Korrespondenz*, I, III, 1, 207]. Ces emplacements, à peu près exacts pour notre gauche, ne le sont pas pour la droite.
2. « Die eingegangenen Nachrichten lassen vermuthen, dass der Feind hinter die Mosel, event. die Seille zurückgegangen ist... (Les nouvelles parvenues font supposer que l'ennemi s'est retiré derrière la Moselle, éventuellement derrière la Seille) » (Moltke aux commandements des Ire, IIe, IIIe armées, 9 août, 8 heures du soir, *Moltkes Korrespondenz*, I, III, 1, n° 127). L'État-major prussien (I, 393) modifie ce texte : « hinter die Mosel *oder* Seille ». La *R. H.* (I, 1903, 173) en altère le sens : « derrière la Seille *et* la Moselle ».

mandes vont donc se mettre en marche, la III⁰ par Sarre-Union, Dieuze, la II⁰ par Saint-Avold, Nomeny, la I⁰ par Sarrelouis, Boulay. Toutes trois utiliseront en outre les routes au sud des précédentes. Leur cavalerie, soutenue par de fortes avant-gardes, sera poussée à grande distance pour les couvrir.

Ce mouvement devant débuter par une conversion vers l'ouest, Moltke admet que les I⁰ et II⁰ armées pourront consacrer la journée du 10 au repos ou à des déplacements latéraux. La III⁰ bordera la Sarre seulement le 12, ce qui obligera les deux autres à faire au début de courtes étapes[1].

Ainsi, non seulement il n'y a pas eu de poursuite après Spicheren, mais les I⁰ et II⁰ armées vont nous laisser toute facilité pour traverser la Moselle, ou nous préparer à une bataille défensive. Elles ralentissent leur mouvement afin de permettre à la III⁰ de se porter à leur hauteur. Quelle nécessité y a-t-il à ce que les trois armées marchent sur un même front? Leur séparation en deux masses ne correspond-elle pas à la nôtre, armées d'Alsace et de Lorraine? N'auront-elles pas, par ce fait même, deux tâches distinctes? Enfin chacune d'elles ne dispose-t-elle pas de forces amplement suffisantes pour battre l'armée opposée? Les dispositions prises par Moltke sont donc pour grandement faciliter la mission de Bazaine, s'il n'était tout à fait au-dessous d'elle[2].

La I⁰ armée garde le 9 août la même immobilité que la veille. Le soir du 8 août, après avoir reçu les rapports concernant notre retraite de Bouzonville et de Boulay, Steinmetz projetait un mouvement partiel vers l'ouest. Il y renonce sur l'invitation de Moltke[3], qui n'a pas encore entre

---

1. Moltke aux commandements des I⁰, II⁰, III⁰ armées, 8 heures du soir (*Moltkes Korrespondenz*, I, III, I, 207), confirmé, en ce qui concerne la III⁰ armée, par un télégramme de 9ʰ 30 du soir (*ibid.*, 208).
2. Les zones de réquisition sont limitées pour chacune des trois armées par deux lignes à 10 kilomètres sur chacun des flancs de la route principale. La II⁰ armée reçoit l'ordre d'installer un grand magasin à Sarre-Union pour la III⁰, dont l'alimentation est difficile, car elle n'a pas de voie ferrée la rattachant à l'Allemagne (*État-major prussien*, I, 425).
3. Voir *suprà*, p. 60.

les mains son compte rendu de l'évacuation de ces deux points[1]. Il le renouvelle, assurant que notre gauche est sans doute à Saint-Avold ou, tout au plus, à Boucheporn, et proposant de porter au moins la droite de la Ire armée sur ce dernier village[2]. Il a déjà prescrit à la 3e division de cavalerie d'éclairer cette direction et celle de Saint-Avold, en faisant soutenir ses reconnaissances par un bataillon[3]. Mais, nous l'avons dit, le général von der Grœben estime inopportun l'envoi de forces considérables de cavalerie dans le pays boisé et accidenté que l'armée a devant elle. Malgré l'ordre de Steinmetz, il se borne à détacher à l'ouest de la Sarre des patrouilles plus nombreuses. Avec le concours des escadrons divisionnaires du général von Glümer, on constate ainsi notre retraite générale à l'ouest de la Nied allemande; on apprend que des fractions de la IIe armée occupent Saint-Avold[4].

Quant à cette armée, elle continue sa concentration sur la Sarre. De ses corps de première ligne, le IIIe a reçu ordre de prendre position à Forbach; mais, apprenant par le 15e ulans notre retraite de Saint-Avold, Alvensleben décide d'y porter la 6e division d'infanterie. Le reste du corps d'armée et la 6e division de cavalerie qui lui est subordonnée cantonnent le long de la route de Forbach ou au sud[5]. Le 15e ulans a poussé plus avant vers Metz, s'attachant à la queue de nos colonnes. Dans la soirée, il constate la retraite

---

[1]. Parti tard dans la soirée du 8 (*État-major prussien*, I, 423).

[2]. Compte rendu au roi, d. t., 9 août, 9 heures du matin (Von Widdern, *Verwendung und Führung der Kavallerie*, III, 145). Steinmetz croit de notre part à une retraite *au sud-est*, c'est-à-dire au-devant de Mac-Mahon.

[3]. Ordres du 8 au soir, s. h. et 10^h 30 (Von Widdern, *Verwendung und Führung der Kavallerie*, III, 146).

[4]. Von Widdern, *Verwendung und Führung der Kavallerie*, II, 145, 154, comptes rendus du 1er escadron du 8e hussards; *État-major prussien*, I, 424. C'est l'une des patrouilles de la 3e division (5e ulans) qui a une escarmouche près de Boulay avec une fraction de notre 2e hussards (Voir *supra*, p. 88). Voir dans von Widdern, *loc. cit.*, III, 179, l'ordre de la Ire armée daté du 9 août.

[5]. Ordre du 9 août, 5^h 30 du matin (Von Widdern, *Verwendung und Führung der Kavallerie*, II, 201). L'ordre de la IIe armée, 8 août, 7 heures du soir, *ibid.*, 199, prescrit seulement au IIIe corps de prendre « une position choisie à Forbach ».

de forces considérables jusqu'aux hauteurs de Plappecourt, à l'ouest de la Nied allemande [1].

Plus au sud, un escadron (2ᵉ du 2ᵉ dragons) trouve Faulquemont inoccupé ; un officier de ce régiment rend compte que le maréchal Bazaine y avait encore son quartier général le 8 et que l'empereur y est venu de Metz dans la matinée [2]. Ainsi l'on constate la présence de fortes masses françaises à proximité de la droite de la IIᵉ armée, tandis que, devant la gauche, le contact n'existe plus. Un peloton du 16ᵉ ulans (brigade Bredow) bat l'estrade sur le front du prince royal jusqu'au chemin de fer de Strasbourg à Paris ; il coupe cette ligne ferrée au sud de Phalsbourg, sans avoir rien vu de nos troupes. D'autres patrouilles de la 5ᵉ division ramènent d'Altroff des traînards du 2ᵉ corps. Elles ont observé des bivouacs abandonnés et les traces de fortes colonnes d'infanterie, passées la nuit précédente. A en croire certains renseignements, une fraction considérable de nos troupes marcherait sur Nancy [3].

On voit que, des quatre divisions de cavalerie prussiennes [4], deux, les 3ᵉ et 1ʳᵉ, restent à l'est de la Sarre ; les 5ᵉ et 6ᵉ sont rattachées à des corps d'armée ou même scindées entre des unités différentes, toutes dispositions faites pour annihiler leur action. Si la Iʳᵉ armée est concentrée entre Sarrelouis et Sarrebruck, la IIᵉ est loin de l'être à l'est. L'un de ses corps d'armée, le IIIᵉ, est en pointe de Forbach à Saint-Avold, formant une sorte d'avant-garde générale sur

---

[1]. Comptes rendus du colonel von Alvensleben et du capitaine Brix, datés de 7ʰ 30 du matin, 2 heures, 7 heures du soir (Von Widdern, *Verwendung und Führung der Kavallerie*, II, 212, 222, 224, 226 ; *État-major prussien*, I, 422 ; général von Pelet-Narbonne, traduction, *Revue de cavalerie*, novembre 1899, p. 179). Le 15ᵉ ulans, 6ᵉ division de cavalerie, colonel von Alvensleben, a été provisoirement rattaché à la 6ᵉ division d'infanterie.

[2]. Von Widdern, *Verwendung und Führung der Kavallerie*, II, 243 et suiv., comptes rendus du capitaine von Cramm et du lieutenant von Czettritz.

[3]. *État-major prussien*, I, 423. Le lieutenant Mohr, du 16ᵉ hussards, rend compte à 6 heures du soir que 50,000 Français des 2ᵉ et 3ᵒ corps ont, la veille, traversé Puttelange « dans un grand désordre » et marchant « sur Nancy » (Von Widdern, *Verwendung und Führung der Kavallerie*, II, 249).

[4]. Sans les divisions de la Garde et du XIIᵉ corps qui font partie intégrante de ces corps d'armée.

le front, non de la IIe armée, mais de la Ire; deux sont groupés vers Sarreguemines (Xe et XIIe); deux autres sont isolés au sud-est, la Garde et le IVe corps. Enfin les IXe et IIe corps restent en arrière de la droite à Saint-Ingbert et à Neunkirchen. Si une idée quelconque règle ce dispositif, il est malaisé de la percevoir. Il n'a rien d'une préparation à l'offensive énergique réclamée par les circonstances. On ne peut l'expliquer que par la volonté persistante d'interdire à nos troupes d'Alsace l'accès de la haute Sarre et, en même temps, de faire face à l'offensive éventuelle de notre armée de Lorraine [1].

D'après l'ordre qu'arrête Frédéric-Charles dans la soirée du 9, l'ennemi signalé à Saint-Avold s'est retiré vers Metz. Le IIIe corps restera en position aux abords de Saint-Avold le 10 août, en se couvrant d'une avant-garde. Même au cas d'un retour offensif de notre part, le corps d'armée ne dépasserait pas cette ville pour le refouler. Derrière lui, le IXe corps poussera jusqu'à Sarrebruck. Le Xe corps demeurera sur la rive gauche de la Sarre à Sarreguemines, son avant-garde à Puttelange ; le XIIe ira jusqu'à Habkirch, la Garde à Sarralbe; le IVe se concentrera à Sarre-Union. Enfin le IIe s'échelonnera de Sarrebruck le long de la vallée de Dudweiler [2].

Dans cet ordre le prince ne fait aucune mention de la cavalerie. Il continue d'abandonner la conduite des 5e et 6e divisions à ses corps d'armée de première ligne. Enfin l'envoi du IVe corps et de la Garde dans une direction aussi divergente que celle de Sarralbe et Sarre-Union répond à l'idée que nous avons signalée : couper au maréchal de Mac-Mahon sa retraite vers la Moselle. Pourtant il semble que, le soir du 9 août, l'état-major de la IIe armée ne doive nourrir aucune illusion sur les chances de la réaliser.

---

1. A Sarreguemines le Xe corps passe tout entier au sud de la Sarre. Quant à la Garde et au IVe corps, ils demeurent à Gros-Réderching et à Lorentzen. En deuxième ligne le IXe corps se porte à Saint-Ingbert, le XIIe à Habkirch. Le IIe commence son débarquement à Neunkirchen (*État-major prussien*).
2. Ordre daté de 3 ou de 5 heures du soir (Von Widdern, *Verwendung und Führung der Kavallerie*, II, 262).

XIV

L'ARMÉE DU RHIN LE 10 AOUT

Le 2ᵉ corps et l'ordre de Bazaine. — Le 3ᵉ corps. — Le 4ᵉ corps. — La Garde. — Les réserves générales. — État des troupes. — Dernières velléités d'offensive. — Divers partis à prendre. — La retraite sur Metz. — Ordres de Bazaine. — Le ravitaillement en munitions.

Nous consacrons la journée du 10 août à l'occupation des positions sur la Nied française, telle qu'elle a été prévue la veille.

La rapidité et la direction de sa retraite ont empêché Frossard de recevoir les dernières instructions de l'empereur et de Bazaine. Le 8, il a du major général l'ordre de se porter sur Metz, « par la ligne la plus directe »[1]. Le 9, le maréchal précise davantage : le 2ᵉ corps doit gagner, « aussi rapidement que possible, Han-sur-Nied et Remilly ». S'il se peut, il atteindra même Courcelles-sur-Nied, par une marche de nuit[2]. Ces dernières prescriptions ne sont pas encore parvenues à Frossard, quand il donne son ordre pour le 10 août : Le corps d'armée « terminera son mouvement de concentration en avant de Metz..... s'arrêtera et campera sur la position de Mercy-le-Haut (Mercy-lès-Metz)[3] »..., à cheval sur la route de Strasbourg. C'est se porter sous le canon même des forts, au lieu de s'établir à la droite du 3ᵉ corps, comme le veut le maréchal.

La marche commence le 10 dans les conditions indiquées. Déjà la plus grande partie du 2ᵉ corps a dépassé Courcelles-sur-Nied, quand Frossard reçoit les nouvelles prescriptions de Bazaine, accompagnées d'un extrait des instructions de

---

1. Voir *suprà*, p. 47 ; d. t. confirmée par lettre du 9 août, 3 heures du matin, *R. H.*, II, 1902, 1142.
2. Voir *suprà*, p. 78.
3. Ordre de mouvement du 9 août, *R. H.*, II, 1902, 1144. On se demande comment Frossard ne modifie pas cet ordre quand il reçoit celui de Bazaine parti de Faulquemont dans la matinée. Il y a 20 kilomètres au plus de ce point à Remilly, quartier général de Frossard du 9 au 10 août.

l'empereur : «... Faites tous vos efforts pour rallier Courcelles-sur-Nied et prendre position au-dessus, en passant Villers-Laquenexy (*sic*), afin de vous relier complètement avec Pange, qui est occupé par le général Montaudon[1]... » Bien que cet ordre si négligé dans sa forme confirme et précise celui qu'il a déjà reçu, Frossard juge à propos de ne pas l'exécuter davantage. Il continue sa marche sur Mercy-lès-Metz, se bornant à maintenir entre Laquenexy et Villers la brigade Lapasset, son arrière-garde. Puis il établit la division Bataille à la droite du corps d'armée, entre Ars-Laquenexy et le château de Mercy ; des deux autres, celle du général Vergé est à cheval sur la route de Strasbourg, à hauteur du château, la division Laveaucoupet en deuxième ligne[2]. Non seulement le 2ᵉ corps n'occupe pas, à beaucoup près, les emplacements indiqués par Bazaine, mais il couvre un front de 7^{km},500 face au sud-est et non à l'est comme le reste de l'armée. C'est de simples prétextes que s'autorise Frossard pour ne pas exécuter un ordre formel et précis[3]. La véritable raison est le manque de confiance en ses troupes.

Quant au 3ᵉ corps, il conserve ses emplacements du 9 août, à part la division Montaudon, qui achève son mouvement, interrompu par la nuit. Elle va prendre position à l'ouest de la Nied, la droite à Pange et la gauche vers

---

1. Le maréchal Bazaine au général Frossard, 3 heures du matin, *L'Armée du Rhin*, 277. Les instructions de l'empereur sont sans doute représentées par une note émanant du cabinet du major général, à la date du 9 août, et reproduite par la *R. H.*, II, 1902, 1136. Elle a trait à l'occupation, en avant de Metz, de deux positions successives, l'une sur la rive gauche de la Nied française, l'autre en avant des forts Queulen et Saint-Julien. Voir *suprà*, p. 77.
2. Lettre autographe de Frossard au maréchal Bazaine, *R. H.*, II, 1902, 1385. La division de cavalerie Valabrègue bivouaque près de la Haute-Bévoye, ainsi que la réserve d'artillerie (Journaux de marche, *ibid.*, 1384, 1385).
3. « J'occupe ainsi, sauf quelques rectifications qu'il sera nécessaire de faire, la droite de la seconde ligne de bataille, qui est tracée en rouge sur le dessin joint aux instructions que vous avez envoyées.
« J'ajouterai que plusieurs de mes régiments étant excessivement fatigués, je n'aurais pas pu les faire placer en première ligne dès aujourd'hui... » (Lettre autographe citée). A rapprocher de la lettre de Ladmirault au maréchal Bazaine, voir *suprà*, p. 91. Toutes deux indiquent la même hâte à se réfugier sous Metz, le même manque absolu de confiance.

Mont[1]. De même la réserve d'artillerie se porte à l'ouest de Pont-à-Chaussy, vers la tuilerie de Saint-Aignan[2]. Le service de sécurité est si imparfait et le moral du commandement si profondément atteint, que la plupart des troupes restent une grande partie du jour prêtes à combattre, l'infanterie et l'artillerie sur leurs positions, les chevaux sellés et bridés[3].

De même Ladmirault modifie quelque peu les emplacements du 4ᵉ corps. Laissant une brigade à Glattigny, la division Cissey porte l'autre de Cheuby vers Les Étangs, « avec mission de fouiller et d'occuper les bois »[4]. Le général Grenier prend position autour de Cheuby, tenant avec quatre bataillons le bois au nord-est. La division Lorencez porte sa droite sur la hauteur au nord de Sainte-Barbe, sa gauche formant échelon défensif pour surveiller le ravin longé par la route de Bouzonville[5]. Quant à la cavalerie du général Legrand, elle se groupe à l'ouest de Glattigny.

Comme au 3ᵉ corps, tout le jour les troupes sont prêtes à combattre ; elles creusent même des tranchées-abris, font des abatis, organisant pour la défense les villages et les constructions isolées[6]. Nos reconnaissances, « poussées très au loin », c'est-à-dire à quelques kilomètres, n'ont pourtant pas « aperçu l'ennemi »[7].

La Garde conserve ses emplacements de la veille, sauf

---

1. La compagnie du génie à Pange, la droite de la division à ce village ; la 2ᵉ brigade en arrière de Mont où arrive la droite de la division Castagny (Journal de marche de la division, R. H., II, 1902, 1387).

2. Journal de marche, *ibid*.

3. Général Montaudon, II, 86 ; Journaux de marche de la division Clérembault et de la réserve d'artillerie, *loc. cit.*

4. Journal de marche du 4ᵉ corps. Ce document n'est pas d'accord avec le Journal de la 1ʳᵉ division et les Souvenirs inédits du général de Cissey (R. H., II, 1902, 1392, 1393).

5. Journaux de marche du 4ᵉ corps et de la division Grenier (R. H., II, 1902, 1392-1394).

6. Journaux de marche des divisions Cissey et Grenier ; Souvenirs inédits du général de Cissey, *loc. cit.* ; Historique du 64ᵉ reproduit par Bazaine, *Épisodes*, 115 ; le général de Ladmirault au maréchal Bazaine « commandant en chef », 10 août, R. H., II, 1902, 1395.

7. Journal de la division Cissey. La R. H., II, 1902, 1346, écrit, d'après l'Historique du 7ᵉ hussards, que ces reconnaissances ne dépassent pas Boulay, à 8 kilomètres des Étangs.

des changements sans importance[1]. De même pour la division de cavalerie Forton qui reste abritée sous le canon de Metz. Quant à celle du général du Barail, après une marche de nuit, elle atteint la grande place lorraine dans la matinée et s'établit au sud-ouest. Elle a parcouru 92 kilomètres en 18 heures[2].

Enfin la réserve générale d'artillerie se porte de l'île Chambière à Montoy, au nord de la route de Saint-Avold et derrière le centre de l'armée[3].

Le 6e corps continue avec lenteur son mouvement sur Metz. Le premier train de la division La Font de Villiers y arrive à 8 heures du matin ; mais son embarquement à Mourmelon ne s'achève pas avant 6 heures et demie du soir[4]. Malgré les recommandations pressantes du major général[5], la division Tixier ne peut commencer son mouvement que dans la nuit du 10 au 11.

Ainsi l'armée va terminer sa concentration en avant de Metz. Dès maintenant elle représente une force compacte

---

1. Le mouvement du 2e corps sur Mercy-lès-Metz découvrant notre droite, un bataillon de la division Deligny va occuper Colligny avec un escadron de chasseurs (Journal de marche de la Garde ; le maréchal Bazaine au général Bourbaki, 5h 30 du soir; le général Bourbaki au général Manèque, s. h. ; le même au général Deligny, 8h 30 du soir, R. H., II, 1902, 1410-1413).
La division Deligny évacue Mont où elle avait le 1er voltigeurs et une batterie. Elle y est relevée par la division Montaudon (Le général Deligny au général Brincourt, ordre, ibid., 1413).
2. Journal de marche, R. H., II, 1902, 1417. D'après le général du Barail (III, 165), sa division s'établit au Ban Saint-Martin, vaste terrain de manœuvres à l'ouest de Metz. Voir également le général von Pelet-Narbonne, Revue de cavalerie, décembre 1899, 340.
3. R. H., II, 1902, 1346 : 4 batteries restent employées à l'armement de Metz (5e, 6e, 7e et 8e batteries du 13e régiment). Des trois batteries de montagne affectées, on ne sait pourquoi, à la réserve générale, la 3e du 3e régiment seule arrive le 10 août à Metz. Elle reçoit la même affectation (Journal du général Soleille, R. H., I, 1903, 218).
4. Journal de marche de la division. Un télégramme du commandant du camp au major général, 7h 05 du soir, porte même que la division « sera toute embarquée dans une heure, avec son artillerie » (R. H., II, 1902, 1406, 1407). L'embarquement a commencé la veille, 9 août, à 1 heure du soir (Journal de la division, ibid., 1167).
5. Journal de la division Tixier ; le major général au commandant du camp de Châlons, d. t., 2h 35 du soir : « Continuez sans interruption et sans aucune perte de temps le mouvement de toutes les divisions du camp de Châlons sur Metz..... » (R. H., II, 1902, 1406, 1407).

de quatre corps d'armée, destinés à être renforcés d'un cinquième et peut-être d'un sixième à bref délai. Mais le commandement est plus faible, plus incertain que jamais. L'empereur et le major général ont perdu toute autorité morale[1]. Chacun se rend compte de notre absence de préparation. Napoléon III, de son propre aveu, fait venir la division du Barail à Metz, parce que « composée de régiments qui ont constamment fait la guerre », elle « doit être familiarisée avec le service en campagne, qu'on semble avoir oublié dans notre cavalerie, depuis le commencement des opérations ». Si nos cavaliers ignorent leur métier, qui a pris la peine de s'en inquiéter lorsqu'il était temps encore? Quant à Le Bœuf, il leur reproche de n'avoir point assez étudié le livre du général de Brack[2].

C'est la vérité même, mais il est bien tard pour s'en apercevoir. De même pour une instruction rudimentaire sur la « manière de combattre les Prussiens », que le major général fait distribuer à ce moment. La conclusion de ce travail improvisé est qu'il convient « d'agir comme eux, c'est-à-dire d'employer beaucoup de tirailleurs, une artillerie nombreuse et de fortes réserves »[3], recommandations naïves et qui ne sont pas exemptes de contradictions.

L'incertitude de la direction a sa répercussion sur l'armée. La précipitation, le désordre et le décousu des mouvements y détruisent peu à peu la confiance, fait qui n'échappe point à l'ennemi et expliquera son attitude dans la journée du 14[4]. Nos troupes souffrent infiniment de la pluie persis-

---

1. Le *Moniteur Universel* du 10 août annonce déjà la démission du maréchal Le Bœuf et du général Lebrun (Général Lebrun, *loc. cit.*, 309). Voir le récit que fait le général du Barail, III, 160, d'une scène violente survenue le 10 août entre le major général et Frossard devant l'empereur impassible : « L'un, les joues enflammées, gesticulant, parlant bruyamment, l'autre pâle, les dents serrées et répondant par des phrases sifflantes ». Il s'agit du matériel de campement perdu par le 2e corps, que l'on ne peut remplacer faute de ressources dans Metz, notre plus grande place frontière!

2. Général du Barail, III, 160.

3. Le major général au général Bourbaki; texte de l'Instruction envoyée à 3,000 exemplaires pour la Garde seule (*R. H.*, II, 1902, 1415).

4. Rapport du lieutenant von Podbielski, 10 août (von Pelet-Narbonne, *op. cit.*, *Revue de cavalerie*, décembre 1899, 336) : « Le général von Rheinbaben

tante, du bivouac constant dans des terres détrempées [1]. L'irrégularité des distributions fait fleurir la maraude [2]. Le 2ᵉ corps reçoit un certain nombre de tentes-abris et de demi-couvertures, mais aucun ustensile de campement faute de ressources à Metz [3]. De même au camp de Châlons, où sont stationnés non seulement la majeure partie du 6ᵉ corps, mais nombre d'isolés, de malades ou de blessés. Le maréchal Canrobert écrit le 10 août : « Je continue à n'avoir ni marmites, ni gamelles, et les hommes sont dépourvus de tout... Nous n'avons ni sacs de couchage, ni assez de chemises, ni assez de chaussures [4]. » Pourtant il ne s'agit pas de troupes de seconde ligne, de formations improvisées au cours d'une campagne, mais bien d'éléments de l'armée active, appelés à combattre dès le début.

Malgré tout, il semble que, le 10 août, l'empereur caresse durant quelques heures la pensée de l'offensive. Sans doute elle n'est pas étrangère à l'appel des 5ᵉ et 6ᵉ corps, à celui un instant décidé de l'infanterie de marine, qui ne peuvent se concilier avec le projet de retraite sur Châlons adopté peu après [5]. Quoi qu'il en soit, le major général encourage ces velléités de Napoléon III, tandis que Bazaine refuse d'en croire la réalisation possible. Le premier télégraphie même au ministre de la guerre que « l'empereur compte prendre l'offensive sous peu de jours » [6].

---

considère sa position à Faulquemont comme très exposée. Après avoir vu aujourd'hui les Français à loisir, je ne puis partager cette manière de voir; l'ennemi est démoralisé à un haut degré et je crois au contraire que plus nous le talonnerons, plus nous ferons de prisonniers. »

1. Journal de marche de la division Deligny, *R. H.*, II, 1902, 1411 ; lieutenant de Saint-Just, *Historique du 5ᵉ dragons*, 338 ; *Trois mois à l'armée de Metz*, 58, etc.
2. *Trois mois à l'armée de Metz*, 58.
3. Journal de la division Laveaucoupet, *R. H.*, II, 1902, 1388 ; général du Barail, III, 160. Le 6 août, la plupart des troupes du 2ᵉ corps ont déposé leurs sacs avant de combattre et n'ont pu les reprendre au moment de la retraite.
4. D. t. reproduite par le général Fay, *op. cit.*, 59.
5. A 4 heures du soir, le ministre de la guerre offre au major général la division d'infanterie de marine complète, moins l'artillerie. Le Bœuf accepte aussitôt. L'envoi aura lieu dès la fin du transport des trois divisions du 6ᵉ corps stationnées au camp de Châlons. A 4ʰ50 le ministre télégraphie pour retirer son offre, « la Chambre s'étant déclarée en permanence ». Voir ces trois télégrammes, les premier et troisième chiffrés, *R. H.*, II, 1902, 1376, 1377.
6. D. t. ch. s. h., *R. H.*, II, 1902, 1377. Ce télégramme semble faire suite à

Cette décision, si elle est réellement arrêtée, doit être presque aussitôt annulée, peut-être sous l'influence des renseignements reçus dans la journée du 10. De divers côtés on signale la présence de forces considérables descendant du nord vers Metz. On annonce l'entrée de l'ennemi à Metzervisse, Kédange, Boucheporn [2], Gros-Tenquin, Morhange, Dieuze et Château-Salins [3]. En outre l'empereur s'exagère les difficultés de sa situation en face de trois adversaires. Il estime que, s'il se jette sur ceux qui débouchent de la Sarre, il peut être coupé de Metz par le prince royal; s'il attaque ce dernier, il est exposé à être pris de dos par Frédéric-Charles et Steinmetz. Ce serait courir le risque d'un enveloppement [4], d'un vrai suicide. On doit ajouter que ces craintes indiquent plus de timidité que de coup d'œil. Le prince royal est encore trop loin vers l'est pour jouer le rôle que lui prête Napoléon III. Frédéric-Charles, de par sa situation sur l'échiquier, ne le pourrait pas davantage.

Occuper une position excentrique en aval du confluent des deux Nied, comme on l'a proposé depuis, nous obligerait à un dangereux mouvement de flanc devant l'ennemi; nous y serions dans le voisinage immédiat de la frontière, c'est-à-dire exposés à être coupés à la fois de Metz et de Thionville, ainsi qu'à un désastre final.

Mieux vaudrait assurément tenir dans nos emplacements

---

ceux relatifs au transport du 6e corps (l'empereur à l'impératrice, 1h 10 du soir; le major général au ministre, 2h 15). M. le général Derrécagaix (La Guerre de 1870, *Spectateur militaire*, I, 1871, 145) écrit que la confiance semble renaître au quartier impérial, en quoi il n'est pas d'accord avec le général du Barail (III, 160).

2. Bulletins enregistrés à l'État-major général; un agent de Thionville au major général, d. t., 9h 15 du soir, expédiée à 9h 40; renseignements fournis par un « coureur intelligent », *R. H.*, II, 1902, 1419-1424.

3. X..., de Mondelange, au préfet de la Moselle, d. t., 6 heures du soir; le commissaire central de police de Metz au commandant Samuel; aperçu des mouvements de l'ennemi donné par X..., de Château-Salins; note du préfet de la Moselle; renseignements fournis par X..., propriétaire aux environs de Metz (*R. H.*, II, 1902, 1422, 1424).

4. Comte de La Chapelle, *Le Livre de l'Empereur*, 99, cité par la *R. H.*, II, 1902, 1347. La même revue estime qu'en dehors des deux termes de ce dilemme, « il y avait, semble-t-il, une solution acceptable qui consistait à prendre une position d'attente, en aval du confluent des deux Nied, sur une direction excentrique à l'axe du mouvement général de la IIe armée » (*ibid.*, 1348).

du 10, rectifiés à la droite. Notre retraite sur Metz serait assurée, quoi qu'il arrive, et nous éviterions d'abandonner toute la Lorraine allemande sans avoir tiré un coup de feu depuis le 6 août, comme tel est à peu près le cas. Enfin il serait possible de mettre à profit une circonstance favorable, ainsi qu'il s'en produit souvent à la guerre, pour un court retour offensif destiné à ralentir la marche de l'ennemi [1], à ébranler la confiance qu'il puise dans des succès aussi grands qu'inattendus. Nous pourrions aussi nous replier derrière la Moselle en amont de Metz, vers Pont-à-Mousson. Couverte par cette rivière, protégée à distance sur ses deux flancs par Metz et Toul, ainsi que par le coude que dessine la Moselle dans cette dernière direction, l'armée serait à portée de rallier les 5e et 6e corps ; elle aurait sa retraite assurée vers l'ouest, et son front difficilement abordable la mettrait dans de bonnes conditions défensives.

Ce projet ne paraît pas avoir été même examiné. Par contre on étudie, dit-on, la possibilité d'un mouvement de plus grande envergure jusqu'à la forêt de Haye, au confluent de la Moselle et de la Meurthe. On admet que, si l'armée peut y être ralliée par les 1er et 5e corps, elle arrêtera de front le prince royal, en menaçant le flanc gauche de Frédéric-Charles et de Steinmetz. Au lieu d'être exposée, en cas d'échec, à être investie sous Metz, elle aurait sa retraite assurée sur Châlons et Paris [2].

Entre ces diverses solutions, on peut prévoir à coup sûr que la plus timide sera choisie. En effet, on discute les avantages et les inconvénients de notre position derrière la Nied.

---

1. D'après von der Goltz, *La Nation armée*, traduction, 283, 407, le voisinage de Metz nous permettait de tenir « sans grand danger » derrière la Nied française. « Si les Français avaient tenu plus longtemps sur la Nied, ils se fussent débarrassés de la grande étreinte enveloppante..... Si l'on avait eu la patience de rester dans cette position, on en eût tiré des avantages considérables. Le voisinage de Metz permit au maréchal Bazaine d'accepter sans hésiter la bataille qu'on lui offrait le 14 août..... ».

2. *Enquête*, dépositions, I, Le Bœuf, 54 ; général Lebrun, 292-294. Voir *supra*, p. 77. On doit faire remarquer l'incertitude des souvenirs de ce dernier : l'empereur n'attend pas le 1er corps, qui a reçu l'ordre de se retirer sur le camp de Châlons (l'empereur à l'impératrice, d. t., 10 août, 1h 10 du soir, déjà citée).

« Bonne au point de vue du terrain, elle paraît dangereuse à cause des bois qui l'avoisinent et qui peuvent permettre des surprises [1]. » Une conférence avec le maréchal Bazaine et une reconnaissance du terrain suffisent à modifier les idées de l'empereur. Le corps allemand qui est signalé marchant « sur Sarre-Union » lui fait craindre d'être tourné par sa droite. Il décide de ramener le 11 août l'armée sous le canon de Metz [2], ainsi qu'il l'avait prévu la veille. Nous allons prendre position en avant des forts, de la Seille à la Moselle ; le 2e corps tiendra la droite au lieu de la Garde impériale, qui sera établie en réserve générale [3].

Mais le maréchal Bazaine croit l'ennemi beaucoup plus près qu'il n'est réellement : « D'après le mouvement des éclaireurs prussiens », qu'il suppose évidemment toujours en vue de leurs têtes de colonnes, comme les nôtres, il « pense qu'il peut être attaqué » le lendemain matin « sur les deux ailes » et signale surtout « les bois de Saint-Julien

---

1. Général Fay, 56.
2. Comte de La Chapelle, *Le Livre de l'Empereur*, 98-99, cité par la *R. H.*, II, 1902, 1348. Comme le fait remarquer cette revue, le Journal de marche du 3e corps (*ibid.*, 1386) porte au 10 août la décision de retraite sur Verdun et Châlons ; elle serait dictée par le mouvement « des masses prussiennes qui, au lieu de poursuivre les corps de Failly et de Mac-Mahon, cherchaient à nous tourner par Nancy, pour nous couper de Paris ». Au contraire, le général Lebrun (*loc. cit.*, 292-294) fait dater cette décision du 12 août, de même que V. D. (général Derrécagaix), *op. cit.* Bien que le Journal de marche du 3e corps, rédigé en captivité par le maréchal Le Bœuf, ne puisse être négligé comme document, il semble que les généraux Lebrun et Derrécagaix soient dans le vrai. On ne comprendrait pas, en effet, les ordres pressants donnés le 10 août pour l'appel du 6e corps à Metz, si la retraite sur Châlons était décidée à cette date.
3. Le major général au maréchal Bazaine, « commandant en chef », s. h., *R. H.*, II, 1902, 1377. D'après Valfrey, *L'Armée du Rhin et le maréchal Bazaine*, 13, dans la soirée, le gouverneur de Metz, général Coffinières, tenta « de longs et inutiles efforts » pour « faire comprendre que nos troupes perdaient de leur force morale par une retraite de dix lieues sans combat, qu'il était fort grave d'abandonner toute la Lorraine sans livrer bataille, que l'ennemi devait être désuni par la rapidité de ses mouvements et que la position de la Haute-Bévoye, à 6 kilomètres de Metz, se prêtait admirablement à une lutte défensive..... » Ce passage donnerait à croire que l'intention première est de passer, dès le 10, sur la rive gauche de la Moselle. Selon le capitaine d'état-major de La Tour du Pin Chambly de la Charce (*L'Armée française à Metz*, 13), c'est sur les instances du général Coffinières que l'empereur appelle les 5e et 6e corps à Metz. Le rôle ultérieur de cet officier général rend cette circonstance très vraisemblable.

comme étant le point de mire de l'ennemi ». Le major général prend au sérieux ces craintes hâtives, résultat direct du mauvais emploi et de la déplorable éducation de notre cavalerie. Il fait tenir en éveil l'artillerie des forts et lui prescrit de soutenir au besoin la retraite de l'armée [1].

Bazaine renchérit sur ces dispositions «... A 3 heures du matin, les tentes devront être abattues, les voitures chargées et attelées, les hommes aux faisceaux, les cavaliers à la tête de leurs chevaux... [2] » Naturellement les subordonnés du maréchal exagèrent encore, tenant les troupes sur pied une grande partie de la nuit, sans l'ombre de nécessité.

Il complète ensuite ses premiers ordres par les dispositions suivantes. Le 3e corps va se porter à la gauche du 2e, vers Grigy, Colombey et Nouilly. Avec quatre batteries, la division Clérembault couvrira son mouvement de retraite [3]. La Garde se portera « au centre, comme réserve générale de l'armée », en un point à déterminer par Bourbaki. Le maréchal se borne à cette indication tout à fait insuffisante. De même pour les divisions Forton, du Barail et pour la réserve générale d'artillerie [4]. C'est pourtant au commandant en chef et à nul autre qu'il appartiendrait de fixer ces emplacements. En aucun cas, la réserve de cavalerie ne devrait être placée derrière le centre de l'armée.

Déjà le ravitaillement en munitions cause de graves inquiétudes, quoique, à l'armée de la Moselle, un seul corps

---

1. Le major général au général Soleille, s. h., *R. H.*, II, 1902, 1378. Le texte de la lettre (?) de Bazaine au major général n'est pas donné par la *R. H.*
2. Le maréchal Bazaine au général Montaudon, 8h40 du soir. Même ordre au général Metman, 11h45 du soir (*R. H.*, II, 1902, 1389, 1390). La division Montaudon s'établira à la gauche du 2e corps, de Grigy au chemin de Colombey à Borny ; la division Metman à la gauche de Montaudon, sa gauche au petit bois entre le chemin de Colombey à Borny et la route de Sarrebruck ; la division Castagny entre Colombey et Montoy, à cheval sur la route de Sarrebruck et à gauche de Metman ; la division Decaen à Nouilly, reliant Castagny au 4e corps (Ordres du maréchal Bazaine, 11h45 du soir, *ibid.*, 1389-1391).
3. Ordre du 10 août, s. h., *R. H.*, II, 1902, 1391.
4. «...... Comme il me sera impossible de me trouver sur les lieux pour désigner les emplacements des unes et des autres, on s'en rapportera à cet égard à la direction qui sera donnée par des officiers d'état-major ou du génie qui seront envoyés de Metz...... » (Le maréchal Bazaine au général Bourbaki, 10 août, *R. H.*, II, 1902, 1413).

d'armée sur cinq ait été engagé. Les communications avec Toul sont menacées. Il ne reste plus que celles avec Verdun et Thionville. La route de Verdun est encore très sûre, mais notre criminelle insouciance fait que le chemin de fer n'est pas achevé entre cette place et Metz. Quant à la ligne de Thionville, qui est à une voie, elle peut être coupée par les coureurs de la Ire armée, malgré la protection de la Moselle. On décide néanmoins d'acheminer toutes les munitions disponibles sur Verdun et Thionville; en outre l'un des derniers convois qui aient pu suivre la ligne de Frouard à Metz apporte quatre millions de cartouches[1].

---

1. Journal du général Soleille, *R. H.*, II, 1902, 1416. Voir *supra*, p. 83.

XV

RETRAITE DU 5ᵉ CORPS

Le maréchal de Mac-Mahon et le général de Failly. — Mission nouvelle du capitaine de France. — Évacuation de Nancy. — Retraite du 5ᵉ corps. — Le 7ᵉ corps.

Pendant que nos troupes de Lorraine hâtent ainsi leur concentration sous Metz, celles d'Alsace continuent péniblement leur retraite. Le 1ᵉʳ corps atteint Lunéville et Réhainviller, d'où il va obliquer vers le sud, sur Bayon et Haroué, afin de ne pas se heurter aux avant-gardes allemandes que, sans motif sérieux, il croit déjà à Château-Salins [1].

Quant au 5ᵉ corps, il se porte également sur Lunéville.

Le maréchal de Mac-Mahon, qui n'a pas oublié les journées des 5 et 6 août [2], affecte de se désintéresser du général de Failly [3], quoique l'empereur n'ait pas révoqué la prescription qui le lui subordonne.

Le major général a appris par le capitaine de France que le 5ᵉ corps doit se diriger sur le camp de Châlons, par Bayon, Vézelise, Colombey, Void et Commercy, au lieu de marcher sur Nancy [4], comme il en a l'ordre. Il juge donc nécessaire de lui confirmer les instructions du 8. Après l'avoir invité par télégramme à rallier Metz, il lui envoie de nouveau le capitaine de France [5]. Cet officier doit faire connaître au commandant du 5ᵉ corps que Metz reste son objectif de marche, mais qu'il pourra « passer par Toul pour éviter

---

1. Notes sur les opérations du 1ᵉʳ corps ; le maréchal de Mac-Mahon au ministre de la guerre, d. t. ch., 10 août, *R. H.*, II, 1902, 1380, 1381.
2. Au sujet des rapports entre le maréchal et de Failly à ces deux dates, voir notre tome III, *Wissembourg, Frœschwiller, Spicheren*, p. 148, 169, 351, ainsi qu'une étude publiée par nous dans la *Revue de Paris* du 1ᵉʳ juillet 1903, *Le Général de Failly au 6 août 1870*.
3. Rapport du commandant Fœrster, de l'État-major général, envoyé en mission le 9 août auprès du maréchal, *R. H.*, II, 1902, 1355. Ce dernier ne voulait plus « donner aucun ordre au général de Failly, lors même que ce corps d'armée serait encore sous ses ordres ».
4. Rapport du capitaine de France, 10 août, 10 heures du matin, *R. H.*, II, 1902, 1404.
5. Le major général au général de Failly, d. t., 2ʰ15 du soir, *R. H.*, II, 1902, 1405.

l'ennemi déjà signalé à Dieuze et Château-Salins en marche sur Nancy¹ ».

Dans l'intervalle, de Failly communique au maréchal de Mac-Mahon l'ordre qu'il a reçu la veille. Le duc de Magenta « lui apprend que, d'après des renseignements certains, des têtes de colonnes ennemies étant signalées du côté de Château-Salins, Dieuze et Marsal », il a prescrit de faire sauter les ponts de Nancy et d'évacuer cette ville. Le général le prie de surseoir à ces mesures jusqu'à l'arrivée du 5ᵉ corps. Peu après, il reçoit² le télégramme suivant : « Seul et sans troupes à Nancy, le maire et le conseil municipal s'opposent à ce qu'on fasse sauter les ponts, de peur de représailles de l'ennemi. Que faut-il faire ? » C'est ainsi que la municipalité de l'une de nos grandes villes frontières entend ses devoirs. Son opposition rentre néanmoins dans les vues de Mac-Mahon et du général de Failly. Ce dernier prescrit à La Charrière d'attendre pour détruire les ponts l'arrivée du 5ᵉ corps et fait établir l'ordre de marche sur Nancy³. En outre il prévient le major général que, « suivant les avis » qui lui surviendront le soir, il se conformera à ses prescriptions, pourvu toutefois que l'ennemi lui « en laisse la possibilité »⁴.

Ces réticences montrent assez que sa décision n'est rien moins qu'arrêtée. En effet, à minuit, le capitaine de France, de retour à Lunéville, lui communique les instructions verbales et les renseignements qu'il apporte de Metz⁵. La pré-

---

1. Note du 14 décembre 1901, de M. le général de France, *R. H.*, II, 1902, 1401.
2. Du général de La Charrière, commandant la subdivision de la Meurthe.
3. Journal du colonel Clémeur, *R. H.*, II, 1902, 1397.
4. D. t., 6 heures du soir, *R. H.*, II, 1902, 1405.
5. A cet égard, les documents ne sont pas d'accord. Le Journal du colonel Clémeur (*loc. cit.*) porte ce qui suit : « Le capitaine de France, *porteur de cette dépêche* (celle du 8 août, voir *suprà*, p. 80), confirme au général de Failly l'arrivée des têtes de colonnes ennemies à Château-Salins, Dieuze, Marsal et lui annonce en même temps la marche positive de forces imposantes sur Pont-à-Mousson. » Dans la note du 14 décembre 1901 de M. le général de France (*loc. cit.*), on lit : « J'étais à minuit à Lunéville auprès du général de Failly.

« Je lui *confirmai verbalement* le télégramme envoyé de Metz dans la journée (voir *suprà*, p. 109) et j'ajoutai que, tout en désirant lui voir opérer sa jonction à Metz avec les autres corps qui s'y trouvaient déjà, l'empereur ne lui faisait pas une obligation de passer par Nancy et Pont-à-Mousson, et qu'il pou-

sence de l'ennemi faussement signalé à Dieuze et à Château-Salins, en marche sur Nancy, fait craindre au général de Failly « d'être devancé sur Frouard et sur la Meurthe »[1]. La marche de flanc de Saint-Nicolas à Nancy par la rive gauche de la Meurthe lui paraîtrait « une grande faute ». Si l'ennemi passe la Moselle à Pont-à-Mousson, la retraite du 5ᵉ corps sur Châlons sera fort compromise[2]. Le corps d'armée, « débordé sur ses deux ailes, pouvait être cerné et un désastre, dans ce cas, était à craindre, surtout avec des troupes dont le moral était déjà affaibli par le contact des débris du 1ᵉʳ corps, les fatigues et les privations… »[3].

Pour apprécier ces motifs à leur valeur, il faut se souvenir qu'une seule division du 5ᵉ corps a été très légèrement engagée le 6 août. Il aurait pu éviter le contact des débris de Frœschwiller en suivant un autre itinéraire. Enfin les fatigues et les privations qu'il a souffertes sont imputables avant tout à son chef. Quant aux craintes affectées par le général de Failly, sans qu'aucun fait positif les justifie, elles ne sauraient le dispenser d'obéir aux prescriptions répétées de l'empereur. Il faut convenir que ce corps d'armée joue de malheur. Le 6 août, il est resté inactif entre deux batailles, son chef arguant de prétendues difficultés pour ne pas obéir

---

vait prendre la route de Toul….. » (Les mots en italique ne sont pas soulignés dans le texte).

La version du colonel Clémeur paraît inadmissible. Pourquoi le capitaine de France porterait-il au général de Failly la dépêche du 8, déjà communiquée par lui le 9 août (voir *supra*, p. 80) ? Il est au contraire très naturel que cet officier confirme le télégramme envoyé dans la journée, et la suite de la correspondance montre l'exactitude de ses souvenirs au sujet de la route de Toul. Il est donc à croire que le colonel Clémeur, sous l'inspiration du général de Failly, continue d'entretenir l'équivoque, en confondant les documents, les renseignements et les dates, de façon à couvrir de son mieux la constante tendance de cet officier général à s'écarter de l'obéissance qu'il doit au maréchal et même du devoir militaire.

1. Journal du colonel Clémeur. — La distance est à peu près la même de Lunéville et de Château-Salins à Frouard. En outre, rien n'empêche de Failly de marcher par Nancy et Toul, comme il y a été autorisé ; Luneville est plus près de Nancy que Château-Salins. L'ennemi n'a en ce dernier point que des patrouilles (voir *infra*, p. 116) ; le 5ᵉ corps est massé à Lunéville.

2. Journal du colonel Clémeur. — La présence de l'ennemi à Lunéville, à Nancy et à Pont-à-Mousson n'empêcherait certes pas le 5ᵉ corps de se retirer de Toul vers l'ouest.

3. Journal du colonel Clémeur.

aux ordres positifs de Mac-Mahon. Le 10, le voisinage hypothétique de l'ennemi l'amène à suivre un itinéraire contraire aux instructions de Napoléon III.

En effet, de Failly prévient le capitaine de France qu'il va prendre la route de Bayon, « pour se diriger sur Metz », et il donne ses ordres en ce sens la nuit même. Il en informe le maréchal et le général de La Charrière, prescrivant d'évacuer Nancy et de détruire les ponts [1].

Ce n'est pas même la route de Bayon que va suivre le 5ᵉ corps, mais bien celle de Charmes et de Mirecourt [2]. Au lieu de se rapprocher de Metz et de l'ennemi, le général de Failly prend à tâche de s'en écarter. Que dire d'un pareil manquement au devoir, venant après d'autres ?

A défaut du 5ᵉ corps qui va être perdu pour l'armée de Lorraine, en attendant qu'il le soit pour celle de Châlons, l'empereur pourrait appeler à Metz les deux divisions, la cavalerie et l'artillerie du 7ᵉ corps, encore réparties entre Belfort et Lyon. Il décide au contraire de les concentrer à Belfort [3], sans doute dans la pensée que les Allemands n'ont pas cessé de menacer le Haut-Rhin, comme certains renseignements tendent à nous le faire admettre [4].

---

1. Note du 14 décembre 1901 de M. le général de France ; Journal du colonel Clémeur, *loc. cit.* Les ponts ne furent pas détruits.

2. « Le maréchal a déjà mis ses troupes en marche sur Bayon et Vézelise. Il prescrit au 5ᵉ corps de le couvrir sur sa gauche et d'aller franchir la Moselle à Charmes pour se porter ensuite sur Mirecourt » (Journal du colonel Clémeur). Pourquoi couvrir le 1ᵉʳ corps sur sa gauche, c'est-à-dire vers la Saône, où l'ennemi n'est certainement pas ? Aucun témoignage ne confirme la version du colonel Clémeur, invraisemblable en soi. Le maréchal de Mac-Mahon ne mentionne nulle part les ordres qu'il aurait donnés au général de Failly. On sait aussi par le rapport du commandant Fœrster qu'il se désintéresse entièrement du 5ᵉ corps (voir *suprà*, p. 109). En outre il télégraphie au ministre de la guerre : « …..Le général de Failly quittera Nancy après-demain. Cette ville sera évacuée….. » (d. t. ch., 10 août, *R. H.*, II, 1902, 1381). Il est donc à croire que c'est le général de Failly lui-même qui prend l'initiative de la marche sur Charmes, aussi contraire à ses instructions qu'au sens commun.

3. Le ministre de la guerre au général commandant le 9ᵉ corps (corps d'armée territorial) à Lyon, d. t., 10 août, s. h. ; le même au chef de l'exploitation des chemins de fer de Lyon et de l'Est, 10 août, *R. H.*, II, 1902, 1375, 1409.

4. Voir *suprà*, p. 85. Un émissaire envoyé de Bâle en Allemagne annonce qu'il y a encore « 70,000 hommes dans la Forêt-Noire, à Donaueschingen, Kleinkembs, Rheinweiler, Bellingen, Schliengen, Mullheim » ; ils « passeront par Niffer en France » (d. t. du ministre des affaires étrangères, 10 août, 1ʰ 19 du soir, *R. H.*, II, 1902, 1422).

XVI

LES ALLEMANDS LE 10 AOUT

Au grand quartier général. — La Ire armée. — Sa cavalerie est inactive. — La IIe armée. — La 6e division de cavalerie. — La 5e division. — Ordres de Frédéric-Charles.

Dans l'entourage de Moltke, on nous croit en retraite sur tous les points ; au plus admet-on que nous ferons tête derrière la Nied. On sait l'agitation extrême à Paris ; on prévoit déjà la chute de l'empire et l'on redoute une intervention des puissances étrangères qui pourrait gêner les visées d'annexion que l'on entretient dès lors. Le roi Guillaume n'a-t-il pas inopportunément déclaré que l'Allemagne ne fait pas la guerre à la France, mais à l'empereur ? Ni Bismarck, ni surtout Moltke ne pensent ainsi : « Nous voulons nous battre jusqu'au bout..... que ce soit un Napoléon, un Orléans, un Bourbon ou qui que ce soit qui règne. *Dixi*[1]. »

L'attitude des corps français de Lorraine facilite à tel point la tâche de Moltke que déjà il donne des ordres pour l'investissement immédiat de Strasbourg. La division badoise et la 1re division de landwehr vont y procéder[2].

Une autre division de landwehr, la 3e, reçoit l'ordre de se mettre en marche de Kaiserslautern sur Sarrelouis[3], où elle sera à portée de Metz.

La Ire armée a obliqué pour gagner ses routes de marche, comme l'y autorisaient les *directives* du 9 août. Elle a enfin

---

1. Général von Verdy du Vernois, *Im grossen Hauptquartier*, 66. Ce descendant de nos huguenots expulsés à la révocation de l'édit de Nantes est naturellement plus hostile encore à la France que les Prussiens authentiques. Il donne à une phrase de la proclamation du roi Guillaume un sens plus étendu qu'en réalité (voir *suprà*, p. 61).
2. D. t. au commandement de la division badoise, 10 août, 10^h 45 du matin ; d. t. au grand-duc de Mecklembourg-Schwerin, midi. On va concentrer à Haguenau, dans ce but, la 1re division de landwehr (12 bataillons, 4 escadrons, 3 batteries), les 30e et 34e régiments d'infanterie, le 2e dragons de réserve et 2 batteries de réserve du IIIe corps, au total, 18 bataillons, 8 escadrons, 5 batteries (*Moltkes Korrespondenz*, I, III, I, 208, 209.)
3. D. t. au général Schuler von Senden, 3 heures du soir, *Moltkes Korrespondenz*, I, III, I, 209.

sa constitution normale depuis l'arrivée à cette date des dernières fractions du 1er corps et de la 1re division de cavalerie à Püttlingen et Saint-Johann.

Suivant l'ordre de Steinmetz, le 1er corps va à Creutzwald, le VIIe à Carling et L'Hôpital, avec leurs avant-gardes à Guerting et Porcelette. Leurs éclaireurs atteignent Boucheporn et Hargarten. Derrière ces corps d'armée, le VIIe est venu à Lauterbach.

Ces courts déplacements ne se sont pas opérés sans difficultés, résultats du croisement dans Forbach de colonnes de la Ire armée et du IIIe corps. En outre la route de Völklingen à Lauterbach et Carling est utilisée par la majeure partie des troupes de Steinmetz, ce qui provoque des arrêts nombreux. Les corps bivouaquent dans la boue, sous une pluie battante; les trains ne peuvent rejoindre que le jour suivant[1]. Ce supplément de fatigues inutiles tient aux dispositions prises à la Ire armée avant et depuis la bataille du 6 août.

Contre l'ordre précis de Moltke et aussi contre toute raison, Steinmetz a maintenu en deuxième ligne les 1re et 3e divisions de cavalerie. Elles sont à Ludweiler et Ueberherrn, au lieu de couvrir l'armée vers l'ouest[2]. Le contact de nos troupes est, par suite, presque entièrement perdu. On reçoit seulement de l'avant-garde du VIIe corps, dans l'après-midi, un renseignement vague recueilli la veille par le 8e hussards et portant que des corps français sont à l'ouest de Fouligny[3].

Non seulement Steinmetz entend tenir sa cavalerie en

---

[1]. Von Schell, *Les Opérations de la 1re armée*, traduction, 87-89; l'État-major prussien (I, 427) paraît croire que ces difficultés étaient inévitables, « comme dans tous les cas où de grandes masses de troupes sont réunies pour la bataille et doivent se séparer pour des mouvements ultérieurs ». Il est permis de penser autrement (Von Pelet-Narbonne, traduction, *Revue de cavalerie*, décembre 1899, 325). Voir, pour les emplacements des 10 et 11 août, notre carte 2.

[2]. On peut dire que Steinmetz, dans son ordre d'opérations, « ne tint absolument aucun compte des prescriptions du commandement supérieur et qu'il en prit même le contre-pied » (Von Pelet-Narbonne, *loc. cit.*, 324).

[3]. Sur la Nied allemande, *État-major prussien*, I, 427. Le général von Pelet-Narbonne (*loc. cit.*, 325) fait remarquer que le 14e ulans recueillit des renseignements beaucoup plus précis sur nos forces et nos emplacements, mais qu'ils ne parvinrent pas au grand quartier général. Voir notamment un compte rendu signé Wallenberg, du 14e ulans, von Widdern, *Verwendung und Führung der Kavallerie*, III, 177.

lisière, mais il recommande expressément à tous ses subordonnés une attitude défensive, en pleine contradiction avec celle qu'ils ont gardée le 6 août et aussi avec les circonstances. Il croit, en effet, que Bazaine va « jeter... toutes ses forces sur la Ire armée ». Il ne dépassera donc pas la Nied française, tant qu'il en aura le pouvoir. L'armée ne doit plus attaquer l'ennemi dans des positions préparées à l'avance, mais bien attendre son attaque [1].

A la droite de la IIe armée, le IIIe corps est resté en flèche à Saint-Avold, tandis que le IXe dépassait Sarrebruck. Au centre le Xe corps atteint Puttelange et le XIIe se concentre à Habkirch. Enfin, à gauche, la Garde et le IVe corps sont à Sarralbe et Sarre-Union. Contrairement à Steinmetz, Frédéric-Charles a marqué l'intention de pousser sa cavalerie en avant, comme le veut Moltke. Mais, en rattachant ses divisions aux corps d'armée, il a renoncé à exercer sur elles une action directe. Aussi, le 10 août, la 6e division est-elle reléguée à l'arrière. On y a « l'impression d'être commandé de réserve » [2]. C'est dans la journée seulement que le commandant du IIIe corps la dirige de ses cantonnements au sud de Saint-Avold, trop tard pour que son exploration donne des résultats sérieux [3].

Le 15e ulans, resté depuis la veille au contact sur la route de Sarrebruck à Metz, signale la présence du 3e et peut-être du 2e corps à l'ouest de la Nied française, vers Silly, Pont-à-Chaussy, Mont et Pange [4].

Quant à la 5e division, elle recueille des renseignements non moins précieux. La brigade Barby atteint Faulquemont, la brigade Redern, Landroff, à l'ouest de Gros-Tenquin [5]. De ces points de nombreuses patrouilles fouillent le terrain

---

1. Von Schell, *op. cit.*, 87.
2. Von Pelet-Narbonne, 327, d'après une lettre du major von Schönfels.
3. Ordre du général von Alvensleben à la 6e division de cavalerie, 10^h 30 du matin, et ordre de la 6e division, von Widdern, *Verwendung und Führung der Kavallerie*, II, 263, 264.
4. Voir *suprà*, p. 95 ; rapports du colonel von Alvensleben, 10^h 30 du matin, 5^h 30 du soir, von Widdern, *Verwendung und Führung der Kavallerie*, II, 254, 256.
5. Avec avant-postes de Baronville à Raville entre les routes de Sarrebruck à Metz et de Sarreguemines à Nancy (*État-major prussien*, I, 428).

à l'ouest. L'une d'elles, du 13ᵉ ulans, fait prisonniers entre Han-sur-Nied et Rémilly *vingt-deux* isolés des 2ᵉ et 3ᵉ corps. Une autre établit la retraite du 2ᵉ corps sur Metz par la route de Rémilly. Le lieutenant von Podbielski, de l'état-major du Xᵉ corps, se porte avec vingt chevaux du 13ᵉ ulans par Faulquemont, Herny, Arriance, Chanville, le bois entre Berlize et Domangeville jusqu'aux abords immédiats de Pange. Après avoir enlevé quatre hommes à une patrouille d'infanterie, il constate l'existence de grands bivouacs auprès de ce village et de Mont. Un autre se voit au loin vers Puche, près de la route de Courcelles-Chaussy à Metz. De fortes colonnes marchent de cette ville vers l'est et le sud. Un habitant déclare que des troupes arrivant du camp de Châlons s'établissent derrière la Nied française[1].

Enfin, sur le flanc gauche du IVᵉ corps, la brigade Bredow atteint Eschwiller[2] et pousse ses patrouilles entre Phalsbourg et Sarrebourg sans rapporter aucun renseignement sérieux. Nos 1ᵉʳ et 5ᵉ corps sont déjà plus à l'ouest. Les vingt-six escadrons dont dispose à ce moment le IVᵉ corps auraient pu être employés plus à propos[3].

D'après l'ordre que Frédéric-Charles arrête pour le 11 août[4], la IIᵉ armée va se mouvoir entre la route de Fenestrange à Dieuze, réservée à la IIIᵉ, et celle de Forbach, Saint-Avold, Faulquemont, Han-sur-Nied, Buchy, qui lui appartient. Elle formera trois colonnes : le IIIᵉ corps suivi du IXᵉ à droite ; le Xᵉ avec la Garde au centre, et le IVᵉ corps à gauche ; le XIIᵉ suivra la colonne médiane et le IIᵉ celle de droite. Comme les jours précédents, aucune mission spéciale n'est assignée à la cavalerie[5].

---

1. Rapport du lieutenant von Podbielski, von Pelet-Narbonne, *op. cit.*, 333. Ce détail est faux, car le 6ᵉ corps reste sous Metz.
2. Entre Drulingen et Fenestrange.
3. Von Pelet-Narbonne, *op. cit.*, 329.
4. 10 août, 5 heures du soir, von Widdern, *Verwendung und Führung der Kavallerie*, II, 269.
5. A l'exemple de Frédéric-Charles, le commandant du IIIᵉ corps se borne à prescrire à la 6ᵉ division de cavalerie de se porter de Faulquemont sur Niederum, 7 kilomètres au sud-ouest, avec une avant-garde à Herny et Holacourt, des patrouilles sur Chanville, Béchy, Delne, Baronville.

XVII

L'ARMÉE DU RHIN LE 11 AOUT

Le 2ᵉ corps. — Le 3ᵉ corps. — Le 4ᵉ corps. — La Garde. — Les réserves générales. — La cavalerie. — Le 6ᵉ corps. — Le 5ᵉ corps. — Le général de Failly et les ordres donnés. — Les 1ᵉʳ et 7ᵉ corps. — Aperçu d'ensemble. — État des troupes.

Nous perdons encore la journée du 11 août, ou peu s'en faut, dans un temps où les heures même ont leur prix. Elle est uniquement consacrée au petit déplacement qu'opère l'armée pour se rapprocher de Metz.

Aucun mouvement n'a été prescrit au 2ᵉ corps, mais les renseignements recueillis indiquent la présence de forces ennemies en avant de ses positions, surtout vers Courcelles. Sans qu'il ait cherché à vérifier leur importance, Frossard croit ses troupes « trop en l'air » entre Mercy et Ars-Laquenexy. Par suite, il modifie les emplacements d'une partie du corps d'armée, de façon à le resserrer vers l'ouest, en se rapprochant de Metz. La division Bataille vient s'établir à droite de celle du général Vergé[1], sa gauche à la Basse-Bévoye, sa droite « suivant les crêtes » vers Magny-sur-Seille. La division Laveaucoupet est au sud-est « du fort de Queuleu, sa droite un peu en avant de la Haute-Bévoye, sa gauche près... de Grigy ». La brigade Lapasset vient s'établir derrière Laveaucoupet, entre la Haute-Bévoye et Grigy, la gauche à la route nationale. La cavalerie garde ses emplacements, tout en détachant cinq escadrons aux avant-postes, à Peltre, Jury et Magny-sur-Seille[2].

Le mouvement du 3ᵉ corps est singulièrement gêné par le précédent. La division Montaudon doit se porter à Grigy, mais l'arrivée du 2ᵉ corps l'oblige à bivouaquer à l'est de ce

---

[1]. Qui est à cheval sur la route de Strasbourg, à hauteur du château de Mercy (voir *suprà*, p. 99).

[2]. 4 escadrons du 4ᵉ chasseurs à Peltre et Jury ; 1 escadron du 5ᵉ chasseurs à Magny-sur-Seille (Journal de marche du 2ᵉ corps, *R. H.*, I, 1903, 186).

village et de Borny, la gauche à La Grange-aux-Bois, la droite à la route de Strasbourg, près de l'embranchement de Remilly[1].

Partie d'Urville, la division Castagny va s'établir de Colombey à Montoy[2]; celle du général Metman, qui vient de Mont, bivouaque entre Colombey et le bois de ce nom[3]; la division Decaën, de Nouilly à la route de Sarrelouis ; enfin la cavalerie de Clérembault est en deuxième ligne, tout à fait à l'écart du corps d'armée, la droite à cette route, près du fort de Bellecroix, la gauche vers Vantoux[4].

Le 4ᵉ corps continue de tenir la gauche de l'armée, la division Cissey à l'est de Mey, entre le ruisseau de Vantoux et la route de Bouzonville ; celle du général Grenier à cheval sur cette voie, à hauteur de Mey ; la division Lorencez en arrière du ruisseau de Chieulles, dans l'angle des routes de Bouzonville et de Kédange[5].

« D'après les instructions de l'empereur, la Garde doit aller s'établir... entre Borny et Vantoux... Elle se met en route dès le matin, après avoir fait filer ses *impedimenta*, » la division Deligny par Colligny, Ogy et Colombey ; celle du général Picard par Retonfey, Montoy et Vantoux ; le reste du corps d'armée suit la route de Saint-Avold à Metz.

L'intervalle « entre Borny et Vantoux étant occupé à l'arrivée de la Garde », elle est amenée à s'établir un peu en arrière, la division Deligny de Borny à Grigy ; le général Picard de Borny à la route de Sarrebruck ; la cavalerie dans

---

1. Journal de marche de la division, *R. H.*, I, 1903, 189. D'après une lettre de Montaudon au maréchal Bazaine, *ibid.*, 191, sa 1ʳᵉ brigade « a devant elle des troupes de toutes armes : la brigade Lapasset, de l'artillerie, du train, une ambulance ». Ce passage est en contradiction avec les Journaux du 2ᵉ corps et de la brigade Lapasset.
2. *R. H.*, I, 1903, 189 ; le Journal de la division porte à *Montoy* (*ibid.*).
3. *R. H.*, I, 1903, 189. Le Journal du 3ᵉ corps porte à *Lauvallier* et celui de la division à *Borny* (*ibid.*).
4. Journal de la division, *R. H.*, I, 1903, 190 ; celui du corps d'armée porte à *Bellecroix* (*ibid.*, 189).
5. La cavalerie « en avant de la ferme de Grimont » ; les réserves entre Châtillon et le château de Grimont (Journaux de marche du 4ᵉ corps, des divisions Grenier et Legrand, *R. H.*, I, 1903, 194, 196). Il y a désaccord entre les deux premiers de ces documents pour ce qui concerne la division Grenier. Nous avons suivi le second, qui présente plus de vraisemblance.

la plaine de Plantières et le reste des troupes le long de cette route, à hauteur de ce dernier point [1].

La réserve générale d'artillerie garde son emplacement du 10. Quant aux deux divisions de la réserve de cavalerie, elles restent également en arrière de l'armée. Toutefois, celle du général du Barail opère une reconnaissance étendue dans l'intervalle des routes de Château-Salins et de Pont-à-Mousson. Avec deux escadrons du 3e chasseurs d'Afrique, le colonel de Galliffet se porte à Verny, où il fractionne sa colonne en trois détachements. L'un, fort d'un escadron, suit au centre la route de Nancy ; les deux autres, chacun de deux pelotons, explorent les routes de Pont-à-Mousson et de Château-Salins. Ils atteignent ainsi Nomeny, sans avoir rencontré aucune fraction ennemie. Les renseignements recueillis sont uniquement ceux fournis par les habitants et, par suite, très vagues : « Le 10, quatre ulans prussiens avaient paru à Han-sur-Nied......, de nombreuses troupes occupaient Remilly et Faulquemont. En outre, au dire des voyageurs, le gros des Prussiens » tenait « Hellimer, Gros-Tenquin, Baronville et Morhange, ce dernier point paraissant contenir leur tête de colonne, car ils y avaient un millier d'hommes le 10 au soir. Cette direction semble indiquer une marche sur Nancy, ou au moins le projet de couper les routes à Frouard » [2].

A l'aile opposée, la division Forton détache vers Thionville deux reconnaissances d'un peloton. Elles rentrent aussi sans autres renseignements que ceux fournis par les habitants : le 10 il y avait des ulans à Kédange, Bouzonville, Metzervisse et Chemery [3].

Ainsi notre cavalerie fait un gauche essai d'exploration,

---

1. Journal de marche de la Garde, *R. H.*, I, 1903, 209.
2. Journal de la division du Barail, *R. H.*, I, 1903, 215. Ces renseignements si suspects sont pourtant fournis par un de nos plus brillants officiers, le lieutenant Jeantet, mort général. Il ajoute : « les Prussiens auraient abandonné Faulquemont » (Le colonel de Galliffet au général du Barail, d. t., Nomeny, 12h40, *ibid.*, 216). Voir au sujet de cette reconnaissance un compte rendu du lieutenant von Arnim, du 3e hussards (von Widdern, *Verwendung und Führung der Kavallerie*, II, 273).
3. Journal de la division Forton, *R. H.*, I, 1903, 216 ; *ibid.*, 151.

dans des directions où l'ennemi ne peut être encore, selon toute vraisemblance. En revanche, elle laisse inexploré le vaste secteur compris entre les routes de Kédange et de Château-Salins, où elle le rencontrerait certainement.

Le mouvement du 6ᵉ corps continue, non sans de nouvelles difficultés. Le transport des fractions venant du camp de Châlons, en pleine exécution, est en effet gêné de la façon la plus grave par celui de la division Levassor-Sorval, qui part de Paris et dont l'impératrice a prescrit directement la mise en route, sans intervention du major général[1]. Celle du général La Font de Villiers est tout entière à Metz ; la division Tixier continue son mouvement ; les divisions Bisson et Levassor-Sorval le commencent dans la journée du 11. Ces transports, déjà ralentis par des difficultés techniques résultant de la mauvaise installation des lignes ferrées et des gares, le sont encore par les entreprises de l'ennemi. Déjà une reconnaissance de ulans a coupé les fils du télégraphe entre Frouard et Pont-à-Mousson[2]. De plus, la mise en mouvement des troupes éprouve les retards les moins justifiés. Ainsi le départ des équipages du maréchal Canrobert retarde d'abord jusqu'à midi, puis jusqu'à 4 heures celui du premier train de la division Bisson qui devait avoir lieu dans la matinée[3]. Finalement le 6ᵉ corps n'aura à Metz

---

1. Le ministre de la guerre au major général, d. t., 4 heures du matin : « La 4ᵉ division du 6ᵉ corps commencera son mouvement ce matin. Le premier train partira de La Villette à 6 heures. Les trains se suivront de 50 en 50 minutes. L'artillerie et le génie de cette division sont au camp de Châlons et sont également dirigés sur Metz » (*R. H.*, I, 1903, 181).

L'empereur au ministre de la guerre, d. t., 6ʰ 35 du matin : « La 1ʳᵉ division du 6ᵉ corps est arrivée à Metz. Il faut encore trente-six heures pour chacune des deux autres pour effectuer leur mouvement. Je ne conçois pas que vous envoyiez dès aujourd'hui la 4ᵉ division : c'est créer de la confusion. »

Le ministre de la guerre à l'empereur, d. t., s. h. : « La 4ᵉ division du 6ᵉ corps était déjà en route lorsque j'ai reçu la dépêche de V. M. C'est sur les ordres de l'impératrice et de concert avec le maréchal Canrobert, arrivé à Paris hier soir, que le départ de cette division avait été décidé » (*Ibid.*, 149).

2. Journaux de marche des divisions Tixier, Bisson, La Font de Villiers et Levassor-Sorval, *R. H.*, I, 1903, 204, 205.

3. Le général Henry, chef d'état-major général du 6ᵉ corps, au maréchal Canrobert, d. t., 6ʰ 30 du soir ; Journal de la division Bisson, *R. H.*, I, 1903, 204, 206. On remarquera que les trains de la division Bisson se succèdent à une heure et demie d'intervalle ; ceux de Levassor-Sorval à 50 minutes.

que deux divisions d'infanterie complètes (1re et 3e), une autre (4e) sans artillerie ; la dernière (2e) forte d'un régiment et d'une batterie seulement. Enfin la réserve d'artillerie et la division de cavalerie ne rejoindront jamais le 6e corps et feront partie de l'armée de Châlons[1]. Au lieu d'être l'un des plus fortement constitués de l'armée, il sera l'un des plus faibles.

L'empereur comptait également sur le 5e corps pour se renforcer sous Metz, et les chances de réaliser cette idée diminuent chaque jour. Le matin du 11, le général de Failly a quitté la direction de Nancy pour se porter vers Charmes. C'est s'éloigner de Metz au lieu de s'en rapprocher, nous l'avons dit. Pour justifier cette façon d'agir, il envoie au major général un télégramme qui inspire les doutes les plus sérieux sur la netteté de son attitude.

Alléguant la prétendue impossibilité de se rendre à Metz par Nancy et Pont-à-Mousson, puis celle de suivre la route de Bayon déjà prise par le 1er corps, il met en avant la nécessité de se porter « plus au sud..., de manière à pouvoir tourner Toul », se jeter dans l'Argonne et se rendre à Metz ou au camp de Châlons, suivant les circonstances[2]. Or les instructions de l'empereur apportées par le capitaine de France confirmaient pour de Failly l'ordre de se rendre à

---

1. Journal du général Soleille, *R. H.*, I, 1903, 218.
2. Le général de Failly au major général, d. t., 5ʰ 34 du soir : « Après avoir vu de France, ne pouvant, d'après son avis, me rendre de Nancy à Metz par Pont-à-Mousson, les éclaireurs ennemis ayant été signalés hier dès 10 heures du matin à Château-Salins et Dieuze, ainsi qu'un corps d'armée en marche sur Nancy, j'ai dû renoncer, malgré mon désir, à l'ordre donné d'exécuter une marche de flanc dans de mauvaises conditions défensives, suivant le bord de la Meuse et de la Moselle.

« Le maréchal de Mac-Mahon ayant pris la route la plus au nord, par Bayon, Vézelise, etc., j'ai dû prendre une ligne plus au sud et parallèle, de manière à pouvoir tourner Toul, me jeter dans l'Argonne et me rendre à Metz ou au camp de Châlons, selon vos ordres....

« Mon quartier général est aujourd'hui à Charmes ; demain il sera à Mirecourt.... » (*R. H.*, 1, 1903, 203).

On remarquera : 1º combien la première phrase de ce télégramme est embarrassée. Le général se rend compte évidemment du peu de valeur de son argumentation ; 2º il ne fait aucune allusion au prétendu ordre du maréchal qui lui aurait imposé la route de Charmes d'après le Journal du colonel Clémeur, écrit, comme on sait, sous son inspiration (voir *suprà*, p. 112).

Metz, tout en l'autorisant à passer par Toul². « Tourner » cette petite place, sans doute par Neufchâteau et Commercy, entraînerait nécessairement une perte de temps considérable. Il deviendrait impossible au 5ᵉ corps de se porter sur Metz et il serait rejeté vers Châlons, éventualité qui paraît rentrer beaucoup mieux dans les vues du général[1].

Si, au lieu de recourir à ces faux-fuyants, de Failly exécutait de son mieux les ordres qu'il a reçus, comme c'est son devoir étroit, il pourrait être le 11 à Nancy, le 12 à Dieulouard, le 13 à Corny et le 14 à Metz. Les patrouilles ennemies qu'il rencontrerait ne ralentiraient même pas sa marche, efficacement couverte par la Moselle au delà de Frouard. Mais, le 11 août et les jours suivants, le commandant du 5ᵉ corps obéit aux mêmes préoccupations, il accepte les mêmes compromissions qui l'ont conduit à rester inactif le 6 ; il garde jusqu'au bout son attitude du 5 août.

Quant au 1ᵉʳ corps, il continue par Bayon sa marche vers le camp de Châlons ; enfin, le gros du 7ᵉ corps reste à Belfort, où la division Dumont va le renforcer.

On voit que nos quatre corps d'armée sous Metz seront bientôt renforcés d'un cinquième, l'arrivée d'un sixième devenant des plus problématiques. Nous n'en aurons pas moins

---

1. A en croire le Journal du colonel Clémeur, le général de Failly ajouterait à sa dépêche ce qui suit : « Je demande à marcher par Vézelise sur Toul, où le 5ᵉ corps se réunirait, occuperait la vallée de la Moselle, protégerait Frouard et marcherait sur Nancy par plusieurs routes en suivant les hauteurs et la forêt de Haye, où l'on pourrait repousser l'ennemi en l'abordant de front. En cas de retraite forcée, on pourrait tenir dans la forêt de Haye, gagner au besoin Metz, ou bien se retirer dans l'Argonne » (*R. H.*, I, 1903, 199). Le Journal du capitaine de Piépape porte que ces explications complémentaires font l'objet, non d'une addition au télégramme de 5ʰ34 du soir, mais d'une dépêche spéciale (*ibid.*, 156). En effet, l'original du télégramme ne comporte pas ce complément (*ibid.*, 156). De plus, ces explications contredisent le texte même du télégramme de 5ʰ34. Au lieu de *tourner* Toul, il s'agirait de *marcher par Vézelise sur Toul* ; au lieu de se *jeter dans l'Argonne*, de Failly *occuperait la vallée de la Moselle* et prendrait même l'offensive, quitte à se replier *dans la forêt de Haye, en cas de retraite forcée*. Enfin la réponse du major général, arrivée le 12 à Mirecourt, ne fait aucune allusion à la forêt de Haye ou à la défense de Toul (*R. H.*, I, 1903, 447). Ces circonstances mènent à croire que ce prétendu complément n'a jamais été envoyé au major général et qu'il a été rédigé après coup, à titre d'essai de justification du général de Failly.

groupé une force compacte de seize divisions d'infanterie environ, la plus belle armée que la France ait réunie depuis 1813 et qui serait assurément susceptible de grandes choses, si l'on savait s'en servir. Mais le dispositif adopté le 11 août n'est rien moins qu'heureux. Nos corps de première ligne forment un demi-cercle autour de Metz, à quatre kilomètres au plus des forts, eux-mêmes très rapprochés de l'enceinte. Leur capacité de manœuvre est étroitement bornée. Entre eux le terrain n'est même pas rationnellement réparti. Si le front des 2e et 4e corps est étroit, celui du 3e est relativement très étendu. Les réserves et la Garde sont entassées derrière le centre. On dirait que l'armée obéit déjà à l'attraction de ces murailles, derrière lesquelles elle abdiquera bientôt toute liberté d'action.

Bien que les distances parcourues le 11 août par nos troupes soient très faibles, la pluie continuelle, la mauvaise organisation des marches et des bivouacs accroissent beaucoup leurs fatigues. Certains des itinéraires suivis sont communs à des éléments de deux ou même de trois corps d'armée, ce qu'il aurait été facile d'éviter. A défaut de cette élémentaire précaution, il eût fallu déterminer les heures d'écoulement de chacun, détermination qui appartient à l'état-major du maréchal Bazaine et que celui-ci a entièrement négligée [1]. En outre, on impose fréquemment aux troupes, sans nécessité, l'obligation de marcher à travers les champs détrempés. Ailleurs l'infanterie est formée par sections ou par demi-sections, l'artillerie sur deux files. La cavalerie marche à droite et à gauche de la route, en queue des autres armes qui la ralentissent et la gênent par des à-coups incessants [2]. Les bagages et les convois constituent une cause fréquente de désordre [3]. Le départ est mal réglé, tous les éléments d'une colonne prenant les armes simulta-

---

[1]. *R. H.*, I, 1903, 147. Voir, au sujet des croisements et doublements de colonnes, le Journal du lieutenant Palle (*ibid.*, 196) et le général Montaudon, II, 87.

[2]. Journaux de marche de la Garde, de la brigade Garnier (division Deligny), de la division Desvaux, *R. H.*, I, 1903, 207, 210, 211.

[3]. Général Montaudon, II, 87.

nément et non les uns après les autres, comme le voudrait la raison[1]. Quel moyen plus efficace de fatiguer et de rebuter les troupes que ces stations interminables sous la pluie, en attendant un ordre qui ne peut venir avant des heures ?

Même à l'arrivée, les dispositions sont si mal prises que l'installation au bivouac est d'une lenteur excessive[2].

Malgré la richesse du pays et le voisinage de Metz, les distributions sont fort irrégulières[3], d'où cette conséquence que la maraude et l'indiscipline tendent à se répandre[4]. Les rangs inférieurs de l'armée ne sont pas les seuls atteints. Le découragement gagne parmi les généraux. Ils ont conscience de la timidité de notre attitude, des dangers dont elle est l'origine. « Aujourd'hui... nous sommes arrivés sous les murs de Metz... Nous nous y retranchons, nous attendant à chaque instant à être attaqués.

« Que les rôles sont changés ! Autrefois nous attaquions ; aujourd'hui, c'est nous qui nous défendons[5]... » On se rend

---

1. Extrait du rapport du général de Potier, 10-11 août : « 7ᵉ bataillon de chasseurs. — Le commandant du bataillon demande que l'heure du départ de l'arrière-garde ne soit plus la même que celle du corps marchant en tête. Le matin, le bataillon a pris les armes à 3 heures et il n'est parti qu'à 8ʰ 30 » (*R. H.*, I, 1903, 146).

« Boute-selle à 2 heures (du matin) ; à cheval à 2ʰ 30. Le régiment est resté dans cette position, sous une pluie torrentielle, jusqu'à 11ʰ 30, voyant défiler devant lui toute l'armée » (Historique du 2ᵉ chasseurs, cité *ibid.*) ; « le jeudi 11, on fit seller à 1 heure du matin... et le régiment ne partit qu'à 11 heures » (Historique du 4ᵉ dragons, cité *ibid.*) ; lieutenant-colonel Patry, *La Guerre telle qu'elle est*, 62, etc.

2. Général Montaudon, II, 87 ; le général Montaudon au maréchal Bazaine, 11 août, *R. H.*, I, 1903, 191, etc.

3. 3ᵉ division (groupe) de la réserve d'artillerie du 2ᵉ corps, Rapport journalier du 11 au 12 août : « Les chevaux n'ont touché ni foin, ni paille ; il serait nécessaire d'augmenter, en ce cas, la ration d'avoine. Il n'est pas possible que nos chevaux, déjà à bout de forces, puissent résister à ce manque de nourriture.... » (*R. H.*, I, 1903, 188).

4. « Nos soldats, auxquels depuis quatre jours on ne fait pas de distributions, maraudent et tendent à se débander... » (Lettre du général Lapasset, 11 août, *Le Général Lapasset*, II, 119) ; « la maraude sévit de plus en plus ; partout des dévastations inutiles ; le pillage reste impuni à quelques pas du quartier général » (*Trois mois à l'armée de Metz*, 66 [3ᵉ corps]) ; « A la suite des fatigues de toute nature et des privations... il y a une légère tendance à l'indiscipline et à la maraude et même au pillage chez l'habitant, que rien ne me semble pouvoir arrêter... » (Le général Montaudon au maréchal Bazaine, 11 août, *R. H.*, I, 1903, 191), etc.

5. Lettre du général Lapasset, 11 août, *Le Général Lapasset*, II, 119.

compte de l'indécision du commandement, de l'inutilité de tant de mouvements mal venus[1]. On en vient à se laisser impunément insulter par les coureurs ennemis[2], grâce, il faut le dire, à l'extrême négligence de nos avant-postes[3].

Le commandement se sent si peu sûr de lui, il se voit si complètement débordé par des événements qu'il n'a pas su prévoir, qu'il adresse aux troupes des recommandations tardives et contradictoires sur l'emploi tactique du fusil modèle 1866, sur le combat de tirailleurs. Nos idées sont très peu arrêtées sur toutes les questions de ce genre, en sorte qu'il se glisse de véritables anachronismes parmi ces prescriptions[4]. Même en ce qui touche le matériel, notre imprévoyance éclate. Le ministre de la guerre a décidé, le *6 août* seulement, que des ouvriers exercés seraient détachés dans les batteries de mitrailleuses pour exécuter les réparations délicates. On leur expédie le 11 des cartouches à balles multiples pour le tir aux petites distances[5]. Apparemment, on n'en avait pas prévu jusqu'alors la nécessité.

---

[1]. « Le haut commandement... est comme affolé et va à l'aventure.
« Notre pauvre armée... ne fait que s'user sur les routes par des marches et contre-marches aussi inutiles qu'inopportunes ; toujours en éveil, elle mange peu et dort moins encore. Des fatigues sans raison et sans but, voilà comment on mène les troupes... En général, le soldat bien conduit fait et fera bien son devoir... Malheureusement, la confusion et l'incohérence règnent dans les hautes sphères... » (Lettre du général Montaudon, 11 août, *Général Montaudon*, II, 87, 217).
[2]. Le général Metman au maréchal Bazaine et au général Arnaudeau, *R. H.*, I, 1903, 192.
[3]. Le général Bourbaki au maréchal Bazaine, 12 août, *R. H.*, I, 1903, 478. Voir *suprà*, p. 92.
[4]. Le général Bourbaki aux généraux Deligny, Picard, Pé de Arros et Durand de Villers, 11 août, *R. H.*, I, 1903, 213 : « ...Le meilleur procédé à employer pour déjouer la tactique de l'ennemi consiste à user, en première ligne, dans les mêmes conditions, de nombreux tirailleurs et de pièces d'artillerie... » ; Notes pour les différents services de la division Metman, *ibid.*, 436, 12 août : « ... Le maréchal (Bazaine) rappelle également que, vis-à-vis de l'ennemi qui ménage extrêmement ses feux, les feux à volonté doivent être complètement proscrits; on ne fera que des feux à commandement. Il recommande également de ne pas prodiguer les tirailleurs... » Cette dernière recommandation contredit l'une de celles des *Instructions tactiques* que vient de faire distribuer le major général (voir *suprà*, p. 102).
[5]. Le général Soleille aux généraux commandant l'artillerie des corps d'armée...., 11 août, *R. H.*, I, 1903, 220.

XVIII

HÉSITATIONS DE L'EMPEREUR

Renseignements sur l'ennemi. — Menaces vers Thionville et Pont-à-Mousson. — Autour de Strasbourg. — La direction suprême. — L'arrêt sous Metz. — La retraite vers la Loire. — Le commandement de Bazaine. — Ordres à la cavalerie.

L'inaction à peu près complète de notre cavalerie, l'absence de service de sécurité sérieux, font que nous avons sur l'ennemi des renseignements très vagues, dus à l'espionnage ou à la bonne volonté de correspondants occasionnels. C'est ainsi que, « de source belge très sûre », on apprend le départ de 150,000 Prussiens qui ont quitté Cologne à dater du 10 au matin[1]. De même, un agent de Thionville annonce que, le 12, « l'armée prussienne avancera pour se jeter au cœur de la France »; 12,000 hommes de landwehr doivent arriver le 11 à Sarrebruck. « Toute l'Allemagne serait sous les armes[2]. » Le même correspondant signale le bruit persistant à Luxembourg de la prochaine entrée en France du général Vogel von Falkenstein, avec 150,000 hommes, « par Thionville, Longwy..... ». Le mouvement d'ensemble commencerait le 12[3]. La première partie de ce renseignement est confirmée par un télégramme reçu au grand quartier général[4]. D'autres avis portent que « les Prussiens » étaient le 10 à Bettlainville, Luttange et Guettange[5], au nord-est de Metz. L'ensemble indiquerait l'entrée en ligne d'une nouvelle armée vers Thionville.

---

[1]. Le ministre de la guerre au major général, d. t., 9ʰ 40 du matin, *R. H.*, I, 1903, 230.

[2]. Un agent de Thionville au major général, d. t., 12ʰ 30 du soir, *R. H.*, I, 1903, 231.

[3]. Un agent de Thionville au major général, lettre, *R. H.*, I, 1903, 231.

[4]. 4 heures du soir : « Vogel de Falkenstein s'avance avec trois corps d'armée, dont le IIIᵉ vers Thionville pour tourner la ville ou la surprendre. Il longe la frontière du grand-duché sans la violer. Il serait à Frisange, sur la route de Luxembourg à Thionville... » (*R. H.*, I, 1903, 229).

[5]. Le général La Font de Villiers au major général, 11 août, *R. H.*, I, 1903, 232.

Dans une direction opposée, on annonce l'arrivée de
« 1,000 à 1,500 Prussiens à Nomeny ; on les attend demain
à Pont-à-Mousson » ; Château-Salins serait occupé par des
forces inconnues[1].

Quant au danger si longtemps redouté d'une invasion
dans le Haut-Rhin, on paraît ne plus y croire : « Il ne resterait plus que quelques compagnies en face de Kembs, »
écrit le général Douay. « Il y avait sur le Rhin, dit-on,
43,000 hommes qui ont été dirigés sur Rastatt pendant
les nuits de dimanche et lundi (7 et 8 août). » Mais le général commandant à Strasbourg croit son investissement
prochain[2]. De fait, les communications télégraphiques sont
coupées le soir même à 7ʰ 15[3]. Le premier anneau de la
chaîne qui, depuis plus de deux cents ans, liait l'Alsace à la
mère-patrie vient d'être rompu.

L'armée est concentrée sous Metz ; il devient urgent d'arrêter enfin des décisions fermes et d'en poursuivre avec
énergie l'exécution. Rien pourtant n'indique de pareilles
dispositions chez l'empereur. Vis-à-vis de l'impératrice, il
se borne à de banaux encouragements ou à des recommandations d'une efficacité douteuse[4]. Une idée nouvelle a germé
dans ce cerveau affaibli : celle de rester avec l'armée sous
Metz. Il s'y croit en sûreté ; il pense que nous pourrons y
attendre la constitution de forces nouvelles au camp de Châ-

---

[1]. X... à M. Samuel, chef d'escadron, et au major général à Metz, d. t., s. h.,
11 août, R. H., I, 1903, 233. Un télégramme du maire de Nancy au général du
Barail, daté de 4ʰ 50 du soir, annonce la présence « de 25 ulans à Nomeny même,
à l'instant » (ibid.).

[2]. Le général Douay au major général, d. t., 1ʰ 50 du soir, R. H., I, 1903,
234.

[3]. Le général Uhrich à général Douay, Guerre et major général, d. t., 3ʰ 45
du soir, expédiée à 4ʰ 5 ; le même à Guerre, d. t., 7 heures soir, expédiée à
7ʰ 40, R. H., I, 1903, 234. La R. H. reproduit (ibid.) un avis du directeur général des lignes télégraphiques au ministre de la guerre, daté de 10ʰ 15 du soir et
portant que les communications avec Strasbourg sont interrompues depuis 7ʰ 15
du soir. Cette heure est en contradiction avec celle du télégramme précédent.

[4]. « Je vous dis courage ! Notre situation militaire s'améliore. Toute l'armée,
concentrée sous les canons de Metz, ne peut être investie (? *le mot est resté
en blanc*). Il faut employer les moyens énergiques : ordonner aux préfets, maires, populations de l'Est, de faire tout sauter, ponts, tunnels, chemins de fer,
devant les Prussiens ; armer les gardes nationales, les faire venir en masse vers
Châlons... » (M. Pietri à l'impératrice, d. t., 5ʰ 20 du soir, R. H., I, 1903, 183).

lons. Il agite la chimérique pensée d'y « faire venir en masse » des gardes nationales qui n'ont pas, à cette heure, même un semblant d'organisation[1].

Il a renoncé à la concentration sur le plateau de Haye, parce qu'elle exigerait une marche de flanc périlleuse. Il ne veut pas se retirer sur Châlons et, à plus forte raison, sur Paris, sans quoi il n'appellerait pas à Metz les 5e et 6e corps. D'ailleurs un sentiment se manifeste toujours davantage autour de lui : « Quitter Metz, ce serait abandonner la Lorraine. » On compte livrer une bataille défensive sous cette grande place. Si l'ennemi nous déborde, on se jettera sur son flanc et l'on coupera ses communications[2].

Quoi qu'on en ait dit, ce projet d'opérations n'a en soi rien d'irréalisable. Il serait possible de manœuvrer autour de Metz, d'utiliser cette grande place comme un point d'appui, une protection pour l'un de nos flancs ou nos derrières ; on pourrait mettre à profit les fautes inévitables de l'ennemi et opérer vivement un ou plusieurs retours offensifs. Pendant les journées des 14, 15, 16, 17 août, l'armée du Rhin doit avoir, à plusieurs reprises, l'occasion d'infliger à nos adversaires un sérieux échec. Certes le maréchal Bazaine ne fera rien de pareil ; mais, de ce que l'armée du Rhin, entre

---

1. Il a refusé la veille, avec grande raison, les bataillons de mobiles de la Seine, d. t. à l'impératrice, 10 août, 1 heure du soir, *R. H.*, II, 1902, 1376. La destruction des ouvrages d'art, recommandée par le télégramme du 11 août, 5h 20 du soir, donne lieu à une correspondance instructive. C'est d'abord le major général qui prescrit au préfet de la Meurthe de ne faire sauter les ponts qu'à la dernière extrémité (d. t. ch. s. h., *R. H.*, I, 1903, 182). Le préfet répond à 6h 5 du matin (d. t. ch.) que, l'autorité militaire ayant noyé toutes les poudres en se retirant, il ne sera plus possible de faire sauter les ponts sur la Meurthe. Enfin le ministre de la guerre demande tout naturellement (d. t. ch., 10h 25 du soir au major général) sur quels points et dans quels départements il doit prescrire ces destructions » (*ibid.*).

2. *Enquête*, dépositions, I, Le Bœuf, 54. Voir dans le même sens un télégramme du général Soleille au ministre, 12 août, *R. H.*, I, 1903, 463 : « Aujourd'hui qu'on a abandonné la pensée de faire refluer, soit sur Châlons, soit sur Paris, une partie de l'armée et du matériel et que les opérations de l'armée du Rhin semblent surtout devoir s'exécuter sur la zone frontière et, s'il y a lieu, sur les derrières de l'ennemi, il est important de posséder des dépôts qui ne soient pas trop éloignés.... » Le général est l'un des conseillers les plus écoutés de l'empereur, comme il sera ensuite pour le maréchal Bazaine, et son témoignage est de première importance.

ses mains inhabiles, ne tirera aucun parti de ce camp retranché, on ne peut déduire qu'il en serait de même sous une autre direction [1].

On a récemment examiné [2] une combinaison différente, qui ne fut pas discutée dans l'entourage impérial. Du moins aucun document ne l'indique.

La grande et incontestable supériorité numérique de l'ennemi nous oblige à chercher tous les moyens de nous renforcer. Même en tenant compte des 5ᵉ et 7ᵉ corps, nous ne pouvons réunir à bref délai que 212,000 hommes environ, effectif inférieur de plus de moitié aux 450,000 ou 500,000 hommes que les renseignements recueillis prêtent aux Allemands [3]. Dès lors, nul autre moyen de rétablir l'équilibre que de verser « dans les excellents cadres de l'armée une partie des hommes accumulés dans les dépôts et, d'autre part, d'organiser de nouveaux corps d'armée, soit par dédoublement de ceux qui comptaient quatre divisions, soit par des créations nouvelles ». Mais cette organisation ne peut se faire à proximité de l'ennemi. D'où la nécessité de gagner une zone assez éloignée de la frontière et permettant en outre l'afflux de toutes les ressources du territoire en hommes ou en matériel. Aucune ne s'y prêterait mieux que la région « Fontainebleau, Orléans, Gien, Auxerre » [4]. C'est de là que nous reprendrions ensuite l'offensive.

Il semble que ce projet soit conçu en dehors de toute possibilité pratique. Sans doute, si l'ennemi devait nous permettre d'opérer la longue retraite de Metz à Auxerre, puis une lente et laborieuse réorganisation sans même chercher à les troubler, on pourrait admettre les avantages théoriques

---

[1]. L'utilité stratégique des camps retranchés, vigoureusement plaidée par le général Brialmont et par le capitaine Millard, en Belgique, a été non moins énergiquement niée par A. G. (colonel Grouard) dans le *Journal des Sciences militaires*. Voir notamment *la Perte des États et les Camps retranchés*, réponse à *la Défense des États et les Camps retranchés* du général Brialmont.

[2]. *R. H.*, I, 1903, 160.

[3]. Bulletin pour le 11 août, *R. H.*, I, 1903, 227.

[4]. *R. H.*, I, 1903, 161. Bien que les bases de ce projet soient des plus fragiles, nous ne croyons pas devoir le passer sous silence, uniquement en raison de son origine.

de la combinaison proposée. Mais il n'en est rien. Comment les trois armées allemandes laisseraient-elles se retirer ainsi des forces très inférieures, encombrées d'un immense matériel ? Nous sommes beaucoup moins mobiles qu'elles : les premiers jours de la campagne le prouvent surabondamment et on ne le verra que trop lors du mouvement vers Sedan ? Qui empêcherait nos adversaires de masquer Metz et de se jeter à notre poursuite, tout en préparant l'investissement de Paris au moyen d'une partie de leur cavalerie ? N'y a-t-il pas des chances pour que nous soyions gagnés de vitesse et obligés de combattre dans les conditions les plus difficiles, bien avant d'avoir atteint la zone indiquée ? Pour obtenir la faculté de nous réorganiser à loisir, il faudrait complètement découvrir Paris et nous retirer, non vers la Loire, mais dans une direction beaucoup plus excentrique, celle du Morvan ou de la vallée de la Saône, par exemple. Encore l'ennemi devrait-il faire choix d'un objectif politique et géographique comme Paris, au lieu de s'attacher obstinément à la masse principale de nos forces, suivant son intérêt évident.

Il convient d'ajouter que, dans l'état présent des fortifications de Paris, l'abandon de cette grande place à elle-même lui ferait courir les risques les plus graves. On ne saurait oublier que plus d'un mois après, vers le 15 septembre, elle ne sera pas encore à l'abri d'une attaque brusquée[1].

Dans ce qui précède, il a été tenu compte uniquement des facteurs d'ordre militaire. Si l'on met en ligne les nécessités politiques qui s'imposent à l'empereur et à la régente, nos conclusions prennent beaucoup plus de force encore. Comment admettre, dans la situation de Paris et de la France vers le 10 août 1870, une retraite sans combat livrant à l'ennemi tout le pays compris entre la frontière et l'Yonne, exposant la capitale aux insultes sinon aux attaques allemandes ? Cette décision du gouvernement impérial n'équivaudrait-elle pas à son suicide ?

---

1. Voir notre *Siège de Paris. Châtillon, Chevilly, La Malmaison*, p. 103.

Toutes ces raisons font de l'idée d'une retraite sur la Loire une pure chimère, en dehors de toute réalité pratique. Elle ne tient compte ni des circonstances politiques, ni de l'ennemi[1].

Si chez nous, depuis le 6 août, le commandement n'a arrêté ni une décision ferme, ni une résolution énergique, c'est que l'armée du Rhin n'a pas un véritable chef. Bazaine a pris la direction effective[2], mais il ne l'exerce pas dans sa plénitude, comme le montre l'intervention constante de l'empereur et du major général. De même, il arrive que des commandants de corps d'armée correspondent directement avec le maréchal Le Bœuf[3]. Ajoutons que Bazaine est loin d'imprimer par lui-même une allure plus énergique au commandement. Il prévient ses sous-ordres que, d'après tous les renseignements, « l'ennemi serait en nombre considérable, tant en avant de Boulay qu'en avant de Saint-Avold, et... disposé à nous attaquer »[4]. S'il en est ainsi réellement, qu'attend l'armée pour se retirer à l'ouest de la Moselle ou assaillir les Allemands avant la fin de leur déploiement ?

Le voile qui nous cache leurs mouvements est si épais que le major général et Bazaine s'accordent à réclamer de

---

1. La *R. H.* (I, 1903, 163) cite à l'appui de ce projet le passage ci-après qu'elle emprunte à la traduction française de la Relation de l'État-major prussien : « Dès l'origine, les Allemands étaient persuadés que l'intérêt de l'ennemi lui commandait d'effectuer le plus tôt possible la jonction de l'armée du Rhin avec les forces en arrière. Depuis le général en chef jusqu'au commandant d'arrière-garde, tous tendaient donc invariablement et toujours au même but, mettre obstacle à ce dessein supposé » (4ᵉ livraison, p. 878).
Nous ne saisissons pas le rapport que prétend ainsi établir la *R. H.* entre la jonction, assurément désirable, de nos divers éléments et une retraite immédiate jusqu'à la Loire, retraite dont les inconvénients sautent aux yeux. En outre l'assertion de cette revue : « Le grand quartier général allemand ne doutait pas que telle serait la décision prise par le commandement français » est directement contredite par la Correspondance de Moltke aux 11 et 12 août. Il admettait pleinement, ainsi que Frédéric-Charles et Steinmetz, la possibilité d'un retour offensif de notre part. C'est dire qu'il lui reconnaissait certains avantages.
2. Le maréchal Bazaine au général de Ladmirault, 11 août, *R. H.*, I, 1903, 197, etc.
3. Le général Bourbaki au major général, compte rendu d'installation, *R. H.*, I, 1903, 213, etc.
4. Le général Bourbaki aux divisionnaires de la Garde, *R. H.*, I, 1903, 212.

notre cavalerie un peu moins d'inertie. Le premier en est réduit à des prescriptions de ce genre : « Il est nécessaire que l'empereur ait des renseignements sur des mouvements que l'ennemi pourrait faire dans la direction de Faulquemont et Nomeny sur Nancy. Exécutez demain des reconnaissances » ayant cet objectif[1]. — « Des renseignements recueillis dans la journée semblent indiquer que de l'infanterie ennemie aurait occupé Boucheporn et Ham-sous-Varsberg aujourd'hui... Prescrivez des reconnaissances dans les directions qui conduisent à ces deux localités; envoyez quelques escadrons[2]. »

Quant à Bazaine, il adresse, lui aussi, au général Frossard des recommandations qui montrent trop combien le service de sécurité laisse à désirer chez nous : « Notre position sous Metz ne nous dispense nullement du devoir de nous éclairer très au loin. Vous avez assez de cavalerie sous vos ordres pour que, jour et nuit, des reconnaissances et découvertes de cavalerie légère, faites au moins par escadron, aillent chercher des nouvelles... à plusieurs kilomètres en avant de vous. Les reconnaissances devront, sans se compromettre sérieusement, tâter cependant l'ennemi... Que vos divisions d'infanterie se gardent elles-mêmes, en avant de leur front, par un système de grand'gardes et de petits postes bien entendus[3]... »

---

1. Le major général au général du Barail, 11 août, *R. H.*, I, 1903, 217 ; général Fay, 58.
2. Le major général au général de Forton, 11 août, *R. H.*, I, 1903, 217 ; général Fay, 58.
3. Le maréchal Bazaine au général Frossard, 11 août, *R. H.*, I, 1903, 188.

XIX

LES ALLEMANDS LE 11 AOUT

Au grand quartier général. — Hypothèse de l'offensive française. — Moltke et ses variations. — La Ire armée. — La IIe armée. — Renseignements recueillis par sa cavalerie.

La direction suprême des Allemands n'est exempte ni de tiraillements, ni d'incertitudes. Steinmetz continue de tenir l'état-major du roi très mal au courant de ce qui concerne la Ire armée. Il formule, par contre, des demandes inadmissibles comme celle d'attribuer à ses trains des routes appartenant à la IIe armée. Déjà leur présence le 11 entre Sarrebruck et Saint-Avold provoque un grand désordre.

D'ailleurs on ne peut encore déterminer d'une façon ferme les directions de marche assignées aux trois armées. Il faut attendre des renseignements plus précis de la cavalerie. Pour l'instant, « on ignore si la Ire armée contournera au sud ou au nord Metz qui, dans tous les cas, doit être seulement observée ». Une division de landwehr est déjà en marche avec cette destination [1].

Ainsi, dans les premières heures du 11 août, Moltke paraît n'avoir aucun doute sur la marche probable des événements. Il continue de nous croire en pleine retraite. A 10 heures du matin, son opinion s'est déjà modifiée : « On peut admettre avec certitude qu'une partie de l'armée ennemie est campée sur la Nied française [2]. » Ce n'est pas qu'il

---

[1]. Moltke à Steinmetz, d. t., 6 heures du matin, *Moltkes Korrespondenz*, I, III, I, n° 137. Le roi est resté le 10 jusqu'à 10 heures du soir sans connaître les emplacements de la Ire armée ; le 11, à 10 heures du matin, il ignore les mouvements projetés pour elle (Moltke au commandement de la Ire armée, 10 heures du matin, *ibid.*, n° 138).

[2]. D. t. n° 138 déjà citée. Les renseignements sur lesquels est basée cette affirmation sont les suivants :

« 1° Ponts de chemins de fer détruits près d'Herny ;

« 2° Petites fractions d'infanterie du corps Mac-Mahon (*sic*) en marche sur Metz ;

« 3° Ce matin de fortes colonnes parties de Metz en marche sur Boulay et Pange ;

« 4° Trains militaires venant de Châlons arrivés à Metz dans la nuit du 9 au 10 ;

se rende un compte exact de la situation : « La position derrière la Nied n'est sans doute qu'un poste d'observation et le gros de l'armée peut être derrière la Moselle... » Dans ces conditions, le chef d'état-major se montre indécis. Y a-t-il lieu d'arrêter le IIIe corps, en flèche par rapport aux autres, pour laisser à ces derniers le temps de serrer? Ce que l'on conçoit plus difficilement, c'est qu'il abandonne le soin d'en décider au prince Frédéric-Charles[1].

Ce dernier montre plus de pénétration. Le 10, il a envoyé ce compte rendu, qui commence à modifier les idées de Moltke : « L'ennemi paraît s'être concentré en grandes masses derrière la Nied française, à l'est de Metz. » Le matin du 11, il confirme et élargit cette conclusion : « Il semble que cette concentration... doive conduire à une bataille. Je crois improbable que l'ennemi quitte sa belle position pour nous attaquer, bien que cette conduite s'accorde mieux avec le caractère des Français que la défensive gardée par eux jusqu'ici et qui leur a mal réussi. On peut donc croire qu'ils tâteront maintenant de l'offensive. » Si peu vraisemblable que soit cette éventualité, le prince juge nécessaire de s'y préparer. Il fera en sorte que nous ne puissions attaquer ses corps d'armée isolés. Après la marche du 11, ses têtes de colonne s'arrêteront; les divers éléments serreront sur elles, en attendant les ordres du roi pour une conversion autour de l'aile droite, c'est-à-dire du IIIe corps. Il voudrait que la Ire armée fût invitée à prolonger son front vers le nord, de manière à pouvoir envelopper notre gauche. De son côté, il se bornerait à nous fixer de front, en portant, comme à Sadowa, son principal effort contre notre droite. Dans ce but, il garderait au moins un corps d'armée en réserve, formant échelon.

Tout en ayant dans ses troupes la plus grande confiance,

« 5o Vu les camps de deux brigades ennemies près de Pange;

« 6o Fortes colonnes d'infanterie et d'artillerie en marche de Metz vers Courcelles, Mont et Pange » (Annexe à la dépêche no 138, de la main de Moltke et probablement du soir du 10 août).

1. Moltke au général von Stiehle, d. t., 10h 45 du matin, *Moltkes Korrespondenz*, I, III, I, 214, no 139.

il s'attend à une lutte des plus vives, entraînant des pertes au-dessus de l'ordinaire et peut-être une bataille de deux jours. Il songe même à opérer de nuit une partie de ses mouvements préparatoires[1].

Non seulement Frédéric-Charles a une conception plus nette de la situation que Moltke, mais il lui dicte ses décisions. Le chef d'état-major du roi reçoit sa dépêche à 6 heures du soir ; dès 7 heures, il s'empresse de modifier les dispositions déjà prises : « Il n'est pas invraisemblable qu'une fraction notable des forces ennemies soit stationnée... sur la rive gauche de la Nied française. Il devient donc nécessaire de resserrer le dispositif des Ire et IIe armées. » A Faulquemont, le IIIe corps sera le pivot de cette concentration ; la Ire armée portera le 12 deux corps d'armée sur la ligne Boulay-Marange, et un troisième à Boucheporn. A la IIe armée, le IXe corps ira à Longeville-lès-Saint-Avold, suivi, autant que possible, du IIe corps ; le Xe corps se portera derrière le IIIe, « peut-être par Lelling », à l'est de Faulquemont. La Garde, les IVe et XIIe corps prolongeront la gauche, de manière à pouvoir au besoin continuer vers Nancy[2].

La dépêche que Moltke adresse au prince (8 heures du soir) permet de pénétrer plus avant dans sa pensée. Il recon-

---

[1]. Le prince Frédéric-Charles à Moltke, 11 août, 9^{h}45 du matin, *Moltkes Korrespondenz*, I, III, I, 216. Le prince ajoute : « Nous avons en général de quatre à cinq jours de vivres avec nous, grâce aux grands approvisionnements pris à Sarreguemines et à Forbach. » Voir dans le même sens une lettre du prince au général von Alvensleben, 11 août, 10^{h}15 du matin et un post-scriptum du général von Stiehle, son chef d'état-major (Von Widdern, *Verwendung und Führung der Kavallerie*, II, 275). Frédéric-Charles se propose de porter avant le 15 août la IIe armée sur la ligne Faulquemont-Verny, en pivotant autour du IIIe corps maintenu à Faulquemont. On ne doit pousser en avant que de « faibles pointes de cavalerie », de manière à éviter des engagements partiels avant la bataille qui aura lieu le 16 ou le 17 pour les Ire et IIe armées. Voir l'ordre de la IIe armée pour le 12 août (*ibid.*, 279).

[2]. Moltke aux commandements des Ire et IIe armées, d. t., 7 heures du soir, *Moltkes Korrespondenz*, I, III, I, n° 141. Un télégramme envoyé directement au IIIe corps l'invite à se porter le 12 à Longeville (*ibid.*, 8 heures du soir, n° 142). L'État-major prussien, I, 431, reproduit inexactement le texte du télégramme de 7 heures du soir. Il en change plusieurs mots, en supprime d'autres et fait disparaître toute la fin de ce document, sans que rien l'indique. On est en droit d'être surpris de ce sans-façon.

naît que ses ordres sont basés sur l'hypothèse admise par Frédéric-Charles : le nouveau chef de l'armée du Rhin[1] a pris une décision énergique, « la seule justifiée », celle d'une offensive soudaine, tandis que les corps allemands sont encore épars de Sarrelouis à Saverne. Mais il ne prévoit tout d'abord que la possibilité d'une attaque immédiate contre le IIIe corps.

Il ne croit donc pas nécessaire que la IIe armée exécute dès maintenant une conversion qui conduirait sa droite à Verny. Ce mouvement pourrait même n'être pas sans inconvénients, « si, comme il est bien possible, la fraction de l'ennemi derrière la Nied se repliait et si le gros de ses forces se tenait au sud de Metz derrière la Seille ou la Moselle ». Aux yeux de Moltke, la situation n'offre pourtant rien d'inquiétant : « Nous aurons, dans l'après-midi de demain, concentré six corps d'armée, dont deux en réserve, et nous pourrons, après-demain, en avoir dix. Au besoin, les IVe, XIIe corps et la Garde n'entreront pas en ligne, mais continueront leur marche sur un large front vers la Moselle[2]... »

C'est voir la situation sous un jour très optimiste, comme le fait remarquer Frédéric-Charles[3]. Sans doute les douze divisions d'infanterie, dont Moltke prévoit la concentration pour le 12 après midi, constituent une force respectable, mais dont l'effectif dépasse à peine celui réuni sous Metz, sans le 6e corps. En outre, quatre seraient en deuxième ligne, c'est-à-dire ne pourraient intervenir avant la fin du jour[4]. Quant

---

1. On voit que Moltke connaît déjà la nomination de Bazaine au commandement des quatre corps d'armée sous Metz (V. suprà, p. 74).
2. Moltke à Frédéric-Charles, 11 août, 8 heures du soir, *Moltkes Korrespondenz*, I, III, I, n° 143.
3. Le prince ajoute au document qui précède les annotations ci-après. Des dix corps d'armée sur lesquels Moltke compte pour le 13, quatre auraient fait une étape dans la journée, c'est-à-dire ne seraient pas *frais*. L'idée de faire continuer trois corps d'armée vers la Moselle se modifiera dès que Moltke aura reçu le compte rendu du 11 portant que Nancy est évacué et que des masses ennemies ont été vues de nouveau marchant de Metz vers la Nied (*Moltkes Korrespondenz*, I, III, I, 217).
4. La *R. H.*, I, 1903, 175, établit que le maréchal Bazaine attaquant le 12 au matin « n'aurait eu à combattre toute la journée » que le IIIe corps renforcé tardivement par la Ire armée, le IXe et peut-être le Xe corps, au total cinq et, au plus, six corps d'armée dont le IIIe très compromis.

à la continuation de la marche vers la Moselle en amont de Metz, elle se concilie mal avec ce que l'on sait de nos emplacements actuels.

En somme, Moltke a singulièrement varié dans ses conclusions depuis le 9 août. A cette date, il suppose que l'armée du Rhin s'est déjà repliée derrière la Moselle ou la Seille[1]. Le matin du 11, il admet qu'une fraction notable de nos forces tient encore la rive gauche de la Nied française et, le soir, il va jusqu'à croire possible un puissant retour offensif. Sans doute, le mot de « surprise stratégique »[2] paraît excessif en pareil cas. Il n'en reste pas moins que l'état-major du roi Guillaume est mal informé du 7 au 11 août, fait qui tient surtout aux mauvaises dispositions adoptées pour l'exploration, tant par lui que par les Ire et IIe armées. En 1805, à la veille de la capitulation d'Ulm, l'Empereur n'est pas mieux éclairé sur la situation de Mack, mais les circonstances diffèrent entièrement. De plus, Napoléon prévoit toutes les éventualités et Moltke en est fort loin. Il s'expose ainsi à un échec qui pourrait ne pas être sans conséquences sérieuses, si son adversaire s'avisait d'avoir une volonté personnelle, au lieu de subir constamment les siennes[3].

Le 11 août, la Ire armée garde l'immobilité, à peu d'exceptions près. Ses deux divisions de cavalerie demeurent en deuxième ligne, « dans leurs bivouacs que la pluie transforme en marécages. Un ordre de la matinée laisse entrevoir pour le 12 la possibilité d'un mouvement... vers la Nied ». Mais, contre les instructions du roi, Steinmetz ne marque nullement l'intention de jeter ces beaux escadrons en avant. Il compte les faire marcher à la hauteur des corps d'armée[4].

---

1. V. *suprà*, p. 93.
2. *R. H.*, I, 1903, 171.
3. La *R. H.*, I, 1903, 177, rappelle que, « dans un des états-majors, on avait déjà agité la question de savoir s'il ne fallait pas appeler à soi une partie de la IIIe armée » (Von der Goltz, *La nation armée*, traduction, 283).
4. Von Pelet-Narbonne (*Revue de cavalerie*, décembre 1899, 341) écrit même « entre les corps d'armée et à leur hauteur, collés à l'armée ». L'État-major prussien, I, 431, porte « aux ailes ». Voir dans von Widdern, *Verwendung und Führung der Kavallerie*, III, 182, le premier ordre de la Ire armée pour le 12 août.

Après réception de ce compte rendu, Moltke l'invite à porter « le jour même » ses deux divisions de cavalerie en avant du front de la Ire armée[1]. Cette fois Steinmetz est contraint de s'incliner. A 5 heures du soir, il prescrit à ces divisions de marcher immédiatement, la 3e sur Teterchen, la 1re sur Boucheporn. « Ainsi fut enfin prononcé le mot libérateur. » Mais, pour y obéir, la cavalerie de l'armée doit opérer « une marche de nuit très fatigante [2] » et tout au moins inutile.

Dès la veille, le capitaine von Hymmen, du 5e ulans, a pris un contact étroit avec nos troupes, vers Les Étangs. A 5 heures du matin, il observe que le corps français bivouaqué en cet endroit lève son camp : les routes conduisant de Saint-Avold et de Boulay vers Metz se couvrent de profondes colonnes en retraite. Avec justesse, il estime à 20,000 hommes d'infanterie la force de celle qui suit la route de Boulay (4e corps). Il continue de l'observer pendant sa marche et la voit à 11^{h}30 du matin faire halte à 5 kilomètres de Metz, c'est-à-dire près de Bellecroix, à la croisée des deux routes[3]. Malgré son importance, ce compte rendu n'arrivera que le matin du 13 à Steinmetz ; il a été devancé par un autre moins précis, mais transmis dès le soir du 11 au grand quartier général[4].

Dans la journée du 11, la IIe armée continue son mouvement au sud-ouest, d'après des ordres donnés la veille, avant la réception des comptes rendus de la cavalerie et qui, par

---

1. Von Pelet-Narbonne, *État-major prussien*, loc. cit. La Correspondance de Moltke ne contient pas trace de cet ordre.
2. Von Pelet-Narbonne, *loc. cit.* Voir dans von Widdern, *Verwendung und Führung der Kavallerie*, III, 184, l'ordre de Steinmetz aux 1re et 3e divisions ; *ibid.*, 185, le deuxième ordre du même à la Ire armée et, 190, un extrait du *Tagebuch* de la Ire division au sujet de la marche de nuit du 11 au 12, ainsi que des difficultés d'alimentation.
3. Compte rendu de 4 heures du soir, von Widdern, *Verwendung und Führung der Kavallerie*, III, 165 ; von Pelet-Narbonne, *loc. cit.*, 343. Voir dans le premier, III, 178, un autre rapport du lieutenant Wallenberg, du 14e ulans.
4. Celui de von Hymmen fut transmis par la 3e division le 12 août à 9^{h}30 du soir seulement. Le lieutenant Asseburg atteint la Nied à Pontigny, fait les mêmes observations que von Hymmen, sans doute d'après le dire des habitants ; son compte rendu daté de 2^{h}45 du soir est adressé par le télégraphe au grand quartier général le 11 dès 8^{h}45 du soir (Von Widdern, *Verwendung und Führung der Kavallerie*, III, 168).

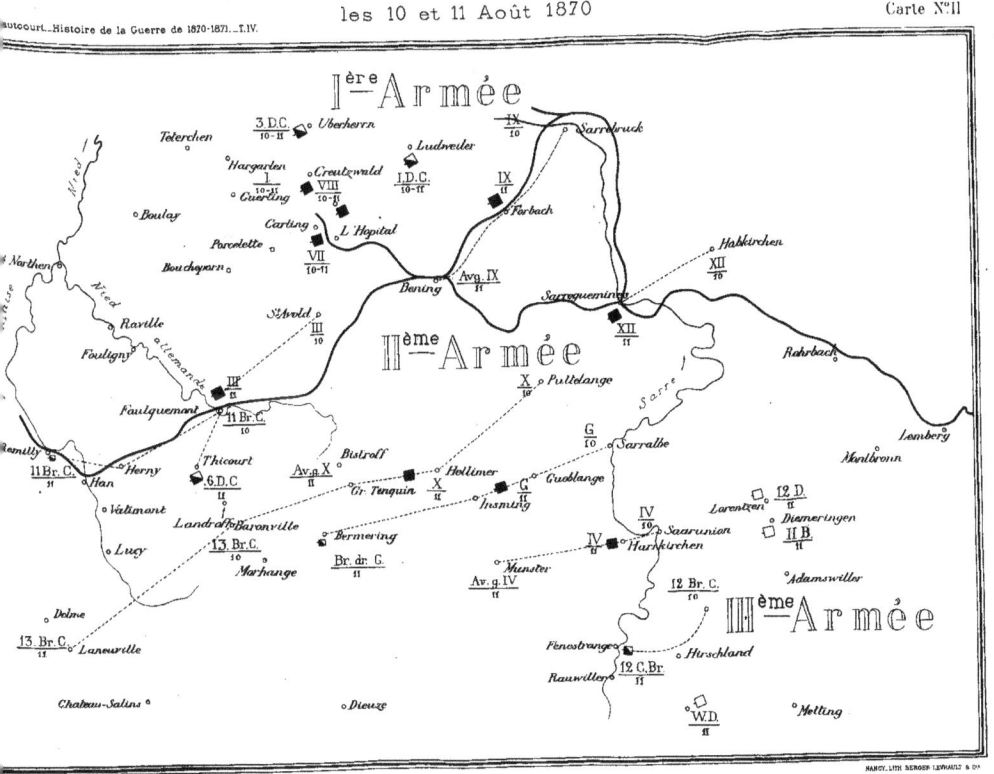

LES Ire ET IIe ARMÉES, LA DROITE DE LA IIIe ARMÉE
les 10 et 11 Août 1870

Carte N.° II

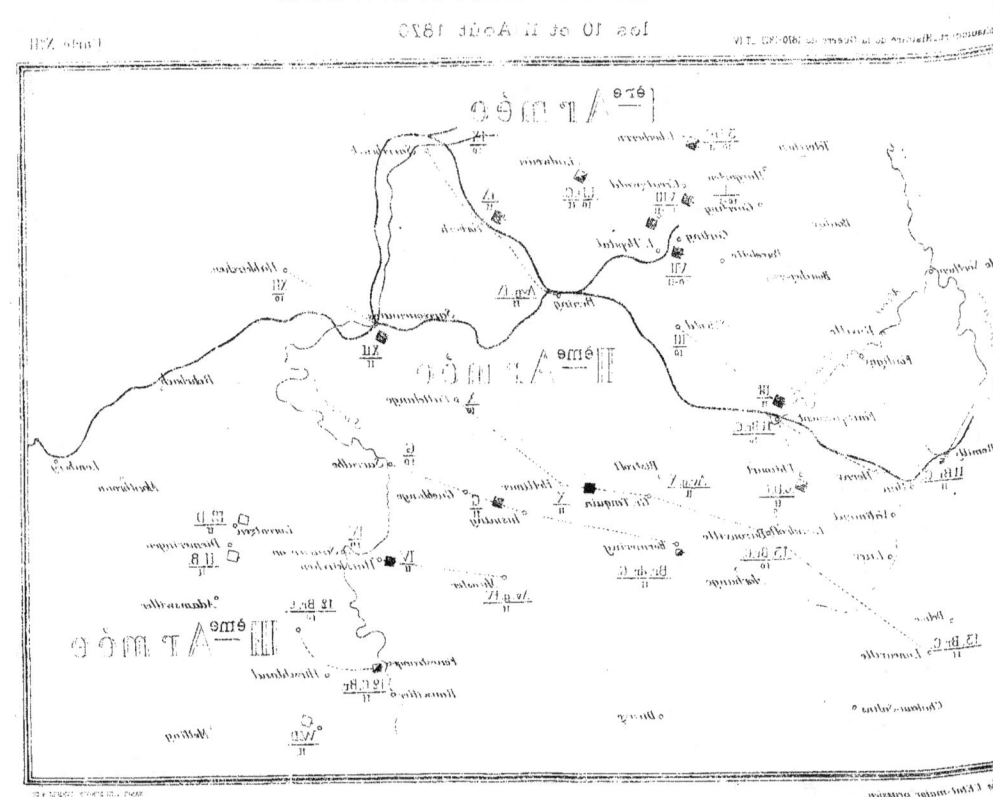

suite, répondent mal à la situation[1]. Les quatre corps les plus avancés atteignent la ligne Faulquemont-Harskirchen ; les deux autres celle de Forbach-Sarreguemines. Les brigades de cavalerie Barby et Redern couvrent la droite, de Remilly à Delme ; leurs éclaireurs battent tout le pays à l'ouest, de Pange à la Seille par Nomeny et au sud jusqu'à Château-Salins[2]. Dans cette direction, elles se relient à la brigade Bredow, qui est à Fenestrange et observe de Marsal à Sarrebourg. Derrière ce rideau de cavalerie, la 6ᵉ division et la brigade de dragons de la Garde, à Thicourt et Berméring, établissent la liaison avec les corps de première ligne[3] : destination au moins singulière pour de la cavalerie d'armée.

Steinmetz reste immobile le 11 et le prince Frédéric-Charles continue son demi-à-gauche ; il en résulte entre les deux armées, de Carling à Faulquemont, une brèche de 15 kilomètres environ, comblée uniquement par un régiment d'infanterie, le 8ᵉ, envoyé par le IIIᵉ corps à Saint-Avold pour couvrir le grand quartier général.

Ainsi, telle est la situation dans la soirée du 11 août : la IIᵉ armée fait face au sud-ouest, de Faulquemont à Munster, avec deux corps en deuxième ligne de Béning à Sarreguemines, d'une étape en arrière. Deux brigades de cavalerie, suivies d'une division compacte, couvrent sa droite vers

---

[1]. Il est à remarquer que les ordres de mouvement de la IIᵉ armée sont en général donnés à 5 heures, heure fort commode pour la transmission aux corps de troupe, ne serait-ce que par sa régularité, mais trop hâtive pour permettre l'utilisation de tous les renseignements recueillis dans la journée.

[2]. C'est sur les ordres répétés du commandant du Xᵉ corps que ces brigades déploient cette activité (10 août, 9 heures du soir et 11 août, 4 heures du matin). Dans la lettre du 11 à Rheinbaben, il écrit : « Cherchez à faire des prisonniers, intimidez l'ennemi et les habitants, inspirez à l'adversaire le respect de notre cavalerie. *Nous en sommes arrivés à un moment où il faut exiger de la cavalerie la plus extrême activité.* » Son chef d'état-major, le futur chancelier de l'empire allemand, lieutenant-colonel von Caprivi, adresse en même temps à Redern une lettre aussi pressante (Von Pelet-Narbonne, *loc. cit.*, 350-351).

[3]. Brigade Barby à Remilly, Han-sur-Nied, Vatimont ; brigade Redern à Lucy, Delme, Laneuveville ; brigade Bredow à Fenestrange, Hirschland ; IIIᵉ corps à Faulquemont ; IXᵉ à Forbach, l'avant-garde à Béning ; Xᵉ à Hellimer, l'avant-garde à Gros-Tenquin et Landroff ; Garde à Guéblange et Insming, IVᵉ à Harskirchen (ouest de Sarre-Union), l'avant-garde à Munster ; le quartier général à Puttelange (*État-major prussien*, I, 429).

l'ouest¹ ; une autre, face au sud-est, protège son extrême gauche, qui n'est d'ailleurs aucunement menacée; une quatrième est dans l'intervalle de ces deux groupes séparés par plus de 45 kilomètres. On ne saurait dire que ce dispositif constitue un modèle.

Malgré ces lacunes du commandement allemand, l'entrain des subalternes fait que la cavalerie de la IIe armée recueille sur plusieurs points les renseignements les plus précieux. Ainsi, de Marange, le capitaine Brix, du 15e ulans, rend compte à 10 heures du matin que, dans la nuit, nous avons continué à nous retirer de Mont et de Villers-sur-Nied vers Metz. A 9 heures du soir, nouveau rapport venant de Courcelles-Chaussy. Brix s'est avancé jusqu'au nord de Puche² sans rien voir qu'une grand'garde de hussards. D'après les habitants, le corps Bazaine, la Garde et des fractions au moins du corps Ladmirault se sont repliés sous le canon de Metz. « ... Les troupes doivent être fatiguées par les nombreuses marches et contremarches dont elles se plaignent ouvertement³. »

Le capitaine von Rosenberg, du 13e ulans, s'est porté par Chanville sur la Nied française, avec deux pelotons. En atteignant le pont de Domangeville entre Pange et Villers-Laquenexy, à 6[h] 30 du matin, il se voit tout d'un coup devant un vaste camp : « Il n'y avait pas d'avant-poste. Il en était tenu lieu, en apparence, par un paysan monté sur un cheval blanc qui, à l'approche des ulans, s'éloigna dans la direction du bivouac. » Peu après, les troupes françaises, que Rosenberg évalue avec exagération à un corps d'armée, se mettent en marche sur Metz⁴.

---

1. L'ordre de la 6e division (Von Widdern, *Verwendung und Führung der Kavallerie*, II, 271) ne contient aucune prescription en vue de l'exploration.
2. Nord-ouest de Maizery.
3. Rapport de 9 heures du soir, von Pelet-Narbonne, *loc. cit.*, 347 ; von Widdern, *Verwendung und Führung der Kavallerie*, II, 258. Ce compte rendu fut envoyé seulement le 12 à 1 heure du soir au grand quartier général. Moltke dit plus tard au capitaine Brix : « Vos rapports nous ont conduits de la Sarre jusque devant Metz » (*ibid.*, 261).
4. Von Pelet-Narbonne, 354. Rosenberg détacha une patrouille (lieutenant von Treskow) « jusqu'au-dessus d'Ars-Laquenexy ». C'est sans doute à cet

De même, deux officiers du 17ᵉ hussards poussent dans la soirée jusqu'à l'est de Grigy, d'où ils voient nos feux de bivouac. Au dire des habitants, l'armée française serait dans Metz, ou entre la ligne ferrée de Sarrebruck et la place.

Au sud un détachement du 10ᵉ hussards se porte dans la nuit à Dieulouard, pour couper le télégraphe et la voie ferrée. Il parvient à remplir la première partie de sa tâche, mais non la seconde, faute d'outils, et regagne les avant-postes allemands, sans aucune perte, après avoir interrompu, durant un temps très appréciable, la circulation des trains entre Frouard et Metz [1].

Enfin un lieutenant du même corps s'aventure presque seul au sud de Château-Salins, à 75 kilomètres de toute fraction constituée. Il rend compte à midi que Nancy et ses environs ne sont pas occupés, mais qu'il y aurait 40,000 hommes à Lunéville. Il enlève une estafette porteur d'un courrier qui fournit au commandement les données les plus intéressantes [2].

On voit combien l'inaction de notre cavalerie, la négligence de notre service d'avant-postes encouragent l'ennemi. Ses petits groupes de cavaliers montrent une activité croissante ; leur apparition sur un grand nombre de points confirme notre conviction que des forces considérables sont sur nos talons ; elle entretient le commandement français dans un continuel état d'incertitude, provoquant « des alertes sans but, des arrêts sous les armes durant des heures entières et des marches de nuit épuisantes » [3].

---

envoi que se rapporte une lettre du lieutenant-colonel Humbert au général de La Jaille, 12 août, R. H., I, 1903, 461. Les cavaliers prussiens tuèrent un fantassin et en prirent sept autres qui « se promenaient sans armes à Marsilly ».

1. Voir le rapport du capitaine von Kotze, von Pelet-Narbonne, 357.
2. Voir le compte rendu du lieutenant von Hirschfeld et ce qu'en dit von Pelet-Narbonne, 356 ; *État-major prussien*, I, 429.
3. Von Pelet-Narbonne, 349, fait remarquer que ces résultats sont obtenus par quatre escadrons seulement. « Combien plus importants, au point de vue matériel surtout, n'eussent pas été ceux qu'auraient produits une division de cavalerie accompagnée d'artillerie ! »

LIVRE II

BORNY

I

BAZAINE ET L'OPINION

Impopularité croissante de l'empereur. — Mouvement en faveur de Bazaine. — L'opposition et le maréchal. — La régente et son entourage. — Renonciation de l'empereur au commandement.

Nous avons vu combien la confiance de l'armée dans le commandement suprême est atteinte dès les premiers jours. Nos échecs de Wissembourg, de Frœschwiller et de Spicheren, l'indécision que trahissent les mouvements ultérieurs, portent un coup irréparable au prestige déjà chancelant de l'empereur et de son entourage. Les témoignages en abondent[1]. « On devinait sa faiblesse, on blâmait le projet de reculer jusqu'à Châlons ; on exprimait ouvertement le vœu qu'il choisît un autre commandant en chef et qu'il quittât Metz, débarrassant ainsi les troupes de ses indécisions et de l'encombrement de sa cour[2]. »

Une grande partie de l'armée s'accorde à souhaiter qu'il soit au plus vite remplacé par le maréchal Bazaine. Malgré les bruits fâcheux qui ont couru au Mexique, malgré son

---

1. « Les événements avaient diminué la confiance des troupes dans le chef de l'État, car la réputation qu'il avait acquise pendant la courte campagne d'Italie n'était pas assez bien établie pour résister à la mauvaise fortune » (Comte de La Chapelle, *Le livre de l'Empereur*, 100, cité par la *R. H.*, I, 1903, 377) ; voir aussi notre tome II, *Les deux adversaires. Premières opérations*, 64 et suiv.
2. V. D. (général Derrécagaix), Histoire de la guerre de 1870, *Spectateur militaire*, 1871, 1, 144, cité par la *R. H.*, I, 1903, 377 ; général Lewal, *Le plan de combat*, 47 : « On chuchotait depuis quelques jours le départ de l'empereur et la remise du commandement de l'armée à un autre chef. »

inconcevable inaction le jour de Spicheren, on voit généralement en lui l'homme de la situation¹. L'opinion publique ne lui est pas moins favorable. Obéissant à l'un de ces entraînements irraisonnés qui nous sont familiers, elle prête au maréchal la valeur technique et la hauteur d'âme que réclament les circonstances. Partout, dans la presse, dans les salons, au Parlement, l'avis est identique. On dirait d'un mot d'ordre². Comme Benedeck en 1866, le sentiment général le porte à la tête de l'armée. Il n'est pas jusqu'aux marques de froideur et de suspicion que lui a données jadis l'empereur qui ne soient en sa faveur aujourd'hui. Une partie grandissante de l'opinion y voit un motif de plus à son engouement. Nous avons dit les démarches significatives faites pour lui au Corps législatif³. On peut croire que le maréchal n'y reste pas tout à fait étranger. Du moins un incident, qui n'a jamais été entièrement éclairci, semblerait l'indiquer⁴.

Quoi qu'il en soit, l'armée, l'opinion, la Chambre sont d'accord pour souhaiter, sinon réclamer, la remise à Bazaine du commandement suprême. Dans l'entourage de l'impératrice, ce vœu presque unanime ne rencontre aucune opposition. Depuis le 7 août, on y est tenté d'exagérer en-

---

1. Général Lebrun, *Souvenirs militaires*, 289 ; général du Barail, III, 169 ; général Derrécagaix, *loc. cit.*, 146, cité par la *R. H.*, I, 1903, 379.
2. « Cette nomination (du maréchal Bazaine), généralement désirée en France, y fut favorablement accueillie. A la suite de nos revers inattendus, l'opinion publique avait perdu toute confiance dans les capacités militaires de l'empereur et demandait hautement qu'on mît à la tête de l'armée le général considéré comme le plus capable de diriger de grandes opérations (*Procès Bazaine, compte rendu sténographique quotidien*, réquisitoire du général Pourcet, 479) ; général Montaudon, II, 87 : Ch. de Mazade, *La guerre de France (1870-1871)*, I, 135 : « Le maréchal, proposé par l'opposition, poussé par l'opinion, était désiré aussi par l'armée qui se lassait des tergiversations. La faveur publique, par une de ces inexplicables révolutions de la popularité, se déclarait tout à coup pour l'ancien commandant de la désastreuse expédition du Mexique... »
Pourtant, après Spicheren, il est très vivement critiqué. On lit dans sa conduite la jalousie, la mauvaise humeur, la rancune contre l'empereur. « Les soupçons allèrent plus loin encore et l'on pourrait citer tel grand personnage du quartier impérial qui s'écria devant plusieurs témoins : « C'est à croire que « Bazaine trahit ! » Il est juste d'ajouter qu'il trouva de nombreux défenseurs... » (Général d'Andlau, *Metz, Campagne et négociations*, 41).
3. V. *suprà*, p. 7 et 70.
4. V. notre annexe 2.

core l'impopularité très réelle de l'empereur. On le considère « comme un embarras »[1]. L'idée de le remplacer à la tête de l'armée est donc aisément accueillie. On cherche qui lui succédera. Le nom du prince Napoléon est prononcé, dit-on : « Au point de vue militaire, il en savait tout autant et peut-être plus que l'empereur. Mais la personne était peu sympathique. On redoutait ses coups de boutoir et il fut écarté. » Le maréchal Le Bœuf, quoique « fort honnête homme », n'a plus dans l'armée et au dehors le prestige indispensable. Il s'en rend compte[2].

Quant au maréchal Canrobert, la guerre de Crimée a laissé peu d'illusions sur ses aptitudes à commander en chef. Il reste Bazaine. « On connaissait... ses habitudes d'intrigue. Mais l'armée paraissait avoir confiance en lui ; à la Chambre il avait pour lui la majorité ; le Sénat le désignait... »[3] au choix du souverain. L'impératrice accepte donc sa candidature, que soutient avec énergie le ministère du 10 août[4].

Ce n'est pas sans un profond déchirement que Napoléon III se résigne à ce commencement d'abdication. Le maréchal Le Bœuf n'est pas moins atteint dans son amour-propre. Le

---

1. « Dans l'entourage de l'impératrice, depuis le 7 août, on s'était habitué à considérer l'empereur comme un homme perdu ; on ne parlait jamais de lui ; on s'abstenait même de prononcer son nom. C'était une sorte de mot d'ordre, et je me rappelle fort bien que, demandant un jour à un de mes anciens collègues, attaché au Château, des nouvelles de Napoléon III, il me répondit : « On ne s'occupe plus de lui ; il est devenu un embarras » (Darimon, *Notes pour servir à l'histoire de la guerre de 1870*, 269).

2. « J'avais donné ma démission le 7 août. J'insistai pour n'avoir plus le commandement (*sic*) de major général » (*Procès Bazaine, compte rendu sténographique quotidien*, 115, déposition Le Bœuf).

3. Darimon, d'après M. le général Lewal (*Mémoires des hommes du temps présent*, *Figaro* du 8 janvier 1894).

4. Aucune des dépêches concernant cette nomination, échangées entre la régence et l'empereur, n'a été publiée à notre connaissance. Mais l'ensemble des documents montre que la pression du ministère sur Napoléon III fut indéniable. D'après le général Fay (*loc. cit.*, 59), le maréchal Canrobert arrive le 12 à Metz : « Je compte vous laisser indépendant, maréchal », lui dit l'empereur. « Sire », aurait répondu Canrobert, « la situation est grave ; il faut que chacun sache obéir à un seul chef ; je donnerai l'exemple : placez-moi sous les ordres du maréchal Bazaine... »

« Cette belle réponse et les vives accusations portées à la tribune du Corps législatif déterminent enfin l'empereur à se dessaisir d'une autorité qu'il ne peut plus exercer... »

général Jarras décrit une scène lamentable dont il est témoin dans le cabinet du major général. Une dépêche de l'impératrice vient d'annoncer que le nouveau Cabinet exige la démission de Le Bœuf et la remise du commandement à Bazaine. La consternation est sur tous les visages. « L'empereur, impassible, regardait et attendait. Le maréchal Le Bœuf, atterré, se plaignait amèrement de l'injustice des hommes ; le général Changarnier, qui partageait son temps entre le cabinet de l'empereur et celui du major général, déplorait la mesure et, sans donner aucun avis sur ce qu'il convenait de faire, cherchait quels pouvaient être les hommes pervers qui, dans les circonstances critiques où nous nous trouvions, avaient frappé ce coup... évidemment révolutionnaire[1]... »

Ainsi Napoléon III peut se rendre compte qu'il a perdu la confiance de l'armée, non moins que celle de l'opinion et de la Chambre. Il ne trouve aucun appui dans le gouvernement de la régente. Son état de santé empire chaque jour. Dans ces conditions, il se voit contraint de céder. Il renonce malgré lui à une autorité qui lui est ainsi arrachée. On ne saurait s'étonner qu'il se résigne mal à son effacement involontaire, à la fausseté d'une situation intenable. Nous en verrons plus loin les conséquences.

---

1. Général Jarras, 74. Le général Lebrun se borne à mentionner les suggestions pressantes du gouvernement de la régence, qui invite l'empereur à en appeler aux talents militaires de Bazaine. Ils paraissent « inspirer à l'armée comme aux pouvoirs politiques une confiance absolue » (Général Lebrun, *Souvenirs militaires 1866-1870*, 297). M. le colonel Fix fait aussi allusion à des « scènes intimes qui furent cruelles » et qui précédèrent la détermination de l'empereur (*Lecture* du 11 mars 1899, 235). Voir également le général d'Andlau, autre témoin oculaire, *loc. cit.*, 53.

II

BAZAINE COMMANDANT EN CHEF

Bazaine commandant en chef. — Jarras chef d'état-major général. — Remise du commandement. — Difficultés résultant de la présence de l'empereur. — Ses illusions.

L'après-midi du 12 août, l'empereur adresse au maréchal Bazaine une lettre l'avisant de sa nomination au commandement en chef de l'armée du Rhin. Il l'informe également de la désignation du général Jarras comme chef d'état-major général[1]. Dans une autre dépêche, Napoléon III lui notifie la suppression des fonctions de major général, et la fusion de l'état-major général avec l'état-major du maréchal[2].

Au reçu de ces communications, Bazaine se rend au quartier impérial pour remercier l'empereur. En présence du maréchal Canrobert et du général Changarnier, il le prie de vouloir bien observer que Canrobert et Mac-Mahon sont plus anciens, plus aptes que lui au commandement suprême. Il demande à ne pas assumer une si lourde mission.

Le maréchal Canrobert ne fait aucune objection, tout en semblant décliner aussi le fardeau dont on veut le charger[3]. Il ajouterait : « C'est l'opinion publique et aussi l'opinion de l'armée qui vous appellent à ce poste[4]. » Quant à Changarnier, il se borne à faire remarquer qu'il y a urgence à marcher sur Verdun. L'empereur clôt la discussion en quelques mots : « L'opinion publique, unie à celle de l'armée, vous désigne à mon choix. Mac-Mahon a été mal-

---

1. *L'armée du Rhin*, p. 43, les *Épisodes* de l'ex-maréchal, p. 48, la *R. H.*, I, 1903, 422, donnent de cette lettre trois textes qui diffèrent légèrement. L'heure de sa signature ressort de celle d'un télégramme de l'empereur à l'impératrice (3ʰ45 du soir) : « J'ai accepté la démission du maréchal Le Bœuf, le major général. »
2. L'empereur au maréchal Bazaine, 12 août, s. h., *L'armée du Rhin*, 43.
3. Bazaine, *Épisodes*, 49 ; *Enquête*, dépositions, IV, Bazaine, 180.
4. *Procès Bazaine*, interrogatoire du maréchal. Canrobert a déclaré au cours même du procès qu'il n'avait pris aucune part à cette nomination (*Compte rendu sténographique quotidien*, 122).

heureux à Frœschwiller et Canrobert vient d'avoir son prestige égratigné au camp de Châlons[1]. Il n'y a donc plus que vous d'intact et c'est un ordre que je vous donne[2]. »

En passant au maréchal Bazaine le commandement en chef, le premier devoir de Napoléon III serait de le mettre au courant de la situation générale, de lui indiquer les grandes lignes de son action future. Il n'en est rien. Dans leurs entretiens, il n'est question « d'aucun détail de service, ni de projets ultérieurs ». Ni la concentration projetée à Châlons, ni la marche probable de l'ennemi ne sont étudiées. Le maréchal ne reçoit du major général ou de Jarras aucune des données numériques indispensables pour régler ses opérations. Il ne connaît ni nos effectifs réels, ni l'état des subsistances. Il ne songe pas plus à réclamer ces éléments indispensables de son action que l'empereur, Le Bœuf, Lebrun ou Jarras à les lui procurer[3]. Après un échange de propos sans intérêt, il se serait retiré sur cette naïve recommandation du souverain, « d'aller visiter les campements »[4].

La présence simultanée à l'armée de Napoléon III et du maréchal est, à elle seule, l'origine de graves difficultés. La nomination du second, « imposée surtout par l'opposition, lui créait vis-à-vis de l'empereur une situation des plus difficiles. D'un autre côté, la prépondérance du souverain donnait à ses désirs, malgré sa position nouvelle, l'apparence d'un ordre et enlevait ainsi » au commandant en chef « la liberté d'action qui lui était si nécessaire dans une conjoncture aussi grave. Par ce double motif, le maréchal

---

1. Allusion à l'attitude des mobiles de la Seine vis-à-vis du maréchal. Ils l'ont impunément insulté, de la façon la plus grossière.
2. Bazaine, *Épisodes*, 49. D'après le comte de La Chapelle, *Le livre de l'empereur*, 48, Napoléon III aurait réuni à Metz, en conseil, sous sa présidence, les maréchaux et les commandants de corps d'armée. C'est là qu'aurait été décidé le choix de Bazaine. Une note marginale de l'empereur porte : « L'empereur se décida sans en parler à personne. Il n'y a donc pas eu de conseil de guerre » (*R. H.*, I, 1903, 380).
3. *Procès Bazaine, compte rendu sténographique quotidien*, interrogatoire du maréchal, 57 et suiv.; dépositions Le Bœuf et Jarras, 115 et 117; rapport Rivières, 175; note du maréchal citée par M. d'Hérisson, *La légende de Metz*, 117.
4. *R. H.*, I, 1903, 566, sans indication de source.

dut n'avoir plus qu'un désir, celui de se soustraire à une position embarrassante, à une tutelle périlleuse »[1].

Il faut dire que l'empereur ne facilite pas sa tâche. On a vu comment il lui transmet le commandement. Il s'efforce ensuite, peut-être à son insu, de garder « sur les hommes et les choses une influence directe, derrière laquelle » se retrouve « la volonté de commander encore ». Elle a simplement pris une autre forme, qui n'est pas pour faire oublier au maréchal « les déboires passés »[2]. Au contraire, il y voit un nouveau motif de mécontentement et son allure ne tardera pas à s'en ressentir[3].

Un instant Napoléon III se flatte de pouvoir conserver la direction générale de la défense, avec une situation analogue à celle du roi de Prusse vis-à-vis de ses commandants d'armée[4]. Il ne perçoit pas la différence essentielle qui existe entre les deux organisations adverses : Guillaume généralissime de trois armées distinctes, obéissant à son impulsion et à celle d'un état-major unique, puissamment constitué ; Napoléon III sans état-major sérieux, rivé comme un boulet à une armée qui embrasse la totalité de nos forces actives. D'ailleurs ses illusions ne tardent pas à se dissiper devant les déclarations un tant soit peu brutales du général de Palikao[5]. Il décide de rentrer à Paris, mais seulement après que l'armée aura quitté Metz[6].

---

1. *Procès Bazaine, compte rendu sténographique quotidien*, rapport Rivières, 175.
2. Général d'Andlau, 53 : Le maréchal répondit « à un officier qui venait, le 14 août, lui dire que l'empereur désirait voir hâter le passage des troupes sur la rive gauche de la Moselle : « Ah ! oui, hier c'était un ordre, aujourd'hui c'est un désir ; je connais cela, c'est la même pensée sous des mots différents. »
3. Voir, au sujet de ces déboires, le général Jarras, 58, le général d'Andlau, 9, 11, 40, 41 et notre tome II, *Les deux adversaires, Premières opérations*, 152, 329, 336, 357, 378.
4. Comte de La Chapelle, 100, cité par la *R. H.*, I, 1903, 380.
5. Le ministre déclare le 13 au Corps législatif qu'aucune autorité ne contrebalance celle de Bazaine (*Journal officiel* du 14 août). Dès le 12 il a lu à la tribune le télégramme de l'empereur annonçant la démission du major général (*ibid.*, 13 août).
6. Comte de La Chapelle, 101, citée par la *R. H.*, I, 1903, 380.

III

BAZAINE ET JARRAS

Personnalité de Bazaine. — Sa carrière militaire. — Son être moral. — Le Mexique. — Mission de Castelnau. — Le général Jarras et Bazaine. — Jarras et l'état-major général.

C'est ici le moment d'étudier le personnage auquel Napoléon III vient de confier, avec l'armée du Rhin, les destinées de notre pays. Né en 1811, sa vie est celle d'un soldat de fortune, presque d'un aventurier. Engagé volontaire au 37e de ligne en 1831, passé comme sergent fourrier à la légion étrangère en 1832, il est sous-lieutenant en 1833. Deux ans après il passe pour un temps au service de l'Espagne, puis rentre en France (1837). Capitaine à la légion étrangère en 1839, il est chef de bataillon en 1844. Dans l'intervalle il est retourné en Algérie, où il reste jusqu'en 1854 et où il conquiert successivement tous les grades jusqu'à celui de général de brigade. En Crimée il devient divisionnaire et dirige l'expédition de Kinburn (1855). En Italie il se distingue à Melegnano avec une division du corps Baraguey d'Hilliers. En 1862, il part pour le Mexique à la tête de la 1re division du corps expéditionnaire, qui est mis sous ses ordres dès l'année suivante. Rentré en France (1867), il exerce le commandement du 3e corps, à Nancy, puis de la Garde impériale (1869). C'est là que la guerre le surprend [1].

Son extérieur ne répond pas à cette brillante carrière. Il est même tout à fait dépourvu de distinction. Il a le front haut plutôt que vaste, la figure empâtée, sans grand relief, l'œil couvert, petit, mauvais ; la mâchoire et le menton développés rappellent le bouledogue, a dit un observateur. Il a le dos rond et les reins trapus. A cheval il est mal en selle [2].

On s'accorde en général à lui reconnaître une réelle intel-

---

1. Voir notre Annexe 13.
2. Général Trochu, *Œuvres posthumes*, II, 389 ; colonel Fix, *Lecture* du 18 mars 1899, 256 ; lieutenant-colonel Patry, *La guerre telle qu'elle est*, 135.

ligence et surtout beaucoup de finesse cachée sous un masque de bonhomie [1]. Sa bravoure est indéniable et son sang-froid exceptionnel dans les circonstances les plus critiques [2]. Mais il est fort ignorant et ne connaît de la profession des armes que les petits côtés. Il est de ceux que « le coup de tonnerre » de Sadowa a profondément atteints et conçoit dès ce moment une opinion exagérée des Prussiens [3]. Les rapports, les mémoires, les ouvrages qu'il a publiés concernant la guerre de 1870 donnent une piètre idée de son coup d'œil, de son sens critique et de son savoir militaire. La défensive paraît surtout lui sourire ; il prête aux places fortes une importance qu'elles n'ont plus, si elles l'ont jamais eue [4]. Il fait preuve de qualités secondaires, développées par son long séjour en Algérie, par toute une série de campagnes. Sa mémoire est « étonnante..... Sans l'aide d'aucune carte, il se rappelait les moindres emplacements de ses troupes au Mexique. » Il ne manifestait pas une moindre prévoyance dans la combinaison de leurs mouvements [5]. Mais les grandes opérations de la guerre lui sont inconnues et la conduite d'une armée est au-dessus de ses forces. Ni par son activité physique [6], ni par son caractère, ni par le savoir il n'est à la hauteur de sa situation [7]. Au camp de Châ-

---

1. « Intelligent, très fin, sous une enveloppe dépourvue de distinction » (Général Trochu, *Œuvres posthumes*, II, 389); « Assurément fort intelligent » (W. [général de Waldner-Freundstein], Les grandes batailles de Metz, *Spectateur militaire*, décembre 1887, 14) ; général du Barail, III, 169.

2. « Brave et vaillant soldat quand il était en sous-ordre » (Général Montaudon, II, 87); « J'avais été son officier d'ordonnance pendant dix-huit mois ; je connaissais son sang-froid, sa finesse...» (P. de Massa, *Figaro* du 8 juin 1897); général de Waldner-Freundstein, *loc. cit.*, 14.

3. P. de Massa, *loc. cit.*

4. « La puissance destructive de l'armement actuel nous imposait de chercher l'*offensive en stratégie* et *la défensive en tactique* » (*L'armée du Rhin*, 4 ; Bazaine, *Épisodes*, I et suiv.). Il est « dénué de toute inspiration militaire » (Général Castex, *Ce que j'ai vu*, II, 50). Notons que Moltke répète volontiers la même maxime : « offensive stratégique, défensive tactique ». Malheureusement pour nous, les Allemands ne l'appliquent en aucune façon.

5. P. de Massa, *Figaro* du 8 juin 1897.

6. Pendant le blocus de Metz, il se confine si bien dans son quartier général que les soldats le surnomment « Le père l'as-tu vu ? » On dit de lui : « Son Indifférence le Maréchal » (de Lonlay, V, 77, 181).

7. Général Montaudon, II, 87 : « La lourde tâche qu'on venait de lui confier semblait bien dépasser ses moyens et ses forces » ; «...la tâche qui incombait

lons, on l'a vu « très embarrassé pour remuer 30,000 hommes de toutes armes »[1].

Plus encore que le savoir, le caractère fait défaut au maréchal. Son profond égoïsme va « lui faire subordonner les intérêts de la patrie à ses calculs personnels; sa sécheresse de cœur, sa cupidité, la petitesse de ses vues perceront à mille circonstances[2] ».

Sa valeur morale est des plus minces. « Il disait rarement la vérité; quand il la disait, il ne la disait pas tout entière. Il trompait par habitude, inconsciemment, je le veux bien, tous ceux qui servaient sous ses ordres, ceux qui lui étaient dévoués aussi bien que » les « indifférents. Il n'attachait aucune importance à ce fait, les hommes n'étaient rien pour lui... »[3].

Il est « avant tout indécis, irrésolu »[4]. — « Il ne savait pas dire : *Je veux* et se faire obéir. Donner un ordre net et précis était de sa part chose impossible[5]. » Sa tendance constante est de rejeter sur ses subordonnés la responsabilité

---

ainsi au maréchal dépassait de beaucoup ses moyens et ses forces..... il n'était à sa hauteur, ni par son activité physique, ni par ses talents, ni par son énergie morale » (Général Deligny, *1870. Armée de Metz*, 5); « ni par l'étendue de son savoir, ni par son génie militaire, ni par l'élévation de son caractère, le maréchal Bazaine n'était en mesure de tirer l'armée du Rhin » de sa situation fâcheuse (Général Jarras, 132).

M. le général Cardot, « Nouvelles paroles », *Revue de cavalerie*, février 1900, 535, croit avec le général von Scherff que, pour expliquer la catastrophe de Metz, l'incapacité de Bazaine suffit amplement. Pour le maréchal Canrobert, « Bazaine est un vaillant divisionnaire, un vaillant commandant de corps d'armée, mais inhabile à la conduite d'une grande armée » (*Enquête*, dépositions, IV, Canrobert, 286).

1. Général Deligny, 24.
2. Général du Barail, III, 169; « Le maréchal n'appela à son aide qu'une somnolence égoïste, une sorte d'indifférence pour les intérêts généraux, un petit esprit et de petits moyens » (Général Deligny, 5).
3. Général de Waldner-Freundstein, *loc. cit.*, 14. « Il a une réputation d'homme fort habile; mais à côté de cela que d'ombres et de taches! Je désire que ses qualités soient à hauteur de ses défauts » (Lettre du 18 août, *Vie et souvenirs d'un officier de chasseurs à pied*, capitaine de Boissieu, *loc. cit.*, 300); général Castex, I, 79.
4. Le général de Waldner-Freundstein, p. 14, cite le fait suivant à l'appui de ce dire. En 1860, le général Bazaine réunissait tous les samedis les chefs de corps et le chef d'état-major de sa division, à Paris; six semaines durant il discuta avec ces officiers la manière de donner une teinte uniforme aux jambières, sans aboutir. Il y renonça finalement.
5. Général Jarras, 132.

des événements fâcheux[1]. Il les accuse volontiers de défaut de coup d'œil, de négligence. « Trop souvent ses ordres manquaient de précision et même étaient accompagnés d'une phrase ou d'un mot sujet à observations. Dans bien des cas on pouvait croire qu'ils prêtaient volontiers à l'équivoque. » Si ses lieutenants lui soumettent des objections qu'il a lui-même provoquées, il les accueille, mais en se plaignant de ne pouvoir obtenir l'exécution de ses volontés.

Il n'a pas assez de confiance en soi pour exercer un commandement réel. Écrasé par une responsabilité trop lourde, il cherche à la faire partager de ses subordonnés, tout en les dépréciant par le ridicule. Il croit ainsi se grandir. Ce n'est pas faute de les accueillir avec une bonhomie trompeuse, mais il les accable de sarcasmes et même d'insinuations malveillantes dès leur départ. Il se croit populaire et voit avec un dépit mal dissimulé tout ce qui peut attirer l'attention sur d'autres que lui. Il est jaloux d'une autorité qu'il ne sait pas exercer[2].

Son premier mariage lui a fait peu d'honneur[3]. Au Mexique il joue le rôle le plus ambigu vis-à-vis de l'infortuné Maximilien et aussi de Napoléon III. Ses vues d'ambition personnelle, son hypocrisie, ses mensonges continuels sont sévèrement appréciés dans l'armée[4]. L'empereur, mis au

---

1. Le général Montaudon, II, 39, mentionne son « caractère incertain, finassier, retors, cherchant à décliner toute responsabilité ».
2. Général Jarras, 132, 189. Lire, au sujet de ses dispositions à l'égard de ses lieutenants, les appréciations dont sont pleins ses *Épisodes* concernant le maréchal Canrobert, le général Frossard, etc. Après le 20 août, le général Deligny écrit (p. 11) : « Pour tout dire, l'armée n'est plus commandée et le général en chef ne conserve plus de sa haute position que les prérogatives qui y sont attachées... son cœur ne bat plus à l'unisson de ceux de ses soldats... »
3. Sa première femme fut, dit-on, « ramassée, en lieu mal famé, au nombre des petites créatures de douze à treize ans qui s'y trouvaient enrôlées ». Le colonel Bazaine l'en retira, la mit au couvent et la fit élever, puis l'épousa (Général Castex, I, 76); Lettre de M. de Kératry, citée par M. d'Hérisson, *La légende de Metz*, 247.
4. Voir dix-sept lettres du général F. D. (Félix Douay) à son frère (général Abel Douay), à dater du 22 novembre 1885 (*Papiers et correspondance*, II, complément, 91 et suiv.) En voici quelques extraits : « Le maréchal ne vit que d'expédients pour fasciner les yeux de l'empereur et des gouvernements... Il exploite le fantôme américain... mais ceci sert de masque pour excuser les énormes mensonges qu'il a eu l'impudence de faire pour élever sa fortune per-

courant de ces intrigues, envoie au Mexique l'un de ses aides de camp, le général Castelnau, avec pleins pouvoirs [1]. La crainte du scandale le décide sans doute à laisser les choses en l'état et le maréchal préside à l'évacuation de notre éphémère conquête. Avec sa bonté habituelle, Napoléon III paraît oublier qu'il ne saurait avoir la moindre estime pour ce serviteur félon, et les circonstances l'amènent à confier la principale de nos armées à celui qu'il a été sur le point de rappeler ignominieusement du Mexique.

Les inconvénients du choix du maréchal Bazaine sont encore accrus par la désignation de son chef d'état-major.

---

sonnelle... » C'est « un grand hypocrite » ; il laisse voir « une profonde ineptie militaire que dissimulent les apparences superficielles et le bagout » ; il a des « façons hypocrites et menteuses ». — « Il est difficile de s'imaginer un type aussi complet de fourberie. Il n'a qu'une seule préoccupation... celle de s'enrichir dans notre désastre. Il sacrifie l'honneur du pays et le salut des troupes dans d'ignobles tripotages » (p. 117). Maximilien l'accuse hautement « de versatilité, de cupidité et de vues personnelles très ambitieuses qui, pendant un certain temps, l'avaient fait aspirer à s'emparer du gouvernement à son profit » (p. 123). Il est tombé « dans le pire discrédit » (27 décembre 1866, p. 125). « Il faut remonter au cardinal Dubois pour trouver un type de faquin pareil, ayant abusé de sa situation de haute confiance pour vendre son pays et son maître... » (p. 127). « On sait maintenant qu'il a entretenu des relations avec des chefs dissidents. Il s'était tellement laissé griser par les aspirations ambitieuses de sa famille mexicaine, qu'il a rêvé pour lui au Mexique la fortune de Bernadotte en Suède » (p. 128). « L'affaire du Mexique sera une véritable catastrophe..... Le gouvernement aura tout intérêt à la laisser, s'il le peut, dans l'ombre et le silence. Il est possible que le maréchal Bazaine échappe, par cette raison, au châtiment qu'il mérite... mais il n'échappera pas à l'infamie... » (p. 129). Cette correspondance édifiante a été retrouvée aux Tuileries, soit que le général Abel Douay l'ait communiquée à un familier du Château, soit, ce qui est plus probable, que le Cabinet noir en ait pris copie.

1. Le lieutenant-colonel, aujourd'hui général, de Galliffet, reçut de Castelnau la lettre suivante : « Vous connaissez ma mission, mon cher ami, vous savez quels sont mes pouvoirs. J'ai hésité longtemps, mais il y a tant de duplicité dans la conduite politique du maréchal que je suis presque décidé à agir, à le relever de son commandement, à lui signifier l'ordre de rentrer sans délai en France, où il devra justifier sa conduite. J'ai dans mon portefeuille une lettre de commandement pour le général Douay. Mais je ne veux pas agir avec précipitation. J'ai confiance dans votre jugement : donnez-moi à ce sujet votre avis... » Le lieutenant-colonel de Galliffet répondit que ce serait une bien grave atteinte à la dignité du maréchalat et que le maréchal avait l'entière confiance de l'armée (Souvenirs du général de Galliffet, *Gaulois* du 27 juillet 1902). Lire encore au sujet du maréchal une série de lettres du marquis de G. (de Galliffet) à M. Piétri (*Papiers et correspondance*, II, complément, 133 à 147). La nature de la mission du général Castelnau était bien connue : voir une lettre de Mérimée à Victor Cousin, 11 octobre 1866, Félix Chambon, *Lettres inédites de Prosper Mérimée*, 183.

Le 12 août, vers 3 heures du soir, le général Jarras[1] est prévenu en présence de l'empereur, du major général, des généraux Changarnier et Lebrun, qu'il est désigné pour ces fonctions. Il n'a été aucunement pressenti et son premier mouvement est de refuser. On lui demande si ce refus provient de difficultés qu'il aurait eues avec Bazaine. Il est contraint de répondre que leurs relations n'ont pas cessé d'être bonnes en Algérie, en Crimée, en Italie. Dès lors il doit s'incliner devant l'ordre de Napoléon III.

Le principal motif de Jarras est qu'il craint de n'avoir pas auprès du maréchal la situation d'un véritable chef d'état-major. Le nouveau commandant en chef verra sans doute en lui l'ancien aide-major général de l'empereur, c'est-à-dire un témoin et un critique incommodes, cherchant à empiéter sur ses prérogatives. Peut-être aussi croit-il que Jarras a contribué à l'écarter, au début de la guerre, du grand commandement auquel il se croyait appelé? Dans ces conditions, le rôle du chef d'état-major ne pourra manquer d'être difficile. D'ailleurs Jarras ne sait de la situation présente que ce qui a été communiqué « aux bureaux » de l'état-major général. Un grand nombre de renseignements importants lui sont inconnus. Les commandants de l'artillerie et du génie de l'armée ont eu des conférences avec l'empereur et le major général, sans qu'il en sache le résultat ni même l'objet. Certaines décisions lui sont connues, mais non les motifs qui les ont dictées[2]. Il est aussi mal préparé au rôle de chef d'état-major que Bazaine à celui de général en chef.

De son côté le maréchal n'a pas été consulté, lui non plus, sur le choix de Jarras. Il l'apprend par la lettre du major général, en même temps que sa propre nomination. Cette

---

1. Né en 1811, comme le maréchal; sorti de Saint-Cyr en 1831; de l'école d'état-major en 1833; sert longtemps en Algérie; sous-chef d'état-major à l'armée d'Orient; sous-aide major général de l'armée des Alpes et général de brigade en 1859; général de division et directeur du dépôt de la guerre (l'embryon de notre état-major de l'armée) en 1867.
2. Général Jarras, 77, 78; *Procès Bazaine, compte rendu sténographique quotidien*, déposition Jarras, 117 et suiv.

désignation lui semble à bon droit marquer un premier empiétement sur ses attributions les plus essentielles. A Jarras, il préférerait les généraux de Cissey ou Manèque[1]. La nomination du premier « parut d'autant plus extraordinaire qu'elle était redoutée du général autant qu'elle déplaisait au maréchal, et qu'elle violait de cette manière autant les règles de la logique que celles de l'usage au détriment des intérêts de l'armée... Si le maréchal Bazaine avait eu près de sa personne l'officier général qu'il désirait y voir, peut-être eût-il été accessible à des conseils qui nous eussent sauvés et lui-même avec nous... ». Il se peut que l'empereur, qui sent chanceler son trône, redoute de voir une parfaite harmonie régner entre le chef d'état-major général et l'homme dont il a pu mesurer l'ambition au Mexique et à Metz. A l'impeccable honneur de Manèque sa méfiance préfère la sèche droiture de Jarras, qui n'a rien de la souplesse d'esprit et des formes diplomatiques dont a besoin un chef d'état-major[2].

Si Jarras nourrit des illusions sur ses rapports futurs avec le maréchal, elles sont bientôt dissipées. Dès sa désignation, il s'est empressé d'en rendre compte à Bazaine, par lettre, s'excusant de ne pouvoir aller prendre ses ordres, parce qu'il « lui est réellement impossible de s'absenter dans ce moment difficile... où cependant les affaires ne peuvent être laissées à elles-mêmes ».

Il croit devoir demander, en outre, où le maréchal compte établir son quartier général, ajoutant que « pour recevoir et donner des ordres, dans le plus bref délai possible », le

---

1. Les Souvenirs inédits du général de Cissey (*R. H.*, II, 1902, 1393) portent à tort au 10 août une rencontre qu'il eut avec Bazaine et dans laquelle celui-ci lui annonça qu'il avait demandé sa nomination comme chef d'état-major général, mais que l'empereur imposait le général Jarras. Il ne paraît pas que le maréchal ait en effet sollicité cette désignation. De son côté, Bazaine écrit (*Épisodes*, 48) qu'il aurait voulu pour chef d'état-major le général Manèque, jadis sous ses ordres au Mexique. Il ne mentionne pas Cissey. M. le colonel Fix (*Lecture* du 11 mars 1899, 237) porte que le maréchal se heurta à un refus formel lorsqu'il demanda le général Manèque, mais aucun document ne confirme cette version, à notre connaissance.
2. Colonel Fix, *loc. cit.*

commandant en chef serait « peut-être mieux à Metz que sur tout autre point ». Il termine, en sollicitant des instructions, cette lettre naïve[1], où se dévoilent tous les traits de caractère qui vont contribuer à l'isoler entièrement de Bazaine.

La réponse de celui-ci est verbale ; un officier ne l'apporte que le matin du 13 août. Le maréchal fait connaître que, contre toute logique, il restera provisoirement à Borny et l'état-major général à Metz. Il ajoute que son intention est de se rendre dans la journée auprès de l'empereur et qu'il en profitera pour donner ses ordres au chef d'état-major.

Bazaine vient en effet à Metz. Il a vu Napoléon III et se dispose à repartir pour Borny, sans même en avoir fait prévenir Jarras, quand celui-ci est informé de sa présence. Il accourt, mais, « après quelques mots sans importance », le maréchal ajoute qu'il n'a pas « d'ordres à lui donner[2] ». Et vingt-quatre heures se sont écoulées depuis la remise du commandement au maréchal Bazaine ! Et les circonstances sont si graves que les heures, les minutes même ont leur prix !

La suite ne dément pas ces prémisses. Dès le début, le nouveau commandant en chef tient son chef d'état-major systématiquement à l'écart, sans lui faire part de ses projets, si ce n'est au moment où il donne ses ordres d'exécution. Jarras n'a ni le temps de les étudier, ni celui de proposer les mesures de détail voulues. Son autorité est précaire, parce que, visiblement, il n'a pas la confiance du commandement. Vainement il cherche à la conquérir, au prix d'inutiles et cuisants sacrifices d'amour-propre. Son caractère anguleux n'est pas pour s'y prêter. Il croit pourtant devoir accepter jusqu'au bout cette situation fausse, avec une abnégation assurément excessive, quels qu'en soient les motifs[3]. Le maréchal use vis-à-vis de lui d'une froide bienveil-

---

1. Le général Jarras au maréchal Bazaine, 12 août, *R. H.*, I, 1903, 422.
2. Général Jarras, 81.
3. Général Jarras, 78-81. Jarras a plusieurs fois la tentation de donner sa démission. Il y renonce pour ne pas se dérober à une situation difficile et parce qu'il craint de n'obtenir du maréchal aucun emploi actif s'il venait à le quitter (*ibid.*, 192).

lance, qui n'est que pure apparence. Jarras est à ses yeux une sorte de secrétaire. Il ne sait rien des rapports verbaux faits au commandant en chef, n'assiste pas à ses conférences fréquentes avec les commandants de l'artillerie, du génie ou avec l'intendant en chef, qui est seul à lui en rendre compte. De même, il sera étranger aux rapports entre le maréchal et le gouverneur de Metz, général Coffinières. Il est « en quelque sorte remplacé, dans les conseils journaliers du maréchal, par les deux jeunes neveux de celui-ci qui n'avaient pas assez d'expérience et, souvent, par le général Changarnier, qui en avait trop [1]... ».

Il convient d'ajouter que Jarras n'a rien d'un chef d'état-major général. Le travail de bureau absorbe toutes ses pensées et tout son temps. Il ne voit que les petits côtés d'une situation redoutable. Il arrive ainsi à annuler les officiers, pour la plupart très distingués, qui composent son état-major [2].

---

[1]. Colonel Fix, *loc. cit.*
[2]. Général Castex, II, 26 ; général d'Andlau, 54. Dans ses *Souvenirs inédits*, le général de Cissey écrit : «... l'état-major général n'a rien fait pendant toute cette campagne : complètement annihilé par son chef incapable, il a toujours été tenu enfermé dans un bureau pour être prêt à écrire sous la dictée de ce chef : trente officiers des meilleurs du corps d'état-major, ayant fait des études spéciales sur l'organisation militaire de l'Allemagne, ont été ainsi perdus pour le service ; c'est à peine si on les a vus de temps en temps aux avant-postes, où ils ne sont jamais venus en service, mais bien en simples curieux et après avoir été obligés de demander la permission à leur chef » (*R. H.*, I, 1903, 195).

IV

LE COMMANDEMENT FRANÇAIS

Renseignements recueillis. — Projets agités. — La retraite sur Châlons n'est pas encore décidée. — Oscillations de la pensée de l'empereur.

A tous les motifs d'incertitude qui résultent de ce passage du commandement en d'autres mains viennent s'ajouter les renseignements vagues et souvent exagérés concernant l'ennemi. De divers côtés on signale l'arrivée prochaine de gros renforts : le « corps badois » sera devant Metz le 14 août[1]. Un « corps de 50,000 hommes est parti de Berlin le 6 pour rejoindre l'armée bavaroise ». La jonction aurait lieu le 13[2]. Des espions rapportent qu'un nouveau courant de transports s'établit par la ligne de la Nahe vers la frontière, aussi actif au moins qu'avant le 6 août. Ils signalent de grands mouvements sur la ligne de Kaiserslautern à Wissembourg. « Les troupes d'invasion doivent être portées à 700,000 hommes[3]. » On écrit d'autre part que, depuis la veille, Strasbourg est investie par 40,000 hommes. La rive badoise du Rhin est peu garnie de troupes[4]. Par contre on ne peut recueillir aucune donnée sur la prétendue armée que Vogel von Falkenstein conduirait vers Metz en remontant la Moselle[5].

Les renseignements qui parviennent sur la IIIe armée et la gauche de la IIe ont plus de précision. De Nancy, le capitaine d'état-major Vosseur signale « une forte troupe

---

1. L'impératrice à l'empereur, d. t., s. h., 12 août, *R. H.*, I, 1903, 472. Un télégramme du ministre de la guerre au major général, 11ʰ 16 du matin, mentionne également « un corps badois en face de Mulhouse » qui s'est rallié « à l'armée prussienne devant Metz » (*ibid.*).
2. Le ministre de la guerre au major général, d. t., 10ʰ 55 du matin, *R. H.*, I, 1903, 472.
3. Bulletin de renseignements du 4e corps, *R. H.*, I, 1903, 476.
4. Le général Douay au major général, d. t., 4ʰ 50 du soir, *R. H.*, I, 1903, 478.
5. Un agent de Bruxelles au ministre des affaires étrangères, d. t., 2ʰ 15 du soir ; un agent de Thionville au major général, d. t., 9ʰ 45 du matin (*R. H.*, I, 1903, 472).

de cavalerie venant de Sarralbe » à Albestroff le 11 août. « Elle se dit suivie par 30,000 fantassins. » De petites fractions de cavalerie ont paru le même jour à Morhange, à Château-Salins, à Vic, à Dieulouard [1].

Dans la journée du 12, un autre groupe de cavaliers allemands se montre à Frouard, passe la Moselle et va à Champigneulles. Un déserteur prussien déclare que les Ve et VIe corps étaient à Blâmont le soir du 11, devant marcher sur Nancy, mais il n'y a aucun Allemand à Lunéville le 12 à midi. Le capitaine Vosseur suppose que les Ve et VIe corps, les Bavarois et les Badois, sous les ordres du prince royal, ont opéré leur jonction avec la IIe armée, à l'abri du réseau de cavalerie qui les cache. L'ensemble s'étendrait en demi-cercle de Thionville à Nomeny, les ailes à la Moselle [2].

Un peu plus tard, le même officier annonce la présence de cavalerie allemande aux abords de Nancy [3]. Vers 4 heures on signale l'entrée dans cette ville de deux régiments [4]. A 7 heures, Vosseur télégraphie qu'aucune tête de colonne ennemie n'a été vue le 11 à Morhange, Château-Salins, Vic et Lunéville [5].

Sur le front de l'armée, les renseignements sont beaucoup plus vagues. Au 3e corps, une reconnaissance opérée par une fraction de la division Decaen pousse jusqu'à Retonfey et apprend des habitants la présence de 600 cavaliers aux Étangs. Le colonel du 1er dragons, de Forceville, se porte à Pont-à-Chaussy, puis bat tout le terrain entre Pange et Les Étangs, sans rien découvrir que quelques « petits postes de ulans... Aucun corps un peu considérable n'a été signalé [6] ».

---

1. Renseignements envoyés par le capitaine Vosseur, 12 août, 2 heures du soir, *R. H.*, I, 1903, 470.
2. Renseignements envoyés par le capitaine Vosseur, 12 août, 2 heures du soir, *ibid*.
3. Renseignements datant de 3 heures du soir.
4. L'empereur au maréchal Bazaine, d. t., 4^{h}20 du soir, d'après un télégramme du chef de la station télégraphique de Nancy (*R. H.*, I, 1903, 474). Il s'agit en réalité, non de deux régiments, mais d'un escadron du 10e hussards (Voir *infrà*, p. 181).
5. Le capitaine Vosseur au major général, d. t. ch., Toul, 7 heures du soir, *R. H.*, I, 1903, 474.
6. Bulletin de renseignements du 3e corps ; reconnaissance du colonel de Forceville, *R. H.*, I, 1903, 475.

Au 4ᵉ corps, les données recueillies sont tout aussi négatives. Le soir du 11, « il n'y avait encore aucune masse ennemie à Bouzonville, ni à Boulay, ni même à Teterchen ». On a vu de fortes patrouilles de cavalerie « à la hauteur du bois d'Ottonville », s'avançant « dans la vallée de la Nied allemande… A Creutzwald et jusqu'à Ham, des colonnes ennemies qui doivent pénétrer en France se massent depuis le 10 et le 11 août. Les Prussiens ont ce qu'ils appellent « un camp » à Tromborn, où ils concentrent leur force principale dans cette zone. Les rapports s'accordent à dire qu'ils doivent se porter aujourd'hui 12 en avant [1] ».

Un capitaine de la division du Barail, qui a fait avec son escadron une reconnaissance sur la route de Faulquemont, rend compte « qu'à Remilly, où il a vu de près un régiment de ulans, trois coups de canon ont été tirés sur lui par l'ennemi. Les renseignements qu'il apporte semblent indiquer que l'ennemi s'avance sur nous par ce côté ou qu'il y exécute aujourd'hui une reconnaissance offensive [2] ».

Il n'en faut pas davantage pour faire admettre la probabilité d'une attaque contre notre droite. Le maréchal Bazaine recommande « de prendre toutes les mesures nécessaires pour éviter une surprise de l'ennemi ». Il entend que le 2ᵉ corps surveille spécialement les routes de Remilly et de Château-Salins. La cavalerie organisera un système de reconnaissances et de patrouilles suffisant pour éclairer ces deux directions jusqu'à une distance de 10 kilomètres [3].

Napoléon III consacre le 12 août, comme les jours précé-

---

1. Bulletin de renseignements du 4ᵉ corps, *R. H.*, I, 1903, 476.
2. Le général Lebrun au maréchal Bazaine, 11ʰ 30 du matin, *R. H.*, I, 1903, 458.
3. Le maréchal Bazaine au général Frossard, *R. H.*, I, 1903, 432 ; le même au général Bourbaki, *ibid.*, 455. Une lettre de Bourbaki aux divisionnaires de la Garde (*ibid.*, 477) montre qu'il a reçu ces renseignements du maréchal. Le général Durand de Villers, commandant le génie de la Garde, croit devoir en déduire « que l'armée prussienne effectue un mouvement qui aurait pour but de remonter le cours de la Moselle par les deux rives, dans la direction de Pont-à-Mousson, et, par conséquent, renoncerait à nous bloquer sérieusement.

« Elle craint probablement de rester disséminée autour de Metz, entre deux armées » (Lettre au général Bourbaki, *ibid.*). Ce passage en dit long sur la mentalité de notre commandement.

dents, à hésiter entre les solutions les plus divergentes, sans qu'il arrête finalement une décision ferme. Il n'est pas jusqu'à la possibilité d'une offensive vers l'est-sud-est qu'il n'admette un instant, sur les suggestions du colonel Lewal. appuyées par le maréchal Le Bœuf[1]. Mais une résolution aussi énergique n'est à la portée ni de lui, ni de Bazaine.

D'autre part, l'empereur a tout lieu de craindre que le 5ᵉ corps ne puisse le rallier en temps utile[2]. Si l'armée garde ses positions actuelles sous Metz, dans l'attente passive d'une attaque à prévoir, elle en sera réduite à combattre des forces doubles. Si elle est finalement écrasée, comme il est probable, sa retraite pourra être compromise et sa ligne de communication avec Paris sera sans doute perdue.

On en revient alors au projet de concentration sur le plateau de Haye. Mais nous aurions à accepter la bataille contre un effectif triple, « quadruple même ». Il y aurait témérité à ainsi s'aventurer. Pourtant cette solution a un côté viril qui lui vaut des partisans au grand quartier général, notamment les généraux Changarnier et Lebrun. Ils estiment qu'il vaut mieux perdre une bataille entre Meur-

---

1. Le colonel Lewal est chargé du service des renseignements à l'état-major général. Le Bœuf le fait appeler dans l'après-midi du 12, au sujet de quelques informations. Il va se retirer quand le maréchal lui demande son sentiment sur la situation. Après quelque hésitation, Lewal indique une action possible dans l'est-sud-est. Il s'agirait pour notre gauche de tenter un effort contre la Iʳᵉ armée, tandis que notre gros agirait sur la IIᵉ. En cas de succès, on compromettrait la retraite de l'adversaire ; en cas de revers, la place de Metz et la Moselle protégeraient la nôtre.
Le major général, surpris, entraîne aussitôt Lewal dans une pièce voisine, devant l'empereur, et l'invite à répéter son dire : « Le souverain, très souffrant, étendu dans un fauteuil, mordait un mouchoir pour étouffer un peu ses vives douleurs. » Il paraît écouter avec quelque attention, puis se lève à grand'peine et s'approche du bureau où s'étale une carte. Il se fait indiquer les points en question, pose au colonel Lewal quelques questions « indiquant combien mal il était au courant des possibilités militaires en général et de la situation du moment en particulier. Il répète deux fois, comme se parlant à soi-même : « Oui, on devrait faire cela », puis regagne son fauteuil et ne dit plus rien (Général Lewal, *Le plan de combat*, 46).
2. Le général Lebrun (*Souvenirs militaires*, 295) mentionne aussi, comme ne pouvant atteindre Metz, le 1ᵉʳ corps, qui se dirige sur Châlons par ordre de l'empereur en date du 7 août (Voir *supra*, p. 13), le 7ᵉ corps, qui est encore à Belfort sans avoir reçu aucun ordre, et le 12ᵉ, en formation au camp de Châlons, qu'il n'a jamais été question de faire venir à Metz.

the et Moselle que de continuer la retraite, d'abandonner la Lorraine et presque toute la Champagne sans avoir combattu. Au moins aurait-on fait preuve d'énergie et ralenti les progrès de l'ennemi.

Un autre projet, moins compromettant d'apparence, présente néanmoins les inconvénients les plus graves. Il s'agirait de porter l'armée au camp de Châlons, où elle rallierait les 1er et 5e corps sans avoir attendu sous Metz une nouvelle attaque. Rien ne peut empêcher, semble-t-il, d'effectuer ce mouvement à marches forcées, après avoir laissé une division à Metz, pour la garde de cette ville. Mais il faudrait perdre la Lorraine et une partie de la Champagne, avec la certitude d'exercer une action déplorable sur l'esprit de l'armée et du pays [1].

Rien n'empêcherait d'adopter une solution intermédiaire. Pourquoi battre en retraite avant d'avoir tenté un retour offensif sur les têtes de colonne de l'ennemi ? La situation de l'armée en avant d'une grande place lui permet de manœuvrer sans se compromettre, comme le voudrait le colonel Lewal. Les Allemands ne peuvent-ils prêter le flanc à une attaque, pendant les mouvements qu'ils exécuteront pour contourner Metz ? On a vu que Frédéric-Charles et Moltke en admettent la possibilité et s'inquiètent des moyens d'y parer [2]. Pour ces motifs, nous sommes loin de croire la pensée de combattre avant de se retirer vers Châlons « insoutenable au point de vue exclusivement militaire [3] ». Il n'y a là, pensons-nous, que l'expression d'une opinion insuffisamment réfléchie.

Quoi qu'on en ait dit également, l'empereur n'arrête pas d'une façon ferme, le 12 août, son projet de retraite sur Châlons [4]. Une lettre à l'un de ses aides de camp, où le général

---

1. Général Lebrun, *loc. cit.*, 295, 297.
2. Voir *suprà*, p. 134 et suiv.
3. *R. H.*, I, 1903, 386 : « Pourquoi, en effet, engager une bataille, quand d'avance on reconnaissait qu'il fallait renoncer à l'espoir d'obtenir le succès ? »
4. Le général Lebrun est d'un avis contraire (*loc. cit.*), mais les erreurs matérielles abondent dans ses *Souvenirs militaires*. De même le maréchal Bazaine écrit (*L'Armée du Rhin*, 47) : « Le devoir me fit accepter, avec le commande-

Trochu plaide avec énergie la nécessité de ce mouvement, contribue sans doute à le faire incliner dans ce sens [1]. Mais tout montre que sa résolution n'est pas encore prise. Il oscille en effet, durant tout le jour, entre diverses solutions contradictoires. Le matin, il semble décidé à attendre l'attaque sous Metz : « Il est probable que l'ennemi occupe le chemin de fer de Nancy avant de livrer bataille, mais cela ne doit pas inquiéter à Paris. L'essentiel est de réunir à Châlons, sous le commandement de Mac-Mahon, le plus grand nombre possible de troupes, et d'armer Paris [2]. »

C'est ainsi que le major général télégraphie au commandant du 5ᵉ corps : « .... ne continuez pas votre marche pour vous jeter dans l'Argonne. Marchez droit sur Toul aussi vite que possible ; vous n'êtes pas menacé.

« Le chemin de fer avec Nancy n'est pas interrompu.

« De Toul, et suivant les circonstances, vous serez appelé à Metz ou dirigé sur Châlons ... » [3] Après avoir reçu la ré-

---

ment en chef..., une situation déjà bien compromise. Je recevais en même temps l'ordre impératif de passer la Moselle, sans retard, pour me replier sur les plaines de la Champagne... » Mais le maréchal Le Bœuf a déclaré au Procès Bazaine que l'empereur n'avait pas arrêté son projet. Des documents positifs confirment cette version. L'intendant en chef de l'armée part le 12 de Metz avec la conviction que l'armée restera sous cette place. C'est dans l'après-midi du 13, entre 2ʰ 36 et 4ʰ 50 du soir, qu'il apprend la retraite sur Châlons (Voir ses télégrammes du 13 entre 1ʰ 31 et 4ʰ 50, R. H., I, 1903, 628).

1. Lettre au général de Waubert de Genlis, 10 août, général Trochu, *Œuvres posthumes*, I, 99. Dans cette lettre, le général établit qu'il est nécessaire de donner une armée de secours à Paris et que cette armée doit être celle de Metz. L'armée du Rhin a encore trois routes de retraite. Dans quatre jours elle en aura deux ; dans huit jours, il ne lui restera plus que celle de Verdun, et l'armée sera perdue.

2. L'empereur à l'impératrice, d. t., 7 heures du matin, R. H., I, 1903, 420. Un autre télégramme du 12 août (?), sans indication d'heure, *ibid.*, 423, paraît confirmer celui-ci : « L'ennemi fait de fortes reconnaissances qui se retirent dès qu'on marche en avant. »

« Vous pouvez réunir à Châlons les éléments d'une puissante armée. Le maréchal (de) Mac-Mahon y va avec les débris de ses cinq divisions. Vous pouvez y appeler par le télégraphe le général de Failly qui est à Mirecourt. Enfin vous pouvez faire venir les deux divisions du général Douay qui sont trop isolées à Belfort.

« Nos approvisionnements suffisent. L'intendance en assemble à Verdun.

« Il est essentiel de faire refluer sur Châlons une quantité de matériel qui encombre le chemin de fer de Châlons à Nancy. »

3. D. t., s. h., 12 août, R. H., I, 1903, 447. La même revue, p. 157 et 394, porte que ce télégramme est expédié dans la soirée du 11, ce qui paraît inexact. Le texte qu'elle en donne, p. 447, n'est pas identique à celui de la page 394.

ponse du général de Failly [1], l'empereur paraît préciser son intention de demeurer sous Metz : « On dit que, le 14, 50,000 Bavarois feront leur jonction avec les Prussiens. De Failly sera après-demain à Toul. Il vous demande des ordres. Je crois que ce n'est qu'après-demain qu'on pourra lui dire s'il peut venir nous rejoindre à Metz. »

Quelques instants se passent ; Napoléon III remet le commandement en chef à Bazaine, et ses dispositions semblent se modifier entièrement. Le général Lebrun envoie à Jarras, en son nom, un avis qu'il doit communiquer au maréchal et qui l'indique nettement. Au lieu de marcher sur Toul, de Failly va se porter sur Paris [3]. En effet, à 6 heures du soir, Jarras télégraphie au commandant du 5ᵉ corps de prendre cette direction, par la route qu'il jugera le plus convenable [4].

Cette fois, l'empereur semble avoir renoncé à la retraite sur Châlons, peut-être sous l'influence de la lettre du général Trochu ; il se rallie à un projet de marche sur Paris, plus rationnel, en effet. Si l'armée n'est pas à même de prendre l'offensive sous Metz, elle le sera moins encore dans les plaines de la Marne, sans le moindre appui.

---

1. D. t. ch. au major général, midi 25 : « J'arrive à Mirecourt avec trois brigades. Je reçois l'ordre que me donne l'empereur de me rendre à Toul. Je serai dans Toul après-demain, 14 août, avec cinq brigades et mon artillerie de réserve » (*R. H.*, I, 1903, 447).

2. L'empereur au maréchal Bazaine, d. t. 1ʰ5 du soir, *R. H.*, I, 1903, 421.

3. Avis au général Jarras, qui le communiquera à M. le maréchal Bazaine, 12 août, 5ʰ30 du soir : « Hier le général de Failly est arrivé le soir à Mirecourt. L'empereur lui a donné l'ordre de se diriger sur Toul, au lieu de continuer sa marche sur Châlons. Dans la circonstance présente, S. M. juge qu'il y a lieu d'envoyer au général de Failly un officier qui lui portera l'ordre de se diriger sur Paris..... On peut essayer de faire passer un télégramme par le commandant de la place de Toul » (*R. H.*, I, 1903, 448); général Fay, 58.

4. Le général Jarras, chef d'état-major général de l'armée, au général de Failly, d. t., 6 heures du soir : « Vous avez reçu ce matin l'ordre de vous diriger sur Toul. L'empereur annule cet ordre et vous prescrit de vous diriger sur Paris en suivant la route qui vous paraîtra le plus convenable. Accusez-moi réception. »

L'accusé de réception est de 8 heures du soir (d. t. au *maréchal Le Bœuf*, *R. H.*, I, 1903, 448).

Les *Papiers et correspondance de la famille impériale*, I, 433, portent le télégramme de Jarras comme émanant du major général et daté de 5ʰ55 du soir.

Le Journal de marche du 5ᵉ corps (*R. H.*, I, 1903, 443) indique à tort cette dépêche comme ayant été reçue à 3ʰ30 du soir par le général de Failly. La *R. H.* (*ibid.*, 395) écrit de même « à 3ʰ35 de l'après midi ».

Mais une communication adressée par Napoléon III au maréchal Bazaine, dans la soirée, montre que sa décision n'est pas définitive. Il la réserve pour le lendemain, « si nous ne sommes pas attaqués [1] ». D'autres documents indiquent l'incertitude où se débat ce fantôme de souverain. Le commandant de l'artillerie de l'armée, général Soleille, pourtant fort au courant de ses projets, télégraphie le 12 au ministre de la guerre : « Aujourd'hui qu'on a abandonné la pensée de faire refluer soit sur Châlons, soit sur Paris, une partie de l'armée et du matériel, et que les opérations de l'armée du Rhin semblent surtout devoir s'exécuter sur la zone frontière et, s'il y a lieu, sur les derrières de l'ennemi..... [2] » De même, l'intendant en chef, Wolff, quitte Metz le 12 août, se rendant sur la route de Verdun « pour y organiser d'urgence un service de transports qui assure à l'armée... les approvisionnements dont elle aura besoin ultérieurement [3] ». Cette mesure peut s'expliquer seulement par la prévision d'un séjour prolongé sous Metz [4].

---

1. L'empereur au maréchal Bazaine, lettre autographe, 12 août, s. h. : « Plus je pense à la position qu'occupe l'armée et plus je la trouve critique, car, si une partie était forcée et qu'on se retirât (*sic*) en désordre, les forts n'empêcheraient pas la plus épouvantable confusion.
« Voyez ce qu'il y a à faire et, si nous ne sommes pas attaqués demain, prenons une résolution... » (*R. H.*, I, 1903, 423). Le maréchal Bazaine (*L'Armée du Rhin*, 49, et *Épisodes*, 62) écrit *prenez une résolution*. La *R. H.*, I, 1903, 387, fait de même. D'après le général Lebrun (*Procès Bazaine, compte rendu sténographique quotidien*, 130), cette lettre serait de 3ʰ 45.
2. D. t., s. h., *R. H.*, I, 1903, 463.
3. Le major général au maréchal Bazaine, 12 août, *R. H.*, I, 1903, 420.
4. Nous ne saurions donc souscrire à l'opinion émise par la *Revue d'Histoire*, I, 1903, 386, d'après laquelle l'empereur, le 12 août, « revint au premier parti qu'il avait envisagé, celui de la retraite immédiate sur le camp de Châlons ». La même revue, p. 566, écrit que l'urgence d'une prompte retraite « correspondait, sans nul doute, aux sentiments de l'empereur ». Autant d'affirmations gratuites. On prête à Napoléon III une décision ferme qui ne fut à aucun moment arrêtée le 12.

V

L'ARMÉE LE 12 AOUT

Le 2ᵉ corps. — Le 3ᵉ corps. — Le 4ᵉ corps. — La réserve de cavalerie. — Nos reconnaissances. — Coup de main sur Pont-à-Mousson. — Le 6ᵉ corps. — Le 5ᵉ corps. — État des troupes.

Pendant que le commandement échappe ainsi aux mains défaillantes de Napoléon III, les troupes restent immobiles, ou peu s'en faut.

« La présence constatée de l'ennemi à Ars-Laquenexy menaçait le flanc gauche du 2ᵉ corps. Pour parer à une attaque possible de ce côté », Frossard reporte la division Vergé à la droite du général Bataille entre la Seille et Basse-Bévoye, sur les hauteurs en arrière de Magny ; la brigade Lapasset s'établit au château de Mercy-lès-Metz, ayant en seconde ligne la division Laveaucoupet[1]. Des travaux sont entrepris pour la défense du château et des bois voisins.

Le 3ᵉ corps passe sous les ordres du général Decaen, remplacé à la 4ᵉ division par le général Aymard. Les mouvements opérés sont insignifiants, sauf à la division Aymard, qui se reporte plus à l'ouest, entre la ferme de Bellecroix et Vantoux. La cavalerie du général de Clérembault s'établit à l'est de Borny[2].

Les déplacements du 4ᵉ corps ont moins d'importance encore[3]. La Garde, la réserve générale d'artillerie conservent leurs emplacements de la veille[4].

Quant aux deux divisions de la réserve de cavalerie, leur

---

1. Journaux de marche du 2ᵉ corps et de la division Laveaucoupet, *R. H.*, I, 1903, 429, 430.
2. Journaux de marche du 3ᵉ corps, *R. H.*, I, 1903, 434, 435.
3. Le 64ᵉ de ligne (division Grenier, qui est en deuxième ligne) porte ses trois bataillons aux avant-postes à Failly et Vany (1ᵉʳ bataillon), Villers-l'Orme (2ᵉ), La Salette (3ᵉ) [Historique du 64ᵉ, Bazaine, *Épisodes*, 116 ; Journaux de marche du 4ᵉ corps, *R. H.*, I, 1903, 438].
4. La réserve générale d'artillerie est dans l'angle de la route de Sarrebruck et du chemin de Borny (Le général Bourbaki au maréchal Bazaine, 12 août, *R. H.*, I, 1903, 455). Le grand parc du génie débarque à Metz dans la nuit du 11 au 12 (Rapport du colonel Rémond, 16 mai 1872, *ibid.*, 222).

gros conserve la même immobilité, mais celle du général du Barail opère des reconnaissances dont l'une de réelle importance. Avec deux escadrons du 2ᵉ chasseurs d'Afrique, le lieutenant-colonel Humbert se porte par Ars-Laquenexy à Courcelles-sur-Nied, où il apprend des habitants que Remilly est fortement occupé ainsi que les bois dans cette direction. « Un gros d'armée » aurait son quartier général à Bischwald, vers Gros-Tenquin. Humbert dispose alors sa troupe en trois fractions, l'une marchant sur Mécleuves et Pontoy, l'autre sur Pange, la troisième sur Faulquemont. Mais elles n'ont pas fait « un kilomètre », qu'elles trouvent « garnis » les bois vers Mécleuves ; sur la route de Faulquemont, il y a « au moins cinq escadrons », qui semblent « soutenus par d'autres en arrière ». La reconnaissance se rallie à Courcelles, d'où elle regagne Metz, non sans que l'artillerie allemande ait tiré sur Ars-Laquenexy[1].

L'opération du général Margueritte, « peut-être le plus complet de nos officiers de cavalerie[2] », présente beaucoup plus d'intérêt.

On a vu que, la nuit du 11 au 12, des cavaliers prussiens ont coupé la ligne télégraphique à Dieulouard. Dans la journée du 12, l'empereur fait donner au général l'ordre de « quitter Metz aussitôt que possible, avec ses deux régiments, pour aller prendre position à Dieulouard... » Il marchera par la rive droite de la Moselle, en s'éclairant « aussi loin que possible sur sa gauche, principalement vers Nomeny, où l'on annonce des coureurs ennemis[3] ».

Le capitaine von Thauvenay, adjudant du commandant du Xᵉ corps, a été chargé d'un coup de main sur Pont-à-Mousson. Il dispose d'un escadron mixte de dragons et de hussards[4]. Dès le début de leurs travaux de destruction à

---

1. Rapport du lieutenant-colonel Humbert, 12 août, *R. H.*, I, 1903, 460.
2. Général du Barail, III, 168.
3. Le major général au général du Barail, 12 août, s. h., *R. H.*, I, 1903, 459. Le corps d'éclaireurs volontaires d'Arnous-Rivière, qui devait soutenir la brigade Margueritte, ne quitta pas Metz (Général du Barail, III, 168).
4. 2 pelotons du 17ᵉ hussards (2 officiers et 40 hommes), 1 peloton du 19ᵉ dragons (1 officier et 32 hommes) [Général von Pelet-Narbonne, *op. cit.*,

SURPRISE DE PONT-A-MOUSSON
12 Août 1870

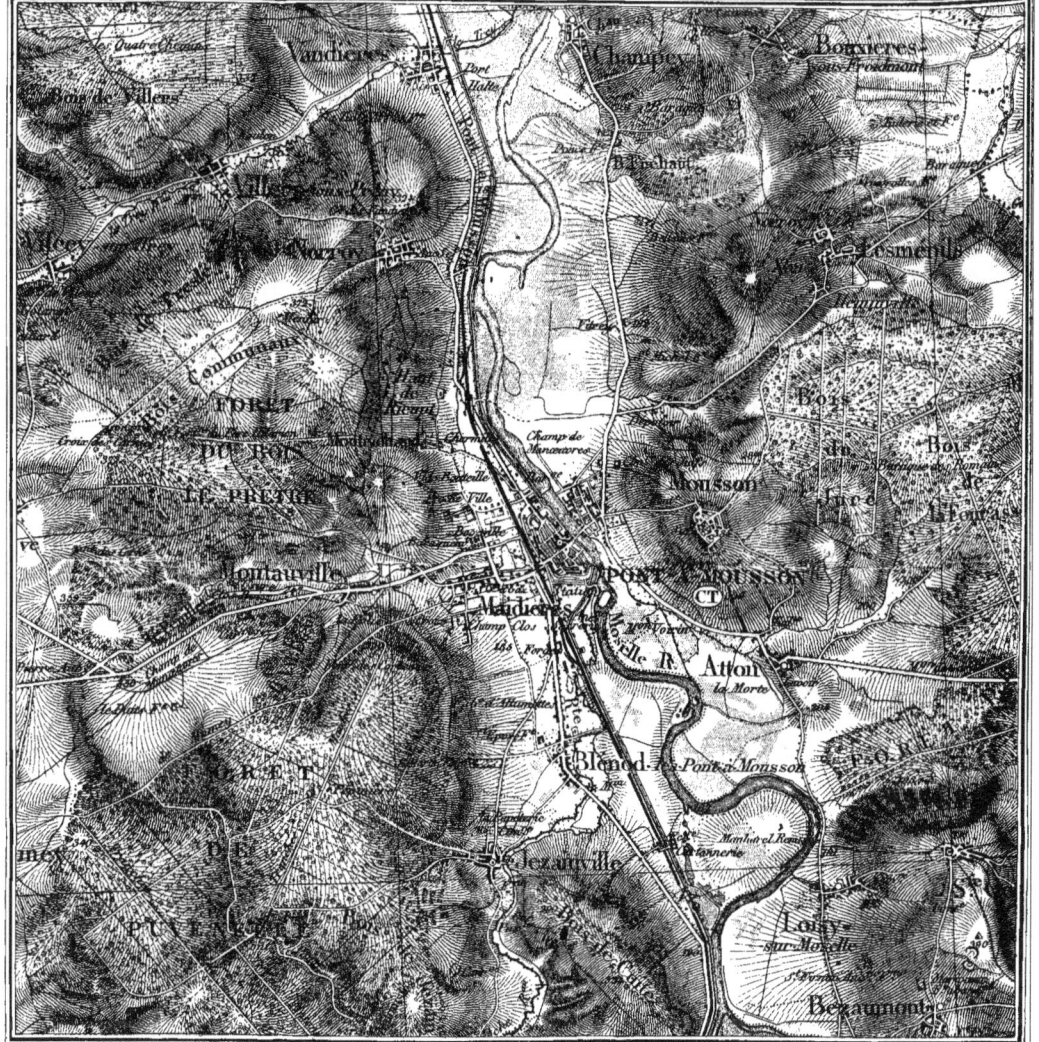

la station du chemin de fer, un train d'infanterie du 6ᵉ corps survient et les oblige à la retraite, non sans quelques pertes [1]. Thauvenay refuse néanmoins d'abandonner son entreprise et, après le départ du train, son détachement revient à la station. Les hussards détruisent même « assez vite et négligemment » la voie dans la direction de Metz ; puis ils regagnent le pont de la Moselle, le traversent et s'installent dans la première maison à droite, l'Hôtel du Cheval-Rouge. Leur chef fait placer les chevaux dans une grange, débrider et même desseller [2] ; puis on donne l'avoine. Si des mesures de sécurité sont prises [3], elles sont certainement insuffisantes.

Quant aux dragons, ils commencent à couper la voie ferrée du côté de Nancy, non sans perdre du temps faute d'outils appropriés et d'instruction pratique. Ils se sont couverts dans les directions de Metz, de Saint-Mihiel et de Nancy par des vedettes ou des patrouilles [4].

Parti à 1ʰ 45 de l'après-midi de Metz, par la rive ouest de la Moselle, Margueritte prend les devants à une vive allure avec le 1ᵉʳ chasseurs d'Afrique, le 3ᵉ suivant au pas [5]. En

---

Revue de cavalerie, janvier 1900, 415]. L'*État-major prussien*, I, 441, écrit 20 hommes de chacun de ces corps. On cherche en vain la raison de cette composition bizarre.

1. 2 hommes et 3 chevaux. Il s'agit de la deuxième moitié du 9ᵉ de ligne (Journal de la 2ᵉ division du 6ᵉ corps, R. H., I, 1903, 451).
2. *État-major prussien*, I, 415.
3. Von Pelet-Narbonne (*loc. cit.*, 419) écrit qu'on ne sait rien de précis sur ces dispositions. D'après le Journal de marche du régiment, « des patrouilles étaient chargées de la sécurité ».
4. Un trompette au passage de la route de Saint-Mihiel sur la voie ferrée, voyant surtout vers Metz ; une patrouille de trois cavaliers dans cette même direction, une autre vers Nancy, toutes deux par la voie ferrée (Von Pelet-Narbonne, *loc. cit.*, 416). D'après Dick de Lonlay, II, 407, un escadron du 19ᵉ dragons serait resté sur la rive droite de la Moselle, en repli ; mais les documents allemands ne confirment pas cette indication.
5. Historique du corps cité par la *R. H.*, I, 1903, 392. Bien que l'ordre du major général porte que Margueritte suivra la rive droite de la Moselle, les détails du combat montrent qu'il débouche sur Pont-à-Mousson par la rive gauche. Un télégramme qu'il envoie d'Ars-sur-Moselle au major général le confirme également. Le récit que publie de ce beau coup de main la *Revue d'Histoire* (*ibid.*), inexact en ce point, est en outre tout à fait incompréhensible. L'auteur a négligé, semble-t-il, les sources allemandes. Il est même fâcheux d'avoir à constater que cette relation officieuse est moins exacte que le récit anecdotique de Dick de Lonlay, II, 407.

route il apprend des habitants qu'un parti de cavaliers allemands, « fort de 30 à 40 hommes », est arrivé à Pont-à-Mousson vers midi.

A 4 heures environ, il débouche au nord de cette ville, après avoir laissé un instant souffler ses chevaux[1]. Il jette aussitôt les 5e et 6e escadrons du 1er chasseurs d'Afrique à la station, en leur faisant longer la voie ferrée, tandis que les 3e et 4e galopent vers la place Duroc, sur le passé glissant. Les deux premiers pelotons du 3e escadron tournent ensuite à gauche vers la Moselle ; les deux autres prennent à droite pour se rabattre vers la gare et couper la retraite des dragons prussiens.

Le trompette de ces derniers a déjà donné l'alarme, mais, avant qu'ils aient pu monter à cheval, nos cavaliers sont sur eux. Quelques-uns s'enfuient vers le sud, par la voie ferrée ; d'autres tentent de traverser les deux bras de la Moselle ; un petit nombre y parvient. La plupart sont pris ou tués.

Quant à Margueritte, avec ses deux escadrons, il se dirige vers la sortie est de la ville. On lui désigne aussitôt l'auberge où les hussards prussiens se sont enfermés dès les premiers coups de feu. Quelques chasseurs d'Afrique mettent pied à terre et engagent la fusillade à travers la porte ou des fenêtres voisines. Ils finissent par envahir la cour[2]. A ce moment « un grand diable d'officier » bondit dans la rue, tire un coup de carabine sur le colonel Cliquot qu'il manque et dont il atteint l'ordonnance, puis se jette sur le général Margueritte, fendant son képi d'un coup de sabre. On s'empare alors de lui et les autres hussards sont pris également. Dans ce coup de main, si vivement conduit, les Prussiens ont perdu 8 tués, 3 blessés, 27 prisonniers dont deux officiers, et 44 chevaux. Nous n'avons que 2 tués et 3 blessés, mais

---

1. Deux des dragons prussiens détachés vers Metz sont, après un simulacre de reconnaissance, entrés dans un débit de boissons. Ils sautent à cheval en entendant galoper les chasseurs, mais pour être presque aussitôt rejoints et mis hors de combat (Von Pelet-Narbonne, *loc. cit.*; de Lonlay, II, 408).

2. D'après von Pelet-Narbonne, 419, les habitants auraient fermé la porte de la cour, prenant les hussards comme dans une souricière. Ce détail invraisemblable est contredit par les rapports français et par le récit de Dick de Lonlay.

nombre de chevaux ont perdu leurs fers ou même leurs sabots en galopant sur les rails [1].

Au cours de sa reconnaissance, Margueritte a appris que « des forces prussiennes se dirigeaient sur Pont-à-Mousson, « venant du côté de Nomeny ». Considérant à bon droit comme importante la possession de cette ville, il y arrête 400 hommes du 28e de ligne (6e corps), arrivant par voie ferrée du camp de Châlons et qu'il destine à la garde du pont. Peu après, il est rappelé par le major général. Dans la nuit il rentre à Metz [2].

La division Forton a également opéré une reconnaissance, mais dans des conditions beaucoup moins brillantes. Le colonel du 1er dragons se porte avec son régiment sur la route de Saint-Avold, par Courcelles, sans rien voir que « plusieurs éclaireurs » disparaissant à notre approche. Les villages voisins, Pange, Colligny, Maizery, Ogy, sont fouillés avec le même résultat. On apprend seulement que de l'infanterie a paru la veille à Colligny et qu'elle serait bivouaquée à 3 kilomètres de là [3].

Tandis que le gros de l'armée prend position à l'est de la Moselle, le 6e corps continue son double mouvement de Mourmelon et de Paris vers Metz, non sans des interruptions du fait de la cavalerie prussienne. La 3e division est déjà établie au sud de Metz et dans les forts ; la 1re y arrive tout entière la nuit du 11 au 12 et la matinée suivante [4]. Elle va

---

1. Dragons prussiens : 4 tués, 3 blessés, 9 hommes et 18 chevaux pris ; hussards : 4 tués, 2 officiers, 16 hommes et 26 chevaux pris ; total 8 tués, 3 blessés, 27 prisonniers dont 2 officiers, 44 chevaux (von Pelet-Narbonne, *loc. cit.*). La *R. H.* (*loc. cit.*, 392) donne des chiffres différents sans indication de source : 1 officier et 14 cavaliers tués, 2 officiers et 23 cavaliers pris. Le général Margueritte écrit dans son rapport : 1 officier blessé et 4 ou 5 cavaliers tués ; 2 officiers, 23 cavaliers, environ 30 chevaux pris.

2. Journal de la division du Barail ; le général Margueritte au maréchal Bazaine, lettre, 12 août ; le même au major général, d. t. de Pagny, arrivée à 10h 12 du soir, *R. H.*, I, 1903, 456, 459, 460.

3. Rapport du colonel du 1er dragons, *R. H.*, I, 1903, 462. A l'égard de Pange, ce document est en contradiction avec le passage de l'historique du corps cité par la même revue, p. 393 : « Les paysans annoncent la présence dans le village (Pange) de 10,000 à 12,000 hommes d'infanterie prussienne. Nous faisons demi-tour et rentrons à Metz à midi. »

4. Des fractions des 10e et 100e de ligne ont à Dieulouard un engagement avec un détachement du 13e hussards prussiens (voir *supra*, p. 141).

aussitôt bivouaquer au sud de Montigny-lès-Metz, entre la Moselle et la Seille. La 4ᵉ division ne débarquera que la nuit du 12 au 13 et le matin suivant ; elle s'établira près de Woippy, au nord-ouest de Metz, moins son artillerie restée au camp de Châlons, qui ne pourra rejoindre. Quant à la 2ᵉ division, elle ne porte à Metz, dans la journée du 12, que le 9ᵉ de ligne et une batterie. Ils s'établissent au nord de la place, entre la Moselle et la route de Thionville. Le reste, dont le transport est interrompu par celui de la 4ᵉ division, qui vient de Paris, ne ralliera jamais l'armée du Rhin[1] ; de même pour la division de cavalerie et la réserve d'artillerie. Ainsi la mauvaise organisation des transports prive l'un de nos corps d'armée des plus essentiels de ses éléments. En mettant les troupes montées en route sur Metz dès le 9 août, elles auraient parcouru avant le 14 les 130 à 150 kilomètres qui les séparaient de la Moselle.

Le 5ᵉ corps s'est porté, le 12, à Mirecourt et Charmes. En atteignant le premier de ces points, vers midi, le général de Failly y trouve le télégramme qui lui enjoint de ne pas se jeter dans l'Argonne et de marcher « droit sur Toul... aussi vite que possible »[2]. Des ordres sont donnés en conséquence. Mais, le soir, arrive le télégramme du général Jarras prescrivant au 5ᵉ corps de se diriger sur Paris, par la route qui paraîtra convenable. De Failly prend aussitôt ses dispositions pour marcher, le 13, sur Neufchâteau. Ses nouveaux ordres à peine donnés, il apprend du maréchal de Mac-Mahon que « la direction prise par l'ennemi » l'oblige à se porter de Bayon et Vézelise sur Neufchâteau. D'où une nouvelle modification : le 5ᵉ corps va marcher sur Chaumont par Lamarche et Montigny. Sa séparation du gros de l'armée du Rhin est maintenant définitive. Dans les conditions

---

1. Journaux de marche du 6ᵉ corps, des 1ʳᵉ et 2ᵉ divisions, *R. H.*, I, 1903, 450, 451 ; *ibid.*, 391.
2. Voir *supra*, p. 164. La *R. H.*, I, 1903, 394, écrit que le général de Failly reçut ce télégramme « pendant cette marche ». Le Journal du 5ᵉ corps (*ibid.*, 442) porte « à son arrivée à Mirecourt », ce qui est plus vraisemblable. Le télégramme chiffré au major général (12 août, 12ʰ 25 du soir, *ibid.*, 447) constitue évidemment l'accusé de réception réclamé par ce dernier.

présentes, il est douteux que ce soit un mal. L'adjonction d'un corps d'armée à ceux dont dispose Bazaine ne changerait rien, sans doute, au résultat des batailles des 14, 16 et 18 août, résultat qui tiendra beaucoup plus aux fautes du commandement qu'à la proportion des forces en présence. Mais, à ce moment, nul ne peut le prévoir, et il n'appartient pas au général de Failly d'enfreindre des ordres précis, tels que ceux qu'il a reçus.

L'état physique et moral des troupes tend à s'améliorer, malgré les bruits de retraite prochaine. Il faut dire que la pluie a cessé et que l'immobilité à peu près complète de l'armée permet à nos soldats de réparer les fatigues des derniers jours [1]. On connaît la démission du maréchal Le Bœuf et l'on parle de son remplacement par le général Trochu [2]. Cette armée de Metz, vouée au plus déplorable destin, est si peu atteinte dans son moral par les précédents échecs, que le général Deligny croit devoir adresser aux officiers de sa division l'ordre impératif de se coucher en même temps que leur troupe. Il n'entend pas qu'ils cèdent à un sentiment « un peu trop exagéré » de dignité et d'honneur personnels.

Malgré la richesse du pays, dont les villages « regorgent de denrées de toute nature, l'alimentation, surtout celle des chevaux, laisse beaucoup à désirer. On refuse de frapper des réquisitions, de crainte de produire une mauvaise impression sur les habitants. « Toutes ces inepties ont fait tomber l'armée et la place de Metz deux mois plus tôt au moins [3]. »

Le service de sûreté continue de se faire avec la plus extrême négligence, malgré l'apparition fréquente des cavaliers allemands. Un officier danois, M. de Sponeck, se rend en voiture de Metz à Courcelles-Chaussy, sans éprouver la

---

1. Général Fay, 58 ; A. Verly, *Souvenirs du second empire, l'escadron des Cent-gardes*, 187 ; etc.
2. A. Verly, 186, lettre du 12 août.
3. Souvenirs inédits du général de Cissey, 12 et 13 août, *R. H.*, I, 1903, 438.

moindre difficulté à traverser nos avant-postes [1]. Le général de Ladmirault en est réduit à prescrire des reconnaissances de cavalerie légère, au moins par escadron... à plusieurs kilomètres en avant ». Il recommande à l'infanterie de se garder en avant de son front « par un système de grand'-gardes et de petits postes bien entendus... » [2].

Le commandement français affirme plus que jamais ses tendances à la défensive [3]. Le maréchal Bazaine proscrit entièrement les feux à volonté et recommande « de ne pas prodiguer les tirailleurs [4] ». Il entend sans doute revenir aux procédés de combat de la fin du premier Empire.

---

1. Le général Bourbaki au maréchal Bazaine, 12 août, *R. H.*, I, 1903, 478.
2. Le général de Ladmirault à ses divisionnaires, *R. H.*, I, 1903, 440.
3. Voir une lettre du général Metman au maréchal Bazaine (12 août, *R. H.*, I, 1903, 435) dans laquelle il prête aux positions une importance tout à fait disproportionnée.
4. Notes pour les différents services de la division Metman, *R. H.*, I, 1903, 436.

VI

LES ALLEMANDS LE 12 AOUT

Situation générale. — Difficultés des marches. — La cavalerie. — Ses reconnaissances. — 3e division. — 1re division. — 6e division. — 5e division. — La cavalerie à l'ouest de la Moselle. — Frédéric-Charles et Moltke.

Pendant que l'armée du Rhin se concentre ou plutôt s'entasse autour de Metz, les Ire et IIe armées allemandes occupent de Boulay à Morhange un front de 30 kilomètres tenu par cinq corps d'armée ; quatre autres forment deuxième ligne de Niederwisse à Munster [1]. A droite, ces derniers sont immédiatement rapprochés de la première ligne, parce qu'il semble que ce soit la direction dangereuse. A gauche, le IVe corps est fort en arrière ; c'est à lui que revient le soin d'établir la liaison avec la IIe armée. A droite les avant-postes suivent en général la Nied allemande.

Si Bazaine prenait l'offensive vers l'est dans la journée du 12, il aurait devant lui les trois corps de la Ire armée, que soutiendraient les IIIe et IXe corps (IIe armée), sans parler du Xe, de la Garde et du XIIe corps, tous trois à moins d'une étape de Faulquemont ; seul le IVe corps ne pourrait intervenir avant le soir du 14. Notre offensive aurait donc peu de chances de succès, à moins d'être conduite avec une extrême énergie.

La cavalerie allemande a renoncé à l'inaction relative des jours précédents. Elle forme, en avant de tout ce front, un « épais rideau », qui s'étend à l'ouest de la Nied allemande. Dans la nuit, les divisions de la Ire armée ont devancé ses deux ailes ; elles atteignent, le matin du 12, Bettange et Raville. La IIIe pousse son avant-garde sur Gondreville et la Ire sur Pont-à-Chaussy.

---

[1]. Ier, VIIe, IIIe, X^e, Garde et VIIIe, IXe, XIIe, IVe (*État-major prussien* I, 433). Quartier général de la Ire armée, Boucheporn ; de la IIe armée, Gros-Tenquin. Voir notre carte 3.

Plus au sud, la 6ᵉ division (IIᵉ armée) opère une reconnaissance vers Metz, par Pange. A sa gauche, les brigades Barby et Redern (5ᵉ division) sont à Remilly et Raucourt; les dragons de la Garde à Oron; enfin le général von Bredow au nord-est de Dieuze[1].

Ce n'est pas sans difficulté que s'opèrent ces mouvements. Le voisinage des Iʳᵉ et IIᵉ armées motive des froissements au sujet de leurs zones de réquisition. En outre, la marche des trains et des convois est rendue très pénible par l'état des routes, que défoncent les pluies incessantes et la circulation de tant de troupes. On ne peut sortir des chemins frayés. Le cantonnement est si difficile qu'il faut fréquemment recourir au bivouac. Une grande partie des soldats allemands, accoutumés aux plaines natales, supportent mal la marche dans un pays accidenté, où des chaleurs lourdes alternent avec des pluies violentes. Toutes ces circonstances influent sur l'état sanitaire, au point qu'une division compte 582 malades sans avoir combattu. Des dispositions toutes particulières sont nécessaires pour assurer la régularité des mouvements[2].

Sur le front de la Iʳᵉ armée et du IIIᵉ corps, les observations de la cavalerie confirment notre retraite vers Metz. A l'extrême droite, un demi-peloton du 8ᵉ cuirassiers a été jeté au nord-ouest. Après avoir culbuté à Stuckange quelques dragons qui faisaient un fourrage, il arrive dans l'après-midi devant Thionville, dont les portes sont grandes ouvertes. Un garde mobile flânant devant l'une d'elles est fait prisonnier. Le poste voisin de la garde nationale, apercevant les Prussiens, jette ses fusils et s'enfuit. La patrouille recueille ensuite un réserviste allemand retenu jusqu'alors dans la place. Il donne sur elle des renseignements qui font croire à la possibilité d'une surprise. Elle sera tentée en effet[3].

---

[1]. *État-major prussien*, I, 433.
[2]. *État-major prussien*, I, 436.
[3]. Voir le compte rendu du lieutenant von Voigts-Rhetz, von Widdern, *Verwendung und Führung der Kavallerie*, III, 199; von Pelet-Narbonne, 397; *État-major prussien*, I, 438.

Une autre reconnaissance, trois pelotons du 14ᵉ ulans, partie de Bettange dans l'après-midi, trouve évacués des travaux de campagne que nous avions exécutés sur les hauteurs de Sainte-Barbe, et n'est arrêtée que près de Poixe, par un bataillon environ. Vers Servigny, elle observe un vaste bivouac, mal couvert par des avant-postes très rapprochés. Une grand'garde d'infanterie, qui paraît absolument surprise, ouvre un feu violent, sans résultat. Les ulans voient aussi de la cavalerie, qui ne les suit même pas dans leur retraite [1].

Le capitaine von Hymmen, du 5ᵉ ulans, montre plus d'audace encore. Avec une quarantaine d'hommes, il se porte vers Bellecroix, sous le canon même de Metz. Il est à 600 mètres environ d'un bivouac de division d'infanterie, derrière lequel d'autres s'aperçoivent. Les avant-postes sont rudimentaires ; une grand'garde n'est mise en alerte que par l'approche d'une patrouille, arrivée presque au milieu d'elle. Hymmen est si peu inquiété dans sa reconnaissance qu'il capture quatre chevaux, une voiture chargée d'avoine et de harnachements. Il repart avec son butin, sans être poursuivi [2].

A la Iʳᵉ division de cavalerie, un escadron du 9ᵉ ulans se porte de Courcelles-Chaussy jusque sur les hauteurs de Puche. De là il signale deux camps de chaque côté de la route et un bivouac de cavalerie au sud. « Pas d'avant-postes. » Au château d'Urville où a séjourné Bazaine, un officier trouve « tout un lot de cartes d'état-major » des environs de Metz, quoiqu'elles aient été distribuées à nos troupes avec la plus extrême parcimonie, et une lettre adressée au maréchal [3].

---

1. Compte rendu du colonel von Lüderitz, von Widdern, *Verwendung und Führung der Kavallerie*, III, 195 ; von Pelet-Narbonne, *loc. cit.*, 394.
2. Voir le compte rendu de Hymmen daté de 1ʰ30 du soir dans von Widdern, *loc. cit.*, III, 170. Von Pelet-Narbonne, 395, le reproduit en y joignant une lettre privée de cet officier. Il fut néanmoins rappelé le soir même à sa division. Von Widdern, *ibid.*, 175, montre que, dans la réalité, Hymmen n'alla pas jusqu'à Bellecroix, suivant son dire.
3. Voir les comptes rendus du général von Hartmann, 8 heures et 11ʰ45 du matin, et du colonel von Kleist, 3 heures du soir, von Widdern, *Verwendung und Führung der Kavallerie*, III, 201, 205 ; von Pelet-Narbonne, 398.

Sans doute, les reconnaissances prussiennes, aidées par l'inconcevable inertie de notre cavalerie, recueillent ainsi des données précieuses, mais il serait possible de mieux faire. Au lieu de s'arrêter à Bettange après une courte marche, la 1re division pourrait se rapprocher davantage de nos bivouacs et surtout atteindre la Moselle entre Metz et Thionville. La destruction du chemin de fer situé à l'ouest de la rivière serait un avantage considérable. De même la 1re division devrait porter son gros jusqu'à Courcelles-Chaussy, au lieu de s'arrêter à Bionville sur la Nied allemande [1].

Jusqu'alors la 6e division a très mal répondu aux intentions du commandement. Dans la nuit du 11 au 12, le général von Alvensleben, commandant le IIIe corps, à qui elle est subordonnée, lui donne l'ordre formel de recueillir « des renseignements plus détaillés et positifs », en se portant « sur Mont, Pange, Laquenexy » et même au delà [2].

Vers 8 heures du matin, la brigade Rauch et une batterie à cheval se portent d'Arriance sur Pange, suivies de la brigade Grüter, qui s'arrête sur la Nied pour les recueillir au besoin. Puis elles poussent jusqu'à Laquenexy, au nord-ouest duquel se montrent trois escadrons de chasseurs. Un grand bivouac est en vue entre Coincy et Ars-Laquenexy, où la batterie jette quelques obus. Finalement des lignes de tirailleurs français se portent en avant, suivies de fractions en colonnes, et la brigade prussienne regagne Villers-Laquenexy [3]. Entre temps, des patrouilles ont battu tout le terrain en avant, signalant deux divisions bivouaquées près de Flanville, un vaste camp vers Servigny ; d'autres troupes, en forces, occupent le plateau de Sainte-Barbe. On en voit aussi vers Montoy, Colombey, Aubigny, Borny, Grigy. A 4 heures du soir, le duc de Mecklembourg écrit à Alvensle-

---

1. Von Pelet-Narbonne, 399.
2. Ordre remis à 2h 45 du matin, von Pelet-Narbonne, 400. Le général von Alvensleben ajoute : *C'est ma volonté absolument expresse.* Voir dans von Widdern, *Verwendung und Führung der Kavallerie*, II, 284, 289, les ordres de la 6e division de cavalerie.
3. Rapports du duc de Mecklembourg, datés de 10h 45 et 11h 45 du matin, von Pelet-Narbonne, 403, 404.

ben que le terrain en avant de Metz, jusqu'à 7 kilomètres de l'enceinte, est occupé par de l'infanterie et de la cavalerie. Il y a plus d'un corps d'armée entre Colombey et la route de Saint-Avold. Aucun mouvement en avant n'a été observé ; les habitants croient au contraire à la continuation de la retraite[1]. « ...La cavalerie française, écrit von Pelet-Narbonne, réunie en masses, facilita à la division l'accomplissement de sa mission d'une manière qu'on ne peut vraiment qualifier par aucune expression parlementaire... Seule l'infanterie... marcha contre les cavaliers allemands ; lorsque ceux-ci se replièrent, la cavalerie française ne tenta pas une seule fois de les suivre[2]. »

Malgré leur précision, les rapports de la 6e division n'éclairent qu'incomplètement Alvensleben. Il a l'opinion préconçue que nous avons déjà passé la Moselle et rien ne l'en peut faire démordre[3].

On se rappelle que les brigades Barby et Redern, de la 5e division de cavalerie, ont été rattachées au Xe corps. Le général von Voigts-Rhetz, qui commande ce dernier, prescrit directement l'envoi de trois escadrons, avec mission de chercher des renseignements, de faire des prisonniers et d'inquiéter l'adversaire. En outre, le capitaine von Thauvenay reçoit de lui, comme nous l'avons vu, l'ordre de reconnaître Pont-à-Mousson[4].

A droite les capitaines von Rosenberg, du 13e ulans, et von Baerst, du 11e hussards, se portent avec leurs escadrons vers Metz, par la route de Strasbourg. Au sud de Jury, ils chargent des chasseurs à cheval, qui font demi-tour et qu'ils poursuivent jusqu'au remblai du chemin de fer. Ils y sont

---

1. Rapport du duc de Mecklembourg, 4 heures du soir, von Pelet-Narbonne, 406.
2. Loc. cit., 406.
3. Von Pelet-Narbonne, 406. Il transmet ces rapports à Frédéric-Charles, avec l'observation suivante : « Le commandant de corps d'armée n'attache pas à ces rapports une valeur particulière, car l'infanterie portée en avant semble n'avoir d'autre but que de refouler la cavalerie. » Ce détail est exact, mais les conclusions qu'en tire Alvensleben sont fausses.
4. Le général von Voigts-Rhetz au général von Rheinbaben, 11 août, 10 heures du soir, von Pelet-Narbonne, 407.

arrêtés par un feu vif. A l'ouest, Peltre paraît être occupé et un bivouac est en vue au nord. Un peloton de hussards pied à terre ayant fait mine d'en approcher, nos troupes prennent les armes et une batterie ouvre le feu [1]. Le résultat final est à peu près nul.

Au sud, trois escadrons du 17e hussards vont de Luppy, par Fleury et Magny-sur-Seille, jusqu'à moins de 4 kilomètres de Metz, sans avoir rencontré une patrouille française. Eux aussi voient au sud et à l'est de la place de vastes bivouacs [2].

Avec le 4e escadron du même corps, le capitaine Brauns a mission d'explorer vers la Moselle et de couper la voie ferrée de Frouard à Metz. Parti de Lucey dans la matinée, il atteint Frouard dont il passe le pont vers midi. Il détruit rapidement une partie de la ligne à 1,500 mètres en aval, tandis qu'une partie de l'escadron se faufile dans les intervalles de longs trains de charbon, en galopant vers la gare. Une vingtaine d'hommes de divers corps y sommeillent à côté de leurs faisceaux. La surprise est complète. En un clin d'œil, presque tous sont pris et liés avec des cordes à fourrage.

A ce moment survient un train qui stoppe à 100 mètres de la gare; des soldats du 28e de ligne en descendent et commencent le feu. Les hussards se retirent, non sans emmener une partie de leurs prisonniers.

Une patrouille envoyée à Champigneulles a trouvé ce village occupé par un bataillon au moins. Elle aussi parvient à se dégager, avec des pertes. A 11 heures du soir, l'escadron rentre à Lucey [3]. Comme à Pont-à-Mousson, les travaux

---

1. *État-major prussien*, I, 440; von Pelet-Narbonne, 422 et suiv., d'après les rapports de Rosenberg et l'Historique du 11e hussards. Suivant Dick de Lonlay, II, 224, nos chasseurs appartiennent à un peloton du 6e escadron du 4e régiment; leur retraite simulée a pour but d'attirer l'ennemi sous le feu du reste de l'escadron, qui est pied à terre.

2. *État-major prussien*, I, 440. Voir dans von Widdern, *loc. cit.*, II, 287, un extrait du *Tagebuch* du 3e hussards relatif au rôle de la brigade Rauch.

3. Von Pelet-Narbonne, 410 et suiv. Les prisonniers ramenés à Lucey étaient : 1 sergent du 26e; 2 soldats du 28e, 1 du 27e, 1 du 1er tirailleurs, 2 du 16e bataillon de chasseurs (Lettre du capitaine d'état-major von Heister, qui accompagnait Brauns). Ces unités font partie des 6e, 5e et 1er corps.

de destruction sont très sommaires et la voie ferrée sera rapidement réparée.

A l'extrême gauche, le capitaine von Kleist, du 10ᵉ hussards, entre à Nancy dans l'après-midi, venant de Château-Salins. Dans ces deux villes, il lève des contributions sans aucune difficulté : « Qu'un escadron isolé ait pu imposer une contribution de guerre à une ville populeuse comme Nancy, c'est une preuve de la vigueur que montra personnellement son chef et du manque d'énergie des Français[1]. »

On voit quels sont les résultats de l'activité déployée par la cavalerie allemande le 12 août. De tous côtés affluent des renseignements précis sur nos emplacements et nos forces. De cet ensemble, il résulte que, si nous avons évacué nos positions de la Nied, nous sommes encore en forces à l'est de Metz. Au contraire, le terrain au sud est complètement vide de troupes jusqu'à la Moselle ; les ponts sur cette rivière sont inoccupés. Dans l'entourage de Moltke on nous croit déterminés à continuer notre retraite vers l'ouest[2]. On se rend compte du maladroit entassement de nos corps d'armée sous le canon de Metz et l'on suppose que tous ne pourront à temps traverser la Moselle. D'où la pensée de faire contourner la place au nord et au sud par la cavalerie allemande, afin de constater et de gêner notre mouvement[3].

C'est Frédéric-Charles qui en prend l'initiative, après

---

[1]. Von Pelet-Narbonne, 426; *État-major prussien*, I, 441. A comparer avec ce télégramme de l'empereur au maréchal Bazaine, 4ʰ20 du soir : « Le chef de la station télégraphique de Nancy m'informe que deux régiments prussiens, commandés par un général, entrent en ce moment à Nancy et y préparent des logements pour d'autres troupes » (*R. H.*, I, 1903, 474).

[2]. *État-major prussien*, I, 442. Ce n'est pas l'idée que le roi Guillaume se fait de la situation : il croit nous trouver établis derrière la Moselle entre Metz et Nancy (Lettre à la reine Augusta, 12 août, Oncken, *Unser Heldenkaiser*, 200).

[3]. « Les batailles de Wœrth et de Spicheren paraissent avoir fait sur l'armée française une impression extraordinaire, ce qui est bien compréhensible. Il semble de nouveau pour l'instant qu'elle veuille continuer la retraite derrière la Moselle. Mais ses masses s'entassent de telle sorte qu'elle devra laisser plusieurs corps d'armée sous Metz. Notre cavalerie passera aujourd'hui la Moselle en amont et en aval pour voir si l'on ne peut gêner la retraite de ses colonnes (Verdy du Vernois, *Im grossen Hauptquartier*, 69).

avoir reçu les premiers renseignements de sa cavalerie. Il juge nécessaire, tout d'abord, de jeter une avant-garde jusqu'à la Moselle, avant que nous ayons réparé la faute commise en laissant ses ponts inoccupés. La 19ᵉ division (Xᵉ corps) reçoit donc l'ordre de continuer sa marche jusqu'à Delme [1], où elle bivouaque vers minuit. En outre, il fait prescrire au général von Rheinbaben de se mettre le jour même en mouvement sur Pont-à-Mousson et Dieulouard, avec les brigades Redern et Barby, que celle de Bredow rejoindra le plus tôt possible. Il passera la rivière, « gagnera le plateau entre Meurthe et Moselle et se portera dans la direction du nord vers la route de Metz à Verdun, de manière à s'assurer avec certitude que l'ennemi se retire de Metz » par cette voie. « Si, comme il faut le supposer, les divisions de cavalerie font un mouvement semblable de l'autre côté de la Moselle en aval de Metz, l'armée ennemie... sera, dans l'espace de trois à quatre jours, coupée de toute communication avec la France [2]. »

Comme Frédéric-Charles, Moltke croit à la continuation de notre mouvement vers l'ouest, mais il ne paraît pas se rendre compte, aussi nettement que le prince, des moyens d'y parer. A 4 heures et demie du soir, il adresse aux trois armées l'ordre ci-après :

« Autant que le laissent supposer les renseignements parvenus, le gros de l'ennemi est en retraite par Metz au delà de la Moselle.

« Sa Majesté prescrit ce qui suit :

« La Iʳᵉ armée se portera le 13 août vers la Nied française, son gros sur la ligne Les Étangs-Pange, couvrant la station de Courcelles. Sa cavalerie reconnaîtra vers Metz et passera

---

1. Est de Pont-à-Mousson.
2. Ordre au général commandant le Xᵉ corps (von Pelet-Narbonne, 573). En terminant, Frédéric-Charles invite Voigts-Rhetz à mettre en marche sur Pont-à-Mousson, dès le matin du 13, une division d'infanterie, afin d'assurer la liaison avec Rheinbaben. Dans une lettre du 12 après-midi, le prince avise Steinmetz de ces dispositions et ajoute : « Une opération semblable de la cavalerie du côté de la Iʳᵉ armée, qui est à prévoir, isolerait complètement Metz en quatre ou cinq jours » (R. H., I, 1903, 407, sans indication de source).

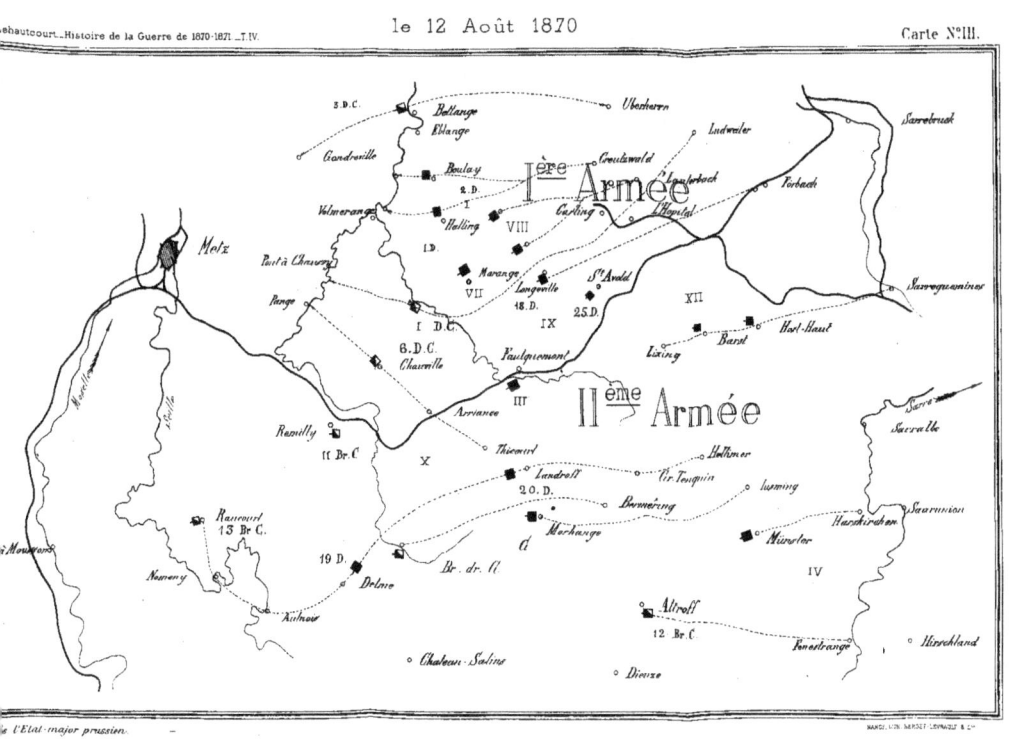

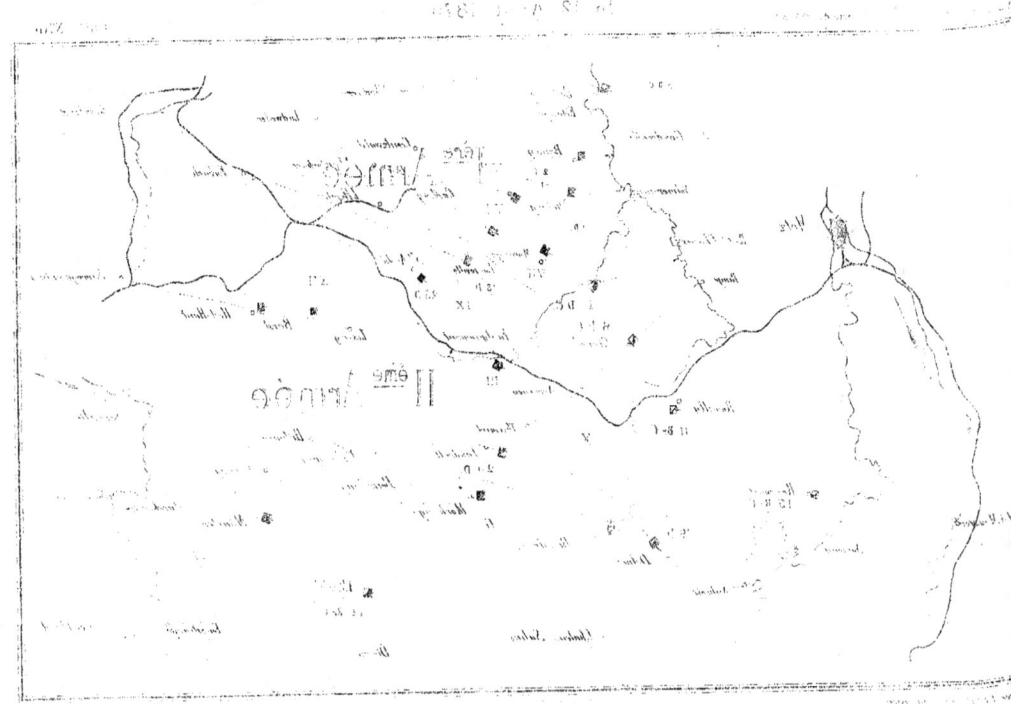

la Moselle en aval. De la sorte, la Ire armée protégera le flanc droit de la IIe.

« Celle-ci marchera jusqu'à la ligne Buchy-Château-Salins, en poussant ses avant-postes sur la Seille. Elle cherchera, s'il est possible, à s'emparer des ponts de Pont-à-Mousson, Dieulouard, Marbache, etc. Sa cavalerie reconnaîtra au delà de la Moselle.

« La IIIe armée continuera sa marche vers la ligne Nancy-Lunéville. Il sera pris prochainement une décision au sujet de son emploi ultérieur [1]... »

On voit que la conception de Moltke est moins nette que celle de Frédéric-Charles. Il ne précise pas, comme le prince, le rôle dévolu à la cavalerie allemande. En outre, le front qu'il assigne à la IIe armée pour le 13 août, Buchy-Château-Salins, n'indique nullement que la pensée d'une vaste conversion autour de Metz lui soit déjà venue. Son intention serait plutôt de faire face au sud-ouest, en vue d'une marche sur Paris.

D'ailleurs, le mouvement prescrit à Frédéric-Charles va l'éloigner de la Ire armée, ainsi exposée à être attaquée isolément par des forces supérieures, massées dans son voisinage immédiat. Moltke compte sur les avantages défensifs des positions de la Nied pour rétablir l'équilibre. Il estime que, même si Steinmetz devait céder sous notre effort, celui-ci serait bientôt arrêté par un mouvement de flanc de la IIe armée. En outre, la présence de la Ire armée sur la Nied est de nature à nous interdire tout mouvement offensif contre la IIe. Moltke prévoit en effet le cas où nous prendrions l'offensive, en abordant de flanc la IIe armée. Celle-ci pourrait se replier vers la IIIe, tandis que la Ire, traversant la Moselle en amont, se jetterait sur notre ligne de retraite [2]. On voit que les opérations divergentes n'effraient pas le chef d'état-major du roi Guillaume. Il est permis de douter du succès de celle-ci.

---

1. *Moltkes Korrespondenz*, loc. cit., n° 149. L'État-major prussien, I, 443, supprime la fin de ce document, sans aucune indication.
2. *État-major prussien*, I, 443.

Ainsi Moltke semble avoir prévu toutes les éventualités admissibles. Nous verrons pourtant que, maniée par des mains plus habiles, l'armée concentrée sous Metz aurait trouvé à plusieurs reprises, les jours suivants, l'occasion d'infliger aux Allemands de graves échecs. Il ne serait pas impossible d'en prévenir la possibilité. L'occupation de la Nied française par un simple rideau suffirait à nous interdire l'offensive vers l'est. A quoi pourrait-elle conduire, sinon à compromettre notre retraite? Dès lors il serait préférable de porter la Ire armée vers le sud-est de Metz, en la laissant en liaison avec la IIe qui continuerait sa marche vers la Moselle. Les 1re et 3e divisions de cavalerie, peut-être soutenues par quelques bataillons, borderaient la Nied française pour masquer ce mouvement, et nous ne pourrions mettre à profit l'isolement de la Ire armée pour lui infliger un échec.

Au surplus, rien n'indique de la part de Moltke l'idée arrêtée de gêner et, *à fortiori,* de couper la retraite qu'il croit en pleine exécution sur Verdun. Au contraire, il donne pour instructions au général von Kummer, qui va prendre à Sarrelouis le commandement de la 3e division de réserve, d'investir Metz et d'en préparer le siège. Il s'agira surtout d'empêcher des entreprises sur les communications allemandes. En attendant l'arrivée de Kummer, la Ire armée laissera une division devant cette grande place[1].

On voit que, si nous n'avons arrêté le 12 août aucune décision ferme, Moltke ne s'est pas encore formé une idée précise de notre situation et de nos projets. Dans ces conditions, il continue de pousser les IIe et IIIe armées vers l'ouest, tout en arrêtant sans nécessité la Ire devant Metz.

---

1. Moltke au général von Kummer, 13 août, 11 heures du matin, *Moltkes Korrespondenz, loc. cit.*, n° 152.

VII

BAZAINE LE 13 AOUT

Renseignements sur l'ennemi. — Le commandement de Bazaine. — Prétendu projet d'offensive. — Entretien de l'empereur et de Bazaine. — Ordres donnés par le maréchal. — Discussion.

Certaines des données recueillies le 13 août feraient croire à la réalité d'un mouvement des Allemands vers Thionville et Longwy. Ainsi l'on annonce l'interruption de la ligne ferrée entre le Luxembourg et la première de ces villes[1]. D'autre part, « un corps d'armée évalué à 30,000 hommes..... aurait passé par Trèves et Conz », le 12, « se dirigeant vers la haute Sarre[2] ». — « Trèves, Wittlich, Sarrebourg, Conz et la frontière luxembourgeoise sont aujourd'hui complètement dégarnis de troupes. » On croit donc les transports par Trèves achevés, mais des mouvements plus importants auraient pour but de « renforcer les troupes massées sur la Nahe[3] ». — « On ne parle plus de l'armée du général Vogel de Falkenstein, » ajoute le même agent, tout en paraissant croire à son existence[4]. Mais des troupes se masseraient sur la Sarre en aval de Sarrelouis. Il y aurait là, le 14, 35,000 hommes destinés à opérer entre Thionville et Metz[5].

Ces renseignements, sans base sérieuse, rappellent ceux signalant, au début de la guerre, une concentration dans la Forêt-Noire. Ils proviennent peut-être, comme ces derniers, du contre-espionnage des Allemands. Quoi qu'il en soit, ils

---

1. Le ministre des affaires étrangères à l'empereur, d. t., 1 heure du matin, *R. H.*, I, 1903, 708 ; Lettre de X..., de Luxembourg, au ministre des affaires étrangères, *ibid*.
2. Lettre de X..., de Luxembourg, déjà citée.
3. L'agent spécial de Thionville au major général (lettre), *R. H.*, I, 1903, 709 ; le même au préfet de la Moselle (lettre), *ibid*.
4. L'agent spécial de Thionville au préfet de la Moselle, lettre déjà citée ; d. t. de Luxembourg à l'agent spécial de Thionville, 8h 20 du soir, *R. H.*, I, 1903, 711.
5. D. t. de Luxembourg à l'agent spécial de Thionville, 8h 20 du soir, *R. H.*, I, 1903, 711 ; l'agent spécial au major général, d. t., 9h 15 du soir, *ibid*.

contribuent à l'incertitude qui marque toutes nos décisions du 13 août. D'autres, venant des sources les plus différentes, signalent la présence de petits groupes ennemis en nombre de points, le long de la Seille, de la Moselle et même à l'ouest de cette rivière[1]. Dès l'après-midi, par exemple, on annonce que 400 à 500 cavaliers sont à Corny[2]. Quelques éclaireurs poussent jusqu'à Gorze[3], à mi-chemin de la Moselle à Vionville, mouvement qui devrait attirer l'attention sur nos lignes de retraite.

Enfin le général de Ladmirault rend compte que « le plateau de Glattigny est occupé par des forces ennemies... qui augmentent sans cesse... Il serait possible que nous fussions attaqués demain matin... ». De même Decaen prévient le maréchal Bazaine que les Allemands sont en nombre à Retonfey et Ars-Laquenexy[4].

De l'ensemble, l'état-major de l'armée du Rhin déduit que les têtes de colonnes ennemies ne tarderont pas à « déboucher sur Nancy et Pont-à-Mousson ». Il croit même que les armées du prince royal et de Frédéric-Charles, « peut-être neuf corps d'armée », y arriveront le lendemain 14 août. « Les deux corps d'armée du général von Steinmetz (VIIe et VIIIe) semblent devoir couvrir le mouvement à droite, en faisant une démonstration sur les routes de Sarrebruck et

---

1. Voir dans la *R. H.*, I, 1903, 711 et suiv., une série de documents émanant d'officiers en reconnaissance, de maires, de commissaires de surveillance, etc., et indiquant la présence d'éclaireurs ennemis à Marbache, Dieulouard, Cuvry, Coin-sur-Seille, Corny, Jouy-aux-Arches, Cheminot, Vry, Sainte-Barbe, Gorze. « D'après le dire du premier président de la Cour impériale de Metz, le chef d'état-major général fut prévenu, le 13, qu'une avant-garde de cavalerie prussienne passait le pont d'Ars ; cet avis fut donné à la fois par un conseiller à la Cour, par un officier d'état-major et par un rapport du maire d'Ars... ; le général Jarras, à ce qu'il paraît, prétendit que ces nouvelles ne le regardaient pas et renvoya les porteurs d'avis au maréchal Bazaine, qu'on ne put trouver avant le soir.... » (Souvenirs inédits du général de Cissey, *R. H.*, I, 1903, 1373).

2. Sergent du génie de garde au pont de Jouy au général Coffinières, d. t., 12^{h}8 du soir ; le général de Forton au maréchal Bazaine, lettre, 2 heures, *R. H.*, I, 1903, 713.

3. Le maire de Gorze au général Coffinières, d. t., 6^{h}25 du soir, *R. H.*, I, 1903, 714.

4. Le général de Ladmirault au maréchal Bazaine, 6^{h}30 du soir ; le général Bourbaki aux divisionnaires de la Garde, lettre, s. h., *R. H.*, I, 1903, 717, 688.

de Boulay... » On admet encore la possibilité d'une opération de Vogel von Falkenstein par Thionville et Longwy avec 150,000 hommes, mais cette armée « n'a été aperçue par personne [1] ».

Comme nous le verrons, cet aperçu d'ensemble est à peu près exact, bien qu'il ignore certains éléments nouvellement arrivés d'Allemagne (Ier et IIe corps). En outre, il représente le mouvement de l'ennemi comme plus avancé qu'il n'est réellement [2]. Le défaut de préparation, la mauvaise organisation du service des renseignements, qui n'est aucunement centralisé [3], font que ces résultats peuvent passer pour assez satisfaisants.

Un télégramme de l'impératrice confirme les indications précédentes. Il laisse aussi prévoir la possibilité d'un mouvement au nord de Thionville, dans la direction de Verdun. L'ennemi chercherait à nous y devancer en contournant Metz sur ses deux flancs [4] : nouvelle raison de hâter le passage de la Moselle.

Le maréchal Bazaine ne paraît pas s'en rendre compte. On a vu dans quelles conditions il a reçu le commandement des mains de l'empereur. La soirée du 12 a été perdue pour l'armée, car le nouveau commandant en chef n'a pas fait

---

1. Bulletin de renseignements du grand quartier général, 13 août, *R. H.*, I, 1903, 707.

2. Il résulte d'un extrait du registre des fonds secrets du grand quartier général (*R. H.*, I, 1903, 630) que le total des dépenses du 13 août est de 230 fr. 50 c., dont 10 fr. 50 c. de voiture. On ne saurait renseigner à moins de frais.

3. *R. H.*, I, 1903, 583.

4. « Ne savez-vous rien d'un mouvement au nord de Thionville, sur le chemin de fer de Sierck, sur la frontière du Luxembourg? On dit que le prince Frédéric-Charles pourrait bien se diriger par là sur Verdun et il peut se faire qu'il ait opéré sa jonction avec le général Steinmetz et qu'alors il marche sur Verdun pour y joindre le prince royal et passer, l'un par le nord, l'autre par le sud.

« La personne qui nous donne ce renseignement croit que le mouvement sur Nancy et le bruit qu'on en fait pourraient n'avoir pour but que d'attirer notre attention vers le sud, afin de faciliter la marche que le prince Frédéric-Charles fera dans le nord.

« Il pourrait tenter cela avec les huit corps dont il dispose.

« Le prince opère-t-il ainsi ou essaye-t-il de rejoindre le prince royal en avant de Metz, pour franchir ensemble la Moselle ?

« Paris est plus calme et attend avec moins d'impatience » (L'impératrice à l'empereur, d. t., 7[h] 45 du soir, *R. H.*, I, 1903, 635). Le texte de *L'Armée du Rhin*, p. 52, diffère légèrement du précédent.

acte de volonté effective. Le 13, il notifie au maréchal de Mac-Mahon et au général de Failly sa prise de possession de l'autorité suprême[1]. A part un entretien qu'il a vers le milieu du jour avec l'empereur[2], il consacre à « voir » les corps d'armée des heures dont la perte sera irréparable[3]. Ce n'est pas de vains détails qu'il s'agit, mais de la fortune de la France. L'action du commandant en chef sur la belle armée que lui a confiée l'empereur se traduit par des instructions datées de ce jour : à côté de détails oiseux, elles renferment de sages prescriptions concernant la réduction des bagages au minimum réglementaire, l'organisation immédiate de petits dépôts, la suppression absolue des cantiniers civils autorisés à suivre les troupes, la défense d'encombrer les routes sans nécessité. Avec grande raison, il attire l'attention sur la négligence apportée au service d'avant-postes[4]. Il annonce une intention qu'il ne mettra jamais à exécution, celle de sévir contre la maraude et le pillage qui déshonorent quelques-uns de nos soldats[5].

Quant à son rôle stratégique, Bazaine paraît l'ignorer. A la suite d'une reconnaissance du lieutenant-colonel Fay, il se perd dans de menues recommandations au 3ᵉ corps. En voici un échantillon : « Il y aurait peut-être lieu de diriger la moitié des pièces de la batterie en question contre le château d'Aubigny et de retourner l'épaulement contre le chemin du château à Colombey.

---

1. D. t., s. h., I, 1903, 618.
2. L'heure approchée de cet entretien peut être déduite du télégramme ci-après : « Les renforts attendus sont arrivés. Le maréchal Bazaine, après avoir pris les ordres de l'empereur, a conféré avec les chefs de service. Les volontaires affluent..... » (L'attaché d'ambassade Debains au ministre de l'intérieur, 2ʰ 42 du soir, *Papiers et correspondance*, I, 433). Voir aussi Jarras.
3. Le maréchal déclare qu'il a passé la journée du 13 à voir tous les corps d'armée (*Procès Bazaine, compte rendu sténographique quotidien*, déposition Lebrun, 117).
4. Rapport du 13 août au grand quartier général, R. H., I, 1903, 619.
5. « Le maréchal a le regret de constater de nouveaux excès de nos troupes qui pillent, maraudent et volent les habitants du pays qui sont Français..... il regretterait d'avoir à sévir, mais il y est fermement résolu » (Bazaine, *Épisodes*, 59). La *Revue d'Histoire* juge à propos de supprimer ce passage, en vertu, sans doute, du singulier scrupule qui conduit à écrire *ad usum Delphini*.

« Le bois placé en face du 7ᵉ de ligne peut devenir très dangereux pour ce régiment ; il pourrait être utile de le brûler[1]... » L'indécision, le désir de ne pas se compromettre et surtout l'ignorance technique se lisent dans chacune de ces phrases.

Pourtant l'armée est si étroitement concentrée sous Metz que ses mouvements en seront très pénibles. Bazaine tient dans sa main environ seize divisions d'infanterie et six de cavalerie, entassées dans un cercle dont le diamètre mesure au plus 10 kilomètres[2], et l'ennemi est encore épars sur un front immense, de Boulay vers Nancy. Comment, dans ces conditions, ne pas prendre l'offensive ? C'est une idée répandue dans l'armée. Le maréchal Le Bœuf, le général Lebrun[3], beaucoup d'autres en sont partisans. Autour de l'empereur, les conseils de prudence envoyés par Trochu sont écoutés et contribuent à sa décision, « mais c'est à contre-cœur qu'on s'en va, qu'on laisse à l'ennemi ces belles provinces. Et puis des considérations d'ordre politique, contraires à ces vues de retraite, prévalent à Paris et arrivent ici sous forme d'objections sérieuses. On hésite tout en agissant[4] ». Il serait difficile de mieux indiquer l'origine des

---

1. Compte rendu de la reconnaissance du lieutenant-colonel Fay ; lettre du maréchal au général Decaen ; lettre du général Decaen au général X..., du 3ᵉ corps (*R. H.*, I, 1903, 715 et 661).
2. La *Revue d'Histoire* (I, 1903, 583) écrit 12 divisions et demie d'infanterie et 4 de cavalerie. Elle paraît ne tenir compte, ni du 6ᵉ corps (3 divisions et quart d'infanterie), ni de la réserve de cavalerie (2 divisions).
3. *Procès Bazaine, compte rendu sténographique quotidien*, 114, 116, dépositions Le Bœuf et Lebrun.
D'après le maréchal Le Bœuf, « l'empereur pensait à la retraite sur Châlons, mais non d'une manière précise. Le 14 il n'y avait encore rien de décidé... » Au contraire, suivant Lebrun (*op. cit.*, 299), le mouvement sur Châlons fut arrêté le 12 en dehors de toute participation de Bazaine. Mais « aucun dissentiment, aucune apparence de désaccord ne s'éleva entre l'empereur et le maréchal à propos » de cette décision. Le général mentionne à l'appui le fait qu'il ne cessa de se trouver auprès de l'empereur ou de Le Bœuf les 12, 13 et 14 août. En outre il vit maintes fois Jarras. Pas un mot de ces trois personnages n'indiqua un dissentiment sur ce point spécial entre Bazaine et l'empereur. On doit rappeler à ce sujet que les souvenirs du général Lebrun sont sujets à caution.
4. Le général de Waubert de Genlis au général Trochu, 13 août (*Œuvres posthumes*, I, 102). Cette lettre d'intérêt capital n'est pas reproduite par la *Revue d'Histoire*.

oscillations constantes de notre commandement après le 10 août. Il y a opposition absolue entre les tendances de l'empereur, loin de Paris, aux prises avec la brutale réalité, et celles de la régence, soumise aux influences de la rue, de la presse, du parlement, et à laquelle l'éloignement de l'ennemi permet encore « le long espoir et les vastes pensées », que ne connaît plus Napoléon III. Ainsi l'impératrice lui écrit qu'il y aura 80,000 hommes au camp de Châlons le 17 août, y compris les 1ᵉʳ et 5ᵉ corps[1]. La réalité sera moins brillante et, jusqu'aux derniers jours de l'empire, ces illusions persistantes contribueront à notre ruine.

Cependant Bazaine s'est rendu de nouveau à Metz où il voit l'empereur à la préfecture[2]. L'accord se fait certainement entre eux sur la décision à prendre, comme le montre l'échange de lettres qui va suivre. D'ailleurs le maréchal a déjà donné des ordres relatifs au passage de la Moselle[3]. Il les complète dans la matinée par une série de prescriptions où percent encore l'indécision, l'absence de vues d'ensemble qui le caractérisent[4]. Rien n'y rappelle l'ordre de mouvement d'une grande armée. Les prévisions du commandant en chef se limitent à assurer l'écoulement des bagages et convois de la Garde et du 3ᵉ corps, ainsi que de la réserve générale d'artillerie. Dès l'après-midi du 13, ces éléments traverseront Metz, par les deux voies existantes, mais pour aller se masser au Ban-Saint-Martin, c'est-à-dire immédiatement à l'ouest de la ville, au pied des hauteurs qui la dominent. Le débouché de l'armée n'en sera aucunement facilité.

---

1. D. t., 3ʰ 10 du soir, R. H., I, 1903, 617.
2. Bien qu'aucun récit ne subsiste de cet entretien, il est certain qu'il a eu lieu, très probablement vers midi ou une heure, comme le fait remarquer la R. H., I, 1903, 588, d'après le *Procès Bazaine* (interrogatoire du maréchal, dépositions Lebrun et Jarras). Voir aussi Jarras, *op. cit.*, 81, et *suprà*, p. 188.
3. « Des ordres ont été expédiés ce matin, de très bonne heure, aux 2ᵉ et 4ᵉ corps..... » (Extrait des instructions du maréchal Bazaine, 13 août, R. H., I, 1903, 631). La R. H. ne contient pas le texte de ces ordres.
4. Instructions du maréchal Bazaine, 13 août. Elles ont dû être arrêtées dans la matinée du 13, à en juger par la première phrase. D'après le général Jarras (*op. cit.*, 81), ce document, non signé, lui fut remis le soir du 13 par un officier. Il s'appliquerait selon lui au mouvement du 14. Or il ressort du texte qu'il est conçu dans l'hypothèse d'un mouvement commençant le 13 après midi.

Le Ban-Saint-Martin étant occupé déjà par les divisions Forton et du Barail, elles doivent en partir dès 1 heure du soir, y laissant leurs bagages. La première suivra la route de Verdun par Mars-la-Tour ; la seconde celle de Verdun par Doncourt-en-Jarnisy, qui s'embranche à Gravelotte sur la précédente. Cette prescription est suivie d'une autre, inconciliable avec la précédente : « Elles s'établiront toutes deux à Gravelotte s'il y a assez d'eau ; dans le cas contraire, l'une des deux serait à Gravelotte, l'autre à Rezonville », c'est-à-dire chacune sur la route de Mars-la-Tour. Le maréchal ajoute une recommandation tout à fait insuffisante : « Elles échelonneront deux ou trois escadrons en avant, sur la droite et sur la gauche, de manière à bien couvrir le terrain et à permettre aux troupes de déboucher plus tard. » Singulière façon de préparer le passage de 170,000 hommes !

On a vu les prescriptions relatives aux « bagages et convois » de la Garde, du 3ᵉ corps et de la réserve générale d'artillerie. « Les parcs de tous les corps » se mettront en mouvement, « quand on saura que les convois des 2ᵉ et 4ᵉ corps commencent » à s'ébranler. « Ces parcs se placeront sur » les mêmes emplacements « que les convois de leur corps d'armée, mais en tête..... On devra, à cet effet, faire reconnaître » ces terrains « à l'avance, pour voir s'ils sont suffisants ; dans le cas contraire, les parcs devraient suivre les mouvements des troupes... Les 2ᵉ et 6ᵉ corps placeront leurs convois entre Longeville et Moulins-lès-Metz ; le 4ᵉ... à gauche de ses ponts, vers la Maison de Planches. Le 3ᵉ corps, la Garde et la réserve du général Canu... au Ban-Saint-Martin. »

Quant à la marche de l'armée proprement dite, elle est réglée en quatre lignes, sans aucune indication d'heure, sans rien qui indique la constitution des colonnes, laissée au bon plaisir de chacun : « Le 2ᵉ et le 6ᵉ corps suivront la route de Verdun par Mars-la-Tour, Harville, Manheulle ; le 4ᵉ et le 3ᵉ s'avanceront par Conflans, Étain ; la Garde suivra le 3ᵉ corps ou exécutera les ordres qui lui seront donnés par l'empereur.

« Le mouvement des troupes ne commencera vraisemblablement que dans la soirée, au clair de lune ; si cela est possible... dans l'après-midi[1]. »

On voit quelle portée d'esprit indique ce singulier document, quelle ignorance il dénote chez le maréchal et son entourage immédiat, quel monstrueux désordre il doit nécessairement engendrer. Pour gravir le bord du plateau à l'est de Metz, l'armée va s'engager sur une seule voie qu'elle suivra jusqu'à Gravelotte. Elle ne formera deux colonnes qu'à partir de ce point[2]. Quelle idée se fait donc Bazaine de la longueur qu'occupent sur une route, même sans leurs énormes impedimenta, les cinq corps d'armée dont il dispose ?

Autre point à noter. Le maréchal donne le matin « de très bonne heure » des ordres aux 2ᵉ et 4ᵉ corps en vue du passage de la Moselle qui doit commencer, s'il est possible, l'après-midi. Mais c'est dans la soirée seulement qu'il charge Jarras de transmettre ces prescriptions au 6ᵉ corps, aux divisions Forton et du Barail qui, elles du moins, devraient quitter le Ban-Saint-Martin vers 1 heure du soir, enfin aux parcs de tous les corps[3]. Finalement la retraite de l'armée,

---

[1]. La dernière phrase des Instructions indique qu'elles ont été arrêtées avant l'entretien de Bazaine et de Napoléon III : « Dès que M. le maréchal aura reçu les rapports de ses reconnaissances, s'il n'y a rien de nouveau, il ira prendre les ordres de l'empereur à Metz ; mais il ne peut savoir à quelle heure cela lui sera possible. » Une lettre postérieure de Bazaine aux généraux de Ladmirault et Frossard porte en *post-scriptum* : « Il est probable que le mouvement ne pourra se faire que demain » (*R. H.*, I, 1903, 632).

[2]. Le général Jarras (*op. cit.*, 81) fait remarquer que Bazaine disposait en outre : 1° de la route de Briey, permettant de se rabattre sur Doncourt par Saint-Privat ou Sainte-Marie-aux-Chênes ; 2° du chemin de Lessy, Châtel-Saint-Germain, Amanvillers ; 3° de celui de Lorry, Amanvillers.

D'après le général d'Andlau, *op. cit.*, 57, le maréchal s'obstine à ne pas vouloir utiliser la route de Briey, malgré plusieurs observations à lui soumises, sous prétexte que les environs de cette ville sont fortement occupés par des corps venus de Thionville. Cette raison est si peu valable que, le 15 au soir, Bazaine a soin de prévenir le maréchal Le Bœuf et le général de Ladmirault, qui marchent sur Étain, qu'ils n'ont absolument rien à craindre sur leur droite. La *R. H.* ne reproduit aucune communication dans ce sens.

[3]. Instructions précitées. D'après Jarras (*op. cit.*, 81-82), il doit transmettre ces instructions au 6ᵉ corps, aux commandants de l'artillerie et du génie, à l'intendant en chef de l'armée. Il ne croit devoir provoquer aucune modification des ordres de Bazaine, bien qu'il se rende compte de la confusion et des retards dont ils seront la cause.

qui avait dû commencer dans l'après-midi, puis le soir du 13 au clair de lune, va être reportée au matin, puis à l'après-midi du 14, sans que rien empêche de faire usage des ponts fixes de Metz. Il est évident que Bazaine n'a pas la volonté ferme de se retirer vers la Meuse[1]. Est-ce suite de son indécision naturelle, de l'embarras qu'il éprouve en se voyant brusquement chargé de conduire une grande armée, dans les conjonctures les plus délicates? Il se peut aussi que la présence de l'empereur lui soit à charge, qu'il espère le décider à quitter l'armée par ses atermoiements continuels.

---

1. Le commandant Sers, ancien aide de camp du général Soleille, a déclaré que, le 15 août, il venait de faire sauter le viaduc de Longeville, quand il rencontra Bazaine qui l'invita à se joindre à lui. Dans la conversation le maréchal lui fit part des inconvénients de la présence de l'empereur et ajouta que « s'il était libre, il ne passerait pas la Meuse » (*Procès Bazaine, compte rendu sténographique quotidien*, 148).

VIII

L'EMPEREUR ET BAZAINE

L'empereur et Bazaine. — L'empereur presse la retraite. — Projet prétendu d'offensive. — Ordres dans ce sens. — Nouvelles instances de l'empereur. — Abandon de l'offensive.

Napoléon III se rend compte que sa présence à l'armée est aussi gênante qu'inutile. Bazaine ne peut se dispenser d'être en relation constante avec lui, soit pour le tenir au courant des événements, soit afin de lui marquer une déférence au moins apparente. Il perd ainsi un temps précieux. En outre, la situation personnelle de l'empereur est très fausse. Il voudrait retourner à Paris, mais les avis de la régente ou d'amis dévoués l'y font renoncer. On dit dans son entourage que M. de Persigny lui a fait craindre « une insurrection » s'il rentrait aux Tuileries [1]. C'est ainsi qu'il reste à Metz, spectateur inerte des événements, rivé à une armée qu'il a dû renoncer à conduire, attendant avec impatience les décisions du successeur qu'il s'est donné malgré lui.

Cependant les données qui affluent sur l'ennemi l'inquiètent et il l'écrit à Bazaine : « Les Prussiens sont à Pont-à-Mousson ; 300 sont à Corny. D'un autre côté, on dit que le prince Frédéric-Charles fait un mouvement tournant vers Thionville. Il n'y a pas un moment à perdre [2]... » Devant cette injonction pressante, le maréchal a recours aux échap-

---

1. Général Jarras, 85.
2. Autographe, s. h., *Enquête*, dépositions, Bazaine, IV, 84. Contre ce qu'écrit la *Revue d'Histoire*, I, 1903, 630, aucun de ces renseignements ne paraît provenir du télégramme de $11^h 25$ du matin de l'agent spécial de Thionville au major général (*ibid.*, 710). Cette pièce mentionne simplement, en effet, le départ de Gœben et de Frédéric-Charles de « Forbach pour aller vers Lauterbach » et leur retour probable « à la Sarre avec les troupes du Palatinat pour opérer un mouvement tournant ». Lauterbach étant au sud de Sarrelouis, ce renseignement est même incompréhensible. Par contre, la présence de l'ennemi à Corny a bien été signalée par le sergent de garde au pont de Jouy (d. t., $12^h 8$ du soir, *ibid.*, 713). Il est donc à croire que la lettre de l'empereur fut écrite dans les premières heures de l'après-midi du 13, après l'entretien de la préfecture.

patoires, suivant sa tournure d'esprit : « J'ai reçu l'ordre de Votre Majesté de hâter le mouvement... mais M. le général Coffinières, qui est en ce moment avec moi, m'affirme que, malgré toute la diligence possible, les ponts seront à peine prêts demain matin. D'un autre côté, l'intendant déclare ne pouvoir faire les distributions immédiatement[1]... » Bazaine n'en donne pas moins aux corps des ailes, les 2e et 4e, l'ordre de reconnaître les débouchés des ponts et de se tenir prêts à commencer le passage dès le matin du 14[2].

La première de ces recommandations est bien tardive ; elle s'imposait dès l'arrivée de l'armée sous Metz. Quant à la seconde, elle est insuffisante. Le meilleur moyen de faciliter la traversée de la Moselle serait de la commencer le soir même pour les impedimenta de l'armée. Si nos ponts improvisés sont impraticables, les ponts fixes pourraient être utilisés, et Bazaine semble l'ignorer.

Quoi qu'il en soit, il songe si peu à hâter la retraite, qu'il annonce au dernier moment l'intention d'attendre l'attaque de l'ennemi ou de passer à l'offensive. A 8 heures et demie du soir, l'empereur lui écrit : « Je reçois votre lettre ; dans

---

1. Le maréchal Bazaine à l'empereur, *Enquête,* dépositions, IV, Bazaine, 184. L'heure d'envoi de ce document n'est indiquée nulle part, mais sa dernière phrase est ainsi conçue : « Au moment de terminer ma lettre, je reçois de M. le général Decaen l'avis qu'une forte reconnaissance prussienne se présente à Retonfey, ainsi qu'à Ars-Laquenexy. » La lettre en question a donc été écrite peu de temps après le rapport du général Decaen, qui est daté de 4 heures du soir (*R. H.,* I, 1903, 631).
2. Lettre à l'empereur déjà citée. Le maréchal fait sans doute allusion à la lettre suivante, dont l'heure n'est pas indiquée, mais qui doit avoir été écrite à peu près au même moment comme l'indiquent les détails relatifs à Ars-Laquenexy et Retonfey : « Faites de suite reconnaître les ponts qui ont été jetés derrière vous et donnez des ordres pour que l'on soit prêt à exécuter un mouvement ce soir, dès que la lune sera assez haute, si l'installation des ponts le permet...

« On signale à droite, à Ars-Laquenexy et à Retonfey, de fortes reconnaissances ennemies, et il y a constamment des coups de fusil échangés entre nos grand'gardes et elles.

« *P.-S.* — Il est probable que le mouvement ne pourra se faire que demain » (Le maréchal Bazaine aux généraux de Ladmirault et Frossard, *R. H.,* I, 1903, 632).

A 6 heures du soir, le sous-intendant Richard reçoit ordre de se rendre à Verdun, où il réunira des vivres pour 150,000 hommes et 50,000 chevaux ; il devra provoquer l'envoi de 300,000 rations sur Longuyon (Lettre du sous-intendant Richard au ministre, 8 septembre, *R. H.,* I, 1903, 629).

ces circonstances, c'est à vous de voir si le passage en arrière est possible[1]. » A 9 heures, le maréchal répond :

« L'ennemi paraissant se rapprocher de nous et vouloir surveiller nos mouvements, de telle façon que le passage à effectuer sur la rive gauche pourrait entraîner un combat défavorable pour nous, il est préférable, soit de l'attendre dans nos lignes, soit d'aller à lui par un mouvement général d'offensive.

« Je vais tâcher d'avoir des renseignements sur les positions qu'il occupe et sur l'étendue de son front. J'ordonnerai alors les mouvements que l'on devra exécuter et j'en rendrai compte immédiatement à Votre Majesté[2]... »

Quels peuvent être les motifs de ce brusque revirement? Les voici, tels que Bazaine les a exposés en plusieurs circonstances : « En prenant l'offensive, je pensais surprendre l'ennemi en flagrant délit de mouvement de flanc, et pouvoir le rejeter au delà de la Nied. Si le succès eût répondu à mon attente, coupant l'armée allemande par la vallée supérieure de la Moselle, je pouvais arriver jusqu'à Frouard et commander ainsi la ligne du chemin de fer de l'Est, en occupant la très forte position du plateau de Haye entre Nancy et Toul, position que j'avais signalée depuis deux ans à l'attention du ministre de la guerre. De plus, je rejoignais alors mon grand parc, dont l'absence allait avoir des conséquences si graves pour la suite des événements[3]. »

On a peine à croire au sérieux de ces motifs. L'ennemi n'opère aucun mouvement de flanc; il marche de front vers la Moselle, en laissant un masque derrière la Nied française. Autant qu'on en peut juger par les informes commentaires de Bazaine, il veut couper les colonnes allemandes en remontant la Moselle. Mais leurs têtes n'ont pas encore atteint cette rivière et l'armée du Rhin prêterait le flanc dans ce

---

1. *R. H.*, I, 1903, 633; c'est la réponse à la lettre signalant l'état des ponts (Voir *supra*, p. 195).
2. *Enquête*, dépositions, IV, Bazaine, 184.
3. *L'Armée du Rhin*, 50. Voir aussi l'*Enquête, loc. cit.* Dans ses *Épisodes*, 61, Bazaine ajoute qu'il compte ainsi rallier les 1er, 5e et 7e corps.

mouvement, en courant elle-même beaucoup plus de risques, vu son infériorité numérique. Pourquoi aller « jusqu'à Frouard » et occuper « la très forte position du plateau de Haye » ? Si c'est afin de commander le chemin de fer de l'Est, comme l'écrit Bazaine, l'objectif n'est pas en proportion des dangers à courir. Dans ce nouvel emplacement, l'armée serait exposée, plus encore qu'à Metz, à un investissement précurseur d'un désastre. Est-ce pour rallier les 1er, 5e, 7e corps ? Mais Bazaine a connaissance de la marche des deux premiers vers Châlons et Reims ; il sait le 7e encore à Belfort.

S'il est sérieux, ce dont il est permis de douter, ce projet procède des conceptions du général Frossard, mal comprises. Le maréchal croit à la valeur propre des positions, à la puissance de la défensive. Il entend la guerre comme au temps de Villars et de Marlborough. Les méthodes de l'ennemi, celles de Napoléon lui sont également inconnues.

Quoi qu'il en soit, ayant prescrit que l'armée soit prête à partir le matin du 14, à 5 heures, après avoir touché trois jours de vivres[1], le maréchal donne vers 9 heures du soir l'ordre de tenir les troupes « prêtes à exécuter un ordre de mouvement », sans autre détail[2].

Mieux que Bazaine, l'empereur se rend compte des dangers que court l'armée en s'attardant sous Metz. Après avoir

---

1. Prescriptions du maréchal Bazaine, s. h., *R. H.*, I, 1903, 633. Elles se terminent ainsi : « Des ordres définitifs de départ seront ultérieurement donnés. » D'après leur texte, elles ont été rédigées dans la matinée ou l'après-midi du 13, sans doute avant l'envoi de la lettre de Bazaine à l'empereur : « J'ai reçu l'ordre de V. M..... » (Voir *supra*, p. 195).

2. Le maréchal Bazaine, commandant en chef des 2e, 3e et 4e corps (*sic*), aux commandants de corps d'armée, s. h. : « Demain dimanche 14 août, à 4^h 30 du matin, toutes vos troupes devront être prêtes à exécuter un ordre de mouvement ; les chevaux seront sellés, les voitures chargées. » Cet ordre est signé Manèque au mépris de tous les droits du général Jarras. Le 2e corps reçoit un télégramme un peu différent : « Tenez vos troupes prêtes demain matin à 4 heures, les tentes restant tendues » (Reçu par le bureau destinataire à 9^h 30 du soir, *R. H.*, I, 1903, 634, 655).
Les ordres en conséquence furent donnés au 2e corps à 10 heures du soir. La Garde n'en reçut aucun (Le général d'Auvergne, chef d'état-major général de la Garde, au général Manèque, d. t., 8^h 20 du soir). Bazaine répond que c'est par erreur ; il invite Bourbaki à se tenir prêt pour 4^h 30 du matin (D. t., 9^h 45 du soir).

reçu de la régente un télégramme alarmant[1], il adresse au maréchal des recommandations pressantes : « La dépêche que je vous envoie... montre bien l'importance que l'ennemi attache à ce que nous ne passions pas sur la rive gauche.

« Il faut donc tout faire pour cela et, si vous croyez devoir faire un mouvement offensif, qu'il ne vous entraîne pas de manière à ne pas pouvoir opérer votre passage.

« Quant aux distributions, on pourra les faire sur la rive gauche, en restant lié avec le chemin de fer[2]. »

Il n'en faut pas davantage : le projet d'offensive si hâtivement conçu est définitivement abandonné. Sans doute notre infériorité numérique reste trop grande pour qu'il puisse amener un renversement des rôles, surtout dans les conditions prévues par Bazaine. Mais un retour offensif contre la Ire armée n'en aurait pas moins des chances de succès. Opéré dans l'après-midi du 13, il trouverait ses colonnes en marche ou à peine arrêtées. Les corps voisins de la IIe armée, IIIe et IXe, auraient à faire le même jour une nouvelle étape avant de pouvoir intervenir. Nous aurions une grande supériorité d'effectif[3]. Un échec de l'ennemi ralentirait certainement ses progrès et notre retraite sur Metz resterait assurée dans toutes les éventualités.

---

1. Celui de 7h 45 du soir (Voir *suprà*, p. 187).
2. Lettre autographe, 13 août, 11 heures du soir. Les textes qu'en donnent *l'Armée du Rhin*, 52, et la *R. H.*, I, 1903, 635, ne sont pas rigoureusement identique.
3. Général Derrécagaix, II, 57.

IX

LES PONTS DE LA MOSELLE

Ponts existant sur la Moselle. — Préparatifs de destruction. — Notre inaction. — Construction de ponts sous Metz. — Initiative laissée à Coffinières. — Crue des 11 et 12 août. — Reconstruction des ponts. — Erreurs commises.

Que l'armée doive rester sous Metz ou qu'elle se retire vers la Meuse, la destruction des ponts de la Moselle, autres que ceux dont elle doit faire usage, s'impose évidemment. En aval de Metz l'ennemi va utiliser quatre ponts, si des mesures ne sont prises pour l'en empêcher : celui de Pont-à-Mousson où il existe des chambres de mines ; celui de Novéant, suspendu et d'une destruction facile ; le pont-barrage d'Ars à Jouy-sur-Moselle et le viaduc du chemin de fer à Ars, dont deux piles sont minées. Quant au pont de Longeville, bien qu'il soit sous le canon même de Metz, on a jugé nécessaire de préparer également sa destruction [1]. Des quatre premiers, celui d'Ars est seul « chargé » entre les 8 et 10 août ; on ne fait aucun préparatif pour les autres, ni pour les passages de la Seille. Pourtant, à défaut des ponts de Magny, dont la rupture serait inutile, ceux de Marly et de Sillegny pourraient être coupés avec avantage.

Les 13 et 14 août, des habitants de Jouy et d'Ars adressent des télégrammes à l'empereur ou à Bazaine pour obtenir la destruction des ponts. De même, les capitaines du génie Boyenval et Philippe insistent auprès du général Coffinières afin d'être autorisés à les faire sauter. Aucune suite n'est donnée à leurs instances. Ni Napoléon III, ni le maréchal, ni les généraux Jarras et Coffinières ne jugent ces mesures urgentes ou du moins ne veulent les prescrire [2].

---

[1]. Outre ces dispositifs, il y a deux ponts minés sur la Seille à Magny, celui du chemin de fer et le pont de la route départementale n° 10. Mais leur destruction n'offrirait aucun intérêt et, d'ailleurs, le chargement des mines serait à peu près impossible.

[2]. Instruction du procès Bazaine, déposition Boyenval, citée par la *R. H.*, I, 1903, 825; Lettre du capitaine Puypéroux à M. Magnin, 3 mars 1872, *ibid.*, 888 ;

Les responsabilités sont si mal définies que nul ne s'inquiète de donner ou de provoquer les ordres voulus[1]. Peut-être aussi juge-t-on nécessaire d'attendre la dernière heure[2]? Quoi qu'il en soit, c'est au commandant en chef qu'il appartiendrait d'ordonner ces destructions, et c'est à lui surtout qu'il convient d'en imputer l'omission.

Dans toutes les éventualités à prévoir, il est indispensable de multiplier les passages sur la Moselle. Dès le 8 août, le général Coffinières en a reçu l'ordre verbal de l'empereur, sans aucune indication quant au nombre des ponts et aux débouchés qu'ils doivent assurer. Ni le maréchal Le Bœuf, ni son état-major n'interviennent pour préciser ces prescriptions sommaires. Les généraux Jarras et Lebrun se bornent à examiner un plan détaillé, sans aucune vérification sur le terrain[3].

Ainsi laissé libre de ses décisions, contre toute raison, Coffinières prescrit de construire deux groupes de ponts destinés à permettre l'écoulement simultané de six colonnes : trois séries de passages sur la Seille et la Moselle en amont de Metz ; trois autres sur cette dernière rivière, en aval. Pour déterminer leurs emplacements, aucune considération autre que la configuration du terrain dans le voisinage immédiat. C'est le gouverneur de Metz qui en décide, beau-

---

déclaration du maire et des adjoints de Metz, 2 mars 1872, *ibid.*, 887 ; Relations du colonel Petit, 8 juin 1872 ; du capitaine Boyenval, 31 mai 1872 ; du capitaine Philippe, 3 juin 1872, *ibid.*, 164 et suiv. Voir *suprà*, p. 186.

1. Le maréchal Le Bœuf a cru devoir déclarer : « La destruction des ponts eût été une opération difficile en aval et impossible en amont. Il était nécessaire que l'on conservât les ponts pour l'armée. Jusqu'au 13, d'ailleurs, le maréchal Bazaine, je le répète, n'avait aucune responsabilité » (*Procès Bazaine, compte rendu sténographique quotidien*, 115 ; *ibid.*, 147, déposition Coffinières).

2. Voir un télégramme du chef d'état-major général (13 août), invitant le commandant du génie de Toul à faire sauter « au dernier moment » le pont de Fontenoy, les tunnels de Foug et de Pagny (Général Pierron, *Méthodes de guerre*, II, I, 60). Aucun ne fut détruit.

3. *Procès Bazaine, compte rendu sténographique quotidien*, dépositions Coffinières, Lebrun, Jarras, Villenoisy, 116, 118, 119, 147, 148. Dans la journée du 12, l'empereur invite encore Coffinières à faire établir « le plus grand nombre de ponts possible » (Le général Jarras au général Coffinières, 12 août, s. h., *R. H.*, I, 1903, 465). Le général a donné le 8 août l'ordre de construire d'urgence les neuf ponts d'amont (Lettre de l'ingénieur Petsche, 10 juin 1872, *ibid.*).

coup plus que le commandant du génie de l'armée[1]. Il n'est pas surprenant que ses choix soient mal venus.

Quoi qu'il en soit, les travaux commencent dès le 9 août. En l'absence de tout détachement de pontonniers, le gouverneur de Metz a dû faire appel au concours des troupes du génie restées dans la place, du personnel des ponts et chaussées et de la compagnie du chemin de fer de l'Est. Le matériel mis en œuvre est également très varié : il comprend des bateaux du commerce, des chevalets et des bois provenant de l'école ou de l'arsenal du génie, des peupliers abattus sur place.

Le « corps franc des chemins de fer » jette trois ponts de chevalets sur la Seille, à l'ouest de Queuleu. On y ajoute ensuite deux autres passages au pied même des glacis : une passerelle en fascines pour piétons et un pont de pilotis déjà existant, qui est remis en état.

Au sud de Metz, la Moselle se divise en trois bras qui dessinent les îles de Saint-Symphorien et du Saulcy. Le Mort bras, le plus oriental, est traversé par trois ponts qui vont des glacis de l'ouvrage à cornes de la citadelle à l'île de Saint-Symphorien. Mais leur construction est si vicieuse que deux sur trois vont être inutilisables[2].

Trois ponts de radeaux, construits au moyen de troncs

---

1. Le général Coffinières cumulait ces deux titres. Voici, d'après la *R. H.*, I, 1903, 596, qui les emprunte à l'un des comptes rendus du procès Bazaine, les raisons exposées par le gouverneur de Metz à l'appui de son choix : « Lorsque j'ai reçu l'ordre de construire les ponts, j'ai dû naturellement aller examiner les points les plus favorables en amont de Metz. Je trouvai là une série de petits chemins qui conduisaient de la gorge de Queuleu sur la Seille. En face de ces petits chemins, j'ai placé trois ponts. Ensuite, sur le terrain qui existe entre la Seille et la Moselle, et qui est légèrement ondulé, j'ai choisi un petit passage et, à l'endroit qui m'a paru le plus favorable, j'ai établi trois autres ponts sur ce qu'on appelle le bras mort de la Moselle. Pour traverser plus loin, il aurait fallu passer à travers l'île Saint-Symphorien ; là il n'y avait rien à faire. Sur le bras navigable, j'ai fait placer trois autres ponts. Enfin pour traverser l'île Saulcy, j'ai fait jeter trois derniers ponts, ce qui en faisait douze en tout, en face du Ban-Saint-Martin. Cette position était la plus avantageuse ; c'était celle dont les accès étaient les plus faciles. Du reste, dans toute cette série d'opérations, on m'a laissé toute initiative ; personne ne s'en est inquiété... »

2. Un pont de bateaux du commerce et de chevalets, débouchant sur une prairie basse, inondée à la moindre crue ; un pont de bateaux du commerce ; un pont de radeaux en bois pourri sans aucune solidité (Historique des 2e, 4e, 8e compagnies de pontonniers, 16e régiment d'artillerie, *R. H.*, I, 1903, 219).

d'arbres, unissent les deux îles. Enfin trois ponts de chevalets vont de l'île du Saulcy aux abords du Ban-Saint-Martin, au travers du grand bras du Wadrineau. Celui d'amont, seul, est d'une construction à peu près régulière ; les deux autres, surtout celui du centre, n'ont qu'une insuffisante stabilité.

En aval de Metz, l'île de Chambière partage la Moselle en deux bras, également traversés par trois séries de ponts. Sur le petit bras, les ingénieurs des ponts et chaussées en ont jeté trois, construits suivant un procédé identique : un empierrement qui part de chacune des rives forme culée ; des corps d'arbres, reposant sur ces points d'appui et sur une pile en pierres sèches, constituent les poutrelles.

Le grand bras est coupé par un pont de chevalets à la hauteur de la lunette 195, un pont de radeaux d'arbres[1], enfin un pont de chevalets formé de deux tronçons réunis par un banc de gravier aisément submersible[2].

Dès le 11 août, la Moselle subit une crue qui oblige à surélever les tabliers et à consolider les chevalets[3]. Le 12, à 4 heures du soir, les ponts d'amont viennent d'être terminés ; il y passe deux régiments d'infanterie et un escadron. Mais le poids de ce dernier suffit à faire affaisser une partie du pont aval du grand bras[4]. En outre la crue endommage déjà les deux ponts d'amont[5] et le matin du 13, à 6 heures, une nappe d'eau couvre une grande partie de ces passages, ainsi que les chaussées qui les raccordent aux berges. Il faut allonger et exhausser deux des ponts, opération qui sera terminée seulement le 14 à 1 heure du soir[6]. Ainsi le défaut d'unité et de prévoyance a pour résultat de rendre ces travaux inutiles une grande partie des 13 et 14 août.

---

1. Peupliers fraîchement coupés et d'une longueur insuffisante.
2. Voir, pour le détail, le croquis joint à la *R. H.*, I, 1903, numéro de mars.
3. Journal de la défense de la place et rapport du colonel Rémond sur les opérations du grand parc du génie, cités par la *R. H.*, I, 1903, 599.
4. Les trois chevalets qui se sont affaissés sur un fond meuble sont remis en place le 13 à 2 heures du matin (Lettre de l'ingénieur Petsche, 10 juin 1872, déjà citée)
5. Journal de la défense, cité par la *R. H.*, I, 1903, 465.
6. Lettre de l'ingénieur des ponts et chaussées Petsche, 10 juin 1872, *R. H.*, I, 1903, 465. On supposait à tort que cette crue était du fait de l'ennemi (Lettre précédente et lettre du même, 19 juin 1872, *ibid.*, 466).

Afin de parer à tous ces mécomptes, le général Soleille met à la disposition de M. Frécot, ingénieur en chef de la navigation de la Moselle, les pontonniers des 2ᵉ, 3ᵉ et 6ᵉ corps, avec leur matériel[1]. Le 13 août, à 1 heure et demie du soir, un pont d'équipage a été jeté sur le grand bras à hauteur de la lunette 195, en amont de ceux devenus impraticables. On répare ensuite l'un de ces derniers, au moyen de bateaux d'équipage et de nouveaux chevalets, travail qui sera terminé seulement le 14, à 7 heures du matin. Les deux autres ponts d'aval du grand bras sont abandonnés.

Quant à ceux du petit bras d'aval, ils sont remis en état par le service des ponts et chaussées[2].

Le 13, le corps franc des chemins de fer a commencé le rétablissement du pont de chevalets le plus en amont sur le grand bras, mais ce travail avance si lentement, faute de matériel, que le général Coffinières le confie aux pontonniers (4ᵉ compagnie). Avec une compagnie d'ouvriers, ils doivent passer la nuit à préparer les outils et « à forger les clameaux, broches, etc. », dont l'arsenal n'est pas approvisionné[3].

En somme, le soir du 13 août, l'armée dispose uniquement des ponts fixes de Metz, c'est-à-dire de deux voies étroites et tortueuses traversant la ville de l'est à l'ouest[4], du viaduc du chemin de fer et d'un pont d'équipage jeté en aval. C'est un total de quatre passages qu'elle pourrait utiliser, en attendant l'achèvement des travaux entrepris.

---

1. Lettre du général Soleille au général de Rochebouët, 13 août, *R. H.*, I, 1903, 635.
2. *R. H.*, I, 1903, 602, d'après le rapport sur le service des pontonniers (*ibid.*, 635) et les Historiques des 2ᵉ, 4ᵉ et 8ᵉ compagnies de pontonniers. Ces travaux furent exécutés par les 2ᵉ et 8ᵉ compagnies.
3. *R. H.*, I, 1903, 602.
4. Le nombre des ponts est plus considérable dans Metz, mais il n'y a que deux portes sur la rive ouest, celles de Thionville et de France. Voir, au sujet de cette question fort embrouillée, outre les documents déjà cités, une note sur les communications établies sur la Moselle, émanant d'un officier de pontonniers et adressée au général Soleille dans l'après-midi du 13 ; une lettre du général de Ladmirault au maréchal Bazaine, 13 août ; une note du lieutenant-colonel Salanson, sous-chef d'état-major du génie de l'armée, du 29 mai 1872 ; une note non signée, sans doute du 14 au matin (*R. H.*, I, 1903, 637, 641, 642, 670).

Le 14, à 11 heures et demie du matin, après des efforts opiniâtres, deux ponts de chevalets ont été rétablis sur le grand bras en amont de Metz. A ce moment l'armée dispose de sept séries de ponts traversant la Moselle[1], et ce nombre serait amplement suffisant si les débouchés des deux rives étaient mieux assurés. Mais, comme nous l'avons dit, aucune vue d'ensemble n'a dicté le choix des emplacements adoptés. Le front sur lequel s'ouvrent ces passages mesure 4 kilomètres à peine, pour 170,000 hommes. Si les ponts d'aval sont construits à proximité de chemins déjà existants et d'ailleurs trop étroits, la place de ceux d'amont a été déterminée en dehors de toute considération de ce genre. Dans son inexpérience du mouvement des troupes, Coffinières a sans doute oublié la destination de ces passages. Mais il n'est pas le plus coupable. La responsabilité des difficultés à prévoir incombe surtout à l'empereur et au maréchal Bazaine, qui ont entassé, sans y être nullement contraints, toute l'armée sous Metz.

Après avoir paru négliger la construction des ponts, le nouveau commandant en chef s'en inquiète le soir du 13, quand il renonce au projet d'offensive à peine conçu. A 9 heures, le général Jarras adresse dans ce sens des recommandations pressantes à Coffinières[2]. La nuit même, celui-ci fait connaître au maréchal l'état des choses.

---

1. *En aval :* 4 ponts sur le petit bras, dont 1 suspendu (un cinquième est en construction); 2 sur le grand bras.
Dans la ville : 2 ponts (Pontiffroy et Pont des Morts).
En amont : 2 ponts sur le Mort bras ; 3 sur le bras du milieu ; 2 sur le grand bras ; le viaduc de Longeville.

2. « M. le maréchal commandant en chef l'armée me charge de vous inviter à donner des ordres pour que l'on travaille toute la nuit, aussi activement que possible, à l'établissement des ponts sur la Moselle...
« S. E. vous prie de lui faire connaître demain, avant le jour, ce qui aura été fait et l'état de ces ponts, en indiquant d'une manière précise ceux qui pourront être praticables à 5 heures du matin et à quel moment il sera possible de se servir des autres. »
A 4 heures du soir, le général Coffinières adresse à Bazaine un compte rendu, d'ailleurs inexact (il signale deux ponts comme existant sur le grand bras, en aval, et il y en a un seul) [R. H., I, 1903, 640].

X

L'ARMÉE LE 13 AOUT

Le 2ᵉ corps. — Le 3ᵉ corps. — Le 4ᵉ corps. — Le 6ᵉ corps. — La Garde et les réserves générales. — État des troupes. — Les munitions et les vivres.

Pendant que le commandant en chef laisse ainsi s'écouler des heures dont la perte sera irréparable, les troupes gardent en général l'immobilité. Au 2ᵉ corps, la division Vergé se déplace légèrement au sud-ouest, la 1ʳᵉ brigade allant à Magny et à l'est, la 2ᵉ le long du chemin de fer, entre Magny et Peltre[1]. La brigade de chasseurs fait un semblant de reconnaissance au sud-est de ce dernier village, en rapportant des renseignements inexacts ou incomplets[2].

Au 3ᵉ corps, les troupes n'opèrent également aucun mouvement de quelque intérêt. Leur activité vis-à-vis de l'ennemi se manifeste par des reconnaissances exécutées d'ordinaire avec une timidité sans égale. Il faut dire que le général de Clérembault recommande au chef d'escadrons Legendre, du 5ᵉ dragons, « de ne pas aller trop loin et de ne pas trop s'engager », les chevaux étant « trop chargés pour aller en reconnaissance »[3]! Deux escadrons du 5ᵉ dragons constatent ainsi la présence de cavalerie et d'infanterie allemandes au nord-est de Montoy, vers Retonfey. De même, le 2ᵉ chasseurs, porté au sud-est d'Ars-Laquenexy, signale de l'infanterie et de l'artillerie aux abords de Colligny : des troupes sont en vue également à l'est de la Nied, vers Laquenexy. Le 2ᵉ dragons pousse une reconnaissance jusqu'à Pange, où le commandant de Lignières voit de l'infanterie et de l'artillerie. D'autres opérations du même genre ont lieu; nulle part, les renseignements recueillis n'acquièrent

---

1. Journaux de marche du 2ᵉ corps, *R. H.*, I, 1903, 649 et suiv.
2. *R. H.*, I, 1903, 572, d'après les Historiques manuscrits des 4ᵉ et 5ᵉ chasseurs (1871); Journal de marche de la division Valabrègue, *ibid.*, 653.
3. Historique manuscrit du 5ᵉ dragons (1871), cité par la *R. H.*, I, 1903, 574.

quelque précision[1]. Pourtant le contact s'est établi vers Ars-Laquenexy entre les deux infanteries, non sans pertes pour la brigade Potier de la division Metman[2].

Au 4ᵉ corps, les mouvements sont de nulle importance, sauf pour la cavalerie, qui va s'installer derrière la gauche de la division Lorencez, à l'est de la route de Kédange. A 4 heures, la présence de fractions ennemies, signalée par les avant-postes, provoque une alerte. Les troupes prennent les armes, sans aucun résultat[3].

Seul des autres commandants d'armée, Ladmirault arrête des dispositions en vue du passage de la Moselle, même s'il doit avoir lieu la nuit même. Il prévoit d'ailleurs une attaque de l'ennemi pour le lendemain matin et donne de sages prescriptions dans cette vue[4].

Le 6ᵉ corps poursuit, non sans difficulté, sa concentration sous Metz ; il est réparti au sud de la ville vers Montigny et au nord-ouest, vers Woippy[5]. La rupture des com-

---

1. Voir la *R. H.*, I, 1903, 574 et suiv., d'après les Historiques manuscrits des 5ᵉ et 4ᵉ dragons, 2ᵉ et 10ᵉ chasseurs (1871) ; l'Historique du 2ᵉ dragons (1885), le Journal de la division Clérembault (*ibid.*, 658) et une note du général Decaen au maréchal Bazaine, 13 août, 4 heures du soir (*ibid.*, 577).

2. 25 hommes des 7ᵉ et 24ᵉ de ligne hors de combat (Le général Metman au général Decaen, lettre, *R. H.*, I, 1903, 662).

Les généraux Manèque, de Rochebouët et Vialla, l'intendant Friant reprennent au 3ᵉ corps les fonctions qu'ils y exerçaient avant d'être affectés au groupe des 2ᵉ, 3ᵉ, 4ᵉ corps (Note du général Jarras et décision de Bazaine, 13 août, *ibid.*, 618).

3. Journaux de marche du 4ᵉ corps, *R. H.*, I, 1903, 665 et suiv.

4. Le général de Ladmirault aux généraux commandant les divisions du 4ᵉ corps (lettre); ordre du commandant du 4ᵉ corps (*R. H.*, I, 1903, 669, 671). Le lieutenant-colonel Rousset (*Le 4ᵉ corps de l'armée de Metz*, 56) donne comme daté du 13 un ordre de mouvement pour le 14 que reproduit la *R. H.*, *loc. cit.*, 850, en le datant du 14.

5. Quartier général à Metz ; *1ʳᵉ division* près de Montigny ; *2ᵉ division* (9ᵉ de ligne seulement) à Saint-Éloi et près de la porte de Thionville ; une seule de ses batteries, la 12ᵉ du 8ᵉ, qui passe par Thionville, rejoindra l'armée le soir du 14 et sera rattachée à la 4ᵉ division ; *3ᵉ division* : 3 régiments dans les forts ou dans leurs intervalles ; 1 régiment à La Horgne, au sud de Metz ; *4ᵉ division* près de Woippy.

Deux télégrammes du général Jarras au sous-préfet de Commercy, 10ʰ 14 et 11 heures du soir (*R. H.*, I, 1903, 622, 679) dirigent sur Verdun la batterie de la 2ᵉ division (12ᵉ du 8ᵉ), les deux escadrons du 4ᵉ chasseurs d'Afrique (division du Barail), arrivés à Commercy, les deux batteries et la réserve divisionnaire de la 2ᵉ division, les batteries de la 4ᵉ division et les réserves qui vont suivre. Ces télégrammes répondent à deux autres, l'un du général commandant supérieur à

munications avec Frouard, qui est définitive dans la soirée, va le priver de sa cavalerie et d'une grande partie de son artillerie.

La Garde ne change rien à ses emplacements du 12 août, non plus que les réserves générales[1]. Sur un ordre du maréchal, provoqué par un habitant du pays, la division Forton envoie vers Corny le 9ᵉ dragons sous les ordres du général prince Murat. Après avoir refoulé quelques vedettes allemandes, cette reconnaissance échange des coups de feu avec une « troupe arrêtée ». D'autre part, elle apprend de la population qu'il y a 400 à 500 chevaux plus au sud, sur la route de Pont-à-Mousson, et que l'ennemi vient d'occuper la station du chemin de fer, à Novéant. Sans autre vérification, le 9ᵉ dragons rentre au camp[2].

Le grand parc est resté à Toul, d'ailleurs sans matériel ni munitions. Le ministre de la guerre invite le général Mitrecé à se retirer sur le camp de Châlons, sauf ordre contraire du maréchal Bazaine. Celui-ci ne fait aucune opposition à ce mouvement[3], preuve qu'il a renoncé sans retour à toute pensée d'offensive.

Pourtant, les pluies, continuelles jusqu'alors, ont cessé, et la gaieté revient dans nos camps. Mais l'inaction de l'armée lui pèse. Les officiers, surtout, en éprouvent un sentiment de malaise, car ils ne peuvent la comprendre. L'offensive leur paraît s'imposer et rien n'en indique la pensée[4].

Verdun au général commandant la division territoriale à Metz, 3ʰ40 du soir, et l'autre du sous-préfet de Commercy au général Bisson (commandant la 2ᵉ division) et au major général, 7ʰ29 du soir (*ibid.*, 622, 679).

[1]. Journaux de marche, *R. H.*, I, 1903, 686 et 689.

[2]. Le général de Forton au maréchal Bazaine, 13 août, *R. H.*, I, 1903, 692 ; *ibid.*, 581, d'après l'Historique manuscrit du 9ᵉ dragons (1871). Celui-ci donne comme une des raisons du retour prématuré de ce régiment que « la nuit approche ». Or le 9ᵉ dragons rentra à 5 heures du soir (Von Pelet-Narbonne, *Revue de cavalerie*, *loc. cit.*, 576).

Quatre batteries de la réserve d'artillerie (5ᵉ, 6ᵉ, 7ᵉ, 8ᵉ du 13ᵉ régiment) sont encore affectées à la défense de Metz. Le général Canu réclame leur rentrée à la réserve, sans qu'une décision soit prise (Lettre au général Soleille, 13 août, *ibid.*, 694).

[3]. Le général Mitrecé au major général, d. t., 4ʰ35 du soir ; le général Jarras au général Mitrecé, 9ʰ15 du soir (*R. H.*, I, 1903, 695).

[4]. « Nous ne bougeons pas ; le beau temps revient et nous sèche un peu. Nous

Si la masse de l'armée garde encore confiance, beaucoup de nos généraux laissent voir des appréhensions croissantes. A tout instant ils s'exagèrent les forces et le voisinage de l'adversaire[1]. L'idée de la défensive les hante[2] et l'ennemi s'en rend compte. Constamment on voit ses patrouilles insulter nos bivouacs. Le matin du 13 août, la silhouette d'un ulan se profile sur les parapets de la lunette Saint-Privat[3]. Aux avant-postes, insuffisants comme effectif et surtout trop rapprochés des camps, les « tireries » sont continuelles et les alertes fréquentes[4]. Le repos des troupes est souvent troublé par des démonstrations sans portée.

De là une tension nerveuse qui se trahit de différentes façons. L'arrestation d'un prétendu espion au fort de Queuleu, par exemple, provoque dans la garnison une émotion hors de propos[5]. Ailleurs, la vue des habitants des campagnes qui fuient devant l'ennemi, leurs récits apeurés répandent une impression telle qu'il faut agir contre les alarmistes[6].

L'armée continue de porter la peine de nos négligences antérieures : le voisinage immédiat des Allemands ne lui a pas appris la guerre. Une partie des troupes continue l'usage des sonneries et des batteries du temps de paix[7], sans doute

---

reprochons à Bazaine de ne pas attaquer. L'armée est belle ; elle attend la victoire avec impatience. Les grands chefs désespèrent seuls. Les états-majors sont dans le marasme » (Journal inédit d'un capitaine d'artillerie, cité par M. A. Duquet, *Les Grandes Batailles de Metz*, 78). Voir aussi, lieutenant-colonel Rousset, *Le 4ᵉ corps de l'armée de Metz*, 54.

1. Voir une lettre du général Metman au général Decaen, 13 août, *R. H.*, I, 1903, 662. Il représente « la position d'Ars-Laquenexy » comme occupée par « environ 2,000 hommes » et il y a *un* bataillon d'avant-postes de la 26ᵉ brigade.

2. Le maréchal Bazaine au général Decaen ; le général Decaen au général X., du 3ᵉ corps ; le général Lapasset au général Metman ; le général Montaudon au général Metman et réponse de Metman (*R. H.*, I, 1903, 661, 662, 663). Il ressort de la lettre de Metman à Montaudon que c'est le commandant de l'artillerie du 3ᵉ corps qui détermine l'emplacement des batteries de Metman.

3. Journal du lieutenant-colonel de Montluisant, *R. H.*, I, 1903, 676 ; général Montaudon, II, 89.

4. Lieutenant-colonel Rousset, *loc. cit.*

5. Lettre du colonel Merlin au général Coffinières, 13 août, *R. H.*, I, 1903, 703.

6. Ordre du général Tixier, 13 août, *R. H.*, I, 1903, 682.

7. Voir l'ordre du général Bourbaki, 13 août, 10 heures du soir, *R. H.*, I, 1903, 681 : la diane sera battue le 14 à 3ʰ 30 du matin ; de Baillehache, 164.

pour mieux renseigner l'adversaire. Les derniers réservistes arrivent à Metz, et l'on travaille à leur donner l'instruction la plus indispensable[1]. Elle leur fait à tel point défaut, que le général Lapasset les considère comme un embarras et qu'il voudrait les diriger sur les derrières de l'armée[2].

Nous ressentons si bien l'insuffisance de notre service de sécurité et de nos cavaliers qu'on s'ingénie à créer des unités d'éclaireurs[3]. De même on s'occupe un peu tard de régler le tir de l'artillerie sur le champ de bataille[4].

Malgré le voisinage immédiat de l'une de nos plus grandes places frontières, certaines troupes n'ont pas encore leurs munitions au complet[5]. La question des vivres prend une gravité toute particulière, bien que l'armée soit encore reliée au pays par deux lignes ferrées. On en est réduit à prévoir la distribution de farine au lieu de pain[6]; on opère des prélèvements sur les approvisionnements de la place[7], dangereux au suprême degré. Déjà l'intendance adresse au ministère des dépêches de ce genre : « Si vous ne m'envoyez pas de suite et journellement, par train spécial et express, et par les voies libres, au moins cent mille rations de pain ou biscuit, il faudra distribuer de la farine, faute de moyens de fabrication[8]... » L'interruption de la ligne ferrée de Bar-

---

[1]. Historique du 64ᵉ reproduit par Bazaine, *Épisodes*, 116.

[2]. La brigade Lapasset comprend 1 bataillon formé de cinq détachements de réservistes destinés à d'autres fractions du 5ᵉ corps (14ᵉ bataillon de chasseurs, 46ᵉ, 49ᵉ, 68ᵉ, 88ᵉ de ligne), avec un effectif de 9 officiers et 1,442 hommes (Le général Frossard au maréchal Bazaine, 13 août, *R. H.*, I, 1903, 654).

[3]. Ordre signé Bazaine, 13 août, autorisant M. Arnous-Rivière à organiser « un petit corps d'éclaireurs volontaires dont la mission spéciale sera de se renseigner sur les positions de l'ennemi.

« Il dépendra directement du grand quartier général » (*R. H.*, I, 1903, 623); le général de Ladmirault au général de Cissey et à l'intendant militaire Gayard, 13 août, *ibid.*, 668.

[4]. Journal de campagne du lieutenant Palle, *R. H.*, I, 1903, 667.

[5]. Rapport sur les opérations du grand parc du génie, *R. H.*, I, 1903, 697 ; note sur la situation du matériel et des munitions du 2ᵉ corps, *ibid.*, 654.

[6]. L'intendant général Wolff au major général ; le maréchal Bazaine aux commandants de corps d'armée, *R. H.*, I, 1903, 624.

[7]. L'intendant général Wolff à l'intendant de la 5ᵉ division, *R. H.*, I, 1903, 624.

[8]. L'intendant général de l'armée au ministre de la guerre, d. t., 10ʰ 38 du matin, expédiée à 11 heures (*R. H.*, I, 1903, 624).

le-Duc entrave beaucoup le ravitaillement[1]. Comme si ces difficultés ne suffisaient pas, d'autres viennent s'y joindre, que rien ne peut motiver. L'intendant général Wolff a envoyé des sous-intendants à Montmédy et à Mézières pour organiser des moyens de transport; ordre est donné presque aussitôt de les rappeler à Verdun et à Sainte-Menehould, sans sa participation[2].

Non seulement l'armée est menacée de manquer de pain, malgré la richesse du pays où elle opère et le voisinage de Metz, mais l'organisation de son ravitaillement laisse grandement à désirer. Les convois de subsistance sont éloignés des camps et, faute de véhicules appropriés, on est contraint de transporter les denrées à dos d'hommes[3]. L'irrégularité des distributions contribue à multiplier la maraude[4]. Des corps de troupes s'emparent à plusieurs reprises des fourrages du troupeau de l'armée[5].

---

1. Le sous-intendant de Bar-le-Duc au ministre de la guerre, d. t., 10 heures du matin, expédiée à 11ʰ 15 (*R. H.*, I, 1903, 624).
2. L'intendant général Wolff au major général, d. t., 1ʰ 31 du soir; l'intendant général de l'armée au commandant de place de Montmédy, d. t., 4ʰ 50 du soir, *R. H.*, I, 1903, 628. Cette succession de dépêches indique que Wolff est parti de Metz (12 août), alors que l'intention était de rester sous cette ville, sinon de prendre l'offensive; dès 4ʰ 50 du soir, le 13, l'idée d'une retraite sur Verdun prend le dessus.
3. Lieutenant-colonel Rousset, *Le 4ᵉ corps de l'armée de Metz*, 54.
4. Voir *supra*, p. 188.
5. L'intendant général Wolff au major général, 13 août, *R. H.*, I, 1903, 627.

XI

LES ALLEMANDS LE 13 AOUT

La IIe armée. — Sa cavalerie. — La Ire armée. — La 1re division de cavalerie. — Le VIIe corps. — Le Ier corps. — La 3e division de cavalerie. — Coup de main projeté sur Thionville. — Idée que les Allemands se font de la situation. — Ordres de Moltke.

Pendant que nous piétinons ainsi autour de Metz, la gauche de l'ennemi approche de la Moselle. A la IIe armée, le 4e corps atteint les environs de Château-Salins[1], la Garde s'échelonne d'Oron à Lémoncourt, vers le sud-est, tandis que sa brigade de dragons[2] et une batterie à cheval poussent sur Dieulouard, avec mission de s'emparer du pont de la Moselle. L'escadron d'avant-garde[3] le trouve détruit, mais incomplètement, en sorte que la réparation est rapide. La colonne peut ainsi passer la rivière, en défilant par un sur ce passage étroit. Puis elle procède à la destruction complète de la voie ferrée. Cette opération est déjà terminée lorsque des patrouilles signalent plusieurs trains de troupes arrivant de Frouard : c'est une fraction de l'infanterie du 6e corps, qui est ainsi arrêtée. Après avoir tiraillé quelque temps contre les dragons prussiens, elle rebrousse chemin et la batterie survenue dans l'intervalle salue de quelques obus cette retraite sans excuse. Vers le soir, Dieulouard est occupé par deux bataillons[4].

En aval, les brigades Redern et Barby ont déjà atteint la rivière à Pont-à-Mousson. Au moment où un peloton du

---

1. La brigade Bredow, rattachée jusque-là au IVe corps, a reçu l'ordre de rallier la 6e division de cavalerie dont la tâche croît en importance. Elle atteint Jallaucourt (*État-major prussien*, I, 444).
2. Rattachée provisoirement à la 5e division de cavalerie.
3. 4e du 1er dragons de la Garde.
4. 1 bataillon du régiment Alexandre (Garde) et 1 bataillon du 16e régiment (Xe corps) [von Pelet-Narbonne] ; 2 bataillons du 57e (Xe corps) [*État-major prussien*, I, 444]. Ce dernier signale quatre trains de troupes et le général von Pelet-Narbonne (*Revue de cavalerie*, octobre 1899-mars 1900, 576) deux seulement.

10ᵉ hussards pénètre dans cette ville, elle est occupée par de l'infanterie française[1], qui tire quelques coups de feu sur les cavaliers prussiens et s'embarque presque aussitôt pour Metz. Vers 9ʰ 30 du matin, là encore, la voie ferrée est coupée ; des patrouilles sont dirigées au nord et à l'ouest. Dans l'après-midi, la 19ᵉ division arrive à Pont-à-Mousson et, le soir, la brigade Redern pousse le 10ᵉ hussards dans la direction de Thiaucourt, jusqu'à Regniéville-en-Haye. Des chasseurs à cheval l'inquiètent à plusieurs reprises pendant sa marche[2]. Les brigades Redern et Barby bivouaquent aux abords de Pont-à-Mousson. Quant à la 20ᵉ division (Xᵉ corps), elle passe la nuit à Delme et Aulnois-sur-Seille.

A la droite de la IIᵉ armée, près d'Arriance et de Chanville, six des escadrons divisionnaires du IIIᵉ corps ont relevé dans la matinée la brigade de hussards de la 6ᵉ division de cavalerie[3]. Quant au duc de Mecklembourg, il doit se diriger sur Jouy-aux-Arches, en faisant observer les directions de Metz et de Château-Saint-Blaise. « On atteindra et on passera la Moselle[4]. »

Durant la nuit du 12 au 13, la 6ᵉ division reçoit un nouvel ordre. Cette fois elle portera sa brigade de hussards sur la ligne Sorbey-Orny-Pournoy-la-Chétive-Corny, face à Metz. Sa gauche cherchera la liaison avec la 5ᵉ division[5].

En opérant les mouvements nécessités par ces prescriptions, le 16ᵉ hussards se porte par Mécleuves vers Fleury. Là il trouve des dragons français exécutant un fourrage, les refoule avec pertes et les poursuit jusqu'à Magny, où il est

---

1. Sans doute les 400 hommes du 28ᵉ de ligne laissés la veille par le général Margueritte.
2. *État-major prussien*, I, 444 ; von Pelet-Narbonne, *loc. cit.* Les documents français sont muets sur cette circonstance. On ne voit même pas de quelle fraction pouvaient faire partie ces chasseurs.
3. Trois escadrons de chacun des régiments de dragons du IIIᵉ corps sous les ordres du colonel von Drygalski (Voir l'ordre du IIIᵉ corps, 4ʰ 45 du soir, 12 août, von Pelet-Narbonne, *loc. cit.*). L'État-major prussien écrit *les deux régiments*.
4. Ordre cité du IIIᵉ corps, arrivé le 13 à minuit 10 à la 6ᵉ division (Von Pelet-Narbonne, *loc. cit.*, 570). Château-Saint-Blaise est au sud-est de Jouy.
5. Ordre arrivé à 3ʰ 45 du matin, von Widdern, *Verwendung und Führung der Kavallerie*, II, 312.

arrêté par un feu d'infanterie[1]. La brigade Rauch s'établit de Courcelles à Corny, au nord de la ligne indiquée. Ses patrouilles rencontrent au nord de La Grange-Mercier, Magny, Peltre, Jury, Ars-Laquenexy, des forces considérables, qu'elles évaluent à deux ou trois corps d'armée ; elles observent en outre trois camps près de la Moselle, vers Montigny[2]. Les villages qui précèdent semblent fortement occupés et organisés pour la défense.

A l'abri de ce voile de cavalerie, la droite de la IIe armée gagne les points qui lui ont été assignés. Le IIIe corps, à Béchy et Buchy, le IXe, dont la tête atteint Herny, le XIIe vers Thicourt sont prêts à soutenir la Ire armée. Quant au IIe, il a terminé ses débarquements et a déjà trois brigades à Saint-Avold. Le quartier général de l'armée est à Delme.

La cavalerie de Steinmetz est beaucoup moins entreprenante que celle de Frédéric-Charles, par sa faute. Au reçu de l'ordre de Moltke daté de l'après-midi du 12, il a décidé de prendre position avec toutes ses troupes entre les deux Nied. Deux corps d'armée tiendront un front de $7^{km},5$ seulement derrière la Nied française ; un troisième, réparti sur une largeur égale, sera disponible sur la Nied allemande. Quant aux divisions de cavalerie, elles seront portées au delà du front, aux deux ailes. La Ire aura pour mission spéciale de couvrir le flanc droit de la IIe armée[3].

Lorsque cette division opère son mouvement au sud-ouest le matin du 13, elle trouve à Pange les dragons du IIIe corps qui attendaient d'être relevés par elle et font connaître qu'ils sont en contact à l'ouest de la Nied avec de la cavalerie française. Le 8e ulans, détaché dans cette direction, refoule vers Colligny plusieurs escadrons de chasseurs,

---

[1]. Les avant-postes de ce régiment sont refoulés par la reconnaissance de notre 9e dragons (Voir *suprà*, p. 207).

[2]. *État-major prussien*, I, 444 ; von Pelet-Narbonne, *loc. cit.*, 572. La brigade Grüter cantonne en deuxième ligne à Verny et aux environs. Voir dans von Widdern, *Verwendung und Führung der Kavallerie*, II, 317, les comptes rendus de la 6e division datés de midi 45 et 7 heures du soir. Un prisonnier du 76e déclare qu'il y a 100,000 hommes dans les forts et à l'est de Metz, mais très peu de troupes dans la place elle-même.

[3]. *État-major prussien*, I, 447.

sans résistance sérieuse[1], tandis que la division continue par Villers-Laquenexy sur Mécleuves. Là elle relève les avant-postes de la 6ᵉ division établis à cheval sur la route de Strasbourg. Le 4ᵉ ulans est poussé au nord-ouest, afin de reconnaître nos positions. Près de Jury, l'un de ses pelotons tombe sous un feu violent d'infanterie et de chasseurs à cheval abrités derrière le remblai du chemin de fer. Néanmoins ses pertes sont légères et il constate que nous occupons fortement les hauteurs au nord. Il évalue même nos troupes à plus d'un corps d'armée. Six de nos escadrons ont fait mine de le poursuivre, mais sans dépasser la voie ferrée[2]. La menace des deux pelotons prussiens a suffi pour jeter l'alarme dans tout le 2ᵉ corps, grâce, il faut le répéter, à l'inertie de notre cavalerie et à la mollesse du commandement[3].

Ainsi la 1ʳᵉ division n'a pas franchi, ni même atteint la Moselle, contre les instructions du grand quartier général; elle prolonge simplement le front du VIIᵉ corps. Celui-ci borde également la Nied française, la 14ᵉ division à Courcelles et Domangeville, la 13ᵉ à Pange. L'artillerie de corps est à Bazoncourt, en arrière. L'avant-garde du corps d'armée[4] a même dépassé la Nied et cru constater que nous occupions Jury, Ars-Laquenexy. Des forces nombreuses se montrent aussi vers Coincy, Aubigny et Colombey. Le général von der Goltz est donc contraint de renoncer à porter ses avant-postes entre Jury et Marsilly, comme il le voudrait. Il se borne à jeter son bataillon de chasseurs dans le bois à l'ouest de Laquenexy; son gros bivouaquera à l'ouest de Villers-Laquenexy.

---

1. *Tagebuch* de la division, von Widdern, *Verwendung und Führung der Kavallerie*, III, 224. Voir *suprà*, p. 205.
2. Von Pelet-Narbonne, 568, 569. L'État-major prussien, I, 444, écrit, évidemment par erreur, que nous occupons Chesny et le bois à l'ouest.
3. « Que les Français aient souffert qu'une paire d'escadrons manœuvrassent avec un pareil sans-gêne devant leur front, c'est une preuve de la grande pusillanimité qu'ils montrèrent dans ces journées, de même que c'est l'indice d'une fâcheuse nervosité que d'avoir donné l'alarme à un corps d'armée tout entier, parce qu'une paire de pelotons de cavalerie attaquaient les avant-postes » (Von Pelet-Narbonne, 569).
4. Général von der Goltz : 26ᵉ brigade d'infanterie ; 7ᵉ bataillon de chasseurs, 2 escadrons du 8ᵉ hussards, 5ᵉ et 6ᵉ batteries légères.

Notre voisinage rapproché n'empêche pas cette avant-garde d'opérer des reconnaissances et même des fourrages sur son front. C'est ainsi que deux compagnies vont fourrager à Ars-Laquenexy. Une autre trouve Jury inoccupé. Mais deux fortes colonnes d'infanterie et un escadron débouchant de Mercy, elle se retire.

A droite du VIIe corps, le Ier a également atteint la Nied française entre les routes de Sarrebruck et de Sarrelouis; sur chacune il a une avant-garde. Au sud, le général von Falkenstein[1] a poussé au delà de Pont-à-Chaussy; son escadron d'avant-postes est entre Ogy et Retonfey[2]; neuf compagnies, un escadron et une batterie tiennent à l'est le bois de Vaudreville, la chaussée et la tuilerie de Landremont. Le gros de l'avant-garde bivouaque à l'ouest de Pont-à-Chaussy; celui de la division et l'artillerie de corps au nord de Courcelles-Chaussy.

La 2e division est à Landonvillers. Son avant-garde[3] a poussé hardiment sur la route de Sarrelouis, à l'ouest de Glattigny. C'est devant Servigny seulement qu'elle rencontre nos grand'gardes. Pendant que les dragons tiraillent avec elles, les autres troupes se retirent sur Petit-Marais, puis aux Étangs. « L'adversaire reste pourtant tout à fait inactif. Aucun mouvement ne se produit dans ses camps près de Nouilly et de Borny[4]. »

La droite de la Ire armée est tenue par la 3e division de cavalerie. On se souvient que, d'après l'ordre de Moltke daté du 12 à 4^h30 du soir, la cavalerie de cette armée « explorera dans la direction de Metz et franchira la Mo-

---

[1]. Avant-garde de la 1re division : 2e brigade, 1er bataillon de chasseurs, 1er dragons, artillerie divisionnaire (*État-major prussien*, I, 459).

[2]. A la nuit il est relevé par trois compagnies; un bataillon de la 13e division est porté à Colligny pour relier les avant-postes des Ier et VIIe corps.

[3]. 44e régiment, 3 escadrons du 10e dragons et 5e batterie légère du Ier corps (*État-major prussien*). Aux Étangs on trouve des papiers provenant de la sous-intendance de la division Cissey, qui donnent de précieux renseignements sur la composition de nos troupes (Von Schell, *Les Opérations de la Ire armée sous le général von Steinmetz*, traduction, 101).

[4]. *État-major prussien*, I, 450. Un escadron de dragons reste aux avant-postes de Retonfey vers Sainte-Barbe; il est soutenu par un bataillon (3e du 44e) entre Glattigny et le bois de Libaville.

selle en aval ¹ ». Steinmetz le traduit comme il suit : « La 3ᵉ division de cavalerie se portera jusqu'à Avancy², poussera des détachements sur Metz et Vigy, puis cherchera à en jeter au delà de la Moselle pour voir ce qu'il y a sur l'autre rive ³. » On voit combien la tâche se rétrécit déjà. Elle va devenir encore plus étroite.

En effet, l'ordre donné à la 3ᵉ division porte que l'avant-garde, 7ᵉ ulans, se portera à 3^{km},500 au delà d'Avancy. Tout en la couvrant vers Metz, il détachera un escadron à Vigy pour observer la route de Thionville. On enverra des patrouilles vers ces deux places, « et l'on cherchera à pousser des détachements vers la Moselle, pour voir ce qui se passe de l'autre côté de la rivière ⁴ ». Il serait facile de mieux faire. Rien n'empêcherait de couper en aval, comme elle l'a été en amont, la ligne ferrée latérale à la Moselle, et cette destruction aurait les plus graves conséquences ⁵.

Quoi qu'il en soit, le 7ᵉ ulans s'avance vers Metz jusqu'aux abords de Vreny, où il est arrêté par des feux. Il s'établit alors aux avant-postes, en détachant d'Avancy vers Vigy un escadron qui observera la direction de Thionville. Le reste de la division bivouaque à Vry. L'une de ses patrouilles rencontre de l'infanterie et de la cavalerie à l'est de Thionville ⁶. Une autre, qui a traversé la Moselle au

---

1. Von Pelet-Narbonne, *loc. cit.*, 560. En même temps que l'ordre de 4ʰ 30, le grand quartier général envoyait à Steinmetz des notices très complètes « sur les points de passage de la Moselle entre Metz et Thionville ».

2. Au nord de Sainte-Barbe.

3. Von Widdern, *Kritische Tage, Die I. Armee bei Colombey-Nouilly*, 9. La traduction de von Pelet-Narbonne parue dans la *Revue de cavalerie, loc. cit.*, 560, fait dire tout le contraire à Steinmetz : « La 3ᵉ division de cavalerie se portera jusqu'à Avancy, poussera en avant sur Metz et Vigy, et cherchera à jeter des détachements de ce côté-ci de la Moselle pour voir ce qui se passe sur l'autre rive. » La *Revue d'Histoire* (I, 1903, 613) croit devoir reproduire cette version, sans en indiquer la source, et en tire des conclusions qui tombent naturellement.

4. Von Pelet-Narbonne, 561. Von Widdern a reproduit les ordres de la Iʳᵉ armée et de la 3ᵉ division (*Verwendung und Führung der Kavallerie*, III, 209-213).

5. Von Pelet-Narbonne, 562.

6. A 7^{km},500 environ (*État-major prussien*, I, 451). Ce fait paraît inexplicable, Thionville étant réduit à sa faible garnison. Von Pelet-Narbonne (p. 567) écrit que cette patrouille trouve une chaîne de postes (sentinelles?) à 400 pas en avant de la place et qu'elle essuie deux salves. Cette version paraît plus vraisemblable.

bac d'Hauconcourt, revient sans avoir vu de troupes françaises[1], mais sans avoir cherché non plus à couper la ligne ferrée de Thionville.

Derrière la ligne qui vient d'être indiquée, la Ire armée a un corps, le VIIIe, en réserve générale[2]. Les renseignements recueillis la veille sur Thionville portent Steinmetz à croire qu'un coup de main réussirait sur cette petite place. Aussi, dès le soir du 13, il fait détacher d'Helstroff vers Bettange la 31e brigade d'infanterie, un escadron et une batterie. Le général von Gneisenau a l'ordre de se porter près de Thionville dans la soirée du 14, de s'y tenir caché et de tenter une surprise de grand matin le 15[3]. On saisit mal l'opportunité de cette entreprise, alors que la Ire armée est presque sous le canon de Metz, devant un ennemi très supérieur en nombre. Mieux vaudrait assurément franchir la Moselle, comme l'a prescrit Moltke.

Le 13 août, la Ire armée a couronné les hauteurs à l'ouest de la Nied française, sans avoir rencontré nulle part l'adversaire. « Là seulement les avant-gardes prussiennes voient s'étaler à leurs yeux, comme un vaste tableau, les positions et les camps de l'ennemi. Au bois de Grimont, près de Nouilly, à Borny, Mercy et Magny... des fractions isolées arrivent à proximité de ces avant-postes, qui se tiennent, en général, sur la stricte défensive[4]... »

Ainsi le contact perdu par la Ire armée depuis le 7 août est de nouveau rétabli sur tout son front. Reste à savoir ce que signifie notre « surprenante attitude ». Divers indices, notamment des travaux de défense, de grands bivouacs récemment évacués, la plupart des fermes et des villages

---

1. Voir dans von Widdern, *Verwendung und Führung der Kavallerie*, III, 216, 219, les comptes rendus des reconnaissances sur Hauconcourt et Thionville. Comme le montre von Pelet-Narbonne (p. 563 et suiv.), il est inexact que nous ayons fait disparaître tous les moyens de passage sur la Moselle, ainsi que l'assure l'État-major prussien (I, 451), sans doute pour pallier l'inexécution de l'ordre de Moltke.

2. La 15e division à Bionville, la 16e à Varize et Helstroff, l'artillerie de corps à Bronck.

3. *État-major prussien*, I, 451.

4. *État-major prussien*, I, 452.

vides de leurs habitants, donnent à croire que nous venons d'abandonner depuis très peu de temps l'idée de tenir derrière la Nied. En outre, la vue des positions à l'est de Metz montre que notre retraite n'a pas encore été poussée au delà de la Moselle.

Pour mieux s'éclairer, le chef d'état-major de la Ire armée, général von Sperling, suit la ligne des avant-postes de Laquenexy à Retonfey. Notre attitude, sans indiquer des intentions offensives, n'en exclut pourtant pas la possibilité [1]. En outre, nous pouvons tenir derrière les deux ruisseaux qui s'unissent vers Nouilly. C'est dans ce sens que Steinmetz écrit au grand quartier général le soir du 13 août.

Jusqu'alors l'entourage du roi Guillaume croyait notre retraite en voie d'exécution sur Châlons [2]. Tout au plus s'attendait-il à rencontrer une arrière-garde en avant de Metz. La constatation faite par la Ire armée est néanmoins la bienvenue, car elle facilite l'exécution des plans de Moltke. D'autre part, certaines difficultés sont à prévoir : il faudra laisser cette armée au contact immédiat de l'adversaire, tandis que la Moselle coupera en deux les forces allemandes. Les Français étant encore en forces à l'est de Metz, la Ire armée, si elle est attaquée, devra être soutenue par la droite de la IIe [3].

Ces considérations amènent Moltke aux décisions sui-

---

1. *État-major prussien*, *loc. cit.* En réalité, Steinmetz télégraphie le soir au grand quartier général « qu'il n'y a plus de gros détachements à l'est de Metz en vue de retours offensifs, sans quoi l'adversaire n'aurait pas permis l'établissement d'avant-postes juste devant son nez ». Mais, à 2 heures du soir, il a déjà télégraphié à Moltke que l'on peut apercevoir près de Servigny, Borny et aux abords de Metz des camps étendus ; que Mey, Nouilly et Vantoux sont occupés par l'adversaire. On en conclut qu'il faudra défendre le front Colombey-Lauvallier (Von Widdern, *Kritische Tage, Die I. Armee bei Colombey-Nouilly*, 20, 21).

2. « Il paraît que l'ennemi veut se retirer sur Châlons. » Le bruit court que le prince impérial et même l'empereur ont quitté l'armée (Lettre du roi Guillaume à la reine Augusta, 13 août, Oncken, *Unser Heldenkaiser*, 201). D'après M. le colonel Fix (*Lecture* du 11 mars 1899), le soir du 13 août, quand eut été prise la décision de passer la Moselle, trois fusées de couleur furent lancées sur les pentes du mont Saint-Quentin. On sut plus tard, par un espion arrêté sous Metz, que c'était un signe convenu. Le général d'Andlau (*op. cit.*, 63) donne les mêmes détails.

3. *État-major prussien*, I, 453.

vantés : « D'après les renseignements parvenus jusqu'ici, des fractions considérables de l'ennemi étaient encore en avant de Metz, près de Servigny et de Borny.

« Par ordre de Sa Majesté, la Ire armée conservera demain, 14 août, ses emplacements sur la Nied française et observera, par des avant-gardes poussées en avant (*und durch vorgeschobene Avantgarden beobachtet*) si l'ennemi se retire ou si, éventuellement, il prend l'offensive.

« En vue de ce dernier cas, la IIe armée ne portera demain le IIIe corps que jusqu'à hauteur de Pagny, le IXe vers Buchy dans la direction de la Moselle (Pont-à-Mousson). Ils s'y tiendront prêts... à intervenir au cas d'un combat sérieux en avant de Metz. La route de Herny à Pagny par Buchy doit être libre de tout train.

« D'autre part la Ire armée est à même d'empêcher par une attaque de flanc toute offensive de l'ennemi vers le sud.

« Les autres corps de la IIe armée continueront leur marche vers le secteur de la Moselle Pont-à-Mousson-Marbache. Le Xe prendra position en avant de Pont-à-Mousson.

« La cavalerie des deux armées doit être poussée aussi loin que possible, avec mission d'inquiéter la retraite éventuelle de l'ennemi sur la route de Metz à Verdun[1]. »

On peut dire de cet ordre qu'il contient en germe toute la crise que vont traverser les Allemands du 14 au 17 août. Ses termes sont faits pour expliquer, sinon justifier, l'attaque prématurée de la Ire armée le 14 et l'offensive isolée d'une fraction de la IIe le 16. Moltke croit encore que nous avons entamé la retraite sur Verdun ; il paraît admettre seulement la présence sous Metz de fortes arrière-gardes. Dès lors, il prescrit de maintenir au contact les avant-gar-

---

1. Moltke aux commandements des Ire et IIe armées, 13 août, 9 heures du soir (*Moltkes Korrespondenz*, I, III, I, n° 155).

On constate de nouveau, avec surprise, que l'État-major prussien altère les termes de cet ordre dans la reproduction qu'il en donne (I, 453). Il supprime notamment, sans que rien l'indique dans le texte, la phrase relative à la route de Herny.

Les IIIe et IXe corps reçurent directement l'ordre en question. Quant aux autres, ils avaient déjà des prescriptions de Frédéric-Charles qui concordaient entièrement avec celles du grand quartier général.

des de la Ire armée, de façon à constater sans retard l'achèvement de notre mouvement rétrograde. S'il prévoit un retour offensif de l'armée du Rhin, c'est sans y attacher une importance réelle. Autrement il jugerait insuffisants les cinq corps d'armée qui vont rester sous Metz. D'ailleurs, en recommandant de pousser vers cette place les têtes de la Ire armée, ne s'expose-t-il pas à provoquer un engagement prématuré, ainsi qu'à Spicheren ? Dans les conditions où sont nos troupes, le dos à une grande place, le rôle de la Ire armée ne peut être que d'observer, tandis que la IIe passera la Moselle pour nous devancer vers la Meuse. Mais cette observation implique une attitude défensive derrière la Nied française et non l'envoi vers Metz d'avant-gardes qui peuvent précipiter notre retraite, contre l'intérêt évident des Allemands, ou entraîner Steinmetz dans une action générale, non moins inopportune.

On a souvent présenté ces ordres des 12 et 13 août comme préparant un immense mouvement de conversion des Allemands autour de Metz[1]. C'est grossir volontairement les choses. Rien n'indique à ces deux dates que Moltke prévoie des circonstances aussi en dehors de toute conception rationnelle. L'arrêt inexplicable de l'Armée du Rhin sous Metz, la lenteur de son débouché sur les plateaux de l'ouest ne peuvent raisonnablement entrer dans ses prévisions. Il continue son mouvement d'ensemble vers Paris, tout en masquant Metz, parce qu'il est ainsi dans la logique de son rôle. Mais il pourrait laisser sur la Nied, sans danger, des forces moindres, en leur prescrivant nettement une stricte défensive, tandis que le reste des deux armées se hâterait de passer la Moselle. Il éviterait ainsi l'inutile combat du 14 et la crise du 16[2], qui pourrait,

---

1. *Einzelnschriften*, XVIII, 525.
2. D'après von Widdern, *loc. cit.*, 8, en même temps que l'ordre du 13 août, Steinmetz reçut du grand quartier général une « communication » d'après laquelle, si l'adversaire continuait sa retraite au delà de Metz, la Ire armée, comme la IIe, passerait la Moselle en amont et laisserait pour observer la place une division seulement. Cette dernière attendrait d'être relevée par la 3e division de réserve, alors à Sarrelouis. Le texte de cette communication à laquelle il est fait allusion dans la *Moltkes Korrespondenz*, I, III, I, 221, n'y figure pas.

si aisément, être d'une extrême gravité pour nos adversaires.

Quoi qu'il en soit, le maréchal Bazaine dispose, dans la soirée du 13, d'un minimum de 201 bataillons, 116 escadrons et 540 pièces[1], répartis sur un front de 11 kilomètres et une profondeur de 5 à 6 seulement. Il n'a en face de lui que les 69 bataillons, 63 escadrons et 264 pièces de Steinmetz, sans le détachement jeté vers Thionville. Encore ces troupes occupent-elles un front de 13 à 14 kilomètres d'Avancy à Courcelles-sur-Nied, et même de 18 à 19 kilomètres si l'on tient compte de la Ire division de cavalerie. Leur profondeur atteint 5 à 6 kilomètres à gauche et 13 à 14 à droite. Leur densité est beaucoup moindre que la nôtre.

Même sans la cavalerie, le front de Steinmetz mesure encore 9 kilomètres environ. S'il veut engager l'action à l'ouest de la Nied française, c'est-à-dire sur les hauteurs à l'est de la ligne Sainte-Barbe, Retonfey, Ogy, la profondeur de sa formation deviendra excessive. Pour intervenir, le VIIIe corps aurait en effet à parcourir près de 15 kilomètres, en passant deux fois la Nied, alors grossie par les pluies. De même si la Ire armée est appelée à se jeter dans notre flanc pendant que nous attaquerons la IIe [2].

Au cas où les deux corps de droite de cette dernière armée viendraient renforcer la Ire, le maréchal Bazaine aurait encore une supériorité très marquée[3].

Dans ces conditions, il serait naturel que, dès le 13, Steinmetz fît choix d'une ligne de défense où il attendrait une attaque possible. Il s'en abstient entièrement et oblige ainsi ses subordonnés à en prendre l'initiative. Des considérations particulières amènent le VIIe corps à faire choix du front de Villers-Laquenexy à Colligny, à l'ouest de la Nied française, tandis que le Ier se tiendra à l'est de cette rivière

---

1. Chiffres de von Widdern, 14, qui paraissent inférieurs à la réalité.
2. Von Widdern, *loc. cit.*, 15.
3. 174 bataillons, 108 escadrons, 438 pièces et 72 mitrailleuses contre 117 bataillons, 83 escadrons et 438 pièces (von Widdern, *loc. cit.*).

en repliant sa droite [1]. L'absence d'unité est criante, on le voit. Steinmetz ne prend aucune disposition pour le 14, en dépit des directives de Moltke. Le matin, à 8 heures, il se borne à prévenir ses lieutenants « que la Ire armée restera aujourd'hui dans ses emplacements ». Pas un mot de l'ennemi ni de la IIe armée [2].

En ce qui touche cette dernière, les subordonnés de Steinmetz sont réduits aux renseignements sommaires communiqués le 12. Partant, ils peuvent la supposer encore sur la ligne de Buchy à Château-Salins, ses avant-postes bordant la Seille. Aucune indication ne les prépare à attaquer de flanc l'Armée du Rhin, si elle se jette sur la droite de Frédéric-Charles. On voit que, de par la faute de leur commandement, les Allemands sont mal préparés à la bataille qu'ils vont livrer le lendemain.

---

1. Voir l'échange des communications entre les deux chefs d'état-major (2^h 30 et 5^h 30 du soir) [Von Widdern, *loc. cit.*, 16]. La décision du général von Manteuffel est, selon toute apparence, dictée par un entretien qu'il a eu le 13 avec Steinmetz. Celui-ci déclare qu'il gardera la défensive jusqu'à nouvel ordre et invite Manteuffel à ne pas risquer des attaques avec ses avant-gardes (*ibid.*, 17).

2. Seule la 1re division de cavalerie reçoit quelques données sur la IIe armée (Von Widdern, *loc. cit.*, 19) et rien sur la Ire.

XII

L'ARMÉE EN RETRAITE

Le commandement de Bazaine. — Retraite des convois. — La réserve de cavalerie. — La retraite générale commence. — Le 2e corps. — La division Laveaucoupet. — Le 6e corps. — La réserve générale. — Le 4e corps. — Commencement de sa retraite. — La division Grenier.

Pour juger équitablement notre attitude au 14 août, il est indispensable de revenir sur les conditions dans lesquelles le maréchal Bazaine exerce son commandement.

En théorie, il a la pleine liberté de ses mouvements; dans la pratique, l'empereur arrête fréquemment, sans le consulter, des décisions qui engagent l'avenir; lui et son entourage donnent directement des ordres dont ils n'ont plus la responsabilité et qui sont parfois en contradiction avec ceux du commandant en chef [1]. Rien d'étonnant à ce que les difficultés de cette situation deviennent toujours plus sensibles. Comment Bazaine ne hâterait-il pas de tous ses vœux l'instant où Napoléon III quittera définitivement

---

[1]. Voir notamment la série des dépêches ci-après concernant le 4e chasseurs d'Afrique et l'artillerie du 6e corps arrêtés à Commercy : Le général Crespin, commandant la 5e division militaire, au général Jarras, 14 août (lettre) ; l'empereur au colonel du 4e chasseurs d'Afrique, d. t., 5h 3 du matin, expédiée à 7h 25 ; le colonel du 4e chasseurs d'Afrique à l'empereur, d. t., 1h 20 du soir ; le général Lebrun au capitaine Vosseur à Toul, d. t., 6 heures du matin, expédiée à 7h 20 ; le maréchal Bazaine au général commandant la subdivision à Verdun et au sous-préfet de Commercy, d. t., s. h. ; le sous-préfet de Commercy au maréchal Bazaine et au général commandant supérieur à Verdun, d. t., 2h 45 du soir (*R. H.*, I, 1903, 894, 895). Il résulte de ces documents que le 4e chasseurs d'Afrique et les deux batteries qu'il escorte reçoivent successivement l'ordre de marcher sur Metz par Saint-Mihiel, puis sur Verdun, enfin sur le camp de Châlons.

De même, c'est l'empereur qui donne au maréchal l'ordre de laisser à Metz la division Laveaucoupet et des détachements d'artillerie, du génie et de cavalerie (s. h., *R. H.*, I, 1903, 895). Bazaine se borne à le transmettre (d. t. au général Jarras, 11h 35 du matin, *ibid.*, 896).

Enfin Bazaine a prescrit d'emmener avec l'armée un seul équipage de ponts, celui du 4e corps (Le général Soleille au maréchal, 14 août, et décision de celui-ci). L'empereur donne l'ordre de faire partir aussi celui du 2e corps (Le général Soleille au général de Mecquenem, *ibid.*, 899).

l'armée, le laissant cette fois entièrement libre de ses décisions ?

Non seulement le maréchal est resté à Borny, loin de l'empereur et du chef d'état-major général qui sont à Metz, mais il affecte plus que jamais de tenir ce dernier à l'écart. Malgré la gravité des circonstances, il lui réserve le rôle le plus insignifiant[1]. Le parti pris est visible.

On se rappelle que les instructions données la veille prescrivent à toutes les troupes de se tenir prêtes pour 4ʰ30 du matin, quoique le mouvement de la plupart doive commencer à une heure beaucoup plus tardive : cause de fatigues tout à fait inutiles, qu'il serait aisé d'éviter.

Les convois s'ébranlent les premiers, suivant l'ordre du maréchal[2]. Celui du 2ᵉ corps se met en marche vers 7 heures du matin, entre dans Metz, suit les rues tortueuses qui conduisent au pont des Morts[3] et cherche à gagner Longeville par la porte de France. Bien que des officiers d'état-major et des gendarmes aient été détachés pour régler la marche[4], ils ne peuvent suppléer à l'absence de toute prescription positive. Le maréchal n'a indiqué, pour chacun des

---

1. Le maréchal Bazaine au général Jarras, d. t., midi 42 : « Mon quartier général sera établi à Moulins, en avant de Longeville. Envoyez-y les bagages de l'état-major.

« Je vous prendrai à mon passage à Metz.

« Je reste encore ici pour veiller au mouvement général » (*R. H.*, I, 1903, 897).

Dans ses *Épisodes*, p. 63, le maréchal explique ainsi le maintien de son quartier général à Borny : il ne lui semblait pas convenable de s'établir auprès de l'empereur, qui ne voulait plus exercer le commandement ; la proximité de l'ennemi exigeait sa présence sur la rive droite.

2. Il est à croire que la composition de ces convois est très hétérogène. A en juger d'après un ordre du général Decaen au général Metman (*R. H.*, I, 1903, 1166), ils devraient comporter toutes les voitures des corps d'armée, y compris celles des généraux et des cantinières. On ne doit voir avec les troupes que des cacolets, les voitures à cartouches de l'infanterie et les batteries de combat.

3. Le plus méridional sur le grand bras.

4. *Procès Bazaine, compte rendu sténographique quotidien*, déposition Jarras, 126. On trouve trace d'un ordre semblable dans les souvenirs de M. le général Castex (II, 36). Une lettre de Bazaine au général Coffinières, 14 août, s. l. (*R. H.*, I, 1903, 947), indique les emplacements que devront atteindre les convois, mais ne prévoit aucune mesure en vue d'y assurer l'ordre. La lettre déjà citée de Decaen au général Metman montre qu'un officier d'état-major dut être désigné pour diriger le convoi du 3ᵉ corps et un autre pour lui assigner son bivouac.

éléments de l'armée, ni heure de départ ni itinéraire distinct. Dans les rues de Metz la confusion est bientôt extrême. Le convoi du 4ᵉ corps s'est mis en mouvement vers 9 heures[1] pour traverser la Moselle au Pontiffroy, le pont du nord, et sortir par la porte de Thionville. Bien que son itinéraire l'écarte du 2ᵉ corps, une partie s'engage sur la route de Moulins, comme ce dernier. L'encombrement y est tel qu'il faut renoncer à faire rétrograder ces voitures. D'ailleurs, eux aussi, les convois des 6ᵉ et 3ᵉ corps, de la Garde, de la réserve générale d'artillerie se mettent en route bien avant que ceux des 2ᵉ et 4ᵉ corps aient achevé de traverser Metz[2]. Enfin les deux divisions de cavalerie quittent vers 1 heure leurs bivouacs pour s'engager dans le long défilé que suit la route de Gravelotte, et les premières troupes d'infanterie ne tardent pas à les suivre[3]. Sur cette chaussée, dans les rues, sur les ponts de Metz, c'est un enchevêtrement inextricable de voitures de toute espèce. Cavaliers, fantassins, isolés et fractions plus ou moins fortes cherchent à se glisser un à un sur les trottoirs, dans les fossés d'accotement. On piétine sur place, on stationne durant des heures. Le désordre est immense[4].

---

1. Le général de Ladmirault au maréchal Bazaine, d. t., reçue à 9ʰ 25 du matin, *R. H.*, I, 1903, 137.

2. D'après la *R. H.*, I, 1903, 836, le convoi du 3ᵉ corps commence son mouvement à 11 heures ; celui de la réserve générale vers midi et celui de la Garde vers 2 heures. Le maréchal Bazaine donna même deux ordres en ce qui concerne ce dernier mouvement, l'un prescrivant le départ pour 1 heure, l'autre pour 2 heures (Lettres au général Bourbaki, *ibid.*, 1182).

3. Le maréchal Bazaine au général Frossard, d. t., 11ʰ 55 du matin : « Vous pouvez commencer votre mouvement par votre droite et aller vous établir sur la route de Verdun, si vous le pouvez aujourd'hui ; sinon, sur le plateau de Jussy-Rozérieulles... » (*R. H.*, I, 1903, 837) ; le même au général de Ladmirault, d. t. : « Vous pouvez commencer votre mouvement par votre gauche et aller vous établir, si vous le pouvez, sur la route de Conflans ; sinon vous prendrez position en arrière, de manière à ce que vous puissiez prendre la route de Conflans demain matin (le 3ᵉ corps derrière le 4ᵉ). » D'après la *R. H.*, *ibid.*, 838, ce télégramme paraît dater de 11ʰ 55 à midi 30.

4. « Mes escadrons durent se faufiler, homme par homme, dans un enchevêtrement inextricable de voitures, de bêtes de somme et de conducteurs, marchant dans une confusion si complète qu'il me fallut quatre heures pour faire six kilomètres... » (Général du Barail, III, 171). Voir aussi le lieutenant-colonel Rousset, *Le 4ᵉ corps de l'armée de Metz*, 89, d'après les Souvenirs inédits de M. le général Saget.

D'après les instructions du 13 août, les divisions du Barail et Forton devaient se mettre en marche le jour même vers 1 heure de l'après-midi, pour se diriger sur Gravelotte[1]. En réalité cet ordre ne leur parvient que le 14, sans doute « de bonne heure dans la matinée[2] ». Le retard d'une journée qui en résulte, et qu'il aurait été facile d'éviter, ne sera pas sans influence sur le mouvement général de l'armée.

Quoi qu'il en soit, vers 1 heure du soir, les deux divisions quittent simultanément leurs bivouacs. Celle du général du Barail, partie du Ban-Saint-Martin, s'engage sur la route de Longeville qu'elle trouve déjà fort encombrée. A partir de Moulins, il lui faut suivre un chemin latéral passant par Rozérieulles. Vers 5 heures[3], elle bivouaque entre les fermes de Mogador et de La Malmaison, au sud de la route de Conflans[4].

Quant à la division Forton, elle part du bivouac de Montigny et traverse la Moselle aux ponts militaires d'amont, tandis que ses deux batteries et son convoi[5] s'engagent dans la ville où ils sont bientôt arrêtés. Vers 7 heures du soir seulement, ses escadrons atteignent Gravelotte, puis s'établissent à l'ouest de ce village et au sud de la route de Mars-la-Tour.

Il n'y a d'autre eau que celle des puits, de sorte que les deux divisions ont grand'peine à abreuver leurs chevaux[6]. Leur installation en est fort ralentie et le service de sûreté s'en ressent. La division Forton est couverte par quatre pelotons de grand'garde placés à très courte

---

1. Voir *suprà*, p. 191.
2. *R. H.*, I, 1903, 838. Voir le texte de cet ordre, *ibid.*, 927 ; il est à peu près conforme à celui des Instructions.
3. La *Revue d'Histoire* écrit « vers 3 heures » (I, 1903, 839), mais ce détail, bien que tiré du Journal de marche de la division (*ibid.*, 926), est démenti par le général du Barail, III, 171, et par de Lonlay, II, 599. Le texte de ces deux ouvrages le rend invraisemblable.
4. Journal de marche cité. Le général du Barail mentionne à tort la ferme de Moscou.
5. Escortés respectivement par les 5e escadrons du 1er dragons et du 10e cuirassiers.
6. Général du Barail, *loc. cit.*

distance[1]. Aucun document n'indique que la moindre patrouille ait été envoyée durant la soirée et la nuit. On signale pourtant « dans les environs la présence d'éclaireurs ennemis, et les gens du pays affirment que les Prussiens ont des forces importantes à Ars-sur-Moselle[2] ». Enfin quelques coups de feu sont tirés sur les vedettes du 10ᵉ cuirassiers et l'on aperçoit des coureurs ennemis dans les bois[3].

Dès lors la sécurité paraît si précaire que les chevaux restent sellés toute la nuit et les cavaliers en éveil[4]. Singulière préparation aux fatigues du lendemain! D'ailleurs l'établissement de deux faibles divisions à Gravelotte n'assure nullement le débouché de l'armée sur le plateau. Ce n'est pas sept régiments de cavalerie et quatre batteries qu'il y faudrait, mais de fortes avant-gardes de toutes armes. Autrement nos corps d'armée courront le risque de ne pouvoir sortir du long défilé où les a engagés le maréchal. Celui-ci sait que l'ennemi menace nos deux flancs[5] : il serait élémentaire de les couvrir.

Contre ce qui devrait être, les corps d'armée ont entamé leur retraite avant la réserve de cavalerie. L'empereur insiste pour qu'on se hâte et, à midi et demi, Bazaine répond que le mouvement est commencé[6]. En effet il auto-

---

1. Un par régiment, général Bonie, 54 : deux pelotons de cuirassiers, naturellement sans carabine, font face, l'un au bois des Ognons, l'autre au bois de Vaux ; deux pelotons de dragons sont poussés vers le bois de Saint-Arnould. Voir les détails donnés par de Lonlay, II, 590, et tirés des Historiques des corps, comme le montre ce qui est relatif au 10ᵉ cuirassiers (A comparer avec la *R. H.*, I, 1903, 840, note 2). Le 3ᵉ lanciers (brigade Lapasset) vint bivouaquer vers 4 heures du matin à côté du 9ᵉ dragons ; l'artillerie (7ᵉ et 8ᵉ batteries du 20ᵉ régiment) du général de Forton et son escorte étaient arrivées vers 3 heures.
2. Journal de marche de la 1ʳᵉ division.
3. De Lonlay, II, 590. Le colonel du 10ᵉ cuirassiers fut même blessé en inspectant ses grand'gardes.
4. Les escadrons de du Barail passent la nuit la bride au bras (de Lonlay, II, 599) ; les chevaux de Forton restent sellés (*ibid.*, 591), détail confirmé par l'Historique du 1ᵉʳ dragons (manuscrit de 1871), cité dans la *R. H.*, I, 1903, 839.
5. Bulletin de renseignements du grand quartier général, 13 août, *R. H.*, I, 1903, 707.
6. L'empereur au maréchal, lettre, s. h. ; le maréchal à l'empereur, d. t., midi 30 (*R. H.*, I, 1903, 896) : « MM. les généraux Frossard et de Ladmirault ont commencé leur mouvement du passage de la Moselle.

« Le 4ᵉ corps et le 3ᵉ suivront la route de Conflans ; le 2ᵉ et le 6ᵉ suivront

rise les généraux Frossard et de Ladmirault à se mettre en marche [1].

Le maréchal se rend si peu compte des difficultés dont ses troupes auront à sortir qu'il espère terminer son mouvement le soir même. Du moins il l'écrit à l'empereur [2]. Si limitées que soient ses connaissances militaires, il paraît difficile d'admettre que, pour lui, moins de douze heures suffiront à l'armée afin de passer la Moselle et d'atteindre les abords est de Gravelotte. Peut-être obéit-il simplement au désir de hâter le départ de Napoléon III, en lui représentant la marche comme beaucoup plus avancée qu'elle n'est réellement?

Le 2ᵉ corps se met en mouvement vers midi, la division Bataille en tête; puis viennent celle du général Vergé et la brigade Lapasset [3]. Leur infanterie passe la Moselle aux ponts militaires d'amont, tandis que l'artillerie pénètre dans la ville pour traverser le pont des Morts, non sans une très forte perte de temps [4].

Quant à la cavalerie du 2ᵉ corps, elle aussi pénètre dans Metz, après avoir été longuement arrêtée par l'encombrement de la route de Magny. Elle ne peut passer le pont des

---

la route de Verdun (par Mars-la-Tour); la Garde suivra cette même dernière route, avec la réserve du général Canu.

« J'espère que le mouvement sera terminé ce soir.

« Les corps ont l'ordre de camper en arrière de ces routes, afin de les prendre demain matin.

« Je reste encore ici pour veiller au mouvement général et j'établirai mon quartier général à Moulins, en avant de Longeville. »

A la même heure (midi 30), Bazaine télégraphie au général Bourbaki : « Les généraux Frossard et de Ladmirault commencent leur mouvement » (*ibid.*, 1182).

1. Voir *suprà*, p. 225, note 2.
2. Lettre de midi 30 déjà citée.
3. La division Laveaucoupet a été désignée pour rester sous Metz.
4. Itinéraires du 2ᵉ corps, tel que les indique la *R. H.*, I, 1903, 841, d'après les Journaux de marche, *ibid.*, 901 et suiv. : *division Bataille, infanterie :* part de la Basse-Bévoye vers midi, contourne le fort de Queuleu par le sud, passe la Seille sur des ponts de chevalets à l'ouest, traverse Le Sablon et Montigny, puis gagne les ponts de bateaux de l'île Saint-Symphorien; *artillerie :* entre dans Metz par la porte Serpenoise et va passer au pont des Morts;

Division Vergé, infanterie : quitte Magny à 2 heures, suit les glacis et gagne les ponts d'amont; *artillerie :* passe au pont des Morts;

Brigade Lapasset : part à 3 heures (à 5 heures, *Le général Lapasset*, II, 142) et suit la division Vergé.

Morts qu'à une heure fort avancée. Enfin la réserve d'artillerie a pris la tête des batteries divisionnaires [1] ; les parcs les ont suivies.

Le désordre et la lenteur de la marche sont tels que le mouvement de certaines troupes se termine seulement aux premières heures du 15 août. Le général Frossard établit son corps d'armée vers Jussy et Rozérieulles, comme l'y a autorisé Bazaine [2]. Ses mesures de sécurité se bornent à l'envoi « en avant-garde » du 12ᵉ bataillon de chasseurs à l'entrée ouest de Rozérieulles, sur le front même qu'occupent la division Vergé et la brigade Lapasset [3].

On sait que les troupes du général de Laveaucoupet sont destinées par l'empereur à la garnison de Metz. En transmettant cet ordre au général Frossard, Bazaine ajoute que cette division « se rapprochera du fort de Queuleu, où elle prendra position », si le mouvement du reste de l'armée l'empêche de rentrer dans la place [4]. Au contraire le général Coffinières entend la répartir immédiatement dans les forts [5].

---

1. D'après la *R. H.*, I, 1903, 842, l'artillerie du 2ᵉ corps ne peut passer le pont des Morts qu'à 1 heure du matin, « en même temps qu'un régiment de dragons sur un trottoir et un régiment d'infanterie sur l'autre ».

2. Voir *suprà*, p. 225. Le 2ᵉ corps occupe les emplacements suivants le matin du 15 août :
Quartier général, Longeau ;
Division Vergé, un peu au nord de Rozérieulles ; arrivée à 9 heures du soir, elle n'est rejointe qu'à 4 heures du matin par son artillerie ;
Division Bataille, à cheval sur la grand'route, vers Longeau ; arrivée vers 4 heures, elle est rejointe dès 9 heures par son artillerie.
Brigade Lapasset, entre Rozérieulles et Sainte-Ruffine depuis 10 heures du soir (à minuit d'après *Le général Lapasset*, II, 142).
Division Valabrègue, à la ferme Saint-Hubert à 5ʰ30 du matin ; s'y arrête un moment et arrive à Vionville à 9ʰ30.
Réserve d'artillerie, entre Longeville et Moulins, le long de la route ; arrivée entre 10 et 11 heures du soir ;
Parc d'artillerie, entre Moulins et Longeau ;
Convois, mélangés à ceux du 6ᵉ corps entre Longeville et Moulins (*R. H.*, I, 1903, 843, d'après les Journaux de marche du 2ᵉ corps, *ibid.*, 901 et suiv. ; de Lonlay, II, 614).

3. *R. H.*, I, 1903, 843. La 15ᵉ compagnie principale du 1ᵉʳ régiment du train d'artillerie est rattachée désormais au 2ᵉ corps (Le général Soleille au colonel Gobert, commandant le parc du 5ᵉ corps, et au général de Liégeard, commandant l'artillerie du 7ᵉ, d. t., *ibid.*, 890).

4. D. t., 11ʰ15 du matin, *R. H.*, I, 1903, 916.

5. Lettre au général de Laveaucoupet, *R. H.*, I, 1903, 916.

Mais à peine Laveaucoupet a-t-il commencé de la rassembler sous le fort de Queuleu que le canon retentit vers l'est. C'est la bataille de Borny qui commence. Le général se hâte de jeter deux de ses régiments (2ᵉ et 63ᵉ) et ses trois batteries dans les ouvrages les plus exposés, ceux de Queuleu, de Bellecroix et de Saint-Julien. Son artillerie pourra même intervenir dans l'action [1].

D'après les instructions du 13 août, le 6ᵉ corps doit suivre la route de Mars-la-Tour comme le 2ᵉ. Ce dernier est loin d'avoir traversé la Moselle, quand, à 1ʰ 45, le maréchal Canrobert reçoit un ordre de Bazaine l'invitant, dès que ses troupes auront été relevées par la division Laveaucoupet, à venir s'établir derrière les bivouacs que va occuper le 2ᵉ corps [2].

Vers 4 heures, lorsque retentit le premier coup de canon, les troupes du corps d'armée n'ont fait aucun mouvement ; seuls les bagages et convois se sont mis en marche derrière ceux du général Frossard. C'est alors que Ladmirault envoie prévenir Canrobert, qui est à l'Hôtel de l'Europe, « que son arrière-garde est fortement engagée. On entend distinctement le canon et la fusillade du côté de Borny.

« Au même moment, le général Tixier... signale des mouvements d'infanterie en face de son front... » Le corps

---

1. Répartition de la division dans la soirée : quartier général, artillerie, 2ᵉ de ligne au fort de Queuleu, 3ᵉ bataillon du 63ᵉ au fort Bellecroix ; 1ᵉʳ et 2ᵉ bataillons du 63ᵉ au fort de Saint-Julien ; 1ᵉʳ et 2ᵉ bataillons du 24ᵉ au fort de Saint-Quentin ; 3ᵉ bataillon du 24ᵉ, 10ᵉ chasseurs au fort Moselle ; 40ᵉ de ligne et 13ᵉ compagnie du 3ᵉ du génie au fort de Plappeville (R. H., I, 1903, 845, d'après les Journaux de marche, ibid., 906 et suiv.).

2. Lettre reçue à 1ʰ45, d'après le cahier de notes du chef d'état-major du 6ᵉ corps, général Henry (R. H., I, 1903, 924).

L'empereur a prescrit de retenir au camp de Châlons toutes les fractions du 6ᵉ corps embarquées à destination de Metz et qui pourraient rejoindre l'armée par Charleville à défaut de Frouard (Le général de Salignac-Fénelon au maréchal Canrobert, d. t., 2 heures du matin, et réponse, 9 heures du matin, ibid., 922).

Sur la demande de ce dernier, Bazaine décide que la brigade de dragons Bruchard, du 3ᵉ corps, passera provisoirement au 6ᵉ (Le maréchal Canrobert au maréchal Bazaine, 2ʰ15, et décision prise, ibid., 924). De même les 9ᵉ et 10ᵉ batteries du 13ᵉ régiment sont affectées à la division Bisson ; les 7ᵉ et 8ᵉ du 18ᵉ (à cheval) à la division Levassor-Sorval (Le général Soleille au général Canu, 14 août, R. H., I, 1903, 933).

d'armée prend les armes. Le maréchal Canrobert monte à cheval et va reconnaître la position de Tixier, « fort importante, puisqu'elle couvre le pont du chemin de fer [1] » à Longeville.

On demeure ainsi en position jusqu'à la nuit. La division Tixier, qui est entre Seille et Moselle à hauteur de Saint-Privat, se replie alors au nord de la tranchée du chemin de fer vers Montigny, en se couvrant par un bataillon et une pièce laissés dans ce village [2]. De plus le 100ᵉ de ligne demeure au sud du Sablon, entre la Seille et la voie ferrée [3].

Quant au reste du corps d'armée, il se rapproche de Metz ou va s'établir vers Moulins et Sainte-Ruffine, sur sa route de marche [4]. A 11 heures du soir seulement, un officier apporte à Canrobert l'ordre verbal de se mettre en mouvement le 15 dès l'aube. La division Tixier passera la Moselle au viaduc de Longeville et marchera sur Gravelotte [5].

Des seize batteries de la réserve générale, une partie demeure jusqu'au lendemain dans les forts de Metz ; le reste assiste en spectateur à l'action ou y prend une part très faible, puis va dans la nuit bivouaquer au Ban-Saint-Martin, où les bagages l'ont précédé [6].

---

1. Cahier de notes du général Henry, *loc. cit.* Le général porte cet avis du général de Ladmirault vers 3ʰ 30, mais le combat ne commence qu'à 4 heures (*R. H.*, I, 1903, 846).

2. 3ᵉ bataillon du 40ᵉ de ligne, 1 pièce de la 5ᵉ batterie du 12ᵉ régiment, Journal de marche de la division ; Journal du colonel de Montluisant, *R. H.*, I, 1903, 919 ; de Lonlay, II, 632.

3. « Pour protéger le flanc sud du fort de Queuleu », Historique manuscrit du 100ᵉ de ligne cité *ibid.*, 847.

4. *Division Bisson* (9ᵉ de ligne seulement) quitte dans la soirée le bivouac de Saint-Éloy pour se rapprocher de la gare de Devant-les-Ponts ;
Division La Font de Villiers va s'établir à la nuit close à hauteur de Longeville (1ʳᵉ brigade), dans Sainte-Ruffine ou entre ce village et Moulins (2ᵉ brigade) ; l'artillerie à Moulins ;
Division Levassor-Sorval va, entre 5 et 6 heures, s'installer un peu plus près de la place, entre le Sansonnet et la ligne ferrée de Thionville (*R. H.*, I, 1903, 848, d'après les Journaux de marche, *ibid.*, 920).

5. Cahier de notes du général Henry, *loc. cit.*

6. *13ᵉ régiment*, 5ᵉ et 6ᵉ batteries au fort Moselle ; 7ᵉ dans les ouvrages extérieurs du fort Bellecroix ; 8ᵉ aux forts Bellecroix et Moselle ; 9ᵉ, 10ᵉ, 11ᵉ, 12ᵉ quittent le bivouac des Bordes entre 9 et 10 heures, passent les ponts d'aval et s'établissent vers minuit au Ban-Saint-Martin ;
18ᵉ régiment (à cheval) : ses huit batteries prennent une très faible part à la

Nous avons dit que Bazaine n'a pris aucune disposition pour couvrir sa retraite : il paraît les laisser à l'initiative de ses lieutenants. Ladmirault est seul à s'en inquiéter, ainsi qu'en témoigne son ordre au 4e corps [1]. Par sa rédaction, par les détails oiseux qu'il contient, par l'absence de prescriptions indispensables, ce document mérite d'être étudié de près. A lui seul, il explique bien des défaillances. Quand la division Grenier devra-t-elle prendre les emplacements indiqués ? Pourquoi lui faire effectuer un déploiement prématuré, dans le vide ? Dans quel ordre les autres troupes passeront-elles les ponts ? Autant de questions sans réponse.

Vers midi, le maréchal juge le mouvement des convois assez avancé pour que le 4e corps puisse entamer le sien. Il lui donne l'ordre de se mettre en retraite [2], sans tenir compte de ce fait que le 2e corps va, presque au même instant, quitter ses bivouacs. Tous deux doivent nécessairement passer à Longeville et suivre la même route jusqu'à Gravelotte. Ils ont à peu près la même distance à parcourir jusqu'au premier de ces points. Il faut donc que l'un d'eux ralentisse l'autre de toute la durée de son propre écoulement. Encore doit-on négliger le 6e corps, qui, d'après les Instructions du 13 août, devait marcher dans l'intervalle des 2e et 4e et qui, en réalité, reçoit la nuit seulement son ordre de mise en marche.

Ainsi, dès le début de la retraite, les dispositions de Bazaine se révèlent inexécutables.

---

bataille et vont dans la nuit bivouaquer au Ban-Saint-Martin (*R. H.*, I, 1903, 849, d'après les Historiques manuscrits, *ibid.*, 931, 932).

La *réserve générale du génie* reste à Metz ou dans les forts, le *grand parc* sur les glacis de la citadelle (*ibid.*, 849, d'après les Journaux de marche, *ibid.*, 933).

1. Voir l'annexe 8.
2. Voir *suprà*, p. 225. D'après la *Revue d'Histoire*, I, 1903, 852, trois corps d'armée (2e, 6e et 4e corps) allaient se mettre en route simultanément pour s'engager sur une route unique. Cette assertion n'est exacte que pour les 2e et 4e corps, car le 6e reçut à 11 heures du soir seulement l'ordre de mise en marche et encore pour le 15.

Il est vrai que les Instructions du maréchal Bazaine admettent, sans le prescrire formellement, que les 2e et 6e corps seront suivis jusqu'à Gravelotte des 4e et 3e (Voir *suprà*, p. 191). Elles sont donc en contradiction avec les ordres consécutifs.

Suivant les prescriptions de Ladmirault, la division Legrand se met en mouvement dès la réception de l'ordre du maréchal. Laissant sur le plateau le 3ᵉ dragons, les trois autres régiments et les deux batteries à cheval gagnent les ponts d'aval, puis traversent la Moselle (vers 3 heures). Les premiers font halte sur les glacis, près de la porte de Thionville, et l'artillerie à la gare de Devant-les-Ponts [1].

La réserve d'artillerie, qui suit, continue vers Longeville. Mais, après avoir dépassé la porte de France, elle se heurte à la colonne du 2ᵉ corps qui vient de traverser la Moselle aux ponts de l'île de Saint-Symphorien [2]. Croyant s'être trompée de route, elle tourne à droite dans le village du Ban-Saint-Martin [3] et fait le tour du champ de manœuvres pour se retrouver à la porte de France. Finalement, l'étatmajor du corps d'armée la dirige sur la route de Thionville. Elle va bivouaquer vers 5 heures à hauteur de Saint-Éloy.

La tête de la division Lorencez, après avoir passé la Moselle aux ponts d'aval, s'est déjà engagée sur la route qui longe les glacis du fort Moselle, vers Longeville, lorsque Ladmirault, constatant l'encombrement de cette voie, décide de rassembler le 4ᵉ corps « entre Woippy et le fort de Bellecroix », jusqu'à ce qu'il soit possible de reprendre la marche sur Gravelotte [4]. A ce moment les premiers coups de canon retentissent vers l'est. La division achève de passer la Moselle, puis va s'établir au sud et au sud-est de Woippy [5].

---

1. *R. H.*, I, 1903, 853 ; de Lonlay, II, 453. L'Historique imprimé du 2ᵉ hussards, p. 181, porte que la division se met en marche à 1 heure du matin.

2. D'après la *Revue d'Histoire*, I, 1903, 853, « la tête de colonne des batteries vint se heurter, à la porte de France, aux troupes du 2ᵉ corps, également en marche sur Longeville ». Ce détail ne peut s'appliquer qu'à l'artillerie, à la cavalerie et aux convois du 2ᵉ corps, qui traversèrent seuls la ville.

3. En passant, le général Frossard dit à l'un des officiers, le commandant Prémer, du 8ᵉ régiment, que cette artillerie s'est certainement trompée de route (Journal du lieutenant Palle, *R. H.*, I, 1903, 854).

4. *R. H.*, I, 1903, 854, d'après le *Procès Bazaine*, déposition Ladmirault, et le Journal de la division Lorencez, *ibid*.

5. *Brigade Pajol* : 15ᵉ de ligne à la Maison-Neuve ; 33ᵉ au Coupillon ; *artillerie* à l'est de Woippy ; *brigade Berger* : 54ᵉ de ligne au Sansonnet ; 65ᵉ près de Woippy. Le 3ᵉ bataillon du 65ᵉ seul, retardé dans sa marche, ne dépasse pas l'île de Chambière, y dépose ses sacs et est renvoyé par Ladmirault sur la rive

La division Cissey suit celle du général de Lorencez. Un peu après 4 heures, elle a commencé le passage de la Moselle, le 20ᵉ bataillon de chasseurs et l'artillerie en tête[1]. Ces troupes sont déjà dans l'île de Chambière, lorsque le canon retentit vers l'est. C'est la bataille de Borny qui commence.

---

droite. De même le 2ᵉ bataillon de chasseurs, qui marche en queue, laisse ses sacs sur le bord de la route de Thionville pour traverser ensuite de nouveau la Moselle.

1. D'après la *R. H.*, I, 1903, 855, l'ordre de marche ci-après résulte des Journaux de marche et Historiques : 20ᵉ chasseurs « escortant l'artillerie sur les bas-côtés de la route » ; 6ᵉ, 1ᵉʳ de ligne ; compagnie du génie, 57ᵉ et 73ᵉ de ligne.

XIII

LES ALLEMANDS AVANT LA BATAILLE

Au grand quartier général. — Les idées de Moltke. — Ordre du 14. — La IIe armée. — Sa cavalerie. — La Ire armée. — Indices de notre retraite. — Mission de Brandenstein. — Initiative de von der Goltz. — Le champ de bataille.

Pendant que commence, dans ces déplorables conditions, notre passage de la Moselle, l'état-major du roi Guillaume se montre fort incertain de ses décisions. La croyance la plus répandue est que nous sommes en retraite sur Châlons [1]. Mais Moltke attend des nouvelles positives lui permettant d'arrêter ses lignes de marche. Il voudrait porter la Ire armée en oblique au sud-ouest, de façon à l'établir au sud de Metz, entre Seille et Moselle. Une seule division resterait à Courcelles, en observation, jusqu'à son relèvement par la 3e division de landwehr. La droite de la IIe armée (IXe et XIIe corps), en marche sur Pont-à-Mousson, serait prête à soutenir la Ire.

Quant au reste de la IIe armée, il continuerait vers la Moselle, chacun de ses corps devant avoir une journée de repos après avoir passé cette rivière. Toutefois Frédéric-Charles dirigerait immédiatement vers les routes de Metz à Verdun des masses de cavalerie soutenues, s'il était possible, par des fractions d'infanterie. D'après les renseignements recueillis, on verrait à pousser la Ire armée dans la même direction [2].

Ce projet est conçu dans la supposition que nous faisons retraite sur le camp de Châlons. Moltke envisage aussi le cas où de fortes masses stationneraient encore « en avant et en arrière de Metz ». La Ire armée tiendrait alors la ligne

---

[1]. Tous les prisonniers disent que l'armée va sur Châlons (Le roi à la reine Augusta, 14 août, Oncken, 202).

[2]. Projet d'ordre d'opérations pour le 15 août, *Moltkes Korrespondenz*, I, III, I, n° 159. Ce projet, établi dans l'hypothèse que l'on aurait des renseignements positifs avant le soir du 14, ne fut pas envoyé, ce cas ne s'étant pas réalisé.

Courcelles, Orny, Pournoy, avec le XIIᵉ corps en réserve à Buchy-Solgne derrière sa gauche. Elle opposerait ainsi à une irruption de Bazaine au sud-est de Metz un total de 120,000 hommes, que l'arrivée du IIᵉ corps porterait à 150,000.

Quant à la IIᵉ armée, elle aurait le 16 août, sur la rive gauche de la Moselle, cinq corps d'armée, soit 150,000 hommes établis derrière la Madine (le Rupt-de-Mad?) et face à Metz. La IIIᵉ armée continuerait sa marche sur Paris[1].

On voit que l'idée d'une vaste conversion des deux armées autour de Metz est encore loin de la pensée de Moltke, quoi qu'on en ait dit parfois. Ses projets ont même un caractère défensif nettement accusé, tant l'existence du camp retranché de Metz nous donne de facilités de manœuvres et lui crée, par contre-coup, de motifs d'incertitude[2].

A 6 heures du soir, n'ayant encore reçu aucun des renseignements positifs qu'il réclamait, il adresse aux trois armées un ordre conçu dans l'hypothèse que la plus grande partie de nos forces est encore à l'est de la Moselle. Pour parer à une attaque possible et donner en même temps un jour de repos aux troupes, les IIIᵉ, IXᵉ et XIIᵉ corps serreront simplement sur leurs têtes le 15 août. De même, les Iᵉʳ et VIIᵉ corps conserveront leurs emplacements du 14 ; le VIIIᵉ, moins la brigade portée vers Thionville, se portera vers Bazoncourt-Alben, afin de se rapprocher de la droite de la IIᵉ armée et de préparer l'oblique de la Iʳᵉ.

« Pour définir nettement la situation, il est indispensable de porter des forces sérieuses à l'ouest de la Moselle, vers les routes qui relient Metz et Verdun. » La IIᵉ armée y consacrera toute la cavalerie disponible sur la rive gauche, en la faisant soutenir vers Gorze et Thiaucourt par les corps d'armée qui auront les premiers franchi la rivière. Le

---

1. Projet d'opérations sans date, probablement du 14 août, *Moltkes Korrespondenz*, I, III, I, nᵒ 160.
2. Ce thème a été longuement et heureusement traité par le capitaine Millard, de l'armée belge (*Études sur le rôle des places fortes dans la défense des États*, Liège, 1897).

III⁰ corps aura donc à jeter dès le matin un pont en aval de Pont-à-Mousson ; le II⁰ continuera sa marche dans la direction actuelle [1].

Ainsi c'est l'hypothèse de notre arrêt sous Metz qui l'emporte dans la pensée de Moltke, avant qu'il sache rien de la bataille livrée le jour même. Les nouvelles qu'il recevra dans la nuit l'obligeront à modifier ces premières dispositions.

La II⁰ armée a pu exécuter sans difficulté les mouvements prévus pour le 14. Sa droite, contrainte de rester à proximité de la I⁰ armée, gagne très peu de terrain à l'ouest ; le centre prend pied sur la Moselle à Pont-à-Mousson et la gauche accélère sa marche vers cette rivière. Le front de l'armée borde la Moselle de Dieulouard à Pont-à-Mousson, en repliant sa droite vers l'est, sur Louvigny. Trois corps d'armée sont en deuxième ligne derrière la droite ; un autre suit à grande distance dans la même direction.

Pour couvrir l'armée vers Metz, outre la cavalerie dont on parlera plus loin, un détachement a été porté de Pont-à-Mousson à Vandières, sur la rive gauche de la Moselle. La 38⁰ brigade d'infanterie est à l'ouest de Pont-à-Mousson, en soutien des escadrons jetés vers la Meuse [2].

La cavalerie de la Garde a obliqué vers le sud au lieu de remonter au nord. Deux de ses brigades sont à Villers-en-Haye et Rogéville, à quelques kilomètres de Dieulouard [3]. Leurs patrouilles trouvent Frouard inoccupé. Au contraire, un escadron rencontre près de Toul des chasseurs à cheval qu'il bouscule jusque dans le faubourg, sans même qu'un coup de feu soit tiré des remparts. On en déduit que la

---

[1]. Moltke aux commandements des I⁰, II⁰, III⁰ armées et des III⁰, IX⁰ et XII⁰ corps, *Moltkes Korrespondenz*, I, III, I, n⁰ 161.

[2]. Quartier général de la II⁰ armée, Pont-à-Mousson ; *III⁰ corps*, Vigny, Louvigny ; *X⁰ corps*, Pont-à-Mousson, avec un détachement à Vandières vers Metz (2 bataillons du 78⁰, 2 escadrons, 1 batterie) et la 38⁰ brigade à l'embranchement des routes de Thiaucourt et de Flirey ; *IV⁰ corps*, Leyr, Armaucourt, Manhoué, Malaucourt ;

En 2⁰ ligne : *IX⁰ corps*, Buchy, Luppy, Béchy ; *XII⁰ corps*, la tête à Solgne ; *Garde*, les têtes à Dieulouard et Sivry ;

En 3⁰ ligne : *II⁰ corps*, la tête à Faulquemont (*État-major prussien*, I, 454). Cette répartition ne concorde pas avec celle indiquée par le croquis, *ibid.*, 445.

[3]. Ulans de la Garde à Villers-en-Haye, dragons à Rogéville.

place est abandonnée ou occupée par une faible garnison, si bien qu'un officier est dépêché pour la sommer de se rendre. Le commandant se borne à répondre : « Repassez une autre fois » et, presque aussitôt, on tire sur les cavaliers prussiens des maisons et des jardins d'alentour. Ils se font jour, non sans peine, et parviennent encore à détruire les écluses qui retiennent l'eau des fossés [1].

Des trois brigades de la 5ᵉ division de cavalerie, celle du général von Bredow atteint seulement Pont-à-Mousson, les autres ont gagné le plateau jusqu'à Thiaucourt et Beney [2]. Un escadron du 13ᵉ ulans, jeté vers Metz par la vallée de la Moselle, arrive à Ancy, à 10 kilomètres environ de la place. Là il est arrêté par de l'infanterie française [3], dont le feu l'oblige au demi-tour. Deux autres escadrons (1ᵉʳ et 4ᵉ du 11ᵉ hussards) de la brigade Redern, venus de Pagny-sur-Moselle, poussent par Buxières dans la direction de la route de Metz à Verdun par Mars-la-Tour. Leurs patrouilles suivent cette voie jusque vers les forts à l'ouest de Metz, sans rencontrer nulle part nos troupes [4]. Ce renseignement, dont l'exactitude est toute momentanée, pourrait singulièrement tromper l'état-major de la IIᵉ armée. Il ne paraît pas qu'il soit rectifié à bref délai.

Quant à la 6ᵉ division de cavalerie, elle a gardé ses emplacements entre Seille et Moselle, le front vers Metz. De grand matin, le 16ᵉ hussards remarque dans nos camps, à cheval sur la route de Nancy, une agitation inusitée. Des travailleurs construisent des ouvrages de défense, des trains de chemin de fer vont et viennent dans la direction de Metz. Entre Marly et Magny-sur-Seille, on aperçoit des escadrons

---

1. *État-major prussien*, I, 456. Cette destruction paraît invraisemblable. La *R. H.*, I, 1903, 867, porte qu'ils les ouvrirent, sans indiquer où a été puisé ce détail.
2. Brigade Barby à Thiaucourt ; brigade Redern à Beney.
3. *État-major prussien*, I, 456. Nous n'avons pourtant aucune fraction dans ces environs. Il s'agit peut-être d'un corps franc.
4. L'État-major prussien écrit que ce renseignement parvint « bientôt après 1 heure de l'après-midi », sans indiquer où il parvint. Le général von Pelet-Narbonne dit au contraire que ce compte rendu daté de 11ʰ30 du matin arriva tard dans la soirée à l'état-major de la IIᵉ armée, détail qui paraît très vraisemblable.

pied à terre et sur la rive gauche de la Moselle, près d'Ancy, de l'infanterie avec des chasseurs d'Afrique[1]. Au contraire, les patrouilles du 3ᵉ hussards trouvent les camps de Peltre et de Mercy-lès-Metz occupés comme la veille, et ces indications contradictoires ne sont pas pour éclairer la situation.

A 2 heures du soir, on croit voir des colonnes françaises en marche sur Fleury, le long de la route de Nancy. Aussitôt la 6ᵉ division monte à cheval et gagne sa place d'alarme. Elle est encore rassemblée quand, vers 4 heures, le canon et la fusillade retentissent au nord-est avec une intensité croissante. Le 15ᵉ ulans et un escadron du 6ᵉ cuirassiers se portent vers Metz et trouvent abandonnés Peltre, Mercy-lès-Metz et les travaux de défense avoisinants. Des traces observées, on déduit que nous avons marché au canon, conclusion aussi erronée que la plupart des précédentes.

On voit, en somme, que la cavalerie de la IIᵉ armée a joué un rôle subalterne dans la journée du 14. Malgré son effectif et l'inaction persistante de la nôtre, elle ne recueille nulle part un renseignement de réelle valeur. Elle ne sait même pas s'établir sur les routes de Metz à Verdun, comme il lui serait facile pour rester fidèle à l'esprit des ordres de Frédéric-Charles[2].

L'ordre du roi daté du 13 août[3] est parvenu dans la nuit à Steinmetz. Il y voit pour lui une mission défensive par essence, hors le cas prévu d'une irruption de Bazaine vers le sud-est. Sa pensée n'est point de risquer une attaque de front contre des troupes établies sous le canon de Metz.

---

[1]. *État-major prussien*, I, 457. Voir dans von Widdern, *Verwendung und Führung der Kavallerie*, III, 10 et 13, l'ordre de la 6ᵉ division de cavalerie pour le 14 août, les comptes rendus des 16ᵉ hussards (midi 30) et 3ᵉ ulans (vers midi). Le Journal de marche de la division du Barail ne mentionne aucune reconnaissance. D'après von Pelet-Narbonne, un rapport du colonel du 3ᵉ ulans, daté du château Saint-Blaise près de Jouy-aux-Arches, se termine ainsi : « Il semble que les forces principales ne sont pas à Metz. »

Dans la matinée la brigade Rauch a été relevée par la brigade Grüter (3ᵉ et 15ᵉ ulans).

[2]. Voir *suprà*, p. 182 et dans von Widdern, *Verwendung und Führung der Kavallerie*, III, 68, l'ordre de la IIᵉ armée pour le 14 août.

[3]. Voir *suprà*, p. 219.

Mais, loin de le spécifier nettement, tout en faisant connaître à ses lieutenants la tâche assignée à la Ire armée par le grand quartier général, il se borne à leur prescrire, en termes d'une extrême brièveté, de conserver le 14 leurs emplacements du 13. Seule la 1re division de cavalerie est informée des prescriptions données à la IIe armée et invitée à observer tout spécialement Metz[1]. Enfin Steinmetz laisse le VIIIe corps derrière sa droite, au lieu de le rapprocher de la IIe armée, c'est-à-dire de la direction où il devrait intervenir le cas échéant.

Les premières heures du 14 août sont tranquilles sur tout le front des avant-postes prussiens. Mais, à partir de 11 heures, les différents états-majors reçoivent des comptes rendus toujours plus nombreux signalant nos mouvements de retraite vers Metz. Ainsi le lieutenant Stumm, du 8e hussards, annonce de Marsilly vers 10^h 45 qu'un lent mouvement rétrograde s'opère de nos positions d'Ars-Laquenexy, Coincy, Noisseville, Colombey, Lauvallier et Vantoux.

De même, à midi 30, le général von Hartmann rend compte, d'une hauteur au nord de Mécleuves, que nous tenons encore Peltre et le bois au sud de Mercy-lès-Metz, mais que nous avons déjà partiellement évacué les camps observés entre Mercy et Metz ; à partir de 1^h 45 il remarque des fractions quittant Mercy.

A midi 30, le général von Pritzelwitz écrit de Château-Gras que, visiblement, les camps de Borny ont été levés et que nos troupes en sont parties. Toutefois notre infanterie tient encore Vreny, Poixe, Servigny, Noisseville et Montoy. A 3 heures, on s'aperçoit que Vreny a été évacué ainsi que le pays jusqu'à la Moselle, au nord-est de la ligne de Vreny à Saint-Julien. Une demi-heure après, le 10e dragons voit une colonne partir du camp de Servigny pour Metz. Des habitants qui viennent de cette ville déclarent que nous sommes en retraite[2]. Enfin, à 4 heures, des patrouilles de

---

1. Voir *suprà*, p. 219.
2. Von Widdern, *Verwendung und Führung der Kavallerie*, III, 244.

la 3ᵉ division de cavalerie signalent l'évacuation de Chieulles et d'un bivouac voisin du bois de Grimont.

Malgré tous ces indices, les avant-gardes de la Iʳᵉ armée ne prendraient pas l'offensive, si des officiers de l'état-major du roi n'intervenaient activement dans ce sens.

Moltke s'attendait à voir la Iʳᵉ armée opérer de nombreuses reconnaissances vers Metz dans la journée du 14 août. Du moins ç'a été sa thèse après coup, quoiqu'elle soit loin de ressortir nettement de l'ordre du 13[1]. Pour être mieux au courant des événements, il envoie de grand matin aux avant-postes de Steinmetz deux des officiers de son état-major, le lieutenant-colonel von Brandenstein et le capitaine Winterfeld. Arrivés vers 7ʰ 30 à Ogy, ils suivent la ligne des avant-postes jusqu'à la route de Saint-Avold à Metz. Contre leur attente, ils n'y observent aucun mouvement; les troupes n'ont même pas reçu d'ordre pour la journée.

Ils poussent donc jusqu'au quartier général du Iᵉʳ corps, à Courcelles-Chaussy, et apprennent dans quels termes sommaires Steinmetz a fait connaître ses intentions à Manteuffel[2]. Faute de données plus sérieuses, ce dernier se considère naturellement comme lié par les instructions verbales reçues la veille. Le commandant de la Iʳᵉ armée lui a exprimé très nettement l'intention de garder une stricte défensive. Son ordre du 14 ne change rien à cette situation.

D'autre part la pensée intime de Manteuffel et de son chef d'état-major est que l'attaque immédiate s'impose. Notre retraite continue depuis le 6 août, l'abandon journalier que nous faisons de travaux de défense à peine construits, sans même tirer un coup de feu, ont répandu chez nos adversaires le désir d'en venir aux mains le plus tôt possible. « Je

---

1. «.... S. M. befehlen dass die I. Armee morgen den 14. in ihrer Stellung an der französischen Nied verbleibt und durch vorgeschobene Avantgarden beobachtet ob der Feind sich zurückzieht oder zum Angriff vorgeht... » (Extrait de l'ordre du 13 août, 9 heures du soir, voir *suprà*, p. 219).

2. Le matin, à 9 heures, Manteuffel a reçu de Steinmetz l'ordre ci-après : « J'informe V. E. par la présente que la Iʳᵉ armée restera aujourd'hui dans ses emplacements » (Von Widdern, *Kritische Tage, Die I. Armee bei Colombey-Nouilly am 13. und 14. August 1870*, 43).

voyais dans l'armée de Bazaine, a écrit le chef d'état-major du Ier corps, le but même de nos opérations. Puisqu'on était enfin parvenu à la rejoindre, il fallait chercher à la battre sans retard¹. » Enfin le corps d'armée n'a pas encore combattu ; il brûle d'imiter les exemples de Spicheren et de Frœschwiller.

Manteuffel ignore jusqu'à l'existence des ordres du grand quartier général. C'est seulement à 10 heures du matin qu'il en a connaissance par le lieutenant-colonel von Brandenstein. Cet officier a constaté l'inaction des avant-postes de la Ire armée. S'inspirant de la pensée de Moltke plutôt que de ses prescriptions écrites, il insiste auprès de Manteuffel pour obtenir l'envoi de fortes reconnaissances vers Metz. Il voudrait que le Ier corps fût prêt à combattre, pour le cas où nous menacerions le flanc droit de la IIe armée. Le général connaît trop bien Steinmetz pour risquer volontiers d'aller ainsi contre ses instructions formelles. Il consent à tenir ses troupes en alerte, mais refuse de faire plus sans l'autorisation du commandant de l'armée. Brandenstein et l'un de ses officiers vont aussitôt la solliciter. Vainement ils cherchent à obtenir de Steinmetz un mouvement en avant du Ier corps. Bien que son chef d'état-major, von Sperling, ait déjà insisté dans le même sens, tous leurs efforts sont inutiles. « Le lion de Nachod » refuse d'envoyer vers l'ouest autre chose que des patrouilles. Il n'exécute même pas la lettre de l'ordre du 13 août².

Ce n'est pas le Ier corps qui prendra l'initiative d'une attaque.

Le général von der Goltz commande l'avant-garde que le VIIe corps a poussée vers Metz. Mieux encore que Manteuffel, il se rend compte de notre mouvement de retraite. D'après l'État-major prussien³, « en présence de ce fait, le

---

1. Souvenirs du lieutenant-colonel von der Burg, chef d'état-major du Ier corps, von Widdern, *loc. cit.*, 44.
2. Rapport de Brandenstein à Moltke, von Widdern, *Die I. Armee bei Colombey-Nouilly*, 47. Il est 11ʰ45 quand Brandenstein rend compte de cet entretien à Moltke.
3. I, 464.

général croit devoir agir aussitôt. Une tentative en vue de gêner et de retarder la retraite des Français lui paraît justifiée tant par les principes généraux de la guerre que par la situation stratégique. En outre, l'alarme donnée au Iᵉʳ corps et les mouvements qui en résultent l'amènent à croire que, lui aussi, ce corps d'armée va attaquer ».

La relation officielle exagère, semble-t-il, l'idée que von der Goltz se fait de la situation. Si le grand quartier général, nous l'avons vu, est loin de s'en rendre un compte exact, l'incertitude doit être beaucoup plus grande pour ce commandant d'une brigade d'infanterie, placé comme il est sous les ordres d'un chef avare de ses renseignements sur l'ennemi et sur les projets en cours. La vérité est que von der Goltz paraît obéir à des sentiments très complexes, mais surtout au désir de joindre au plus tôt son adversaire.

Dans la matinée il a vu le général von Hartmann, commandant la 1ʳᵉ division de cavalerie, qui lui a communiqué ce qu'il savait du rôle réciproque des deux armées. L'après-midi, le colonel du 15ᵉ ulans, von Alvensleben, a un entretien assez long avec lui. Il en résulte que, malgré le silence de Steinmetz, von der Goltz connaît à peu près les intentions de Moltke. En outre, le 6 août, il commandait l'avant-garde de la division Glümer. Par suite des circonstances, et surtout des dispositions vicieuses de son chef, il n'a pas joué le rôle décisif qui aurait dû lui incomber. « Ce souvenir le hantait. Il brûlait de prendre sa revanche [1]... »

Son émotion est donc grande lorsque, vers 1 heure, un officier du Iᵉʳ corps vient lui annoncer un mouvement en avant de la 1ʳᵉ division. Cette nouvelle est inexacte. Néanmoins Goltz, qui l'ignore, donne l'alarme à ses troupes et, vers 1ʰ 45, il écrit à son commandant de corps d'armée, von Zastrow : « Le Iᵉʳ corps va attaquer. Je tiens les troupes de l'avant-garde prêtes à combattre. » Toutefois il hésite

---

[1]. Capitaine Hallouin, *La Journée du 14 août 1870 d'après Cardinal von Widdern*, 10 ; von Widdern, *loc. cit.*, 22-27 ; *État-major prussien*, I, 463.

encore ; il connaît le caractère entier de Steinmetz et sait que la responsabilité à encourir sera singulièrement lourde. Il demande conseil au colonel von Alvensleben. Enfin notre retraite se confirme de tous les côtés et ses dernières hésitations sont levées. Il prend la décision d'attaquer et dit à Brandenstein qui le rencontre, une fois sa résolution prise : « Je ne puis pourtant pas laisser les Français se retirer tranquillement[1] ! » De son chef, les VIIe et Ier corps vont être entraînés dans une action générale, contre les idées bien arrêtées du commandant de l'armée. Ce n'est pas que von der Goltz ait l'intention de nous refouler jusqu'à la ligne des forts. Son but est plus modeste : il veut s'emparer du ravin de Colombey[2] de façon à gêner notre retraite avec son canon. Mais il n'est rien moins que certain de limiter à sa guise l'opération qu'il va entreprendre.

A 3[h] 30, son avant-garde[3] part du bivouac d'Ars-Laquenexy. En même temps, il prévient de cette décision les troupes voisines, y compris la 25e division (IIIe corps). Il demande au Ier corps, à la 1re division de cavalerie, aux 13e et 14e divisions de le soutenir[4].

Le terrain sur lequel va se dérouler la bataille du 14 août est le plateau situé à l'est de la Seille et de la Moselle. Du sud-ouest au nord-est, il s'élève, par degrés insensibles, dans la direction de Sainte-Barbe dont le clocher domine au loin les environs. Au nord, les larges ondulations qu'il présente sont découvertes en général. Seuls les villages en rompent la monotonie. Vers le sud, au contraire, outre les bois d'Ars-Laquenexy et de Failly, on distingue des parcs et des boqueteaux assez nombreux. Cet ensemble est coupé en deux parties d'importance inégale par une vallée pro-

---

1. Von Widdern, *loc. cit.*, 51, d'après les souvenirs d'un témoin. Le 15, von der Goltz n'est pas sans inquiétude sur les résultats de son initiative. Il rencontre le lieutenant-colonel von Verdy du Vernois qui le rassure aisément (Verdy du Vernois, *Im grossen Hauptquartier*, 72).
2. Von Widdern, *loc. cit.*, 33 ; *État-major prussien*, I, 465.
3. 26e brigade d'infanterie, 7e bataillon de chasseurs, 8e hussards, 5e et 6e batteries légères.
4. Von Widdern, *Die I. Armee bei Colombey-Nouilly*, 31-32.

fonde qui descend de Sainte-Barbe entre Servigny et Noisseville, jusqu'à la Moselle. C'est celle que suit le ruisseau de Vallières et qui débouche dans l'intervalle de Metz au fort de Saint-Julien.

Parmi les plis de terrain secondaires qui se rattachent à cette coupure du sol, le plus important est le ravin de Colombey, dont la direction générale va du sud au nord. Les pentes qui l'encadrent sont plantées de vignes comme le flanc nord du ravin de Vallières. De par sa direction, il va jouer un rôle capital dans la bataille prochaine.

XIV

ATTAQUE DE VON DER GOLTZ

Occupation du château d'Aubigny. — Dispositions prises au 3ᵉ corps. — Division Metman. — Prise de Colombey. — Continuation du mouvement de von der Goltz. — Prise de La Planchette. — Division Castagny.— Divisions Aymard et Montaudon. — Division Clérembault. — Résultats de l'équipée de von der Goltz. — Le maréchal Bazaine.

On a vu comment von der Goltz est conduit à prendre l'offensive avec l'avant-garde du VIIᵉ corps. Deux bataillons et une batterie[1] marchent de Marsilly sur le château d'Aubigny ; à gauche, le 7ᵉ bataillon de chasseurs se porte par Ars-Laquenexy sur Colombey ; le 8ᵉ hussards couvre le flanc droit ; le reste de l'avant-garde suit sur Marsilly.

Entre le château d'Aubigny et Coincy, la tête des hussards se heurte à un escadron du 3ᵉ corps[2], qui se retire après avoir tiré quelques coups de feu, non sans avoir aperçu la colonne prussienne. Le château et ses abords sont encore occupés par l'une de nos grand'gardes[3], que la retraite des compagnies voisines laisse tout à fait isolée. Vers 4 heures, un des bataillons prussiens se déploie en face d'elle ; accueilli par un feu de salve inefficace, il déborde le château vers le sud avec l'une de ses compagnies, ce qui nous oblige à l'évacuer aussitôt, sous les obus d'une batterie[4] venue dans l'intervalle au nord de Marsilly.

Von der Goltz établit deux compagnies dans le château, en repli ; trois autres obliquent très fortement au nord sur La Planchette, « pour envelopper l'ennemi à droite », ce qui paraît au moins ambitieux ; une dernière se joint au ba-

---

1. 1ᵉʳ et 2ᵉ du 15ᵉ régiment, 6ᵉ batterie légère du VIIᵉ corps (*État-major prussien*, I, 465).
2. 5ᵉ du 2ᵉ chasseurs, Historique du corps, *R. H.*, I, 1903, 452.
3. 4ᵉ compagnie du 7ᵉ bataillon de chasseurs (Rapport du général de Potier, 15 août ; Historique du 7ᵉ chasseurs, *R. H.*, I, 1903, 1124, 1129).
4. 5ᵉ légère du VIIᵉ corps, *État-major prussien*, I, 466.

taillon de chasseurs en marche sur Colombey[1]. De la sorte, les trois bataillons de von der Goltz vont couvrir un front de 3 kilomètres, de La Planchette à Ars-Laquenexy. Leur éparpillement sera extrême.

Nous avons dit que le 7e bataillon de chasseurs marche sur Colombey. Trois de ses compagnies suivent cette direction; la quatrième couvre leur gauche dans les bois à l'ouest d'Ars-Laquenexy[2]. Les premières, à peine en vue, sont gênées dans leur marche par les obus de notre artillerie[3]; la dernière est engagée dans un vif combat de feux contre des fractions du 7e de ligne établies en avant de la lisière est du bois de Colombey. Après un instant de recul, les Prussiens s'établissent dans un chemin creux descendant au sud-ouest du château; trois de leurs compagnies gravissent les pentes au sud de Colombey. Enfin d'autres fractions abordent ce hameau par l'est et s'en emparent[4].

Des tranchées-abris creusées par la division Metman au sud-ouest, pour relier Colombey au bois de ce nom, sont enlevées en même temps, après un très court combat. L'une des batteries de von der Goltz, venue au nord du château d'Aubigny, a puissamment contribué à ces résultats. Elle aide aussi les tirailleurs prussiens à rejeter une attaque dirigée sur Colombey par des fractions de Metman.

Au bruit du canon, le général Decaen a prescrit aux divisions Castagny et Metman de réoccuper les positions qu'elles venaient de quitter. La seconde n'a pas attendu cette invitation. Mais le 59e a déjà abandonné la gauche de notre ligne de tranchées-abris, à l'ouest de Colombey. En outre, le général de Potier, qui commande la 1re brigade de Met-

---

1. 2e et 3e du 15e régiment au château; 1re, 6e et 7e sur La Planchette; 4e avec le 7e chasseurs (*État-major prussien*, I, 466).
2. 1re, 3e, 4e sur Colombey; 2e, qui vient des avant-postes, à l'ouest d'Ars-Laquenexy (*État-major prussien*, I, 466).
3. 6e batterie du 11e régiment établie au sud-ouest de Colombey (Rapport du lieutenant-colonel Sempé, commandant l'artillerie de la division Metman, *R. H.*, I, 1903, 1135).
4. 1re et 3e compagnies de chasseurs derrière la 2e dans le chemin creux; la 4e du 7e chasseurs, les 6e et 7e du 15e régiment sur les hauteurs au sud, les 5e et 8e dans Colombey (*État-major prussien*, I, 466).

man, croit devoir prescrire aux trois compagnies de grand'-garde dans le bois d'Ars « de se replier immédiatement sur leurs corps ». Par contre, il ordonne au 7ᵉ de ligne de « tenir tant qu'il pourra » dans les tranchées-abris qui couvrent la lisière sud-est du bois de Colombey. Enfin il jette un bataillon (2ᵉ du 29ᵉ) dans celle que le 59ᵉ a évacuée[1].

Mais les Prussiens tiennent déjà les parcelles boisées qui avoisinent le château d'Aubigny et le hameau de Colombey. La tranchée du 29ᵉ, ainsi prise à revers et d'enfilade, doit être de nouveau abandonnée. L'une de nos batteries (6ᵉ du 11ᵉ), établie sur son prolongement, se retire également. Nos tirailleurs gagnent la lisière est du bois de Colombey et un fossé bordé d'arbres qui le relie au chemin de Colombey à Borny. Nous improvisons sous le feu une nouvelle ligne de défense qui suit ce fossé, la lisière est du bois de Colombey, puis les tranchées au sud-est[2].

Le 7ᵉ de ligne occupe ces travaux et la lisière du bois[3]. Quant à la brigade Arnaudeau, elle vient s'établir en réserve du général de Potier, ses régiments sur deux lignes, au sud et au nord du chemin de Borny à Colombey[4]. L'artillerie s'est mise en batterie dans l'intervalle des deux brigades[5]. Ces mouvements précipités ne se sont pas opérés sans désordre ; régiments et bataillons sont fractionnés outre mesure ; le mélange est déjà très grand et notre droite, vers La Grange-aux-Bois, n'est nullement couverte.

---

1. Rapport du général de Potier, R. H., I, 1903, 1124.
2. 2 compagnies (1ʳᵉ et 2ᵉ du 3ᵉ bataillon du 29ᵉ) prolongent à gauche le 2ᵉ bataillon ; 2 autres du même bataillon relient le 29ᵉ au 7ᵉ de ligne ; 3 compagnies du 7ᵉ chasseurs (2ᵉ, 3ᵉ, 4ᵉ) et quelques tirailleurs du 59ᵉ sont à gauche du 29ᵉ ; 3 compagnies (2 du 3ᵉ bataillon du 29ᵉ et 5ᵉ du 7ᵉ chasseurs) tiennent un mamelon (cote 241) à l'ouest du bois de Colombey ; le 1ᵉʳ bataillon du 29ᵉ est au nord de ce mamelon (R. H., I, 1903, 1030).
3. 3ᵉ, 4ᵉ, 5ᵉ, 6ᵉ compagnies du 2ᵉ bataillon ; 1ʳᵉ, 2ᵉ, 3ᵉ, 4ᵉ du 3ᵉ dans les tranchées ; 1ʳᵉ, 2ᵉ, 3ᵉ, 4ᵉ, 5ᵉ du 1ᵉʳ, 5ᵉ et 6ᵉ du 3ᵉ, 1ʳᵉ et 2ᵉ du 2ᵉ sur la lisière ; à l'intérieur du bois la 6ᵉ du 1ᵉʳ et la 6ᵉ du 7ᵉ chasseurs. La 1ʳᵉ du 7ᵉ chasseurs est en soutien de l'artillerie (R. H., ibid.).
4. Au sud 3ᵉ bataillon du 59ᵉ, 1ᵉʳ et 2ᵉ bataillons en deuxième ligne ; au nord 3ᵉ du 71ᵉ, 1ᵉʳ et 2ᵉ en deuxième ligne (R. H., I, 1903, 1032).
5. 5ᵉ batterie du 11ᵉ régiment à la cote 241 ; 7ᵉ batterie au sud du chemin de Borny à Colombey, vers la cote 232 ; 6ᵉ batterie au nord de ce chemin et à l'est de la 7ᵉ (R. H., ibid.).

Pendant que la division Metman improvise ces dispositions peu judicieuses, l'avant-garde de von der Goltz continue son déploiement sans pouvoir gagner du terrain vers l'ouest. Sa batterie a entamé la lutte contre deux des nôtres, auxquelles vient bientôt se joindre l'une de celles de Castagny établies plus au nord[1]. Cette dernière prend d'écharpe les pièces allemandes et les oblige à la retraite. Elles vont à 400 pas en arrière, à gauche d'une nouvelle batterie (5ᵉ légère) venue au sud-ouest de Coincy. « Partout on est sous un feu vif, en face d'un ennemi de force supérieure[2]. » Von der Goltz n'a pas tardé à se rendre compte du caractère du combat ; il renforce sa première ligne.

Dès le début, un bataillon (3ᵉ du 55ᵉ) s'est dirigé par Coincy vers la route de Sarrebruck, parce qu'on signalait, à tort, un mouvement de nos troupes sur Montoy. Formé en ligne de colonnes de compagnie, il marche sur La Planchette et attaque à la fois du sud et de l'est les vignes entourées de haies qui avoisinent ce hameau. Celles de nos troupes qui y sont embusquées entretiennent un feu violent auquel répond le 55ᵉ, mais, quelque temps après, La Planchette est enlevée par d'autres compagnies prussiennes et nous évacuons les vignes.

Jusqu'alors, l'ennemi n'avait, dans le fond boisé entre ce groupe d'habitations et Colombey, que des forces insignifiantes. Cinq compagnies les renforcent[3]. Deux attaquent ce hameau et s'en emparent sans difficulté ; d'autres fractions occupent les buissons au confluent des ruisseaux de Colombey et de Vallières ; enfin le reste intervient vers Colombey[4].

Deux nouveaux bataillons (1ᵉʳ et 2ᵉ du 55ᵉ) ont pris cette dernière direction, l'un bordant au nord le chemin de Coincy

---

1. 7ᵉ et 6ᵉ du 11ᵉ régiment ; 11ᵉ du 4ᵉ.
2. *État-major prussien*, I, 467.
3. 6ᵉ et 7ᵉ compagnies, puis 1ʳᵉ compagnie et 3ᵉ bataillon du 15ᵉ régiment.
4. 11ᵉ et 1ʳᵉ compagnies attaquant La Planchette ; majeure partie de la 10ᵉ dans les buissons au confluent des ruisseaux ; 9ᵉ en soutien des 6ᵉ et 7ᵉ ; 12ᵉ vers Colombey (*État-major prussien*, I, 468).

à Colombey, l'autre opérant au sud[1]. Enfin, à l'extrême gauche de von der Goltz, le 7ᵉ chasseurs a déployé deux compagnies (2ᵉ et 3ᵉ) le long du chemin de Colombey à La Grange-aux-Bois, engageant « un combat très inégal » contre le 7ᵉ de ligne embusqué dans ses tranchées; une autre (1ʳᵉ) est en réserve[2].

« Il est 5 heures passées. Depuis une heure », les Prussiens entretiennent une lutte acharnée à l'ouest du ruisseau de Colombey. Leurs pertes sont grandes. Ils ont réussi jusqu'alors à se maintenir dans des positions occupées presque sans un coup de fusil, grâce à nos maladresses. Au sud de la route de Sarrebruck, leur droite rencontre « une résistance invincible », qui fait craindre une attaque prochaine. Mais des renforts arrivent à l'aventureux von der Goltz. Le reste de la 13ᵉ division accourt pour le soutenir, tandis que le Iᵉʳ corps va s'engager plus au nord[3]. Rien de pareil chez nous.

Au début du combat, la brigade Duplessis de la division Castagny a déjà commencé son mouvement de retraite. Elle est à hauteur de Bellecroix. De même, les grand'gardes de la brigade Nayral ont rallié leurs corps; les quatre compagnies du 41ᵉ qui occupaient le château de Colombey se sont repliées et le régiment est en marche à l'ouest; le 15ᵉ bataillon de chasseurs également; le 19ᵉ de ligne est déjà sur la route de Sarrebruck à Metz, prêt à marcher vers la Moselle[4]. C'est à ce moment que retentit le premier coup de canon. Les obus prussiens atteignent le 41ᵉ, tout à fait en vue au nord-ouest de Colombey, non sans y produire « un léger flottement, très vite réparé »[5]. Après avoir traversé le chemin planté d'arbres qui va de Colombey à la route de Sarrebruck, il ne s'arrête qu'à 400 mètres à l'ouest[6]. Puis il

---

[1]. 1ʳᵉ et 4ᵉ compagnies au pont de Colombey, 2ᵉ et 3ᵉ gravissant les hauteurs au nord; au 2ᵉ bataillon, 2 compagnies dans le parc et 2 dans la ferme.
[2]. *R. H.*, I, 1903, 1034, d'après l'Historique du 7ᵉ bataillon de chasseurs prussien.
[3]. *État-major prussien*, I, 469.
[4]. *R. H.*, I, 1903, 1022 et 1035.
[5]. *R. H.*, I, 1903, 1035, sans indication de source.
[6]. Historique du 41ᵉ de ligne, *R. H.*, I, 1903, 1114.

se reporte en avant, de façon à border le chemin et le petit bois de sapins au nord-ouest de Colombey[1].

Les Prussiens tiennent déjà le château et le parc de Colombey. Une tentative dirigée sur le premier par une fraction du 41ᵉ échoue entièrement[2]. On se borne à empêcher l'ennemi d'en déboucher.

Au nord des positions de ce régiment, le 15ᵉ bataillon de chasseurs s'est également reporté en avant dès le début de l'action. Il occupe la partie nord du bois de sapins et une crête au nord. Le 19ᵉ de ligne vient prolonger sa gauche[3].

Deux des batteries de Castagny sont venues s'établir sur le prolongement du 19ᵉ et l'une d'elles (11ᵉ du 4ᵉ régiment) intervient efficacement contre la batterie de von der Goltz, qu'elle oblige à se reporter vers l'est. Puis elles tirent à très courte portée contre l'infanterie prussienne qui cherche à sortir du ravin[4]. Quant à la batterie de mitrailleuses (9ᵉ) elle ne quitte pas son emplacement à la bifurcation des routes de Sarrebruck et de Sarrelouis, combattant, non sans succès, l'infanterie, puis l'artillerie prussiennes. Deux des batteries à cheval de la réserve d'artillerie viennent s'établir à sa droite[5].

---

1. Bois A de la *R. H.* : 2 compagnies (5ᵉ et 6ᵉ du 2ᵉ bataillon) dans le bois A ; 4 compagnies du 2ᵉ bataillon (1ʳᵉ, 2ᵉ, 3ᵉ, 4ᵉ), 3ᵉ bataillon et 2 compagnies du 1ᵉʳ (1ʳᵉ et 2ᵉ) à leur droite le long du chemin ; 4 compagnies (3ᵉ, 4ᵉ, 5ᵉ, 6ᵉ) du 1ᵉʳ bataillon en réserve sur le chemin de Colombey à Borny (*R. H.*, I, 1903, 1035).

2. 3ᵉ et 4ᵉ compagnies du 1ᵉʳ bataillon, soutenues par les 1ʳᵉ et 2ᵉ (*R. H.*, I, 1903, 1036). Contrairement à ce que porte la *R. H.*, *ibid.*, note 1, le rapport du général Nayral daté du 19 août et l'Historique du 41ᵉ ne font pas mention de cet incident (Voir *ibid.*, 1110 et 1114).

3. *15ᵉ chasseurs* : 4 compagnies dans le bois, 2 sur la crête au nord ; après le déploiement du 19ᵉ de ligne, 2 compagnies sur la lisière, 1 sur la crête, 3 en réserve (Historique du 15ᵉ chasseurs, *R. H.*, I, 1903, 1112) ; *19ᵉ de ligne* : 2ᵉ et 3ᵉ bataillons sur la crête, une forte ligne de tirailleurs en avant ; le 1ᵉʳ en réserve (*R. H., ibid.*, 1036).

4. 11ᵉ et 12ᵉ batteries (de 4) du 4ᵉ régiment (Historique des 9ᵉ, 11ᵉ et 12ᵉ batteries du 4ᵉ régiment, *R. H.*, I, 1903, 1118).

5. 1ʳᵉ et 2ᵉ du 17ᵉ régiment (*R. H.*, I, 1903, 1037). D'après l'Historique de la 9ᵉ batterie du 4ᵉ régiment, elle a exactement repéré les distances : « ... les colonnes prussiennes apparurent sur les hauteurs de Montoy ; elles furent littéralement hachées après nos trois premières salves. Deux batteries ennemies essayèrent alors de prendre position, l'une à droite de la route, à hauteur de la Maison rouge (Brasserie de l'Amitié), l'autre à gauche... En peu de temps la

Nous avons dit qu'avant le début du combat la brigade Duplessis (division Castagny) était rassemblée près de la bifurcation de Bellecroix. Elle aussi fait demi-tour et s'établit à cheval sur les routes de Sarrebruck et de Sarrelouis, face à La Planchette et à Lauvallier[1].

La 4e division du 3e corps, celle du général Aymard[2], garde ses emplacements de bivouac[3], moins son artillerie qui s'établit dès le commencement de l'action sur la crête au nord-est de Bellecroix[4]. Quant à la division Montaudon, qui est à l'aile opposée du corps d'armée, elle a arrêté sa retraite déjà commencée et réoccupé ses positions de droite avec un bataillon et une batterie, en attendant qu'elle se relie à la division Metman[5]. Enfin la division de cavalerie Clérembault a quitté dès 2 heures son bivouac pour se porter à hauteur de Bellecroix, où elle se forme en échelons par brigade, la gauche à la route, « prête à soutenir le mou-

---

batterie de droite amenait à bras ses avant-trains et disparaissait pour ne plus revenir. Celle de gauche, mieux abritée et vue obliquement, tira quelque temps encore jusqu'au moment où elle dut cesser, sous l'action combinée de nos canons à balles et d'une batterie de la réserve qui avait pris position à gauche de la ferme de Bellecroix » (*ibid.*, 1118).

1. *69e de ligne*: 1re et 2e compagnies du 1er bataillon à 400 ou 500 mètres en avant de la bifurcation et au nord de la route de Sarrebruck (la *R. H.*, I, 1903, 1037, écrit à tort, semble-t-il, *de Sarrelouis*), la 1re en tirailleurs, la 2e en soutien ; 3e, 4e, 5e, 6e en colonnes de division sur les pentes descendant vers Lauvallier ; 2e et 3e bataillons en réserve au nord et au sud de la route.

90e de ligne: 1er bataillon au sud de la route de Sarrebruck, les 1re, 2e, 3e compagnies en tirailleurs à mi-côte, les 4e, 5e et 6e en réserve sur le chemin de Colombey ; 2e bataillon au nord de cette route, 2 compagnies bordant un chemin planté de peupliers qui la relie à Lauvallier, les 4 autres « à 50 mètres en arrière » ; 3e bataillon à gauche du précédent, 2 compagnies en tirailleurs, 2 en soutien, 2 soutenant la 9e batterie du 4e régiment (*R. H.*, I, 1903, 1037).

2. Qui a remplacé le matin du 14 le général Decaen nommé au commandement du 3e corps (Journal de marche de la division, *R. H.*, I, 1903, 1139).

3. 11e bataillon de chasseurs au nord de la bifurcation ; 44e de ligne à gauche, vers le moulin de Vantoux ; 60e en seconde ligne à hauteur de Bellecroix ; à 200 mètres en arrière les 80e et 85e (2e brigade), en troisième ligne (*R. H.*, I, 1903, 1038).

4. 9e batterie du 11e régiment au nord de la route de Sarrelouis, à 100 mètres en avant de la première ligne de la division ; 10e à l'extrême gauche, vers le moulin de la Tour, 2 pièces battant le ravin de Nouilly ; 8e (mitrailleuses) dans l'intervalle des précédentes (Rapport du commandant de l'artillerie de la division, *R. H.*, I, 1903, 1147).

5. 1er bataillon du 51e de ligne et 5e batterie du 4e régiment (Journal de la division, *R. H.*, I, 1903, 1099 ; général Montaudon, II, 91).

vement rétrograde du 3ᵉ corps ». Au premier coup de canon, et d'après les renseignements recueillis par deux escadrons jetés en reconnaissance vers Aubigny et Montoy, Clérembault porte en avant les brigades Maubranches et Bruchard, cette dernière vers la droite. Ainsi disposée, cette cavalerie « soutient » les divisions Castagny et Metman, « prête à charger » les troupes prussiennes qui viendraient à déboucher sur le plateau[1]. On pourrait la mieux employer.

Ainsi l'attaque aventurée par von der Goltz, avec le peu de forces dont il dispose, a eu ce premier résultat d'arrêter la retraite du 3ᵉ corps, d'amener le déploiement au moins partiel de ses quatre divisions. Nulle part nous n'avons pris sérieusement l'offensive ; nous nous bornons à faire face aux Prussiens, étalant complaisamment bataillons et batteries sur les crêtes, en pleine vue. L'entassement de nos troupes est extrême, surtout à gauche. En plusieurs points les fractions des bataillons, des régiments, des brigades, même des divisions voisines sont déjà mélangées, au détriment du bon ordre. Le commandant du 3ᵉ corps n'est pour rien dans ces dispositions hâtives : elles sont le fait des divisionnaires ou des chefs d'unités inférieures. Il n'y a pas trace d'idée autre que celles de la défense passive et de la retraite inéluctable.

Ajoutons que le maréchal Bazaine, lui aussi, n'exerce qu'une action personnelle très restreinte sur la marche de l'action. Sa pensée constante est de continuer sans arrêt son mouvement rétrograde. Il regrette qu'on ait accepté le combat : « J'étais sur le champ de bataille, a dit le général de Castagny à Trianon, et je remarquai que le maréchal était un peu irascible. Il me dit : « C'est insensé de faire un feu « comme cela. Vous n'y songez pas ! Brûler autant de car- « touches[2] ! » A Montaudon il recommande de continuer la marche, en dédaignant « une tiraillerie sans objet[3] ». L'ac-

---

1. Rapport du général de Clérembault, daté du 21 août, Journal de marche de la division, *R. H.*, I, 1903, 1149 et 1151.
2. Cité par le lieutenant-colonel Rousset, I, 364.
3. Général Montaudon, II, 91.

tion est engagée de Colombey à Lauvallier qu'il prescrit encore de ne pas avancer « d'une semelle[1] ». Il ne fait que confirmer les généraux du 3ᵉ corps dans leurs tendances, déjà trop accusées, à supporter en plastrons inertes les coups de l'adversaire. Ce rôle ingrat sera le nôtre presque tout le jour.

---

[1]. Lettre de M. le général Zurlinden, 2 février 1901, *R. H.*, I, 1903, 1164 : le général est alors aide de camp du général de Berckheim, commandant la réserve d'artillerie du 3ᵉ corps. Il revient avec lui des avant-postes quand il rencontre le maréchal. Celui-ci « paraît très en colère et s'écrie : « J'avais donné « l'ordre qu'on n'acceptât pas le combat aujourd'hui, je défends formellement « qu'on avance d'une semelle ».

XV

INTERVENTION DU Ier CORPS

Idées de Manteuffel. — Il décide d'attaquer. — Avant-garde de la 2e division. — Avant-garde de la 1re division. — Aperçu d'ensemble. — L'artillerie prussienne.

Nous avons vu l'effort tenté par Brandenstein pour obtenir que le Ier corps soit autorisé à se porter en avant[1]. Cette démarche a échoué devant la volonté bien arrêtée de Steinmetz et Manteuffel en a été informé, quand, vers midi, on lui signale des mouvements rétrogrades de notre part sur le front du Ier corps ; d'autre part, nous semblons diriger des colonnes vers le sud.

Son embarras est complet entre les intentions nettement affirmées de Steinmetz et celles de Moltke indiquées par Brandenstein. N'osant encore aller à l'encontre des premières, il veut du moins se rendre compte de la situation et se porte sur la ligne des avant-postes (1^{h}30)[2].

Il n'a pas de peine à constater l'exactitude des renseignements reçus à notre sujet et juge, comme von der Goltz, qu'il ne peut rester spectateur immobile de nos mouvements, quel qu'en soit le but réel. Il donne aussitôt l'alarme au Ier corps[3]. L'avant-garde de la 1re division vient de recevoir cet ordre, quand le canon retentit du côté du VIIe corps. Peu après, von der Goltz lui ayant demandé de le soutenir, il répond aussitôt : « Je me porte en avant avec tout mon corps d'armée. » Quant à Steinmetz, il se borne à l'informer de sa décision[4].

Il s'est donné pour objectif de nous refouler, mais sans se

---

1. V. *suprà*, p. 242.
2. Von Widdern, *Die I. Armee bei Colombey-Nouilly*, 56.
3. Von Widdern, *op. cit.*, 57. L'avant-garde de la 1re division sur la route de Sarrebruck, la plus voisine, reçoit cet ordre peu après 4 heures ; le gros et l'artillerie de corps vers 4^{h}30.
4. « Une reconnaissance me fait savoir que l'ennemi a levé ses camps près de Metz. En même temps on entend le canon et des fractions du VIIe corps sont déjà engagées. Je porte en avant mon corps d'armée » (Von Widdern, 58).

laisser attirer sous le canon de la forteresse. C'est la recommandation qu'il adresse à ses divisionnaires [1]. Leurs avant-gardes se mettent en marche à peu près simultanément sur les routes de Sarrebruck et de Sarrelouis à Metz, celle de la 1re division suivant la première. Sa batterie prend les devants sous l'escorte de quelques pelotons de dragons et apporte à von der Goltz un premier secours. Vers 4h 15, elle s'établit sur le flanc sud du ravin de Coincy et ouvre le feu contre les hauteurs au nord de Colombey. Sur les instances du général von Glümer, qui survient, elle prend ensuite position au sud-ouest de Montoy, près de la route de Sarrebruck, pour soutenir le débouché de l'infanterie au delà du ravin. Elle est à faible distance de nos batteries (1,500 à 1,800 mètres), et ses pertes s'accroissent « dans une proportion inquiétante [2] ».

Au cours de l'après-midi, l'avant-garde de la 2e division a été renforcée d'un régiment d'infanterie et d'une batterie [3]. Dès la réception de l'ordre de Manteuffel, le général von Memerty prend les devants avec les deux batteries et les trois escadrons présents aux Étangs ; l'infanterie suit aussi vite que possible. Bientôt après, ces douze pièces se mettent en batterie à l'ouest de la brasserie de l'Amitié, de chaque côté de la route de Sarrelouis ; le 10e dragons leur sert de soutien [4]. Grâce à la distance, elles exercent une action réelle sur notre infanterie, sans avoir à souffrir du feu de nos batteries [5].

Les bataillons prussiens suivent de près l'artillerie. C'est à droite qu'ils atteignent tout d'abord la ligne de feu. Laissant une compagnie dans la brasserie, le 1er bataillon du 44e se porte sur Nouilly par Noisseville, malgré un feu vif qui n'arrête pas ses progrès. Une compagnie gravit les vignes au

---

1. Von Widdern, 59.
2. Il s'agit de la 1re batterie légère du Ier corps (*R. H.*, I, 1903, 1045, d'après le major Hoffbauer, *Die deutsche Artillerie in den Schlachten bei Metz*, 1. Th.).
3. Avant-garde de la 2e division : 3e brigade (4e et 44e régiments), 10e dragons, 5e et 6e batteries légères.
4. *État-major prussien*, I, 470.
5. *R. H.*, I, 1903, 1045, d'après Hoffbauer.

nord du ravin qui descend de Sainte-Barbe et sépare Nouilly de Noisseville ; les deux autres marchent au sud. Après avoir refoulé des tirailleurs du 4ᵉ corps disposés à l'est de Nouilly, la première débouche sur les pentes qui précèdent le bois de Mey. Un feu violent partant de tranchées fortement occupées l'arrête aussitôt.

Dans l'intervalle, les deux autres compagnies ont atteint Nouilly, qui avait été organisé avec soin pour la défense, mais que le 4ᵉ corps a déjà évacué. Elles se fraient avec peine passage au travers de nos barricades et vont renforcer la première. D'autres troupes leur apportent un secours indispensable. Le 2ᵉ bataillon du 44ᵉ a suivi le 1ᵉʳ sur Noisseville ; deux compagnies contournent Nouilly par le nord pour renforcer la mince ligne de combat ; deux restent en réserve à Noisseville [1].

Ainsi l'extrême droite prussienne s'est engagée fort à la légère contre l'arrière-garde du 4ᵉ corps. L'inégalité des forces est extrême et le combat très vif ; sur certains points, 250 ou 300 pas à peine séparent les deux adversaires.

A la gauche du Iᵉʳ corps, l'avant-garde de la 1ʳᵉ division s'est portée sur Montoy en se reliant à von der Goltz. Deux compagnies (1ʳᵉ et 2ᵉ) du 1ᵉʳ bataillon de chasseurs marchent par Flanville sur la croupe au nord de Montoy, tandis que le 43ᵉ régiment suit la route de Sarrebruck. Vers 5ʰ 30, il débouche à l'est de ce village. A ce moment, le bruit court d'un mouvement offensif de notre part sur Lauvallier [2] ; le 43ᵉ, formé en colonne double, se porte sur Montoy. Après avoir traversé le ravin au nord, le 3ᵉ bataillon converse à l'ouest pour ne pas masquer les batteries en position à l'Amitié ; le 2ᵉ bataillon le prolonge à droite ; puis toute la ligne, refoulant nos tirailleurs, aborde Lauvallier [3]. Ce hameau est rapidement enlevé.

---

1. Les 6ᵉ et 7ᵉ au nord-ouest de Nouilly, les 5ᵉ et 8ᵉ à Noisseville (*État-major prussien*, I, 471).
2. *État-major prussien*, I, 472. Il s'agit sans doute du déploiement de la brigade Duplessis devant La Planchette-Lauvallier (V. *suprà*, p. 252).
3. Le 3ᵉ bataillon suit en réserve. La ligne est ainsi constituée de la gauche

Les Prussiens s'efforcent alors de gravir les pentes à l'ouest entre les deux routes. Mais nos tirailleurs les tiennent sous un feu tellement violent, qu'ils ne réussissent pas à y gagner du terrain[1]. Des fractions de la 2ᵉ division ne tardent pas à intervenir dans ce combat. Le reste de la 3ᵉ brigade a en effet atteint la hauteur de Noisseville : la compagnie du 44ᵉ restée à l'Amitié peut se porter sur le moulin de Goupillon, esquissant une liaison fort imparfaite entre les deux fractions qui opèrent vers Lauvallier et Nouilly. Le général von Memerty garde d'abord en réserve à Noisseville le reste de son infanterie[2]. Quelques instants après, vers 6 heures, on signale à la droite un nouveau mouvement offensif de notre part sur Vany et Villers-l'Orme. En outre le feu toujours plus vif dans la direction de Bellecroix fait craindre une irruption entre les 1ʳᵉ et 2ᵉ divisions[3]. Memerty tient donc un bataillon prêt à renforcer la droite ; deux autres s'avancent le long de la route de Sarrelouis[4].

Après avoir dépassé l'artillerie à l'ouest de l'Amitié, le 1ᵉʳ bataillon se déploie en ligne de colonnes, à cheval sur la chaussée. Au sud deux compagnies[5] franchissent le ruisseau et renforcent les fractions du 43ᵉ régiment et du 1ᵉʳ bataillon de chasseurs déjà engagées. Un premier assaut tenté avec elles échoue sous le feu de notre 90ᵉ de ligne ; les Prussiens, contraints d'abandonner les pentes qu'ils ont commencé de gravir, sont recueillis par deux compagnies de réserve[6].

Entre temps, deux compagnies (2ᵉ et 3ᵉ du 4ᵉ régiment) ont cheminé au nord de la route et attaqué de même nos

---

à la droite : 1ʳᵉ et 2ᵉ compagnies du 1ᵉʳ chasseurs ; 9ᵉ et 12ᵉ du 43ᵉ, 10ᵉ et 11ᵉ, 6ᵉ et 7ᵉ, 5ᵉ et 8ᵉ. En deuxième ligne, 2ᵉ et 3ᵉ derrière le 3ᵉ bataillon ; 1ʳᵉ et 4ᵉ derrière le 2ᵉ (*État-major prussien*, I, 472).

1. L'État-major prussien mentionne même des tranchées-abris étagées que nous occuperions dans cet endroit, mais aucun document français ne confirme ce détail (*R. H.*, I, 1903, 1046).
2. 5ᵉ et 8ᵉ compagnies, 3ᵉ bataillon du 44ᵉ, 4ᵉ régiment.
3. *État-major prussien*, I, 473.
4. 3ᵉ, 1ᵉʳ et 2ᵉ du 4ᵉ régiment.
5. 1ʳᵉ et 4ᵉ.
6. 2ᵉ et 3ᵉ du 43ᵉ.

positions malgré des pertes marquées. Là aussi, les progrès sont insensibles. A peine au milieu des pentes, la 2ᵉ compagnie commence à faiblir ; il faut porter en ligne un bataillon [1], qui renforce et prolonge la droite. En outre, on voit déboucher du sud six compagnies du 43ᵉ [2].

Il est environ 6 heures du soir ; sur tout le front entre Colombey et Nouilly, la majeure partie des trois avant-gardes prussiennes s'est engagée, sans obtenir jusqu'alors des résultats sérieux. Malgré leur très grande supériorité numérique, nos troupes se bornent à défendre passivement leurs positions. Nulle part elles ne prennent une offensive qui serait, il faut le reconnaître, tout à fait contraire aux intentions du maréchal Bazaine. Le général Decaen comprend de même son rôle. Quand il est grièvement blessé vers 6 heures, il remet le commandement à Metman en attendant l'arrivée du divisionnaire le plus ancien. Le nouveau chef du 3ᵉ corps admet, lui aussi, qu'il doit « rester... sur le pied d'une défense énergique, tout en opérant lentement la retraite [3]... ».

D'ailleurs notre artillerie soutient contre celle des trois divisions ennemies un combat qui devient difficile.

Les batteries de la 1ʳᵉ division [4] ont quitté leur bivouac de Pont-à-Chaussy à 5 heures ; deux prennent les devants et viennent s'établir à la gauche de celle (1ʳᵉ légère) déjà en position au nord de la route de Sarrebruck ; la troisième se met en batterie un peu en arrière et à gauche. Quoique toutes soient sous le feu de notre infanterie, elles dirigent le leur sur les pentes entre Colombey et La Planchette, de manière à soutenir la droite de la 13ᵉ division. L'effet ne tarde

---

1. 5ᵉ et 8ᵉ, puis 6ᵉ et 7ᵉ compagnies du 4ᵉ régiment.

2. De la gauche à la droite : 10ᵉ, 11ᵉ, 6ᵉ, 7ᵉ, 5ᵉ, 8ᵉ compagnies (Voir *suprà*, p. 258). D'après l'État-major prussien, I, 474, ces compagnies, qui forment la droite du 43ᵉ, ont marché de la route de Sarrebruck vers celle de Sarrelouis, puis ont conversé à gauche vers la croupe de Lauvallier. C'est une marche de flanc sous le feu qu'elles opèrent ainsi.
Les 5ᵉ et 8ᵉ contournent Lauvallier par le sud ; les 6ᵉ et 7ᵉ s'arrêtent dans ce hameau ; les 1ʳᵉ et 4ᵉ (deuxième ligne) suivent à Lauvallier, puis vont renforcer la droite du 4ᵉ régiment au nord-ouest.

3. Lettre du général Metman au maréchal Le Bœuf, 16 août, *R. H.*, I, 1903, 1120.

4. 2ᵉ légère, 1ʳᵉ et 2ᵉ lourdes du Iᵉʳ corps. La 1ʳᵉ légère est à l'avant-garde.

pas à se faire sentir : dès 6 heures, les compagnies des 15ᵉ et 55ᵉ régiments font des progrès marqués à l'ouest du ruisseau de Colombey.

De même les deux batteries lourdes de la 13ᵉ division ont pris les devants en quittant les bivouacs de Pange. Von der Goltz croit nécessaire de porter l'une d'elles au delà du ruisseau pour soutenir à courte distance son infanterie. Mais à peine met-elle en batterie à l'angle est du parc de Colombey qu'elle est couverte de balles et d'obus. L'infanterie française la fusille à moins de 900 pas ; canons et mitrailleuses de la division Metman la prennent pour objectif. Ses pertes sont telles que, dès le début, le service des pièces devient impossible. Tous les officiers, beaucoup d'hommes de troupe sont atteints. Après avoir tiré à grand'peine 28 obus, la batterie est contrainte de cesser le feu. Il faut recourir à l'infanterie pour la ramener derrière Colombey, et l'on doit la reconstituer longuement avant qu'elle puisse reprendre le combat à côté des deux autres restées sur le chemin de Coincy[1].

La 6ᵉ batterie lourde a d'abord suivi la 5ᵉ. Puis elle oblique vers le nord, franchit la route de Sarrebruck et va prendre position au sud-ouest de Montoy, à droite de l'artillerie de la 1ʳᵉ division.

Ainsi, vers 6 heures, il y a 60 pièces prussiennes au feu[2]. Elles se sont engagées sans idée tactique, courant au plus pressé selon les impressions de leurs chefs directs. Leur action a déjà permis aux tirailleurs prussiens de s'emparer de La Planchette et de Lauvallier, mais non de dépasser sensiblement ces deux points. De même les deux ailes de l'ennemi sont réduites à se défendre sur place. L'intervention d'une nouvelle brigade d'infanterie va modifier cette situation.

---

[1]. *État-major prussien*, I, 476. Il s'agit de la 5ᵉ lourde du VIIᵉ corps. Elle perdit le 14 août 3 tués, 17 blessés dont 2 officiers, 9 chevaux tués et 14 blessés (*R. H.*, I, 1903, 1050).

[2]. De la gauche à la droite, 3 batteries du VIIᵉ corps, 4 du Iᵉʳ, 1 du VIIᵉ, 2 du Iᵉʳ.

XVI

ENGAGEMENT DU 4ᵉ CORPS

Déploiement de la division Aymard. — Retraite du 90ᵉ. — Engagement du 4ᵒ corps. — Le combat vers Nouilly et le bois de Mey. — Retraite des Prussiens. — Intervention de Cissey. — La division Lorencez. — Situation de la droite prussienne.

L'attitude prise par la droite prussienne a déjà provoqué le déploiement partiel d'une nouvelle division française, celle du général Aymard. Il porte quatre bataillons en avant de la crête à l'est de Bellecroix, où est établie son artillerie[1]. Jointe à celle des troupes de Castagny, leur action empêche les Prussiens de déboucher sur les pentes que nous occupons entre La Planchette et Lauvallier. Mais l'un de nos régiments, le 90ᵉ, va être contraint de les évacuer, non sans pertes.

Il a peu souffert jusqu'alors, malgré la faible distance qui le sépare de l'ennemi[2], lorsque le 43ᵉ régiment prussien atteint Lauvallier et prend d'écharpe ses deux lignes très peu distantes.

« Le feu ennemi opère de grands ravages », le commandant Gremillet est tué, sept officiers sont blessés. « Les compagnies éprouvent un peu de désordre et sont ralliées par le lieutenant-colonel Vilmette » aidé de deux autres officiers[3].

Du même coup les deux batteries de 4 de Castagny sont

---

1. *11ᵉ bataillon de chasseurs :* 1ʳᵉ, 2ᵉ, 3ᵉ, 4ᵉ compagnies, la droite à la route de Sarrelouis, à 200 mètres en avant des batteries ; 5ᵉ et 6ᵉ en soutien de la 8ᵉ batterie du 11ᵉ régiment.
44ᵉ de ligne : 1ᵉʳ bataillon prolongeant à gauche les quatre premières compagnies de chasseurs, avec une compagnie en tirailleurs ; 3ᵉ bataillon, ensuite soutenu par deux compagnies du 2ᵉ, marchant sur le moulin de La Tour à l'extrême gauche du 3ᵉ corps (Rapport du général de Brauer, 15 août, Historiques des 11ᵉ bataillon de chasseurs et 44ᵉ de ligne, R. H., I, 1903, 1140 et suiv.).
2. « Sur notre droite, ils sont à 200 ou 300 mètres de nous, mais en face la distance est plus grande » (Historique du 90ᵉ, R. H., I, 1903, 1116).
3. Historique du 90ᵉ, R. H., I, 1903, 1116.

forcées de se replier à hauteur de l'embranchement de Bellecroix[1].

Sur les entrefaites, le général Duplessis a porté en avant deux nouveaux bataillons du 69e. Le 2e marche entre les deux routes, « avec une précision et un entrain admirables ». Mais après avoir gagné « quelques centaines de mètres », il est rappelé en arrière sans motif connu et revient « dans l'angle des deux routes », couvert par une compagnie en tirailleurs[2]. Le feu de l'infanterie prussienne en devient plus vif.

Quant aux compagnies du 90e, l'ordre n'y a été rétabli que pour un instant. « Les munitions des tirailleurs sont complètement épuisées[3] » et plusieurs des fractions du 2e bataillon traversent au pas de course les lignes du 69e, malgré les efforts du général Duplessis qui est blessé grièvement. Les 1er et 3e bataillons manquent également de cartouches et il faut les faire relever par un bataillon de réserve[4]. L'ébranlement de ce régiment est si grand qu'il doit être ramené d'abord en arrière de la batterie de mitrailleuses, puis de la brigade de dragons Juniac. Il faut même le porter à hauteur des grenadiers de la Garde, au nord-est de Borny, et enfin derrière l'artillerie du même corps d'armée[5].

La disparition de ces trois bataillons dégarnit sensiblement notre ligne de feu. Les deux compagnies du 69e restées sur la route de Sarrelouis sont contraintes de se retirer ;

---

1. 11e et 12e batteries du 4e régiment. Elles s'établissent la 11e au sud, la 12e au nord de l'embranchement, sur la ligne de la 9e batterie (mitrailleuses).
2. La 3e (*R. H.*, I, 1903, 1052, d'après l'Historique manuscrit du 69e). Ce régiment a six compagnies déployées : les 1re et 2e du 1er bataillon au sud de la route de Sarrelouis ; les 3e, 4e, 5e, 6e au nord.
3. Historique du 90e. On peut douter de la réalité de ce fait, vu le peu de durée du combat.
4. 1er du 19e, la gauche à la route de Sarrebruck.
5. Historique du 90e. Les pertes de ce régiment sont loin de justifier cette débandade : 17 tués, 225 blessés, 39 disparus, plus 11 officiers hors de combat (*R. H.*, I, 1903, 1052). Ces chiffres de la *Revue d'Histoire* sont en contradiction manifeste avec ceux de l'Historique du 90e (*ibid.*, 1116) d'après lesquels les pertes du 2e bataillon, seul, atteignent 53 morts et 206 blessés. Le 90e est pourtant commandé par le colonel, ensuite général, de Courcy dont le rôle en Indo-Chine est bien connu.

celles établies au nord[1], ainsi demeurées tout à fait en l'air, parviennent néanmoins à arrêter l'offensive de l'ennemi par un feu à volonté. Quant au 2ᵉ bataillon, il se maintient dans l'intervalle des deux routes, empêchant les tirailleurs prussiens de dépasser le chemin bordé de peupliers qui descend vers Lauvallier[2].

Pendant que le 3ᵉ corps s'engage ainsi contre les Prussiens, le 4ᵉ ne tarde pas à l'imiter. On se rappelle que les divisions Cissey et Lorencez ont entamé le mouvement de retraite ; c'est au général Grenier qu'il appartient de les couvrir. Ladmirault lui a même prescrit d'établir une longue ligne de tirailleurs, « la droite à Mey, le centre contre les bois de Grimont et la gauche » à l'ouest de la route de Kédange, à mi-chemin de Chieulles au bois de Grimont. Une deuxième ligne sera disposée en avant du fort de Saint-Julien[3]. Ainsi Ladmirault se contente d'occuper une partie de l'intervalle entre la Moselle et la route de Boulay, sans assurer la liaison avec le 3ᵉ corps : résultat à peu près inévitable de l'absence de prescriptions d'ensemble de la part du maréchal Bazaine.

Un motif inconnu fait que Grenier ne se conforme pas aux instructions, déjà insuffisantes, de son chef direct. A part l'artillerie, ses troupes conservent les emplacements qu'elles occupaient la veille : sept bataillons sont déployés entre Mey et la route de Bouzonville[4], avec deux batteries sur leur front, deux bataillons en seconde ligne au nord de cette route, le tout couvert par un régiment, le 64ᵉ, et une batterie (6ᵉ du 1ᵉʳ régiment) établis de Failly à Villers-l'Orme. A l'ouest un bataillon (3ᵉ du 98ᵉ) bat la route de Kédange[5].

---

1. 1ʳᵉ et 2ᵉ compagnies à cheval sur la route, 3ᵉ, 4ᵉ, 5ᵉ, 6ᵉ au nord.

2. La *R. H.*, I, 1903, 1055, ajoute même un détail peu vraisemblable, d'après l'Historique manuscrit du 69ᵉ : ce bataillon formé par division peut tirer sur trois lignes à la fois : la première couchée, la deuxième à genoux, la troisième debout. Le procédé paraît dangereux.

3. Ordre du 4ᵉ corps, 14 août (Voir notre annexe 8).

4. 5ᵉ bataillon de chasseurs, 13ᵉ et 43ᵉ de ligne ; les 5ᵉ et 7ᵉ batteries du 1ᵉʳ régiment en avant du 43ᵉ ; 1ᵉʳ et 2ᵉ bataillons du 98ᵉ en deuxième ligne (*R. H.*, I, 1903, 856).

5. Le 64ᵉ a son 1ᵉʳ bataillon à Failly, le 2ᵉ à Villers-l'Orme, le 3ᵉ en réserve à La Salette (Historique manuscrit du 64ᵉ, cité par la *R. H.*, I, 1903, 857).

Ce dispositif ne tient compte, ni du terrain, ni des points d'appui, sérieux pourtant, qu'il présente. Il n'est couvert par aucun service de sécurité digne de ce nom.

La retraite des avant-postes qui occupaient Servigny et Poixe (division Lorencez), ainsi que le terrain au nord de Vany et Chieulles (division Cissey), laisse tout à fait en flèche la grand'garde de Grenier à Failly. Le bataillon (3ᵉ du 98ᵉ) porté par lui sur la route de Kédange croit même devoir suivre la retraite de Lorencez jusque dans l'île de Chambière, en sorte que le front de la division n'est plus couvert qu'en un point, à Failly. Les dispositions prises pour l'éclairer se bornent à deux reconnaissances poussées par le 3ᵉ dragons sur les routes de Sarrelouis et de Bouzonville; vers 2 heures et demie, elles signalent « des masses profondes d'infanterie » sortant des bois et allant au nord de la première de ces voies[1]. On connaît cependant la présence de l'ennemi vers Poixe et Servigny ; les avant-postes de Failly tiraillent même contre des vedettes ou des patrouilles prussiennes, et Grenier se voit menacé sur son front en même temps que sur sa droite[2].

Dans ces conditions, il croit devoir se borner à replier les trois bataillons du 64ᵉ et la batterie établis de Failly à la chapelle de La Salette. Vers 4 heures, bien loin d'avoir achevé le passage de la Moselle, la queue de la division Cissey est à peine à hauteur de Grimont, quand le canon retentit au sud-est. Déjà des troupes prussiennes sont en vue sur la route de Sarrelouis[3]. L'artillerie de Grenier ouvre le feu sur des compagnies qui apparaissent entre Vantoux et la route. Le général juge alors nécessaire de porter en avant la brigade Bellecourt. Elle vient couronner la crête jalonnée par le bois de Mey et l'auberge au sud de Villers-l'Orme, sur la route de Bouzonville ; quatre des ba-

---

1. 5ᵉ et 1ᵉʳ escadrons, Dick de Lonlay, II, 451 ; *R. H.*, I, 1903, 858.
2. *R. H.*, I, 1903, 858, d'après l'Historique manuscrit du 5ᵉ bataillon de chasseurs et le rapport du général Grenier daté du 15 août.
3. *R. H.*, I, 1903, 859. D'après l'Historique du 64ᵉ (Bazaine, *Épisodes*, 68), le régiment, en retraite, est arrivé près du château de Grimont, quand il entend le canon vers Noisseville.

taillons de la brigade Pradier et l'artillerie sont en deuxième ligne [1].

Nous avons vu l'avant-garde de la 2ᵉ division prussienne déboucher sur la route de Sarrelouis et engager son artillerie vers la Brasserie, tandis que trois compagnies (1ʳᵉ, 2ᵉ, 3ᵉ du 44ᵉ) marchaient par Noisseville sur Nouilly et de là au nord-ouest. Bien que renforcées par deux autres compagnies, elles soutenaient à courte distance, contre la droite de Grenier, un combat fort inégal [2].

Le reste de la 3ᵉ brigade d'infanterie étant arrivé sur la croupe de Noisseville [3], l'ennemi jette d'abord une nouvelle compagnie vers le moulin de Goupillon, pour relier ses deux attaques de Nouilly et de Lauvallier, encore séparées par un large intervalle. Puis, vers 6 heures, on signale un mouvement de notre gauche vers Vany et Villers-l'Orme.

---

1. Journal de la division : *5ᵉ bataillon de chasseurs*, 1ʳᵉ, 5ᵉ, 6ᵉ compagnies à la lisière est du bois de Mey, quelques tirailleurs à 300 mètres en avant pour voir le ravin descendant vers Nouilly ; 4ᵉ compagnie en réserve derrière le bois ; 2ᵉ et 3ᵉ compagnies au nord, entre les 13ᵉ et 43ᵉ régiments, servant de soutien aux 5ᵉ et 7ᵉ batteries du 1ᵉʳ régiment (la 2ᵉ est bientôt reportée à l'ouest du bois) ;

13ᵉ de ligne, 1ᵉʳ bataillon au nord du bois, les 2ᵉ, 5ᵉ, 6ᵉ compagnies en première ligne, les 1ʳᵉ, 3ᵉ, 4ᵉ en deuxième ; 3ᵉ bataillon à gauche du 1ᵉʳ, avec sa 1ʳᵉ compagnie sur la crête du ravin de Nouilly ; 2ᵉ bataillon, d'abord en réserve à l'ouest du bois, avec ses 2ᵉ et 5ᵉ compagnies au sud de celui-ci ;

43ᵉ de ligne, à la gauche de la brigade, ses tirailleurs prolongeant ceux des 13ᵉ de ligne et 5ᵉ chasseurs ; le gros déployé à l'ouest du chemin de Mey à Villers-l'Orme ;

Artillerie, 7ᵉ batterie du 1ᵉʳ régiment d'abord en avant et à gauche, puis en arrière et à gauche du bois de Mey ; 5ᵉ (mitrailleuses) au centre, sur le chemin précité ; 6ᵉ au sud-ouest de l'Auberge ;

2ᵉ brigade, d'abord en réserve à l'est du château de Grimont ; puis à 600 mètres en arrière de la 1ʳᵉ brigade. De là le 64ᵉ s'établit au nord de Mey par bataillons en colonne à demi-distance ; le 2ᵉ bataillon du 98ᵉ à l'extrême gauche, entre l'Auberge et La Salette ; le 1ᵉʳ du 98ᵉ reste en réserve au bivouac ; le 3ᵉ du 98ᵉ, précédemment aux avant-postes sur la route de Kédange, est déjà dans l'île Chambière et ne ralliera sa division que plus tard (*R. H.*, I, 1903, 1058 et suiv., d'après le rapport du commandant Carré du 5ᵉ chasseurs, les rapports des colonels Lion et de Viville, des 13ᵉ et 43ᵉ de ligne, le tout daté du 15 août [*ibid.*, 1390 et suiv.], une lettre du lieutenant-colonel Lecat, 22 janvier 1902, et l'Historique du 13ᵉ de ligne).

2. Une partie est à 250 ou 300 pas de notre ligne ; les 6ᵉ et 7ᵉ compagnies ont renforcé les 1ʳᵉ, 2ᵉ, 3ᵉ ; les 5ᵉ et 8ᵉ sont en réserve à Noisseville (*État-major prussien*, I, 471).

3. 3ᵉ bataillon du 44ᵉ, 4ᵉ régiment sur la croupe de Noisseville ; la 4ᵉ compagnie du 44ᵉ marche sur le Goupillon (*État-major prussien*, I, 473).

Pour y parer, le général von Memerty porte dans cette direction un bataillon. Il est contraint d'en jeter deux autres vers Bellecroix, parce que le feu toujours plus vif fait craindre notre irruption entre les 1re et 2e divisions[1].

Quoique, à l'ouest de Nouilly, six compagnies prussiennes soient en face de toute une division française, elles conservent, avec une ténacité que l'on est contraint d'admirer, l'attitude agressive qu'elles ont prise dès le début. Malgré des pertes sensibles, elles font même des progrès et refoulent sur la lisière du bois de Mey les tirailleurs du 5e chasseurs. Bien plus, elles tentent à deux reprises, quelques instants après, d'attaquer ce couvert. Mais le feu des chasseurs et d'un bataillon qui s'est avancé au nord les arrête[2]. D'ailleurs elles se voient menacées par les troupes que nous montrons vers Villers-l'Orme, et leur chef juge nécessaire de les ramener à Nouilly (6h 30 environ). En même temps, Memerty porte un bataillon (3e du 4e régiment) vers Servigny, en échelon derrière sa droite; un autre (3e du 44e) se déploie à l'est de Noisseville, prêt à recueillir les compagnies en retraite. Mais nous ne les poursuivons pas, et elles atteignent Nouilly « en bon ordre[3] ». Leur imprudente attaque mériterait une autre leçon.

Pourtant le général Grenier a déjà été renforcé. Ladmirault surveillait le passage du petit bras de la Moselle, quand le canon retentit vers l'est. Peu après un lieutenant d'artillerie accourt au galop, avec ce cri : « La division Grenier est attaquée », puis disparaît[4]. Ladmirault fait dire aussitôt à

---

1. 3e, 1er et 2e bataillons du 4e régiment (*État-major prussien*, I, 473).
2. 1er du 13e de ligne, R. H., I, 1903, 1062, d'après l'Historique manuscrit du bataillon, non reproduit; *État-major prussien*, I, 481. Le rapport du commandant Carré (R. H., I, 1903, 1390) ne fait pas mention de cette retraite. Il signale l'incident ci-après, qui n'est pas isolé et auquel on n'a trouvé, jusqu'ici, aucune explication plausible : « Aussitôt que l'ennemi déboucha du village [Nouilly], les tirailleurs ouvrirent le feu sur lui; il marchait par section et notre feu lui fit beaucoup de mal. D'ailleurs, au lieu de répondre..... les Prussiens levaient la crosse en l'air, ce qui indiquait qu'ils demandaient du renfort [?]. Ces renforts ne tardèrent pas à arriver... »
3. *État-major prussien*, I, 482.
4. Souvenirs inédits du capitaine de La Tour-du-Pin, cités par le lieutenant-colonel Rousset, *Le 4e corps de l'armée de Metz*, 65.

Cissey de marcher au canon. Il va rappeler également la division Lorencez, déjà sur la rive gauche de la Moselle, pour appuyer au besoin les deux autres.

Grenier reçoit des renforts plus immédiats. L'approche de ces troupes permettant de dégarnir notre gauche, le 1er bataillon du 98e quitte les abords de Villers-l'Orme et, conduit par le général Pradier, se dirige vers Mey[1].

La brigade Brayer et l'artillerie de Cissey étaient déjà dans l'île de Chambière quand retentit le premier coup de canon. Sans attendre l'ordre de Ladmirault, la division fait aussitôt demi-tour. Ses trois batteries prennent les devants au trot et l'infanterie, jetant ses sacs au bord de la route, remonte en courant les pentes vers l'est, aux cris de « Vive l'Empereur[2] ! ».

« Ce fut un inoubliable spectacle ! a dit un témoin[3]. Sur la route en lacets qui grimpe de la vallée, les soldats poudreux et ruisselants de sueur, mais la tête haute, marchaient enfiévrés d'ardeur et gravissaient la côte d'un pas rapide que rythmaient les roulements ininterrompus de la charge. Les artilleurs, fouaillant leurs chevaux lancés au galop, passaient dans une trombe de poussière et jetaient aux coteaux boisés d'alentour des bruits de tonnerre, que l'écho renvoyait aux bataillons déjà engagés, comme pour leur donner confiance. Et, dans le bruit croissant du combat, s'élevait une clameur immense, un cri poussé à la fois par des milliers de poitrines, cri d'amour de la patrie, cri de joie et d'espérance, où se fondaient les amertumes des revers dans un renouveau de foi en l'avenir, le cri de « Vive la France ! »

---

1. Historique du 98e, R. H., I, 1903, 1399. D'après ce document, la division Cissey [en réalité brigade Golberg] « vient se placer au saillant de la position », en prolongement de notre gauche. Le croquis n° 4 de la Revue d'Histoire la place au nord-est de la cote 260 sur la route de Bouzonville. Cette revue, I, 1903, 1063, porte que le 1er bataillon du 98e opère son mouvement entre 6 heures et 6h 15 et vient s'établir à 300 mètres au nord de Mey (d'après la lettre citée du lieutenant-colonel Lecat).

2. Rapport du général Osmont, 3 septembre ; Journal de marche de la division ; lettre du général de Cissey au général de Ladmirault, 15 août ; Souvenirs inédits du général de Cissey ; Historiques des 20e bataillon de chasseurs, 1er et 6e de ligne (R. H., I, 1903, 1364 et suiv.).

3. Lieutenant-colonel Rousset, Le 4e corps de l'armée de Metz, 65.

et de « Vive l'Empereur ! ». Les cœurs bondissaient d'aise à ce signal de la lutte tant désirée avec l'ennemi insaisissable, devant qui on reculait depuis trop longtemps, et l'exaspération des revers, des fatigues et des souffrances était vaincue par un sentiment unanime de détente et de soulagement. Jamais, on peut le dire, bataille ne fut offerte à des hommes aussi impatients de la livrer. »

L'artillerie de Cissey vient doubler celle de la division Grenier le long du chemin de Mey à Villers-l'Orme[1]; la brigade Brayer se rassemble d'abord à l'est du château de Grimont; puis Cissey la rapproche de Mey, avec ordre d'occuper le village s'il en est besoin[2]. La brigade Golberg prolonge la gauche de Grenier.

La division Lorencez a presque tout entière franchi les ponts, lorsque Ladmirault lui prescrit de faire demi-tour. Le 65ᵉ (brigade Berger) va s'établir derrière la brigade Brayer; le 54ᵉ reste en avant du fort de Saint-Julien, à cheval sur la route de Bouzonville[3]. Quant à la brigade Pajol, après avoir pris la direction de Longeville, elle continuait de marcher vers Woippy, quand elle reçoit l'ordre de rétrograder. Un peu avant 6 heures, elle arrive à hauteur du fort de Saint-Julien et y demeure en réserve, ainsi que l'artillerie de Lorencez[4]. A la même heure, quatre des batteries de la réserve atteignent le plateau et sont d'abord tenues inactives[5].

Un peu après 6ʰ 30, la presque totalité de ces renforts est

---

1. 5ᵉ batterie du 15ᵉ régiment à droite de la 6ᵉ du 1ᵉʳ; 9ᵉ du 15ᵉ à droite de la 5ᵉ; 12ᵉ du 15ᵉ (mitrailleuses) à droite de la 5ᵉ du 1ᵉʳ (Rapport du lieutenant-colonel de Narp, 15 août, R. H., I, 1903, 1378).

2. Avec le 20ᵉ chasseurs et le 1ᵉʳ de ligne (Lettre du général de Cissey au général de Ladmirault, 15 août; Historique du 20ᵉ chasseurs, R. H., 1903, 1369, 1373).

3. Journal de marche de la division, Historique du 54ᵉ, R. H., 1, 1903, 1405, 1410.

4. Vers 5ʰ 30 (Rapport du général Pajol, 20 août, R. H., I, 1903, 1406). Le Journal de la division porte *vers 6 heures*.

5. Les 6ᵉ, 9ᵉ batteries du 8ᵉ régiment; 11ᵉ, 12ᵉ du 1ᵉʳ. Les 5ᵉ et 6ᵉ du 17ᵉ (à cheval) restent avec la division Legrand à la porte de Thionville (Rapports des commandants Prémer, Ladrange et Poilleux, 5 août, R. H., I, 1903, 1422 et suiv.).

à portée d'intervenir. Au contraire, du côté de l'ennemi, la 1re brigade d'infanterie est encore en marche sur Montoy, la 4e à l'est de Château-Gras. La 3e division de cavalerie, mise en alerte à 5 heures seulement, a obéi à une requête du général von Pritzelwitz et s'est établie à l'est de Retonfey, derrière la droite du Ier corps. Un seul escadron (7e ulans) observe le flanc droit, alors que la division devrait y être tout entière.

Pour arrêter le mouvement enveloppant qu'ils redoutent par la route de Bouzonville, tant il s'impose, et bien que Ladmirault n'en ait nullement la pensée, les Prussiens cherchent à faire usage de leur artillerie[1]. Une batterie (5e légère), appelée de la Brasserie, s'établit au nord de Noisseville, au bord même du ravin. De là elle peut soutenir le bataillon aventuré à Servigny. Trois autres viennent prendre position à sa droite. L'une d'elles (6e lourde) va même entre Servigny et Poixe, à l'extrême gauche[2].

L'ennemi constate bientôt que plusieurs batteries françaises ont apparu vers Villers-l'Orme, mais qu'aucun mouvement offensif de notre infanterie n'y est visible. Les trois batteries restées au nord-est de Noisseville étant trop éloignées pour agir contre les nôtres dans cette direction, on les porte aux abords de Servigny[3], sans autre soutien que le bataillon, lui-même fort isolé, qui tient déjà ce village.

---

1. Voir sa lettre citée au maréchal Bazaine, 15 août, *R. H.*, I, 1903, 1363.
2. Batterie à cheval de la 3e division de cavalerie (1re du VIIe corps), 5e et 6e lourdes du Ier corps, venues en avant de la 4e brigade d'infanterie (*État-major prussien*, I, 482).
3. 5e lourde au saillant sud-ouest de Servigny ; 5e légère au saillant nord, à gauche de la 6e lourde ; batterie à cheval entre Poixe et la route de Bouzonville (*État-major prussien*, I, 483).

XVII

INTERVENTION DE LA 25ᵉ BRIGADE

Intervention de la 25ᵉ brigade. — Zastrow et la 14ᵉ division. — Combat au nord-ouest de Colombey. — Perte et reprise du bois de sapins. — Sa perte définitive. — Retraite du 7ᵉ de ligne. — La droite de Metman. — Évacuation du bois de Colombey. — Le combat à l'est de Bellecroix. — La division Aymard. — Charge infructueuse. — Réserve du 3ᵉ corps. — Réserve générale.

La 25ᵉ brigade d'infanterie, un escadron et deux batteries ont bivouaqué à Pange, où est également le chef de la 13ᵉ division, général von Glümer. Vers 3 heures, il reçoit du commandant du VIIᵉ corps le compte rendu de von der Goltz portant que ce général se prépare à soutenir la prétendue offensive de Manteuffel. En même temps Zastrow l'invite à rester pour le moment à Pange. Glümer se borne donc à gagner de sa personne Colligny, afin de se rendre compte de la situation. Rien n'y indique une attaque du Iᵉʳ corps.

Peu après survient un nouveau message de von der Goltz: il s'est mis en mouvement et réclame du secours. Cette fois, Glümer, tout en désapprouvant l'initiative de son subordonné, prend sur lui de diriger vers le champ de bataille ce qui reste de sa division[1], sans attendre l'approbation de Zastrow. Celui-ci ne la refuse pas. Après avoir prescrit à la 14ᵉ division (général von Kameke) et à l'artillerie de corps de se porter entre Ars-Laquenexy et Coincy, il prend les devants avec son état-major. Lui aussi, Kameke n'a pas attendu cet ordre pour se mettre en marche sur Ars-Laquenexy. Comme Glümer, il se laisse volontiers convaincre par Brandenstein[2].

---

1. Moins le 3ᵉ bataillon du 73ᵉ laissé à Pange, au quartier général de la division ; le 1ᵉʳ du 13ᵉ, bivouaqué à Colligny, se porte directement sur Coincy. Le lieutenant-colonel von Brandenstein voit Glümer à Pange et l'échange d'idées qu'ils y ont contribue à la résolution du général (Von Widdern, *Die I. Armee bei Colombey-Nouilly*, 52).

2. Von Widdern, *Die I. Armee bei Colombey-Nouilly*, 52.

Ainsi, quoique l'initiative de von der Goltz soit désapprouvée par ses chefs directs [1], ils n'ont pas un instant d'hésitation sur la conduite à tenir. Une fraction du VIIe corps s'est engagée fort à la légère, contre les ordres donnés : on va mettre tout en œuvre pour faire une victoire d'une défaite menaçante.

Lorsque, vers 5 heures, Zastrow atteint le champ de bataille, il se rend bientôt compte que le combat est sérieusement engagé ; on ne peut plus songer à le rompre. Il en prend la direction et prescrit à la 25e brigade, qui survient à ce moment, de marcher sur Colombey, en renfort de la 26e. La 14e division portera une autre brigade, la 27e, à gauche de cette dernière. La 28e demeurera en réserve entre Marsilly et Colombey.

Le premier bataillon arrivé sur le champ de bataille est celui de Colligny [2]. Débouchant entre le vallon de Coincy et la route de Sarrebruck, il gravit les pentes à l'ouest du ruisseau de Colombey, où le combat est très vif. Son chef et les quatre commandants de compagnie sont rapidement hors de combat. Néanmoins il parvient à gagner un peu de terrain entre les fractions de la 1re division et celles de la 26e brigade.

D'ailleurs un nouveau bataillon ne tarde pas à le renforcer (1er du 73e). Formé en colonne double et soutenu de toutes les compagnies présentes des 13e et 15e régiments, il refoule les tirailleurs du 19e de ligne : nous abandonnons le chemin bordé de peupliers qui mène de Colombey à Bellecroix. Le général von Osten-Sacken en tête, il se jette alors, sans arrêt, sur le bois de sapins plusieurs fois mentionné au nord-ouest de Colombey. Depuis un certain temps, les com-

---

1. « Aussi bien Zastrow que Glümer n'étaient, au début, aucunement d'accord avec le commandant de l'avant-garde du corps d'armée. Ce dernier était ce jour-là sous les ordres directs du général commandant [le VIIe corps]; dans ses Souvenirs il ne laisse aucun doute sur ce fait que ce général voulut ensuite sévir contre lui. Mais lorsqu'il eut pu apprécier les circonstances, il acquit bien vite la conviction qu'à la place de von der Goltz... il eût agi comme lui » (Von Widdern, *loc. cit.*, 35). Ce passage est inexactement traduit par la *R. H.*, I, 1903, 1068.

2. 1er du 13e régiment (*État-major prussien*, I, 478).

pagnies prussiennes logées dans le parc l'ont attaqué, en subissant des pertes considérables. Malgré une pluie de balles, les nouveaux assaillants y pénètrent et atteignent la lisière opposée [1]. Les compagnies du 41e refluent dans le chemin qui conduit du bois à Colombey et où est déjà la majeure partie du régiment. Quant à celles du 15e chasseurs, elles sont refoulées vers l'ouest, entraînant leurs réserves. Mais à peine sont-elles sorties du bois, « que les hommes s'arrêtent à la sonnerie : Halte, ordonnée par le chef de bataillon ». Ils se reforment et opèrent immédiatement un retour offensif qui réussit. Le bois de sapins est reconquis [2]. Les Prussiens sont rejetés, avec des pertes marquées, et viennent se heurter au 2e bataillon du 73e qui suivait. Lui aussi est arrêté.

Osten-Sacken rallie ses compagnies dans le bois et le ravin au nord de Colombey. Elles y sont renforcées d'un bataillon arrivant de Coincy (3e du 13e) et, de nouveau, le général attaque le bois de sapins, à la fois du nord et de l'est [3].

Six bataillons et demi [4] assaillent cet étroit couvert, gardé par des forces beaucoup moindres. Le 15e bataillon de chasseurs va être enveloppé, s'il persiste à y tenir. Nous avons dit quelles instructions Metman a reçues du général Decaen, d'après celles de Bazaine : il doit « rester sur le pied d'une défensive énergique, tout en opérant lentement la retraite [5]... » La première évacuation du bois de sapins par nos chasseurs paraît être le signal « d'un mouvement

---

1. *État-major prussien*, I, 479.
2. *R. H.*, I, 1903, 1070, d'après l'Historique du 15e chasseurs, *ibid.*, 1113.
3. Le 2e bataillon du 73e, en colonne double, marche sur la lisière nord du bois de sapins et le chemin avoisinant ; les fractions ralliées par Osten-Sacken prolongent ses deux ailes ; la 9e compagnie du 13e régiment garde le bois au nord de Colombey ; les 10e, 11e, 12e attaquent aussi le bois de sapins. Le 2e bataillon du 13e, qui vient de Coincy, marche derrière le centre de la ligne. Les 3e et 4e compagnies du 1er bataillon de chasseurs, arrivant avec la 2e brigade, ont traversé le ravin au sud de La Planchette et se relient à la droite de la 25e brigade (*État-major prussien*, I, 479).
4. 6e et 7e, 9e et 10e compagnies du 15e ; 1er bataillon du 13e, 1er et 2e du 73e ; 3e du 13e ; 3e et 4e compagnies du 1er chasseurs. La *R. H.*, I, 1903, 1076, omet le bataillon du 15e.
5. Voir *supra*, p. 259.

prévu et ordonné dans ses lignes générales, mais nullement préparé[1] ». On dirait que les troupes voisines l'attendaient pour se mettre en retraite. Vers 6ʰ 15, les 2ᵉ et 3ᵉ bataillons du 19ᵉ de ligne abandonnent la croupe au nord du bois de sapins, afin de s'établir dans le chemin creux à l'ouest[2]. Le 1ᵉʳ, resté isolé au sud de la route de Sarrebruck, se porte ensuite à la gauche des deux autres[3].

La retraite du 19ᵉ de ligne rend la situation du 15ᵉ chasseurs très difficile. Vers 6ʰ 45, les Prussiens s'emparent du chemin creux au nord du bois de sapins ; celui-ci, à peu près enveloppé, doit être également évacué, cette fois d'une façon définitive. Le 15ᵉ chasseurs se replie vers l'ouest, sous la protection d'un bataillon de deuxième ligne (3ᵉ du 71ᵉ) auprès duquel il se reforme[4]. Nous ne nous maintenons qu'au nord de la route de Sarrebruck.

De même, le 41ᵉ, embusqué dans le chemin creux entre le bois de sapins et Colombey, ne peut y tenir plus longuement. Il se replie à hauteur des bataillons précédents, presque en même temps que le 15ᵉ chasseurs[5]. C'est ainsi que se termine le combat au centre de la ligne. Les tirailleurs ennemis tentent inutilement de pousser plus avant. Ils sont refoulés ; un de nos escadrons qui les charge en l'une de ces occasions est repoussé par le 1ᵉʳ bataillon de chasseurs, « avec de grandes pertes »[6] ; nous ne réussissons pas davan-

---

1. *R. H.*, I, 1903, 1077.
2. D'après l'État-major prussien, I, 480, ce chemin est creux en grande partie ; sur toute la longueur il est bordé d'une double rangée d'arbres très serrés, alternativement peupliers et pins. Le bois est de grands sapins, clairsemés.
3. « A la droite », *R. H.*, I, 1903, 1077, d'après l'Historique manuscrit de 1875 ; l'Historique reproduit, *ibid.*, 1113, ne donne pas ces détails.
4. La *R. H.*, I, 1903, 1078, mentionne, d'après l'Historique du corps, que le 15ᵉ chasseurs fut fusillé dans le bois de sapins par les troupes en arrière ; de même pour la compagnie du 7ᵉ chasseurs placée en grand'garde au château d'Aubigny avant l'action. Ces faits et beaucoup d'autres analogues sont imputables à la tenue spéciale des chasseurs.
5. Par échelons de bataillon déployé. Le régiment vient s'encadrer entre le 3ᵉ bataillon du 59ᵉ à droite et le 15ᵉ chasseurs à gauche (Historique, *R. H.*, I, 1903, 1115).
6. Un escadron de cuirassiers (*État-major prussien*, I, 481). Ce détail paraît inexact, aucun des régiments de la division Forton n'ayant paru sur le champ de bataille et les cuirassiers de la Garde n'ayant pas été engagés.

tage à regagner le terrain conquis. Une tentative particulièrement vigoureuse, faite par nous dans la soirée, est repoussée par le 2e bataillon du 13e régiment [1].

La droite du général Metman a également opéré un mouvement rétrograde, mais sans y être obligée par les forces très inférieures dont l'ennemi dispose sur son front. Malgré cette disproportion, dès 6h 30, notre première ligne évacue les tranchées-abris au sud-ouest du bois de Colombey, pour s'abriter sur la lisière [2]. L'ordre donné aux huit compagnies du 7e de ligne est mal compris ; elles « se portent subitement et en désordre dans le bois », sur lequel l'ennemi dirige un feu vif. Leurs pertes sont considérables [3].

La retraite des 41e et 59e a découvert la gauche du 24e ; ses dix compagnies et celles du 7e chasseurs (2e, 3e, 4e) évacuent tout l'espace compris entre la pointe nord du bois et la croisée de chemins au nord-ouest de Colombey. Les chasseurs se rallient en arrière de notre batterie de mitrailleuses [4], et le 29e dans le bois de Colombey.

A ce moment survient un ordre de Metman. Il prescrit au général de Potier de porter toute sa brigade sur la gauche pour soutenir la 2e : c'est risquer de dégarnir entièrement notre droite.

Il reste un seul bataillon disponible à la 1re brigade, le 1er du 29e. Potier le dirige vers la gauche ; puis il envoie aux 7e et 29e de ligne l'ordre d'évacuer le bois de Colombey et

---

[1]. Vers 7 heures, 1re, 2e, 3e compagnies du 7e chasseurs entre Colombey et La Grange-aux-Bois, les 2e et 3e seules sur le chemin bordé de peupliers qui unit ces deux points. En face d'elles 8 compagnies du 7e de ligne dans les tranchées-abris, soutenues par le reste du régiment (10 compagnies) à Colombey, 4e compagnie du 7e chasseurs, 1re du 55e régiment, 4e du 15e devant les dix compagnies du 29e de ligne dans le bois de Colombey (*R. H.*, I, 1903, 1079).

[2]. D'après le rapport du général de Potier, 15 août (*R. H.*, I, 1903, 1124), ce mouvement est prescrit par le colonel du 7e de ligne sous l'impression des « feux de revers » qui atteignent nos tranchées. Il coïncide avec la retraite des dix compagnies du 29e. Au contraire l'Historique du 7e de ligne (*ibid.*, 1130) porte que la retraite de ce régiment se fait sur l'ordre du général de Potier.

[3]. Historique du corps.

[4]. « A la nuit tombante » (Historique du corps).

de se replier sur la crête à l'ouest. En même temps, la batterie de mitrailleuses qui s'y trouvait se reporte au nord du bois de Borny [1].

Heureusement l'ennemi ne presse nullement notre retraite ; ralentis par l'épaisseur des fourrés, les 7e et 29e de ligne rétrogradent très lentement dans la même direction. Vers 8 heures, nous nous reformons au nord et à hauteur du bois de Borny [2]. A gauche de la division Metman, le 3e bataillon du 71e, après avoir combattu avec « une remarquable ténacité », a épuisé toutes ses cartouches. Il doit être relevé par un bataillon de la brigade Potier (1er du 29e) qu'amène cet officier général [3].

Cependant nos troupes reculent également sur les routes de Sarrebruck et de Sarrelouis. Un retour offensif du 19e de ligne, opéré lors de la retraite du 15e chasseurs [4], est repoussé par la 25e brigade. Le régiment est contraint de refluer à l'est de la ferme de Sébastopol, en avant de Borny. Au nord nous réussissons à nous maintenir plus longtemps ; les fractions du 69e établies entre les routes de Sarrebruck et de Sarrelouis, puis au nord de cette dernière, résistent encore aux efforts des Prussiens.

Quant à la division Aymard, elle se borne à tenir ses positions à la gauche du 3e corps ; malgré la faiblesse de l'ennemi sur son front, on craint un mouvement enveloppant

---

1. Rapport Potier. La 5e batterie du 11e régiment s'y place à la droite des deux batteries de 4 (6e et 7e du 11e) qui viennent de s'établir à cheval sur le chemin de Borny à Colombey. Les 6e et 8e batteries du 4e régiment (de 4, division Montaudon) se portent ensuite dans l'intervalle des 6e et 7e du 11e (Rapport du lieutenant-colonel Fourgous, R. H., I, 1903, 1107).

2. D'après le rapport Potier, le 7e de ligne est à droite ; puis viennent les 1er et 2e bataillons du 29e, à hauteur des batteries des 11e et 4e régiments, le 59e, le 7e chasseurs, les 1er et 2e bataillons du 71e, le 3e du 29e.

3. Rapport Potier, Historique du 71e, R. H., I, 1903, 1134. La R. H., ibid., 1082, fait remarquer que ce bataillon supporte à lui seul toutes les pertes du 71e (12 officiers et 307 hommes), moins une quinzaine d'hommes. Il perdit près de 50 p. 100 de son effectif.

La brigade de cavalerie légère Bruchard rétrograde vers Borny en même temps que Metman ; le 2e chasseurs se place derrière la corne nord-est du bois de Borny.

4. Ce retour offensif, mentionné par la R. H., I, 1903, 1082, sans indication d'origine, ne l'est pas dans le rapport du général Nayral, ni dans l'Historique du corps (ibid., 1110, 1113).

par le ravin de Vallières[1]. Le général de Brauer porte donc en ligne trois nouveaux bataillons[2].

Il reste à la division une brigade entière disponible ; on lui fait effectuer quelques mouvements préparatoires, sans l'engager. Vers 6 heures du soir, elle se porte dans Bellecroix et à l'est du chemin de ce hameau à Vantoux[3]. Ses bataillons se couchent et attendent ainsi, « sous une pluie de balles et d'obus[4] », sans aucun abri, une occasion d'intervenir qui ne viendra pas.

Au lieu d'utiliser nos bataillons de deuxième ligne[5], le général de Castagny imagine d'avoir recours à la cavalerie du général de Clérembault. Deux escadrons du 4ᵉ dragons font une gauche tentative pour charger l'infanterie prussienne, sans le moindre résultat[6]. L'ennemi se borne à maintenir ses positions à l'ouest de Lauvallier et de La Planchette. A l'ouest de Bellecroix, nous disposons encore de forces considérables : la réserve du 3ᵉ corps et la réserve générale d'artillerie. Toutes deux ne sont engagées que pour une partie minime et encore très tard. Des huit batteries de la première, cinq combattent quelques instants et leurs pertes sont à peine sensibles[7].

---

1. Historiques des 44ᵉ et 60ᵉ de ligne, *R. H.*, I, 1903, 1143, 1144.
2. 1ᵉʳ, 2ᵉ, 3ᵉ du 60ᵉ. Le 3ᵉ entre le 3ᵉ et le 1ᵉʳ du 44ᵉ ; le 2ᵉ entre le 1ᵉʳ du 44ᵉ et les compagnies du 11ᵉ chasseurs (1ʳᵉ, 2ᵉ, 3ᵉ, 4ᵉ) qui combattent près et au nord de la route de Sarrelouis ; le 1ᵉʳ dans l'intervalle des deux routes. Le 2ᵉ du 69ᵉ a reflué à l'est de Bellecroix ; les 1ᵉʳ et 3ᵉ du 69ᵉ sont en retraite sur la route de Metz (*R. H.*, I, 1903, 1084 et croquis n° 4, *la bataille vers 7ʰ 30 du soir*).
3. 2ᵉ et 3ᵉ du 80ᵉ à l'est du chemin ; 1ᵉʳ du 85ᵉ à 150 pas derrière le 3ᵉ du 60ᵉ ; 1ᵉʳ du 85ᵉ à gauche du 2ᵉ du 44ᵉ ; 2ᵉ du 85ᵉ, 1ʳᵉ, 2ᵉ, 3ᵉ compagnies au moulin de Vantoux, 4ᵉ, 5ᵉ, 6ᵉ en réserve avec le 3ᵉ bataillon (Rapport du général Sanglé-Ferrières, 15 août, et croquis n° 4 cité).
4. Historique du 80ᵉ, *R. H.*, I, 1903, 1146.
5. 8 bataillons et demi d'après le croquis n° 4 cité.
6. Le 4ᵉ dragons perd en tout le 14 août 5 cavaliers blessés. Il ne peut donc charger « sous une pluie de balles » et réussir, comme le veut l'Historique du corps, *R. H.*, I, 1903, 1157. Il n'est pas exact non plus que le 4ᵉ dragons ait chargé tout entier (Voir le rapport du général de Clérembault, 21 août, *ibid.*, 1149). C'est peut-être cet épisode qui donne lieu au récit de la charge de prétendus cuirassiers fait par l'État-major prussien (Voir *suprà*, p. 273).
7. *Réserve du 3ᵉ corps* : 1ʳᵉ batterie du 17ᵉ régiment (à cheval), d'abord au sud de Bellecroix, puis au nord ; elle tire 25 coups et a 1 homme et 6 chevaux blessés ; 2ᵉ du 17ᵉ (à cheval) au sud de Bellecroix ; elle tire environ 15 coups

Quant à la réserve générale, elle a mis en mouvement ses pièces de 4 à cheval, les moins puissantes. Ces huit batteries vont jusqu'à 500 mètres à l'ouest de Bellecroix et se forment au nord de la route. Trois seulement se portent un peu plus avant et deux tirent en tout 46 obus[1]. Les batteries de 12 ne quittent pas leurs bivouacs des Bordes, bien que, seul, ce calibre puisse lutter avec l'artillerie allemande sans trop d'infériorité.

Cette inaction est d'autant moins justifiée que, vers 6h30, les dix-huit pièces de la division Aymard, sous le feu de l'infanterie prussienne qui débouche à 150 ou 200 mètres, sont forcées de se reporter à l'ouest; l'une d'elles, seule, tire encore quelques instants[2].

---

par pièce; 3e du 17e (à cheval) reste en réserve; 4e du 17e (à cheval) au sud-ouest du moulin de la Tour: tire 28 coups et perd un cheval (Historique de ces quatre batteries, *R. H.*, I, 1903, 1162);

7e du 4e, n'est pas engagée; s'établit vers 7 heures dans les intervalles du 44e sur les bords du ravin de Vallières; 10e du 4e, n'est pas engagée, surveille le même ravin (Historique de ces deux batteries, *ibid.*, 1161);

11e et 12e du 11e régiment (de 12) s'établissent à 100 mètres en arrière de Bellecroix et tirent ensemble 195 coups (Le général de Rochebouët au général Soleille, s. d., *ibid.*, 1158).

Le relevé des consommations de munitions (*ibid.*, 1161) porte que la réserve du 3e corps tira 197 coups de 4, chiffre qui n'est pas d'accord avec ceux des batteries.

1. 1re, 2e, 6e, 7e, 8e batteries du 18e (à cheval) à 500 mètres à l'ouest de Bellecroix; 3e et 4e au sud; 5e du 18e à droite de la 2e du 17e, également au sud de Bellecroix (*R. H.*, I, 1903, 1088).

2. 10e du 11e régiment; tir des trois batteries, 585 coups de 4, 244 coups de mitrailleuses; 1 officier et 10 hommes blessés (Rapport du commandant de l'artillerie de la division, *R. H.*, I, 1903, 1147).

XVIII

LE 1ᵉʳ CORPS

Le 1ᵉʳ corps vers Nouilly. — L'artillerie de corps. — L'artillerie de la 1ʳᵉ division
Ordres de Manteuffel. — Son artillerie. — L'extrême gauche du 1ᵉʳ corps.

A l'extrême droite allemande, l'attaque de fractions du 44ᵉ sur le bois de Mey a progressé, malgré des pertes marquées, lorsque le renforcement vers le nord de la ligne du 4ᵉ corps fait craindre aux Prussiens d'être débordés. Ces trois compagnies se replient sur Nouilly ; en même temps le reste du régiment est rappelé par des sonneries dans cette direction. Puis Memerty porte sur Servigny un bataillon qu'il destinait à couvrir son flanc droit. Un autre s'établit en repli à Noisseville [1].

Nous avons vu comment les batteries divisionnaires du 1ᵉʳ corps contribuent à soutenir sa droite, si aventurée [2]. L'artillerie de corps est également entrée en ligne. Partie à 5 heures de son bivouac de Courcelles-Chaussy, elle suit la route de Sarrebruck, les deux batteries à cheval en tête. Vers 6ʰ15, ces dernières s'établissent à gauche de celle (6ᵉ légère) restée à l'ouest de la Brasserie.

Au sud de Montoy, où les quatre batteries montées doivent prendre position, l'espace est tellement restreint qu'une seule peut s'établir [3]. Une autre traverse le ravin de Montoy et met en batterie au nord.

Si, vers 7 heures, au sud de la route de Sarrebruck, la 25ᵉ brigade s'est emparée définitivement du flanc gauche du ravin de Colombey, le combat est encore indécis au nord. Pour exercer une action plus énergique, le commandant de l'artillerie de la 1ʳᵉ division prend l'initiative de la con-

---

1. 3ᵉ du 4ᵉ et 3ᵉ du 44ᵉ.
2. Voir *suprà*, p. 269.
3. Il y a déjà 5 batteries : 1ʳᵉ Abtheilung à pied du Iᵉʳ corps et 6ᵉ lourde du VIIᵉ (*État-major prussien*, I, 483) ; la 3ᵉ lourde du 1ᵉʳ s'établit à leur gauche.

duire à l'ouest du ravin. Deux de ses batteries le traversent au pont de La Planchette et ouvrent le feu à 1,200 mètres de nos tirailleurs, immédiatement derrière ceux des Prussiens. Les deux autres viennent ensuite les rejoindre[1], et leur tir contribue à tenir en échec la division Aymard. Si celui de notre artillerie, trop long, les laisse à peu près indemnes, elles ont à souffrir des balles de l'infanterie[2]. Malgré leur présence, les Prussiens ne font aucun progrès. Mais il en est de même pour nous.

De la hauteur de Noisseville, Manteuffel s'est rendu compte de l'extension continue du 4e corps vers le nord. Il prescrit à Memerty de tenir « en tous cas » la position de Noisseville et le ravin de Nouilly. L'artillerie de corps se rapprochera du premier de ces points pour en soutenir les défenseurs. Quant à la 1re brigade, encore en marche sur la route de Sarrebruck, elle ira s'établir en réserve générale à la Brasserie. La 4e brigade, qui arrive, elle aussi, contournera Noisseville par le nord et, y laissant deux bataillons, cherchera à arrêter le prétendu mouvement tournant du 4e corps par un coup droit dans son flanc gauche[3].

Suivant cet ordre, les batteries entre la Brasserie et Montoy opèrent une demi-conversion qui les porte de Noisseville à Lauvallier[4]. Ainsi toute l'artillerie du Ier corps (90 pièces) est en ligne, bien qu'une grande partie de son infanterie soit encore loin du champ de bataille. Le contraste est extrême entre les façons d'opérer des deux adversaires.

---

1. Au nord de la route de Sarrelouis, la 2e légère et la 1re lourde ; au sud la 2e lourde et la 1re légère.

2. *État-major prussien*, I, 485. La *R. H.*, I, 1903, 1090, rappelle que la distance des deux artilleries est de 1,000 mètres et que notre premier évent de fusée correspond à 1,400 mètres. Voir notre tome II, *Les Deux Adversaires. Premières opérations*, p. 116.

3. *État-major prussien*, I, 485.

4. A droite, à l'angle sud-ouest de Noisseville, les 2e et 3e batteries à cheval du Ier corps ; puis la 6e légère, les 3e et 4e lourdes, 4e et 3e légères, ces dernières en position à 7h 30 seulement.

Les quatre batteries de la 1re division sont à l'ouest du ravin de Colombey ; la batterie de la 3e division de cavalerie, la 6e lourde, la 5e légère, la 5e lourde entre Poixe et le sud-ouest de Servigny.

Le croquis n° 4 (*R. H.*, I, mai 1903) n'est pas d'accord avec celui inséré dans le texte de l'État-major prussien, I, 486. Nous avons suivi ce dernier.

Si les 66 pièces établies entre Lauvallier et la route de Bouzonville sont à même de ralentir le mouvement offensif du 4ᵉ corps qu'imposeraient les circonstances, il n'y en a plus que 24 pour soutenir le combat de Colombey-Lauvallier[1]. L'effort du Iᵉʳ corps devient tout à fait divergent, résultat obligé de la légèreté avec laquelle nos adversaires ont engagé un combat aussi disproportionné. Mais nous ne savons pas les en punir.

On a vu que l'extrême gauche de la Iᵉ armée est représentée uniquement par le 7ᵉ bataillon de chasseurs. Bien qu'en face de forces très supérieures, il conserve, depuis le début du combat, une attitude agressive, qui contribue sans doute à notre passivité. Avec le concours de fractions du 15ᵉ régiment, sa 4ᵉ compagnie s'est emparée des tranchées-abris au sud de Colombey, tandis que les trois autres s'engageaient plus à gauche. Le terrain tout à fait découvert qui les sépare du bois de Colombey[2] rend leurs progrès très lents. Toutefois la 2ᵉ compagnie s'empare d'un boqueteau à l'est, d'où elle parvient à inquiéter notre flanc droit. Les deux autres utilisent un pli de terrain dans le même but. C'est ainsi que le 7ᵉ de ligne est amené à évacuer les tranchées au sud-est du bois et à se reporter sur sa lisière, en attendant de l'évacuer selon les ordres de Metman.

D'ailleurs la situation ne tarde pas à être modifiée en ce point par l'entrée en ligne de la 28ᵉ brigade.

---

1. *R. H.*, I, 1903, 1091.
2. Bois de Borny de l'État-major prussien, I, 487.

XIX

INTERVENTION DE LA 28ᵉ BRIGADE

La division Montaudon. — La Garde. — La division Kameke. — Intervention de la 28ᵉ brigade. — Perte du bois de Colombey. — La 1ʳᵉ division de cavalerie et la 18ᵉ division. — Combat vers Grigy. — Le fort de Queuleu.

Au début de la bataille, la 1ʳᵉ division du 3ᵉ corps est déjà en retraite par la route de Strasbourg. Comme Ladmirault, le général Montaudon juge indispensable de faire face à l'ennemi et de réoccuper ses positions premières. Mais Bazaine, qui survient, lui prescrit de reprendre sa marche sur Metz. Les troupes se remettent en mouvement, quand arrive un des officiers du maréchal : ordre est donné de regagner les emplacements du matin et de soutenir la division Metman (vers 5 heures)[1].

Bien que le fort de Queuleu assure ses derrières de la façon la plus efficace, Montaudon juge à propos de ne reporter au sud-est de Grigy que le 51ᵉ et une batterie (5ᵉ du 4ᵉ régiment), sans occuper la Haute-Bévoye et La Grange-aux-Bois qui couvriraient ses flancs. L'un de ces bataillons garnit la tranchée-abri construite la veille ; la batterie occupe un épaulement entre ce retranchement et la route[2].

Le reste de la brigade Plombin demeure en réserve au nord-ouest de Grigy[3]. La brigade Clinchant réoccupe le bois de Borny, où elle avait laissé un seul bataillon pour

---

1. Général Montaudon, II, 91.
2. 1ᵉʳ bataillon du 51ᵉ derrière la tranchée ; 2ᵉ bataillon, 4ᵉ, 5ᵉ, 6ᵉ compagnies du 3ᵉ entre l'épaulement et Grigy, à l'ouest de la route ; 1ʳᵉ, 2ᵉ, 3ᵉ compagnies du 3ᵉ bataillon à la lisière est du village. Chose bizarre, c'est une compagnie du 62ᵉ (2ᵉ du 2ᵉ bataillon) qui soutient la batterie (*R. H.*, I, 1903, 1291).
3. 18ᵉ bataillon de chasseurs dans des carrières bordant le chemin Grigy-Borny ; 1ᵉʳ et 2ᵉ bataillons du 62ᵉ entre ces carrières et la route de Strasbourg, 3ᵉ bataillon du 62ᵉ en arrière, près du rû de Chenau (*R. H.*, I, 1903, 1291, d'après le rapport du lieutenant-colonel Louis, *ibid.*, 1163, et l'Historique manuscrit du 62ᵉ, non reproduit).

couvrir la retraite [1]. Quant aux deux autres batteries de la division, elles demeurent aux abords du fort de Queuleu [2].

La Garde a commencé sa retraite et la division de voltigeurs arrive à la hauteur de Queuleu, quand le canon retentit au delà de Colombey. Aussitôt Bourbaki arrête le mouvement. Le général Deligny rassemble la brigade Brincourt au nord-ouest du fort, avec son artillerie; la brigade Garnier se masse au sud-ouest de Borny. Quant à la division Picard, au début de l'action, elle n'avait pas encore quitté ses bivouacs. Vers 5 heures, deux de ses bataillons (1er et 2e du 3e grenadiers) occupent la lisière de Borny; la brigade Jeanningros se porte entre Bellecroix et Les Bordes, au nord de la route de Sarrelouis [3]. La réserve d'artillerie et la division de cavalerie ont gardé leurs emplacements de bivouac. La Garde reste ainsi disposée durant une heure environ. Puis huit pièces de la division Deligny viennent s'établir sur les glacis nord-est du fort de Queuleu; le 1er voltigeurs se porte entre elles et la route de Strasbourg. Le reste de la brigade Brincourt est « à hauteur et à gauche des premières maisons de Queuleu [4] ». La brigade Garnier va en soutien de la division de grenadiers, à l'ouest du fort des Bordes [5].

---

1. 1er bataillon du 95e, dont trois compagnies dans la partie sud, avec des tirailleurs derrière une haie qui voit Mercy-lès-Metz; les 3e, 4e, 5e compagnies du 2e bataillon du 81e ont été également laissées dans le bois pour couvrir la retraite. Le reste du 95e et du 2e bataillon du 81e garnit ensuite un fossé qui suit la lisière du bois; les 1er et 3e bataillons du 81e restent au nord-ouest, en réserve (*R. H.*, I, 1903, 1292, d'après l'Historique manuscrit du lieutenant Ouzilleau, non reproduit, et le rapport du colonel Davout d'Auerstædt, *ibid.*, 1106).

2. 6e batterie du 4e régiment d'abord sur les déblais « de la tranchée à gauche » de Grigy, puis « derrière un rideau de peupliers parallèle » au chemin Grigy-Borny; 8e batterie du 4e régiment (mitrailleuses) sur les glacis du fort (Rapport du lieutenant-colonel Fourgous, *R. H.*, I, 1903, 1107).

3. *R. H.*, I, 1903, 1293. Le 2e grenadiers reste sur ses emplacements de bivouac; le 3e bataillon du 3e grenadiers est détaché depuis le 4 août au quartier impérial.

4. Journal de la division, *R. H.*, I, 1903, 1170 : 5e batterie (mitrailleuses) et une section de la 2e sur le glacis de Queuleu; deux compagnies de chasseurs ont été détachées par la division, « pour éclairer et surveiller les abords du village de Grigy », qui est occupé par la division Montaudon.

La division Laveaucoupet a déjà jeté deux bataillons (2e et 3e du 2e de ligne) et trois batteries (7e, 8e, 11e du 15e régiment) dans le fort de Queuleu.

5. Journal de la brigade, *R. H.*, I, 1903, 1172.

Comme nous l'avons vu, dès le premier avis que von der Goltz a fait parvenir au général von Kameke, avant même le début de son attaque, ce dernier a donné l'alarme à sa division, bivouaquée à Domangeville. Vers 4 heures, il la met en marche. Elle est à Villers-Laquenexy quand il apprend les résultats de l'attaque de Colombey. En même temps von der Goltz le prie de soutenir sa gauche. La 14ᵉ division se porte vers Ars-Laquenexy, lorsque surviennent des ordres du général von Zastrow. Le commandant du VIIᵉ corps appelle la 27ᵉ brigade en réserve générale entre Marsilly et Colombey. Seul le général von Woyna continue avec la 28ᵉ brigade dans la direction première. Vers 7 heures, il atteint le champ de bataille, avec un peu moins de quatre bataillons, au sud-ouest de Colombey. Une batterie et un régiment de hussards ont été mis à sa disposition [1]. C'est assurément trop peu pour provoquer la décision, quoique le point d'attaque soit avantageux.

Le 15ᵉ hussards couvre sa gauche. Avant d'atteindre Grigy, il reconnaît que ce village est occupé par nos troupes. L'infanterie de Voyna a dépassé Ars-Laquenexy, étendant sa droite jusqu'au château d'Aubigny, où elle n'a que faire. Le 53ᵉ est en tête. Aussitôt qu'il atteint la zone du feu, il déploie son 2ᵉ bataillon en colonnes de compagnie qui viennent s'intercaler dans la ligne de combat du 7ᵉ bataillon de chasseurs, engagé depuis plusieurs heures au nord-ouest du bois d'Ars, et ouvrent un feu très nourri sur la lisière de celui de Colombey [2].

Le 1ᵉʳ bataillon, en colonne double, suit le 2ᵉ. Ses 1ʳᵉ et 4ᵉ compagnies marchent d'abord sur le château d'Aubigny, derrière la droite du 2ᵉ bataillon, puis se portent au sud-ouest, par une marche de flanc que masque incomplètement

---

1. 1ʳᵉ batterie légère du VIIᵉ corps et 15ᵉ hussards (*État-major prussien*, I, 488). Le 3ᵉ bataillon du 53ᵉ est resté à la station de Courcelles-sur-Nied ; le 3ᵉ bataillon et la 8ᵉ compagnie du 77ᵉ sont en soutien de l'artillerie de corps et divisionnaire.

2. A ce propos la *R. H.*, I, 1903, 1296, signale les nombreuses et choquantes contradictions qui existent entre la Relation de l'État-major prussien, le plan qui l'accompagne et les Historiques des corps français ou allemands.

la ligne des tirailleurs, « pour envelopper la droite de l'adversaire ». En se couvrant d'une haie, elles atteignent le chemin bordé de peupliers qui va de Colombey vers La Grange-aux-Bois[1], s'y installent et ouvrent le feu sur la lisière sud du bois de Colombey[2].

Les 2e et 3e compagnies du 53e se sont portées à travers le bois d'Ars-Laquenexy, derrière la gauche du 2e bataillon. En dépassant La Grange-aux-Bois, elles prolongent la ligne déjà engagée face au bois de Colombey. Ce dernier ne tarde pas à être évacué, comme nous l'avons vu; vers la chute du jour, le gros de la brigade Potier se reforme au nord-ouest[3]. L'attaque des Prussiens ne rencontrera aucun obstacle.

Le colonel du 77e régiment a reçu du général von Woyna l'ordre de prolonger avec ses sept compagnies présentes la gauche de la ligne. Elles aussi se dirigent vers La Grange-aux-Bois; une partie fait face au bois de Colombey[4], les autres prennent la direction de Grigy. Enfin la batterie de Woyna prend position au saillant nord du bois d'Ars et intervient activement dans le combat.

---

1. L'État-major prussien écrit « l'allée de peupliers qui conduit à Grigy », c'est-à-dire la route de La Grange-aux-Bois à Grigy, mais ce détail ne cadre pas avec les autres.

2. L'État-major prussien, I, 489, porte du *bois de Borny*; il confond évidemment les deux bois, comme nous l'avons dit plus haut. Ce qu'il écrit du mouvement des 2e et 3e compagnies du 53e qui, après avoir dépassé La Grange-aux-Bois, auraient à leur gauche les 1re et 4e compagnies et à leur droite le 2e bataillon et les chasseurs, etc., est tout à fait incompréhensible. Les Historiques de corps prussiens sont non moins inexacts. Les 1re et 4e compagnies du 53e ne peuvent être engagées dans un feu *fort vif* contre les tirailleurs déployés à la pointe sud du bois de Borny (*Geschichte des 5. Westf. Infanterie-Regiments Nr. 53*), car la *R. H.* montre (I, 1903, 1297) que cette lisière était occupée par le 95e, dont une seule compagnie (6e du 1er bataillon) tira quelques coups de fusil à la nuit, vers le sud. Pertes du 95e : 1 tué de cette compagnie.

3. Voir *suprà*, p. 275.

4. L'État-major prussien, I, 490, ajoute qu'elles entretiennent « un feu sur place contre la lisière sud et sud-ouest du bois, que l'ennemi défendait encore avec acharnement ». Cette assertion n'est nullement d'accord avec le rapport du général de Potier et l'Historique du 7e chasseurs déjà cité (Voir *suprà*, p. 275).

La *R. H.*, I, 1903, 1299, démontre, d'après la *Geschichte des 2. Hannoverschen Infanterie-Regiments Nr. 77*, que le 1er bataillon et la 7e compagnie du 77e font face au bois de Colombey, à l'est de La Grange-aux-Bois, et les 5e et 6e compagnies à Grigy, à l'ouest. L'État-major prussien porte deux compagnies face au bois de Borny et cinq à Grigy.

L'attaque du bois de Colombey est donc facile. Les chasseurs et le 2ᵉ bataillon du 53ᵉ abordent simultanément son saillant sud-est¹. Il est à peine défendu par quelques tirailleurs attardés. L'ennemi occupe définitivement la partie sud du bois et une tranchée-abri construite à l'ouest². Quant à la partie nord, où a pénétré le 7ᵉ chasseurs prussien, elle est évacuée à la nuit tombante³, sans que nous y soyions pour rien.

A 8 heures du soir, en effet, le général de Potier reforme sa brigade au nord-est du bois de Borny⁴ ; puis, en attendant des ordres, il procède au ravitaillement en munitions.

Pendant ce petit combat, le 15ᵉ hussards a établi la liaison avec la 18ᵉ division d'infanterie et la 1ʳᵉ division de cavalerie, qui atteignent alors la partie sud du champ de bataille et vont prolonger à leur tour la gauche de la brigade Woyna.

Le 13 août, la 1ʳᵉ division de cavalerie a bivouaqué à Pontoy, après avoir relevé à hauteur de Mécleuves les avant-postes de la 6ᵉ division, destinée à se porter vers l'ouest. Le 14, à 1 heure du soir, le général von Hartmann apprend que la 1ʳᵉ division d'infanterie a reçu l'ordre de prendre l'offensive, l'après-midi, de Courcelles-Chaussy vers Metz⁵. En même temps von der Goltz lui fait savoir qu'il a l'intention de marcher le soir même sur Marsilly.

---

1. L'État-major prussien, I, 490, porte « le saillant nord-est du bois de Borny », mais ce détail ne concorde pas avec les emplacements des différentes unités ; la *R. H.*, I, 1903, 1300, montre, d'après les Historiques des 7ᵉ chasseurs, 77ᵉ régiment et les nôtres, qu'il s'agit du saillant *sud-est* du bois de Colombey.

2. Tracée de l'est à l'ouest au sud de la cote 241.

3. Il se retire sur la cote 228, puis sur la croupe au nord du bois d'Ars, où il bivouaque (*R. H.*, I, 1903, 1303, d'après l'Historique du 7ᵉ chasseurs prussien).

4. Rapport cité du général de Potier : 7ᵉ de ligne près du bois ; 2ᵉ et 3ᵉ bataillons du 29ᵉ au centre de la ligne de la division, à hauteur des 6ᵉ et 8ᵉ batteries du 4ᵉ régiment (division Montaudon) ; 7ᵉ chasseurs près de la route de Borny, reliant la brigade Potier aux 59ᵉ et 71ᵉ.

5. Rapport du général von Hartmann à Steinmetz, 14 août, 11 heures du soir, cité par von Widdern, *Die I. Armee bei Colombey-Nouilly*, 66. Cette communication erronée est le fait d'un officier de réserve de la cavalerie du Iᵉʳ corps, chargé de porter à Moltke une lettre de Brandenstein écrite du quartier général de la 1ʳᵉ armée (*ibid.*, 26).

Vers 2 heures, la 18ᵉ division d'infanterie (général von Wrangel, IXᵉ corps) arrive après une marche fatigante derrière le bivouac de Hartmann, sur la route de Strasbourg à Metz. Son avant-garde fait halte à Orny, à la hauteur du gros de la 1ʳᵉ division, et le reste à Buchy, à 14 kilomètres du camp français le plus proche [1]. Peu après, Hartmann communique à l'avant-garde les nouvelles qu'il a reçues. Il invite même son chef à se joindre à lui pour soutenir l'offensive des VIIᵉ et Iᵉʳ corps, en nous fixant dans notre position de Mercy-lès-Metz [2]. Toutefois, au lieu de prendre les devants, comme il serait naturel, il attend que la division Wrangel l'ait dépassé.

Les instructions de Frédéric-Charles portent que le IXᵉ corps doit intervenir, le cas échéant, dans un combat sous Metz. Lorsque, vers 5 heures, Wrangel apprend que la Iʳᵉ armée est engagée sur son front, il court aux avant-postes et donne l'alarme à sa division. A 6ʰ 15, il rend compte au commandant du IXᵉ corps que l'on entend une vive canonnade venant de Colombey, à 10 kilomètres environ. Il ajoute que le gros de la 18ᵉ division est déjà en marche sur Orny, mais qu'il craint d'arriver trop tard [3].

Son avant-garde, deux escadrons du 4ᵉ dragons, suivis de près par deux bataillons et une batterie [4], marche sur Peltre qu'elle trouve évacué [5]. Sous l'escorte d'un escadron,

---

[1]. Cette avant-garde compte 3 bataillons, 4 escadrons et 1 batterie ; l'artillerie de corps est à Luppy, la 25ᵉ division à Béchy.

[2]. Von Widdern (*Die I. Armee bei Colombey-Nouilly*, 67) donne ce détail d'après le rapport cité de von Hartmann, tout en semblant douter de son exactitude.

[3] Voir ce compte rendu dans von Widdern, *loc. cit.*, 68. Les rapports qui provoquent la décision de Wrangel proviennent de ses avant-postes et du commandant du 15ᵉ ulans (6ᵉ division) [*État-major prussien,* I, 490]. Hartmann n'y est pour rien.

Le commandant du IXᵉ corps porte l'artillerie de corps à Buchy, la 25ᵉ division à Luppy.

Le IIIᵉ corps est à Louvigny, Pagny-les-Goin et Vigny, prêt à repartir pour Cheminot, quand le canon retentit ; la 5ᵉ division et l'artillerie de corps sont tenues prêtes à intervenir à Verny (Von Widdern, *loc. cit.*, 69).

[4]. 2ᵉ et 3ᵉ bataillons du 36ᵉ, 2ᵉ batterie légère du 9ᵉ régiment. Les deux escadrons du 6ᵉ dragons attachés au gros rallient bientôt les deux autres.

[5]. *État-major prussien,* I, 491. D'après une communication du général von Wrangel (Von Widdern, *Die Krisis von Vionville,* I, 15), « Peltre et Mercy-

le colonel von Brandenstein[1] conduit la batterie sur la hauteur de Mercy-lès-Metz, où se portent ensuite le reste du 6ᵉ dragons et deux compagnies du 36ᵉ. Vers 6ʰ 30, les pièces prussiennes mettent en batterie dans l'angle de la route et du chemin de Mercy : elles canonnent la batterie de 4 et les fractions d'infanterie que nous montrons au sud de Grigy, à moins d'un kilomètre.

Quant à la division Hartmann, à 6ʰ 30, lors de l'approche de l'avant-garde de Wrangel, ses deux régiments de cuirassiers, groupés en une brigade provisoire et suivis de la batterie à cheval, franchissent la voie ferrée à l'est de Frontigny. Au lieu de couvrir la gauche de Wrangel, comme il serait naturel, ils s'en servent comme d'une protection. Deux escadrons établissent la liaison entre les IXᵉ et VIIᵉ corps, tandis que la batterie, soutenue par un autre escadron, s'établit entre Peltre et Mercy-lès-Metz, à l'ouest de la route de Strasbourg. Dépassant peu à peu celle de Wrangel, elle coopère efficacement à son action vers Grigy[2].

La batterie de 4 installée au sud de ce village a d'abord ouvert le feu contre quelques cavaliers apparus au sud. Peu à peu ils deviennent plus nombreux sur l'avenue qui conduit au château de Mercy. Bien que nos pièces, les avant-trains et les caissons soient parfaitement abrités derrière un épaulement ou par les mouvements du sol, le capitaine de Picciotto, les jugeant trop exposés, donne l'ordre d'amener les avant-trains. L'exécution commence à peine que survient la batterie de Wrangel, à 800 mètres environ. Le mouvement des avant-trains est arrêté et l'on s'efforce de répondre aux

---

le Haut (Mercy-lès-Metz) étaient encore occupés par l'ennemi », quand survint la 18ᵉ division. Le 36ᵉ perdit 31 hommes à l'attaque de Mercy.

Les premiers coups de feu avaient été tirés quand l'officier envoyé par Wrangel au général von Manstein, commandant le IXᵉ corps, revint avec l'ordre exprès de retourner sans retard au bivouac. Wrangel répondit que cette retraite était impossible. Manstein le lui reprocha durement à leur première rencontre, le 15 août.

1. Chef du 36ᵉ régiment qui commandait les avant-postes.
2. *État-major prussien*, I, 492. Après 8 heures, la 2ᵉ batterie lourde du IXᵉ corps vient s'établir entre ces deux batteries.

Prussiens, mais la position n'est bientôt plus tenable. Malgré les efforts de Picciotto, qui tombe un des premiers, et ceux du lieutenant Clerget-Vaucouleur qui le remplace pour être bientôt atteint de plusieurs blessures, le désordre se met dans la batterie. C'est avec peine qu'on arrive à emmener trois de ses pièces. Il faut revenir à deux reprises chercher les autres, et la dernière n'est sauvée qu'avec l'aide de fractions des 51e et 62e de ligne [1].

Dès 7h 30, le fort de Queuleu et les batteries voisines [2] ont ouvert le feu, d'abord sur la cavalerie, puis sur l'artillerie prussienne (8 heures). Ni les mitrailleuses du général de Laveaucoupet, ni ses canons de 4, ni les pièces de 12 du fort n'obtiennent de résultats de quelque valeur, bien que, vers 8h 30, la batterie à cheval de l'ennemi vienne prendre position à 1,600 mètres seulement [3]. Il est vrai que l'artillerie adverse exerce moins d'action encore sur Queuleu et ses défenseurs.

L'infanterie prussienne a continué sa marche. Laissant deux compagnies (6e et 7e du 36e) à Peltre, le général von Blumenthal dépasse Mercy-lès-Metz et se relie aux fractions de la brigade Woyna opérant vers Grigy. L'obscurité grandissante ne tarde pas à provoquer la cessation du feu sur

---

1. Rapport du lieutenant-colonel Fourgous déjà cité. Suivant le rapport du lieutenant-colonel Louis, du 62e, dont une compagnie était en soutien de cette batterie, le lieutenant en 2e J... « jugea sa position assez compromise pour ordonner d'abandonner les pièces en emmenant les attelages et les avant-trains...

« Peu de temps après les attelages furent ramenés et l'on put reprendre les pièces... »

Les pertes de la 5e batterie du 4e régiment atteignirent 1 officier tué, 1 blessé ; 4 hommes de troupe tués, 5 blessés; 6 chevaux tués, 4 blessés (*R. H.*, I, 1903, 1355). Elles ne justifiaient pas le parti que prit le lieutenant en 2e J... de « se rallier à la réserve qui devait être au Ban-Saint-Martin » (Rapport cité).

2. 7e, 8e, 11e du 15e dans le fort ; 5e et une section de la 2e de la Garde entre le fort et la route de Strasbourg.

3. Voir le Journal de siège du fort, le rapport du chef d'escadron Tonnant, 14 août, 11 heures du soir; le Journal des 7e, 8e, 11e batteries du 15e régiment, *R. H.*, I, 1903, 914, 935, 937. L'artillerie de Laveaucoupet n'eut que 2 blessés, la garnison du fort de Queuleu et l'artillerie de la 1re division de la Garde n'eurent aucune perte (*ibid.*, 1309). Quant à l'artillerie prussienne, la 1re à cheval du Ier corps n'eut que 3 hommes et 3 chevaux hors de combat; la 2e légère du IXe n'eut aucune perte; l'infanterie souffrit à peine (*État-major prussien*, I, Annexes, 141).

cette partie du champ de bataille, sans que, quoi qu'on en ait dit, nos positions aient été sérieusement entamées[1].

La 18ᵉ division et la 1ʳᵉ division de cavalerie regagnent leurs bivouacs de l'après-midi[2]. L'intervention de la droite de la IIᵉ armée aurait pu donner des résultats décisifs, que l'heure tardive et la faiblesse numérique des troupes engagées ont réduits à rien.

---

1. L'État-major prussien, I, 493, écrit le contraire : « L'ennemi évacua le village (Grigy) que le 2ᵉ bataillon du 77ᵉ occupa ; il abandonna de même la partie sud du bois de Borny, dans lequel les chasseurs et les compagnies du 53ᵉ régiment étaient déjà entrés du nord-est. » Comme le montre la *R. H.*, I, 1903, 1310, ces assertions sont démenties par nombre de témoignages français. Voici ce qu'écrit le colonel Delebecque, du 51ᵉ (Rapport cité) : « A la suite de l'échec éprouvé par notre artillerie, le colonel..... avait donné ordre de se replier par la gauche, en échelon de deux compagnies. Le mouvement s'effectuait avec beaucoup d'ordre, quand les tirailleurs restés en position dans la tranchée-abri signalèrent de l'infanterie s'avançant le long du chemin... de La Grange-aux-Bois. Se reportant aussitôt vers la tranchée-abri, le 1ᵉʳ bataillon ouvrit un feu à volonté d'une minute environ ; l'obscurité était déjà assez grande ; il était assez difficile d'apprécier exactement la force des Prussiens ; il m'a paru que ce devait être un bataillon marchant avec ses quatre compagnies échelonnées.

« Devant notre feu, il s'est aussitôt retiré et, en raison des ordres reçus par le colonel, le mouvement du régiment a continué sur Grigy... »

D'après les rapports du lieutenant-colonel Louis (62ᵉ), des colonels d'Albici (81ᵉ) et Davout d'Auerstaedt (95ᵉ) [*ibid.*, 1103 et suiv.], à la nuit, le 51ᵉ, déployé au sud-est de Grigy, est soutenu par quatre bataillons (18ᵉ chasseurs, 1ᵉʳ et 3ᵉ du 81ᵉ, 2ᵉ du 62ᵉ) à hauteur de ce village ; quatre autres (1ᵉʳ du 62ᵉ, 95ᵉ) occupent le bois de Borny et la division Montaudon ne quitte ces emplacements qu'à 11 heures du soir. Des lettres du général Courbassier, 21 janvier 1903, du général Vedeaux, 5 janvier 1903, du commandant Nugès, 7 janvier 1903, et l'Historique manuscrit du 95ᵉ par le lieutenant Ouzilleau, cités par la *R. H.*, I, 1903, 1313 et suiv., confirment ces rapports.

2. État-major prussien, I, 500. Le 4ᵉ ulans, rassemblé à Jury, assure la sécurité vers Metz.

XX

PRISE ET REPRISE DU BOIS DE MEY

Suite du combat vers Nouilly et Servigny. — Le 3ᵉ régiment prussien entre en ligne. — Le combat sur la route de Sarrelouis. — Nouvelle entrée en ligne de bataillons du 4ᵉ corps. — Perte du bois de Mey. — Reprise du bois. — Retraite de l'ennemi à l'est de Bellecroix. — Retour offensif vers Servigny. — Panique du 43ᵉ. — Retour offensif. — Fin de l'action pour le 4ᵉ corps.

A la droite allemande, l'action est autrement vive. On a vu quelle est l'infériorité numérique de nos adversaires, de quels dangers ils sont menacés. Pour y parer, l'intention de Manteuffel est de défendre le ravin de Nouilly au moyen d'une puissante ligne d'artillerie et de conserver la 1ʳᵉ brigade d'infanterie en réserve, tandis que la 4ᵉ brigade attaquera notre flanc gauche si nous prenons l'offensive, comme il s'y attend.

Il a engagé sept bataillons [1] appartenant aux 2ᵉ et 3ᵉ brigades ; le reste de celles-ci doit être mis en jeu pour entretenir le combat. Déjà le général von Memerty a prescrit aux six compagnies du 44ᵉ restées à Noisseville de recueillir celles qui ont été rejetées à l'est de Nouilly et de reprendre l'attaque.

Les 5ᵉ et 8ᵉ compagnies se portent en avant pour réoccuper la croupe au sud-ouest de Nouilly, qui vient justement d'être abandonnée ; le 3ᵉ bataillon marche sur ce village et sur la hauteur qui le domine au nord. Formé sur deux lignes, tirailleurs et soutiens, il traverse Nouilly que nous n'avons pas encore réoccupé ; en même temps il gravit les pentes couvertes de vignes qui l'avoisinent. Puis il s'engage de front contre des fractions de la division Grenier, tandis que les 5ᵉ et 8ᵉ compagnies l'abordent du sud-est [2].

---

1. Le 43ᵉ et deux compagnies du 1ᵉʳ chasseurs (2ᵉ brigade) qui combattent avec la droite de la 13ᵉ division d'infanterie ; la majeure partie du 4ᵉ régiment vers Bellecroix et six compagnies du 44ᵉ (3ᵉ brigade) vers Nouilly ; le 3ᵉ bataillon du 4ᵉ a été envoyé à Servigny (*État-major prussien*, I, 494).
2. *État-major prussien*, I, 494.

D'autres bataillons vont prolonger la ligne du 44ᵉ. A ce moment, le 3ᵉ régiment atteint le champ de bataille. Le commandant de la 1ʳᵉ division, général von Bentheim, qui de Lauvallier dirige le combat vers Bellecroix, lui donne l'ordre de prendre la direction de Montoy, puis celle du nord-ouest. De la sorte la liaison, jusqu'alors très précaire, sera assurée entre les 1ʳᵉ et 2ᵉ divisions.

Cet ordre parvient au colonel von Legat au moment où le 3ᵉ régiment arrive à hauteur de Flanville, sur la route de Sarrebruck. Il s'y conforme aussitôt. Le 1ᵉʳ bataillon, qui est en tête, se forme sur deux lignes avant même d'avoir atteint Montoy. De la croupe à l'est, on voit nettement le terrain du combat. Il semble qu'après avoir occupé les vignes de Nouilly, nous cherchions à déborder la droite prussienne.

Dans ces conditions, Legat juge à propos de modifier l'ordre qu'il a reçu. Il porte vers Lauvallier son 1ᵉʳ bataillon et tente, avec le 2ᵉ suivi du 3ᵉ, de gagner notre flanc gauche[1].

Ces prescriptions singulières ne sont pas exécutées dans leur entier. Elles ne parviennent pas à la droite du 1ᵉʳ bataillon, en sorte que les 1ʳᵉ et 2ᵉ compagnies continuent dans la direction première, les 3ᵉ et 4ᵉ marchant sur Lauvallier. Quant au 2ᵉ bataillon, suivant les 1ʳᵉ et 2ᵉ compagnies, il se porte sur le saillant sud-ouest de Nouilly; à sa gauche le 3ᵉ va sur le moulin de Goupillon. Pendant que le 3ᵉ régiment entre ainsi en ligne, suivant des directions divergentes, il est salué par un feu très vif venant des hauteurs qu'occupe le 4ᵉ corps.

Nous avons vu comment, au sud de la route de Sarrelouis, une première attaque de fractions des 1ʳᵉ et 2ᵉ divisions échoue devant les hauteurs de Bellecroix; refoulées par le 3ᵉ corps, elles sont recueillies par deux compagnies du 43ᵉ[2]. Un peu plus tard, le 2ᵉ bataillon du même corps,

---

[1]. Par des obliques en demi-à-droite et des conversions à gauche (*État-major prussien*, I, 495).

[2]. Voir *suprà*, p. 259.

dépassant Lauvallier, se met en mouvement à cheval sur la grand'route, ramenant avec lui les troupes refoulées quelques instants auparavant.

Il faut « un combat acharné et sanglant » pour leur faire gagner du terrain, en sorte que l'artillerie de la 1re division puisse franchir le ravin, comme nous l'avons dit. Néanmoins le combat se prolonge avec une violence constante, non sans l'intervention de nouvelles fractions [1].

Entre 7 et 8 heures, les Prussiens réussissent à atteindre le croisement de la route de Sarrebruck et du chemin de Colombey. Le Ier corps y donne la main à la 13e division ; quelques fractions, notamment le 3e bataillon du 55e, ont pris pied au nord de la route.

A droite, après l'échec de la première attaque sur Bellecroix, la liaison s'est établie entre les compagnies qui combattent le long de la chaussée et celles engagées vers le Moulin de la Tour [2]. Malgré l'intervention de deux nouveaux bataillons, les Prussiens n'arrivent pas à progresser.

A la suite de la retraite du 44e sur Nouilly, les fractions qui combattent au sud du moulin sont même sérieusement menacées dans leur flanc. Pour se dégager, toutes les fractions des 3e, 4e et 43e régiments prennent l'offensive. Mais la nature du terrain et le défaut de cohésion rendent ces attaques à peu près inutiles. Les pertes sont marquées et les progrès insignifiants jusqu'à ce que de nouvelles forces entrent en scène.

Le général Grenier a porté en avant ce qui lui restait de bataillons frais. Sur son ordre, le 3e du 64e se jette « au pas de course » dans Mey, que, par une négligence incompréhensible, nous n'avions pas occupé jusqu'alors. Il s'y barricade aussitôt. Le 1er bataillon du même régiment

---

1. La 3e compagnie du 3e régiment entre en ligne à l'ouest de Lauvallier, *État-major prussien*, I, 496.
2. Le long de la chaussée, 1re et 4e ; entre la chaussée et le moulin, 2e et 3e du 4e régiment ; les 6e et 7e compagnies, puis les 1re et 4e du 43e. Enfin la 4e du 44e est portée au moulin de Goupillon, la 6e reste en réserve dans le ravin, les 5e et 8e à l'aile droite de la ligne de combat (*État-major prussien*, I, 497).

déploie successivement plusieurs compagnies au nord du bois de Mey, entre celui-ci et le chemin de Villers-l'Orme. Le 2ᵉ bataillon va dans le bois, où il doit relever les fractions du 5ᵉ chasseurs « qui ont épuisé leurs munitions ». Mais au lieu de s'y installer, le commandant Lefebvre le dépasse. Il déploie successivement trois compagnies vers l'est et n'en garde que deux en réserve [1]. Arrivés aux vignes qui descendent vers Nouilly, nos tirailleurs engagent une vive fusillade contre les Prussiens qui sont d'abord tenus en respect, malgré la concentration qui vient d'être signalée. Mais l'intervention de deux bataillons en ordre serré [2] modifie brusquement la situation.

D'un seul élan ils gravissent les vignes qui dominent à l'ouest le moulin de Goupillon, tandis que le 44ᵉ réoccupe Nouilly et ses abords. Les tirailleurs du 64ᵉ de ligne ont été renforcés d'une nouvelle compagnie, puis d'une section. Il n'en reste plus qu'une dans le bois, à la garde du drapeau. Nous gagnons du terrain vers Nouilly, quand un incident arrête nos progrès. L'obscurité commençante fait confondre les Prussiens avec des chasseurs français [3], et cette confusion

---

[1]. La 6ᵉ est « détachée aux vivres (?) » (Historique manuscrit du 64ᵉ, *R. H.*, I, 1903, 1396).

[2]. 2ᵉ et 3ᵉ du 3ᵉ régiment, bientôt renforcés des 6ᵉ et 7ᵉ compagnies du 4ᵉ (*État-major prussien*).

[3]. « Nos tirailleurs ne cessent d'avancer, se glissant de sillon en sillon, vers le fond du ravin qui sépare les terres labourées de Nouilly; mais le jour baisse; il devient difficile de distinguer l'uniforme des troupes un peu éloignées.

« Tout à coup, on entend des cris de : « Cessez le feu ! Nous tirons sur des chasseurs français! » Il y a un moment d'hésitation ; le feu cesse, puis recommence ; quelques hommes ayant meilleure vue affirment distinguer la plaque du casque prussien. Les colonnes prussiennes, qui ont profité de ce moment de répit pour avancer et se montrer dans le bas du ravin, s'arrêtent et se couchent sans presque plus tirer. Cette manœuvre jette de nouveau l'incertitude dans nos rangs.

« Les cris de : « Ce sont des Français ! » reprennent. Le feu cesse encore et les Prussiens se hâtent d'avancer vers la pointe du bois ; mais on les distingue mieux et, à 150 mètres, on les reçoit par une vive fusillade. Leur position est critique.

« Alors l'ennemi, au nombre d'une compagnie environ, lève la crosse en l'air :
« Ils se rendent ! » crie-t-on.

« Notre feu cesse à peu près complètement.

« Les Prussiens s'avancent, toujours la crosse en l'air, mais avec quelque hésitation et comme des gens étonnés d'en être quittes à si bon marché ; puis, dès qu'ils sont à 20 ou 30 mètres de la lisière du bois, ils s'y précipitent au pas de course..... » (Historique cité du 64ᵉ). Des cas de ce genre sont fréquemment signalés dans les documents d'origine française.

permet à l'ennemi d'atteindre aisément le bois. De deux côtés il y pénètre[1]; le commandant Lefebvre veut rallier ses tirailleurs en arrière, mais il est blessé et l'aigle du 64ᵉ est un instant très compromis. On se replie sur la lisière ouest, que les trois compagnies du 5ᵉ chasseurs viennent de réoccuper, après s'être réapprovisionnées. Mais l'ennemi suit sur nos talons et s'empare entièrement du bois[2], non sans un vif combat qui coûte de fortes pertes à nos chasseurs[3].

En même temps, trois compagnies prussiennes poussent sur Mey et parviennent, en pleine obscurité[4], à atteindre les jardins qui entourent ce village. Mais elles sont rejetées par le feu du 3ᵉ bataillon du 64ᵉ, posté dans les maisons. Quant aux compagnies chassées du bois, elles viennent se reformer à 250 mètres en arrière, le long du chemin creux de Mey à Villers-l'Orme, après avoir été recueillies par un bataillon à peu près intact[5].

A ce moment notre ligne de feu est renforcée de plusieurs batteries, dont celle de la division Lorencez. La 10ᵉ du 1ᵉʳ régiment, arrivée avant les deux autres sur le champ de bataille, a pris position au nord du bois de Mey pour remplacer la 12ᵉ du 15ᵉ[6], qui vient d'être « fortement endommagée » par l'artillerie prussienne. Elle évite le même sort en

---

1. Le 2ᵉ bataillon du 3ᵉ régiment l'attaque de front, les 5ᵉ et 8ᵉ compagnies le débordant du sud-ouest, les 6ᵉ et 7ᵉ du nord-est (*État-major prussien*, I, 498).
2. L'Historique du 64ᵉ glisse sur cette perte, mais elle ressort suffisamment de celui du 5ᵉ bataillon de chasseurs (cité par la *R. H.*, I, 1903, 1323) et du récit de l'État-major prussien.
3. Capitaines Humbert et Garcet, lieutenant Knœpffler tués ; capitaine de Fleury, lieutenant Azéma, sous-lieutenant Charpentier du Moriez blessés.
4. *État-major prussien*, I, 498, d'accord avec l'Historique du 5ᵉ bataillon de chasseurs et celui du 64ᵉ. La *R. H.*, I, 1903, 1324, porte à tort, croyons-nous, la réoccupation du bois par les Français un peu avant 8ʰ30. — Le récit officiel de nos adversaires affirme que Mey fut pris par eux, mais cette affirmation tombe devant les documents d'origine française : « L'ennemi a rejeté, après une attaque fort vive, les défenseurs des jardins extérieurs dans les maisons; mais il s'est arrêté là et fut même obligé de battre en retraite sous le feu plongeant des hommes abrités et postés sur les toits » (Le général Pradier, au général Grenier, 15 août, *R. H.*, I, 1903, 1395). Voir aussi l'Historique du 20ᵉ bataillon de chasseurs, *ibid.*, 1373, le lieutenant-colonel Rousset, *Le 4ᵉ corps de l'armée de Metz*, 78, etc.
5. 3ᵉ du 98ᵉ (Historique du 98ᵉ, *R. H.*, I, 1903, 1399).
6. La 7ᵉ du 1ᵉʳ a reculé en même temps (*R. H.*, I, 1903, 1326).

se plaçant à 50 mètres en avant. Mais elle est ainsi à moins de 400 mètres du bois, où ont pénétré les tirailleurs prussiens, et leur feu rend sa position difficile. Elle recule à son tour, pour être remplacée par la 9ᵉ batterie du 1ᵉʳ régiment [1]. Au moment où cette dernière va commencer le tir, nos tirailleurs abandonnent le bois « dans un tel désordre que, pendant un certain temps », les pièces ne peuvent faire feu. La distance est si faible qu'elles tirent à mitraille : 27 coups font à peu près taire l'ennemi [2].

L'artillerie du Iᵉʳ corps, au sud-ouest de Noisseville, prend une grande part au succès momentané de son infanterie. Les deux batteries à cheval du VIIᵉ corps l'ont encore renforcée, faute d'emplacement dans le secteur de leur corps d'armée. Les progrès des tirailleurs prussiens à l'ouest de Nouilly n'ayant pas tardé à rendre impossible le tir de cette artillerie, les quatre batteries à cheval se portent sur la croupe au nord-est du village.

De notre côté, nous bordons le chemin creux de Mey à Villers-l'Orme [3], en forces très supérieures à celles de l'ennemi, et des renforts importants nous surviennent encore. Le général de Cissey a porté une grande partie de sa division en ligne [4]. Le général Brayer, qui s'est rapproché de Mey, y jette le 20ᵉ chasseurs et dirige un bataillon (3ᵉ du 1ᵉʳ de ligne) entre ce village et le bois. Deux autres (1ᵉʳ et 3ᵉ du 6ᵉ de ligne) poussent ensuite sur Mey [5].

Devant cette accumulation de troupes fraîches, les Prus-

---

1. Historique des 8ᵉ, 9ᵉ et 10ᵉ batteries du 1ᵉʳ regiment (*R. H.*, I, 1903, 1412). Ses pertes furent seulement de 3 hommes et 6 chevaux blessés (*ibid.*, 1326). La 8ᵉ batterie restée en deuxième ligne ne tira pas. Deux autres batteries de la réserve renforcèrent la ligne de feu ; une seule, 9ᵉ du 8ᵉ régiment, trouva place un peu au sud de la 5ᵉ du 1ᵉʳ (*ibid.*, 1327). L'autre resta en colonne.
2. Historique cité.
3. 13ᵉ de ligne ; 1ᵉʳ et 2ᵉ bataillons du 64ᵉ ; 5ᵉ chasseurs à pied ; 1ᵉʳ bataillon du 98ᵉ.
4. Voir *suprà*, p. 267.
5. Le général de Cissey au général de Ladmirault, lettre, 15 août ; Historiques des 20ᵉ bataillon de chasseurs, 1ᵉʳ et 6ᵉ de ligne, *R. H.*, I, 1903, 1369 et suiv. Les 1ᵉʳ et 2ᵉ bataillons du 1ᵉʳ de ligne restent en arrière de l'artillerie, derrière la gauche de Grenier ; le 2ᵉ du 6ᵉ de ligne est au château de Grimont. Les 2ᵉ et 3ᵉ compagnies du 20ᵉ chasseurs sont en soutien de l'artillerie divisionnaire.

siens ne peuvent résister. Les trois compagnies qui attaquaient Mey sont rejetées par le 20ᵉ chasseurs et le 3ᵉ bataillon du 64ᵉ. Il ne reste plus à l'ennemi que le bois, et nous avons à proximité immédiate des forces accablantes [1]. Un mouvement offensif du 13ᵉ de ligne suffit pour amener son évacuation [2].

La nuit est à peu près tombée et nos troupes s'arrêtent sur place, se couvrant tant bien que mal par des grand'gardes rapprochées. Quant à l'ennemi, il disparaît vers Nouilly et Noisseville.

Au sud du ravin de Vantoux, l'échec des Prussiens est plus complet. « Après un long et sanglant assaut contre les fortes positions entre Bellecroix et Mey, les forces des troupes succombent... Privées en majeure partie de leurs cadres, les différentes fractions glissent peu à peu, à la tombée de la nuit, au fond du ravin de Lauvallier et, de l'autre

---

1. 10 bataillons (20ᵉ chasseurs, 3ᵉ bataillon du 1ᵉʳ de ligne, 13ᵉ, 64ᵉ de ligne, 1ᵉʳ du 98ᵉ, 5ᵉ chasseurs). Le 1ᵉʳ du 98ᵉ reste en soutien; le 3ᵉ du 64ᵉ est dans Mey. Il y a en outre 3 bataillons (1ᵉʳ et 3ᵉ du 6ᵉ, 1ᵉʳ du 73ᵉ de ligne) en réserve derrière la droite (*R. H.*, I, 1903, 1329).

2. Le 1ᵉʳ bataillon appuyé par le 2ᵉ (Rapport du colonel Lion, 15 août, *R. H.*, I, 1903, 1393). Voir également les Historiques du 64ᵉ, des 5ᵉ et 20ᵉ chasseurs, etc. Ce dernier signale un incident du genre de celui mentionné antérieurement : «..... La nuit arrive, on hésite à continuer le feu sur le bois [de Mey], dans la crainte que les chasseurs du 5ᵉ bataillon l'aient de nouveau occupé. Le commandant de Labarrière..... veut s'en assurer et s'avance, le revolver au poing, avec une section de la 1ʳᵉ compagnie. Le bois était occupé par les Prussiens, qui font voir un mouchoir blanc, lèvent les crosses en l'air et crient qu'ils se rendent. Le commandant donne l'ordre de cesser le feu..... et se dirige sur le bois..... Au même moment une fusillade éclate qui le couche par terre..... Le feu recommence aussitôt et les Prussiens, réduits au silence, sont forcés d'évacuer le bois..... »

L'État-major prussien (I, 498) ne mentionne pas l'évacuation de Mey et du bois. Il fait un « combat décisif » de la prise prétendue de Mey. A son exemple l'Historique du 3ᵉ régiment prussien farde singulièrement la vérité : « Alors (après l'occupation du petit bois) le régiment était arrivé jusqu'à proximité du fort de Saint-Julien, derrière lequel se retirait l'ennemi. Comme d'ailleurs l'obscurité empêchait de continuer le mouvement en avant, le colonel de Legat ordonna, à 9ʰ30, aux fractions du régiment engagées de se retirer sur Nouilly et sur Noisseville..... » (*Geschichte des 2. Ostpreussischen Grenadier-Regiments Nr. 3*, p. 382, cité par la *R. H.*, I, 1903, 1331). On se contentera de faire remarquer que Mey est à 1,300 mètres au moins du fort; qu'à 9ʰ30 nous sommes loin de nous retirer derrière ce dernier, puisque la division Cissey ne quitta ces positions qu'après minuit (Voir les Souvenirs inédits du général, *R. H.*, I, 1903, 1371; lieutenant-colonel Rousset, *Le 4ᵉ corps de l'armée de Metz*, 76; lieutenant-colonel Patry, *La guerre telle qu'elle est* [*1870-1871*], 71, etc.).

côté, commencent à se retirer vers la chaussée. Le général von Bentheim, qui se tenait près des batteries de gauche, court aux fuyards et les arrête en quelques mots. Puis, après les avoir groupés en deux masses, il se met à leur tête l'épée à la main, et les ramène à l'ennemi tambour battant[1]... »

Aux abords de Mey le feu est « à peu près » éteint à 8ʰ 30. Quelques minutes après, une vive fusillade retentit vers Servigny, puis tambours et clairons battent la charge[2], tandis que « des acclamations enthousiastes » s'élèvent, bientôt suivies d'un arrêt complet de la fusillade[3].

On sait qu'un bataillon prussien (3ᵉ du 4ᵉ régiment) a été envoyé dans cette direction. Il s'est établi à Poixe et Servigny, en soutien des quatre batteries de droite. Celles-ci parvenant uniquement à tenir notre artillerie en échec, le bataillon reçoit à 7ʰ 45 l'ordre de prendre l'offensive. Couvert sur son flanc droit par une compagnie qui suit la route de Bouzonville, une autre marchant en première ligne, il se dirige dans l'intervalle du bois de Mey et de Villers-l'Orme. Mais la nuit vient et c'est la lueur de nos coups de feu seulement qui montre aux Prussiens la proximité du 4ᵉ corps. Ils se bornent d'abord à

---

1. L'État-major prussien (I, 500) ajoute que, devant ce retour offensif, nous commençons aussitôt à plier. La *R. H.*, 1903, 1332, montre, d'après les Historiques des 11ᵉ chasseurs, 60ᵉ, 85ᵉ de ligne, que ces troupes se mirent en marche sur Metz de 9 à 10 heures seulement. Dans ses Souvenirs manuscrits, le commandant Tarret, ancien sergent-major au 85ᵉ, écrit même *vers minuit*.

2. Le colonel Protche, commandant le fort de Saint-Julien, au général Coffinières, d. t., 8ʰ 30 du soir : « Le feu a commencé sur notre droite. Artillerie contre artillerie. Il s'est étendu sur notre gauche où il est devenu très vif. L'infanterie a été fortement engagée dans le bois de Mey (*sic*). Il a semblé que ce village était disputé. Il semble à nous en ce moment.

« Le village de Servigny est en flammes.

« Le feu est à peu près fini.....

« Terrain gagné partout. »

8ʰ 35 du soir : « Après une vive fusillade du côté de Servigny, nos tambours et nos clairons battent « en avant ». On charge. On entend toujours « en avant » et la charge. »

9ʰ 13 du soir : « Le feu a cessé sur toute la ligne. Il semble que nous sommes maîtres des positions..... » (*R. H.*, I, 1903, 1448).

C'est à tort que l'État-major prussien (I, 500) signale la grosse artillerie du fort de Saint-Julien comme ayant pris part à l'action.

3. Historique du 20ᵉ bataillon de chasseurs, *R. H.*, I, 1903, 1373

tirailler sur place[1], sans que, de notre côté, nous passions à l'offensive.

Sur les entrefaites, les deux brigades non engagées du Ier corps ont continué leur marche. Lorsque la 1re, partie à 5[h] 30 de Courcelles-Chaussy, arrive à Montoy, le général von Gayl dirige le bataillon de tête (1er du 41e) sur Lauvallier où, pour l'instant, le combat est très vif. Puis deux autres se portent vers Noisseville, pour renforcer la droite qui paraît menacée[2]. Le reste de la brigade s'établit en réserve à la Brasserie. Peu après survient vers Lauvallier l'instant de crise dont nous avons parlé. Lorsque Bentheim reprend l'offensive, il prescrit à la 1re brigade de le suivre. Bientôt, la nécessité de renforts semblant moins urgente, un seul bataillon (2e du 41e) se porte sur Lauvallier, en soutien des batteries de la 1re division établies à l'ouest du ravin.

Le bataillon dirigé de Montoy sur Lauvallier (1er du 41e) ne s'y est pas arrêté. Cheminant le long du ravin, il suit d'abord à gauche le mouvement du 3e régiment sur Mey. Puis il continue le long du ruisseau dans la direction de Vantoux et Vallières. Par une négligence impardonnable, ces deux villages sont inoccupés, aucune liaison n'existant entre les 3e et 4e corps. Les Prussiens atteignent Vallières sans difficulté, et gravissent les pentes vers la route de Bouzonville[3]. Ils arrivent ainsi, tout à fait à l'improviste, sur l'artillerie de la division Cissey, immobilisée sur la chaussée par son encombrement. Heureusement leur feu, dirigé trop haut, ne fait aucun mal ; les compagnies de soutien les chargent aussitôt et les forcent à la retraite, non sans qu'une courte panique se produise parmi nos batteries, rendant l'encombrement plus inextricable encore[4].

Quant au bataillon prussien, il regagne Vallières. De ceux dirigés sur Noisseville une fraction descend le ravin de

---

1. *État-major prussien*, I, 499.
2. 3es des 1er et 41e moins 2 compagnies, 9e et 11e du 1er, restées pour occuper Courcelles-Chaussy, disposition d'une opportunité contestable.
3. *État-major prussien*, I, 502.
4. Historique des 5e, 9e et 12e batteries du 15e régiment, *R. H.*, I, 1903, 1399.

Vallières[1], une autre pousse dans la soirée jusqu'à Villers-l'Orme ; le reste s'établit dans les vignes entre Noisseville et Servigny[2], où il se relie avec la 4ᵉ brigade, la dernière du Iᵉʳ corps à être entrée en ligne.

Partie de Château-Gras pour Noisseville, cette brigade a reçu à 7 heures l'ordre de porter deux bataillons sur Nouilly et de faire face avec le reste à la menace d'enveloppement que les Prussiens s'obstinent à prévoir vers Servigny. Les premiers (1ᵉʳ et 2ᵉ du 5ᵉ) atteignent trop tard Nouilly et s'établissent en réserve au nord-ouest de ce village. Les autres[3] ont pris la direction de Servigny. Arrivés à l'ouest, ils suivent les traces du bataillon précédemment dirigé vers la Moselle (3ᵉ du 4ᵉ régiment).

C'est ce bataillon dont, aux dernières lueurs du jour, deux compagnies ouvrent brusquement le feu sur le 43ᵉ. On sait que ce régiment est établi le long du chemin de Mey à Villers-l'Orme, la gauche à l'Auberge. A ce moment, l'artillerie qui garnissait cette partie de notre ligne a amené ses avant-trains ou même est en colonne sur la route de Bouzonville. La surprise est complète et le désordre extrême. On croit à une « attaque furieuse, décisive, des Prussiens[4] », exécutée par une « masse compacte d'infanterie[5] ». Une grande partie du 43ᵉ « lâche pied... les officiers essaient en vain de l'arrêter ; je charge les fuyards avec mon état-

---

1. D'après l'État-major prussien, deux compagnies du 1ᵉʳ régiment (10ᵉ et 12ᵉ), après avoir marché sur Noisseville, prennent part à l'attaque de von Bentheim, puis suivent le ravin de Vallières et remontent ses pentes nord encore plus à l'ouest que le 1ᵉʳ bataillon du 41ᵉ. Elles cherchent à faciliter son action en battant le tambour et en tirant, mais sans prendre une part réelle au combat, et se réunissent ensuite à lui au sud du ruisseau. Aucun document français ne confirme ce détail.

2. 10ᵉ du 41ᵉ à Villers-l'Orme ; 9ᵉ, 10ᵉ, 12ᵉ entre Noisseville et Servigny.

3. 1ᵉʳ et 2ᵉ du 45ᵉ suivis des 3ᵉ des 5ᵉ et 45ᵉ.

4. Journal de la division Grenier ; Rapport du général, 15 août ; l'Historique des 8ᵉ, 9ᵉ batteries du 1ᵉʳ régiment mentionne un retour offensif de *deux régiments ennemis*. Il s'agit de *deux compagnies*.

5. Le général de Ladmirault au maréchal Bazaine, lettre, 15 août, R. H., I, 1903, 1363. D'après les Souvenirs inédits du capitaine de La Tour du Pin, cités par le lieutenant-colonel Rousset, *Le 4ᵉ corps de l'armée de Metz*, 79, Ladmirault rallie une compagnie du 43ᵉ et fait battre la charge. Autour de lui, chacun suit ce mouvement et le général en scande le rythme en battant la mesure avec sa canne sur le sac d'un troupier (*sic*).

major et mes hussards d'escorte », écrit le général de Cissey ; « ils se mettent alors à tournoyer sur eux-mêmes, tirent en l'air et même sur nous. Enfin le colonel parvient à faire battre la charge ; les officiers, les sous-officiers et les vieux soldats se portent vigoureusement en avant, et les Prussiens culbutés s'en vont définitivement[1] ».

Cet incident significatif clôt l'action. La division Grenier se rassemble sur ses emplacements du matin, laissant à la brigade Brayer le soin de garder Mey et le bois de ce nom. Des grand'gardes sont établies en avant. « On s'attend à un retour offensif[2]. » C'est vers 1 heure du matin seulement que Cissey reçoit l'ordre de reprendre au point du jour son mouvement de retraite[3].

Quant à la division Lorencez, elle garde jusqu'à la même heure ses emplacements de la soirée et se dirige alors vers Woippy, où elle est réunie à 4 heures[4], sans avoir pris une part réelle à la bataille. La division de cavalerie Legrand, revenue sur ses pas, après avoir traversé la Moselle (7ʰ 30), assiste de même en spectatrice à la fin de l'action et regagne vers minuit son bivouac sur les glacis de Metz[5]. Quant à la réserve d'artillerie, elle bivouaque près du fort de Saint-Julien et de Woippy[6].

---

1. Souvenirs inédits, R. H., I, 1903, 1371 ; «...... une attaque furieuse des Prussiens se prononça et jeta quelque désordre dans une batterie et la troupe de soutien qui se trouvaient sur la route de Bouzonville.

« J'arrêtai promptement ce mouvement de retraite ; je reportai cette troupe en avant en faisant sonner la charge et aux cris de « Vive l'empereur ! » et je les fis appuyer par un bataillon du 73ᵉ (le 2ᵉ), son colonel en tête. La charge fut répétée sur toute la ligne et nous reprîmes victorieusement toutes les positions en chassant devant nous l'ennemi..... » (Rapport du général Grenier, 15 août, ibid., 1387). Voir aussi l'Historique du 65ᵉ de ligne, le rapport du général Lafaille, sans date, et le Journal du lieutenant Palle, ibid., 1410, 1419, 1423.

2. Historique du 20ᵉ chasseurs ; lieutenant-colonel Rousset, Le 4ᵉ corps de l'armée de Metz, 78.

3. Souvenirs inédits du général. D'après l'Historique manuscrit du 1ᵉʳ de ligne (R. H., I, 1903, 1375), la division Cissey se met en marche à 3 heures du matin. La brigade Golberg bivouaqua en arrière de la première (Historique manuscrit du 73ᵉ, ibid., 1377).

4. Journal de marche de la division, R. H., I, 1903, 1404.

5. Journal de la division ; Historique manuscrit du 7ᵉ hussards (R. H., I, 1903, 1415, 1416).

6. Rapport du capitaine Maringer, 6ᵉ batterie du 8ᵉ régiment ; Journal du lieutenant Palle ; Rapport du commandant Ladrange (R. H., I, 1903, 1422 et suiv.).

XXI

INTERVENTION DE STEINMETZ

Idées de Steinmetz sur la situation. — Il apprend le mouvement de ses avant-gardes. — Son mécontentement. — Ordre de rompre le combat. — Steinmetz et Manteuffel. — Inaction de Gœben.

On sait que Steinmetz est fermement résolu à ne pas nous attaquer sous Metz. Il entend garder une attitude défensive et résiste aux sollicitations de Brandenstein, qui jugerait opportun un mouvement vers l'ouest. Mais, contre toute raison, il a établi son quartier général à Varize, en arrière de la droite de la 1re armée, à 18 kilomètres de la gauche des avant-postes du VIIe corps. Il ne détache aucun officier de liaison auprès de ses commandants de corps d'armée[1]. Dans ces conditions on comprend que la conduite des événements lui échappe.

Il a appris notre mouvement rétrograde, sans rien changer à ses décisions, lorsque, vers 5^{h}30, il reçoit un compte rendu daté de Coïncy, à 4^{h}45. Manteuffel lui écrit : « ... Le canon retentit et des fractions du VIIe corps sont déjà engagées. Je fais avancer le Ier. »

Surpris[2], Steinmetz détache deux officiers de son état-major, avec mission de le renseigner. Déjà ils sont en route, quand surviennent de nouveaux rapports. Zastrow annonce (5^{h}30) que « l'ennemi a attaqué les avant-postes du Ier corps avec la supériorité du nombre. La 13e division marche contre son flanc droit, la 14e suit en échelon de gauche pour faire face à une attaque de Metz. L'ennemi recule dans cette dernière direction ».

---

1. Von Widdern, *Die I. Armee bei Colombey-Nouilly*, 47, 119 et *passim*.
2. Dans l'après-midi, après l'arrivée du compte rendu annonçant la marche d'une division du Ier corps vers Metz, un officier dit à Steinmetz qu'il semblait devoir en résulter une bataille. « Comment, une bataille ? » répondit le général, « Il n'y aura pas de bataille. — *Je n'en ai pas prescrit* » (Von Widdern, *Die I. Armee bei Colombey-Nouilly*, 124).

Au contraire, on écrit du quartier général du Ier corps (5ʰ 10) que Manteuffel vient justement d'observer aux avant-postes la retraite de l'adversaire vers le sud. Le général a donné ordre à la 1re division d'infanterie de se porter en avant sans sacs, pour gêner le plus possible ce mouvement[1].

Il est inutile d'insister sur les contradictions qui se dégagent de ces deux documents et sur l'inexactitude du premier. Le mécontentement de Steinmetz en est accru. Il part aussitôt pour le champ de bataille, dépêchant en même temps l'ordre de rompre le combat, sans s'inquiéter de savoir s'il est exécutable. Il cède simplement à la colère que lui cause l'acte « d'émancipation » de Manteuffel[2].

En route, après avoir reçu des nouvelles inquiétantes de la 2ᵉ division, il envoie à la brigade Rex, du VIIIᵉ corps, l'ordre de se porter de Varize aux Étangs, « en position de repli » ; il invite également Gœben à pousser le reste de son corps d'armée jusqu'à Varize[3].

Sa colère va toujours croissant, quand survient l'un des officiers qu'il a envoyés aux nouvelles (vers 8ʰ 30). Ayant vu successivement Zastrow et Manteuffel, le capitaine von Baumann rapporte des renseignements précis. Mais Steinmetz, de plus en plus irrité, lui prescrit de retourner au galop près de Zastrow, avec l'ordre « d'évacuer le plateau le soir même et de se retirer derrière la Nied ». Lui-même va porter à Manteuffel une injonction du même genre[4].

La rencontre de ces deux généraux a lieu vers 8ʰ 45, près de la Brasserie de Noisseville. A ce moment, le silence se fait sur tout le champ de bataille ; la musique des grena-

---

1. Von Widdern, *loc. cit.*, 99.
2. Expression de Steinmetz, quatre semaines après les événements (Von Widdern, *loc. cit.*, 100). L'auteur des *Kritische Tage* a eu entre les mains le rapport établi par le général sur la journée du 14 août, le 24 septembre 1870, jour où il fut relevé du commandement de la Ire armée. Voir aussi von Schell, *op. cit.*, traduction, 109 et suiv.
3. Ordre arrivé à Varize après 8ʰ 30 et à Bionville (quartier général du VIIIᵉ corps) à 9ʰ 10 (Von Widdern, *loc. cit.*).
4. Von Widdern, *loc. cit.*, 104, d'après les *Souvenirs* du général von Baumann.

diers du Kronprinz joue l'hymne des jours de victoire : « *Heil dir im Siegerkranz.* » A la lueur des flammes qui dévorent le hameau, Steinmetz reproche durement à Manteuffel de s'être engagé contre ses ordres formels et, qui pis est, de s'être fait battre. C'est sur lui seul qu'en pèse la responsabilité.

En réponse, Manteuffel se borne à énumérer les raisons pour lesquelles il a pris l'offensive et qui la justifieront sans doute auprès du roi. N'y a-t-il pas des situations dans lesquelles un officier général est tenu d'user d'initiative, même à l'encontre des ordres reçus ?

Malgré tout, Steinmetz persiste à lui prescrire de ramener sans délai le Ier corps sur ses emplacements du matin. Vainement Manteuffel fait remarquer le danger de cette retraite, l'avantage matériel et moral de garder les positions conquises. Le commandant de la Ire armée ne veut rien entendre. Tout ce qu'il consent à faire est d'allouer une heure au Ier corps pour se rallier et ramener les blessés. Vers 11 heures, les troupes se remettent en marche, à part quelques fractions chargées de protéger les brancardiers et les ambulances. Leur mouvement est pénible et les derniers éléments n'atteignent qu'à 2 heures les bivouacs d'où ils repartiront dès 5 heures du matin[1].

Steinmetz trouve en Zastrow un subordonné moins discipliné. Lorsque Baumann parvient à l'atteindre, il est 10^{h}45. Le commandant du VIIe corps, son chef d'état-major et le lieutenant-colonel von Brandenstein sont attablés dans le château de Pange, avec nombre d'officiers. Dès que Baumann a transmis l'ordre dont il est porteur, les trois premiers tiennent conseil dans une pièce voisine. Brandenstein était présent à la scène de la Brasserie. Il n'ignore rien des dispositions de Steinmetz. Mais il sait aussi les inconvénients majeurs d'une retraite et la manière de voir de l'entourage du roi à l'égard du chef de la Ire armée[2].

---

1. Von Widdern, *Die I. Armee bei Colombey-Nouilly*, 106. D'après cet auteur, pas une patrouille française n'apparait sur le champ de bataille.
2. *Mémoires de Bismarck*, publiés par M. Busch, I, 43 ; Verdy du Vernois,

Après mûre réflexion, Zastrow se décide à enfreindre nettement l'ordre précis qu'il vient de recevoir. A 10ʰ 45, il écrit à Steinmetz que ses prescriptions pour la nuit sont déjà données : les troupes ne doivent sous aucun prétexte laisser un blessé aux mains de l'ennemi ; elles se tiendront en position pour affirmer leur victoire. Dès le point du jour, le commandant du VIIᵉ corps assurera l'exécution des ordres de son chef[1]. Sans doute ils procèdent d'une méconnaissance absolue de la situation ; ils ne sont justifiés en rien. Mais Zastrow n'en a pas moins commis un acte d'indiscipline caractérisée[2], auquel Brandenstein n'est pas étranger. La désobéissance du chef du VIIᵉ corps et la retraite du Iᵉʳ, telle que l'a voulue Steinmetz, rendent précaire la situation du premier. Si, le matin du 15 août, nous reprenions l'offensive à l'est de la Moselle, il serait en flèche devant nous et le 4ᵉ corps aurait beau jeu à le tourner par le nord. Dans la nuit, le commandant de la Iʳᵉ armée se rend compte, sans doute, du fâcheux effet de sa décision. Il prescrit (1ʰ 30 du matin) à la 3ᵉ division de se mettre en marche sans délai, « pour tenir tout le champ de bataille de ce jour », jusqu'à la complète mise en sûreté des blessés. Singulière mission pour une troupe de cavalerie[3] !

« Où est Gœben ? », demande à plusieurs reprises Manteuffel pendant le combat, après l'avoir prié d'intervenir. Il ne peut comprendre son inaction.

Im grossen Hauptquartier, 23 ; général von Conrady, « Meine Erlebnisse und meine Briefwechsel mit General Feldmarschall von Steinmetz », *Deutsche Revue*, avril 1898 ; Lettre de Bismarck à sa femme, 14 août : « Steinmetz se rend insupportable, voire dangereux, par son indocilité têtue ; il est tout près du renvoi. Seul, le roi s'y oppose ; tous les généraux le demandent..... » (*Le Matin* du 24 avril 1903).

Zastrow est âgé de soixante-neuf ans et dans de mauvaises conditions de santé, mais il a de l'intelligence et du caractère (Von Widdern, *Die I. Armee bei Colombey-Nouilly*, 40).

1. Ce compte rendu fut confié au capitaine von Baumann. Il reproduisait la substance de l'ordre du VIIᵉ corps pour le bivouac, daté de 7ʰ 30 (Von Widdern, *loc. cit.*, 40 et 110).

2. Steinmetz voulut faire procéder juridiquement contre ses lieutenants (Von Widdern, *loc. cit.*, 116).

3. Von Widdern, *loc. cit.*, 112. L'ordre porte en outre que la 15ᵉ division ne retournera pas à Varize, mais à Bionville.

BATAILLE DE BORNY
14 Août 1870

Le commandant du VIII⁰ corps est à Bionville, avec la 15ᵉ division. Selon toute vraisemblance, il n'a pas eu connaissance de l'instruction du grand quartier général. Il n'a aucune idée de la possibilité d'une rencontre[1].

Vers 5ʰ 30 seulement[2], il apprend que le canon retentit vers l'ouest et écrit aussitôt à Steinmetz pour provoquer ses ordres. Le VIIIᵉ corps formant la réserve de l'armée, il voudrait savoir s'il doit se porter en avant et dans quelle direction. Mais l'orientation de la canonnade tendrait à lui faire croire que l'on tire de Metz sur des reconnaissances de cavalerie prussienne.

Steinmetz montre une certaine irritation en recevant cette lettre. Trouvant la demande de Gœben « superflue ou tout au moins prématurée », il prescrit au VIIIᵉ corps de ne prendre les armes et de ne marcher que sur son ordre[3].

Quelques instants après (6ʰ 10), la 2ᵉ division fait demander à Gœben de porter la brigade Rex de Varize sur Hayes, pour agir dans notre flanc gauche. Puis Manteuffel réclame l'appui du VIIIᵉ corps vers Pont-à-Chaussy. En présence de la réponse de Steinmetz, Gœben juge impossible d'accéder cà es deux demandes. C'est à 9ʰ 05 seulement qu'un officier lui apporte l'ordre de diriger la brigade Rex sur Les Étangs, d'amener à Varize la 15ᵉ division et l'artillerie de corps. La première, prévenue directement par les soins de Steinmetz, s'est mise en route dès 8ʰ 30. Mais Gœben, persuadé que le combat est terminé, et qu'une marche de nuit fatiguerait ses troupes sans profit, décide de laisser dans leurs emplacements la 15ᵉ division et l'artillerie de corps. Elles se mettront en marche au point du jour[4].

On voit à quelles difficultés conduisent les méthodes de

---

[1]. Von Widdern, *loc. cit.*, 80. La situation lui paraît telle qu'il va déjeuner avec le général von Zastrow. Il est vrai que le VIIIᵉ corps est en deuxième ligne.
[2]. Heure résultant de deux lettres de Gœben, l'une à sa femme et l'autre à Steinmetz, citées par von Widdern, *Die I. Armee bei Colombey-Nouilly*, 81, 82.
[3]. Von Widdern, *loc. cit.*, 83, d'après les Souvenirs du prince zu Salm-Salm, qui fut chargé de porter la lettre de Gœben et la réponse de Steinmetz.
[4]. Von Widdern, *loc. cit.*, 88.

commandement suivies avec si peu de sens et tant d'obstination par Steinmetz. Deux de ses lieutenants enfreignent ses ordres pour engager une bataille dont il ne veut en aucune façon ; un autre lui désobéit non moins directement, en refusant de marcher au feu. Dans ces conditions, sa présence à la tête de la Ire armée est plus nuisible qu'utile[1].

---

1. On a beaucoup discuté l'inaction de Gœben. Pour en juger sainement, il faudrait connaître le texte exact de la réponse de Steinmetz à sa lettre de 5ʰ 30, et ce document n'existe pas dans les archives prussiennes (Von Widdern, *loc. cit.*, 83). Toutefois, si l'analyse du prince zu Salm-Salm est exacte, il paraît difficile d'admettre que la réserve générale de l'armée aurait pu être engagée sans l'ordre formel de Steinmetz. Il faut ajouter que Gœben croit toute la soirée à l'offensive française, mais en restant persuadé, comme il écrit à 6ʰ 20 à la brigade Rex, « qu'une attaque si tardive n'a aucun objectif sérieux ».

XXII

RÉFLEXIONS

Effectifs engagés. — Pertes. — Effet moral. — L'initiative de von der Goltz. — Discussion. — Résultats stratégiques et tactiques. — Rôle de Brandenstein. — Steinmetz. — Moltke. — Absence de commandement français. — Bazaine. — Retour offensif de Ladmirault. — Entrain et camaraderie des Allemands. — Résultats sur nos troupes. — L'infanterie. — La cavalerie. — L'artillerie. — Conclusions.

D'après l'État-major prussien, les Allemands auraient engagé, le 14 août, 50,000 baïonnettes, 7,250 sabres, 204 pièces, contre 76,900 baïonnettes, 7,300 sabres et 288 pièces. Mais, de part et d'autre, une fraction seulement de ces forces aurait pris part au combat décisif : 30,500 baïonnettes, 130 sabres et 150 pièces, contre 50,700 baïonnettes, 690 sabres et 206 pièces[1]. Il y a des réserves à formuler au sujet de ces chiffres ; dans les deux camps, certaines unités furent très inégalement engagées[2]. Mais il est un fait incontestable : pendant toute l'action, sur la plupart des points, nous combattons avec une supériorité de nombre[3], qui est parfois écrasante. On verra plus loin pourquoi le commandement français ne tira aucun parti de cet avantage.

Malgré la disproportion des forces, nos pertes sont sensiblement inférieures à celles de l'ennemi : 205 officiers et 3,409 hommes de troupe[4], vis-à-vis de 222 officiers et 4,684 hommes[5].

---

1. *Einzelnschriften,* fascicule XI.
2. Voir l'état des pertes aux Annexes.
3. A lui seul le 4ᵉ corps compte 1,305 officiers, 34,468 hommes de troupe et 6,987 chevaux (Situation au 14 août, R. H., I, 1903, 1432). La *Revue d'Histoire* ne donne pas la situation correspondante du 3ᵉ corps.
4. 59 officiers tués, 146 blessés ; 346 hommes de troupe tués, 2,384 blessés, 679 disparus ; 52 chevaux d'artillerie tués et 45 blessés ; 5,909 coups de canon tirés (R. H., I, 1903, 1361). Voir le détail aux Annexes.
D'après l'*Enquête,* dépositions, IV, Bazaine, 219, nous avons 42 officiers tués, 159 blessés, 1 disparu ; 335 hommes de troupe tués, 2,482 blessés, 589 disparus.
5. 70 officiers tués, 152 blessés ; 1,119 hommes de troupe tués, 3,438 blessés, 127 disparus ; 121 chevaux tués, 124 blessés, 2 disparus. La 2ᵉ brigade

Bien qu'il y ait sans doute des réserves à formuler également sur les premiers de ces chiffres, on peut déduire de l'ensemble que les deux adversaires, et les Prussiens surtout, sont très sensiblement atteints dans leurs effectifs le 14 août[1]. Il n'en est pas de même pour leur moral.

Pourtant, des deux parts, la retraite des corps engagés commence dès les derniers coups de feu. On a vu les dispositions que prend Steinmetz. Quant à Bazaine, il fait porter aux 3e, 4e corps et à la Garde l'ordre de reprendre immédiatement leur marche, de manière à se trouver, au jour, aux points qu'il avait prescrit d'atteindre le soir du 14. L'heure tardive et la fatigue des troupes font qu'une grande partie des 3e et 4e corps passe la nuit à l'est de la Moselle. La Garde seule se conforme aux ordres donnés[2].

Les fractions qui traversent la rivière n'y parviennent qu'avec la plus grande difficulté, tant l'encombrement est extrême dans les rues étroites et tortueuses ou sur les ponts de Metz[3]. Malgré cette retraite à peine interrompue, malgré l'abandon du champ de bataille, l'impression générale est favorable dans nos rangs. L'empereur et son entourage accueillent le maréchal Bazaine « par des démonstrations de grande joie ». Ils considèrent la journée « comme un heureux présage pour la suite des opérations... Ce léger sourire de la fortune » est reçu avec un « enthousiasme[4] » assurément peu justifié.

Cette impression est celle de l'ensemble des troupes.

(Ier corps), seule, eut 1,672 hommes hors de combat (*État-major prussien*, I, 506 et I, *Annexes*, 142).

Sur 4,783 Prussiens hors de combat, 103 seulement ont été atteints par des obus (Bazaine, *Épisodes*, 324).

1. Du côté français, 5 officiers généraux furent atteints : Decaen (mort de ses blessures), Bazaine, de Castagny, de Clérembault et Duplessis.
2. Général Jarras, 87-89; colonel Fix, 21.
3. Général Jarras, 89 ; de Baillehache, 169 et autres.
4. Général Jarras, 89 ; l'empereur à l'impératrice, d. t., 10h 10 du soir : « ... Après une lutte de quatre heures, ils [les Prussiens] ont été repoussés avec de grandes pertes » (*R. H.*, I, 1903, 900). Voir aussi général Fay, 66 ; *Trois mois à l'armée de Metz*, par un officier du génie, 68 ; lieutenant-colonel Rousset, *Le 4e corps de l'armée de Metz*, 79 et suiv. ; *R. H.*, I, 1903, 1354, etc. La même impression se dégage des Historiques des corps.

Pourtant des observateurs pénétrants augurent mal de l'avenir. Dans les dispositions du maréchal Bazaine, ils lisent, non sans raison, « l'aveuglement et l'incurie ». Son état-major n'est pas plus épargné : « Comment pourra-t-on croire que près de cent mille hommes ont reçu l'ordre de partir à la même heure pour aller passer par le même défilé ?... C'était.., comme conception, simple et facile. Mais, pour nos soldats, quelles fatigues et, pour l'ensemble de l'armée, quelle confusion, quel gâchis !... Nous avons de bons éléments, mais pas de chef... Bazaine est un bavard, qui a l'esprit retors ; il est très brave de sa personne, mais il n'a aucune entente de la guerre... L'empereur... ne peut rien, ne fait rien, paralyse tous nos mouvements et ôte toute initiative à nos chefs[1]... »

Chez les Allemands, eux aussi, le sentiment d'une victoire est général. Même ils s'en exagèrent singulièrement la portée. Le roi Guillaume télégraphie le lendemain à la reine Augusta, après avoir parcouru le champ de bataille : « ... L'ennemi fut refoulé de toutes parts et poursuivi jusque sur les glacis des ouvrages extérieurs[2]. » Ces exagérations se retrouvent dans la plupart des ordres pour les jours suivants. Elles ne seront pas sans conséquences sur les événements.

C'est l'initiative des subordonnés de Steinmetz, et surtout celle de von der Goltz, qui a provoqué la bataille de Borny. On doit chercher ici jusqu'à quel point elle était justifiée par les circonstances.

---

1. Général Montaudon, II, 218. Même dans la troupe ces sentiments se font jour. Le commandant V. L... nous a conté qu'un vieux soldat du 66ᵉ passant le 14 devant l'empereur assis à Longeville, lui dit : « Ah sire ! Ça ne va pas comme en Italie ! » Et Napoléon III de répondre : « Continuez, mon brave, ça ira mieux ! »
2. D. t., 7ʰ 30 du soir. Un télégramme précédent mentionne un « combat victorieux près de Metz » (*Recueil complet des dépêches militaires allemandes*, 14). La directive du 15 août (*État-major prussien*, I, 511) mentionne également « une victoire » et la nécessité d'en « recueillir les fruits ». M. de Bismarck télégraphie à sa femme (15 août) : « Hier, bataille très sanglante devant Metz. Nos militaires en ont emporté l'impression que la fin de la résistance française a commencé et croient être sous peu devant Paris » (*Le Matin* du 25 avril 1903). Le récit de l'État-major prussien, établi pourtant dans une connaissance à peu près complète des faits, contient des appréciations du même goût, notamment p. 511. Voir par contre K. Bleibtreu, *La légende de Moltke*, traduction, 16.

Il est bien certain que le commandant de la Ire armée est tout à fait opposé à une action offensive pour le 14 août. Si son ordre du 13 est peu explicite à cet égard, en raison de son extrême brièveté, il ne perd aucune occasion de faire connaître sa pensée et von der Goltz ne l'ignore pas.

Pour que ce général se croie autorisé à combattre malgré les idées bien arrêtées de son chef, il faut nécessairement que des raisons très puissantes l'y entraînent. On a vu qu'il considère comme telles la retraite de nos troupes observée par ses avant-postes. Il n'entend pas qu'elle s'opère sous ses yeux sans qu'il tente de la gêner.

Peut-il l'espérer raisonnablement ? Il nous sait en forces très supérieures, sous le canon d'une grande place. Deux cas sont à prévoir. Dans le premier, nous continuerons notre retraite, comme nous le pouvons très bien, sans accepter le combat, et la proximité de Metz suffit à interdire la pensée de nous y forcer[1]. Sans doute l'armement de cette forteresse n'est pas encore terminé, mais, tels qu'ils sont, la plupart de ses forts improvisés peuvent être considérés comme à l'abri d'une insulte. Il en est ainsi pour les forts de Queuleu et de Saint-Julien[2].

D'autre part, comment von der Goltz pourrait-il gêner sérieusement le passage de la Moselle, même avec son artillerie seulement, puisque celle-ci sera tenue à distance par les pièces de gros calibre de la place ? Le but du général prussien n'est pas de pousser jusque sur les glacis de Metz ; il entend s'emparer du secteur d'Ars-Laquenexy à Colombey pour agir de là, uniquement, par ses feux[3]. Mais peut-il limiter d'avance son offensive et celle des troupes voisines ? Ne doit-il pas craindre que l'action engagée sur un point se propage aussitôt à toute l'étendue du champ de bataille,

---

1. *R. H.*, I, 1903, 1340. Il sait par un rapport du lieutenant Stumm reçu à 11^h 30 du matin que les forts de Queuleu et de Saint-Julien sont « fortement armés » (*ibid.*, 1344).

2. *R. H.*, I, 1903, 1341, d'après les rapports du colonel Merlin et du lieutenant-colonel Protche, le premier non reproduit. Le fort des Bordes ne reçut un armement de campagne que le 4 septembre et ne fut jamais achevé.

3. Von Widdern, *Die I. Armee bei Colombey-Nouilly*, 71.

entraînant ainsi des conséquences qu'il n'a pas su prévoir ? La réponse ne peut être douteuse.

Si, au contraire, nous acceptons le combat sur place, ce ne sera pas sans des dangers évidents pour la Ire armée, amenée à combattre, dans des conditions de très grande infériorité numérique, un adversaire dont les derrières sont assurés par la possession de Metz, sans parler des autres avantages qui en résultent. Pour engager Steinmetz, malgré lui, dans de pareils risques, il faudrait que von der Goltz eût une connaissance approfondie de la situation d'ensemble, et il en est bien loin. Le commandant de la Ire armée n'en a rien dit à ses lieutenants ; ce qu'en sait von der Goltz lui vient de conversations avec des officiers de la IIe armée[1].

On a voulu lui faire un mérite, après coup, d'une sorte de divination[2]. Il aurait compris que son acte d'initiative, si hardi qu'il touche à l'indiscipline, allait avoir pour conséquence nécessaire de retarder l'armée française et de la livrer à l'attaque de flanc prescrite à la IIe armée. Cette thèse est fort invraisemblable. Ce brigadier d'infanterie pouvait-il se rendre compte, dès lors, d'une série d'événements dont la possibilité même n'apparaissait pas encore

---

1. Sa rencontre avec Brandenstein n'a lieu que lorsque les premiers coups de canon ont été tirés (Von Widdern, *Die Krisis von Vionville*, I, 11). D'ailleurs rien n'indique des intentions d'offensive de la part de Moltke : « Que le grand quartier général n'ait pas voulu la bataille, ses directives des 12 et 13 ne laissent là-dessus aucun doute. Elles ne prévoient pour la Ire armée que l'observation et l'arrêt sur place ; l'indication d'une marche éventuelle de la Ire armée vers le sud pour soutenir la droite de la IIe n'est qu'un procédé défensif... » (Réflexions d'un témoin oculaire ayant occupé les plus hautes situations, von Widdern, *loc. cit.*, I, 17). Il est bon, à ce sujet, de rappeler encore une fois le texte de l'ordre de Moltke : « *S. M. befehlen dass die I. Armee morgen den 14. in ihrer Stellung an der fr. Nied verbleibt und durch vorgeschobene Avantgarden beobachtet ob der Feind sich zurückzieht oder zum Angriff vorgeht...*

« *Andererseits ist die I. Armee in der Lage jeder Vorgehen des Feindes gegen Süden durch einen Flankenangriff zu verhindern...* » (Voir *suprà*, p. 217).

Il ressort nettement de ce texte que Moltke assigne à la Ire armée une mission d'observation et non d'attaque. Il ne prévoit son offensive qu'au cas où il faudrait arrêter la nôtre.

2. *État-major prussien*, I, 508.

aux yeux clairvoyants d'un Moltke, parce que, seules, des fautes grossières, impossibles à prévoir, devaient les permettre ?

La conclusion forcée est que von der Goltz n'était aucunement fondé à prendre l'offensive au 14 août. Ce qu'il savait de la situation, les éventualités à prévoir ne l'y autorisaient point. Ainsi que Manteuffel, il obéit, non pas tant au sentiment de la nécessité d'une attaque, qu'à celui de la haute supériorité dont se targuent les Allemands depuis nos premières défaites. La continuité de notre retraite après le 6 août, notre hâte à abandonner des positions défensives que nous venons d'organiser, sans même tenter d'en faire usage, toutes ces causes ont éveillé chez eux le désir de nous obliger à faire tête. En outre l'esprit d'émulation intervient. Chacun veut pousser de l'avant, parce qu'il croit que ses voisins vont le devancer[1].

On a souvent prétendu que l'attaque de von der Goltz, justifiée ou non, n'en avait pas moins eu ce résultat de ralentir dans la plus forte mesure notre retraite. Par suite, elle aurait permis la bataille du 16 août, c'est-à-dire, en dernière analyse, l'investissement de l'Armée du Rhin[2]. Il y a là une erreur absolue. Ce qui ralentit outre mesure la marche de nos cinq corps d'armée, ce sont les dispositions inqualifiables prises par Bazaine, l'entassement voulu, obstiné de nos troupes sur une seule route ou, mieux, dans un long défilé qui va de la Moselle à Gravelotte[3]. La bataille du 14 est entrée pour si peu dans nos retards que, la nuit du 14 au 15, les troupes voulant reprendre leur retraite

---

1. *État-major prussien*, I, 508.
2. *État-major prussien*, I, 511.
3. Von Widdern, *Die I. Armee bei Colombey-Nouilly*, 70 ; *R. H.*, I, 1903, 1344. L'encombrement sur cette route, dès le 14, est extrême. Le convoi du 4ᵉ corps fut coupé en deux et la tête seule continua sur Moulins, la queue se rendant au bivouac de Devant-les-Ponts. Le lieutenant-colonel d'état-major Saget rattrapa la tête à l'est de Moulins, mais il lui fut impossible, non seulement de faire rebrousser chemin à ces voitures, mais de remonter lui-même le courant. Il dut gagner Scey à travers les vignes, pour revenir à Devant-les-Ponts par le mont Saint-Quentin (Souvenirs inédits du général Saget, cités par le lieutenant-colonel Rousset, *Le 4ᵉ corps de l'armée de Metz*, 89).

trouvèrent les voies encombrées de voitures, de cavaliers et de fantassins au point d'en être inabordables. La Garde consacra la moitié de la nuit à parcourir quelques kilomètres entre le plateau de Borny et Longeville. La portée stratégique de l'attaque prussienne fut donc nulle. Son résultat tactique le plus clair résida dans la perte de 5,000 combattants inutilement sacrifiés. « Elle priva deux corps d'armée de leur première verdeur d'entrain. C'est peut-être là qu'il faut chercher la cause du peu d'initiative manifesté quatre jours après par le VIIe corps », à Saint-Privat[1]. Quoi qu'il en soit, la bataille du 14 ralentit le mouvement de la IIe armée, dont les IIIe et X[e] corps furent retenus jusqu'au soir du 15 à l'est de la Moselle, pour soutenir au besoin la Ire armée. « La crise de Mars-la-Tour, a dit un Allemand, germa sur le champ de bataille de Colombey[2]. »

Si la principale responsabilité en revient à von der Goltz, la part du « demi-dieu[3] » Brandenstein n'en est pas moins appréciable. Un Allemand dit de son rôle qu'il fut « aussi injustifié que fâcheux dans ses suites[4] », et cette sévérité ne paraît pas exagérée. S'il ne contribua que par son silence à engager von der Goltz dans la voie déjà prise par celui-ci, l'action qu'il exerça sur Manteuffel fut beaucoup plus marquée. On y a vu la preuve d'une hardie initiative : Brandenstein encourage les subordonnés de Steinmetz dans leurs projets, parce qu'il les sait d'accord avec les idées de Moltke. Même en admettant ce dernier point, pour le moins douteux, l'intervention de cet officier d'état-major a évidemment ce résultat de créer dans la Ire armée une dualité de commandement qui est, à proprement parler, de l'anar-

1. Réflexions du témoin oculaire cité plus haut (Von Widdern, *Die I. Armee bei Colombey-Nouilly*, 7). Il écrit aussi : « Si glorieux qu'ait été le 14 août pour notre armée, la bataille n'en était pas moins une faute caractérisée (on devrait être aujourd'hui tout à fait d'accord à cet égard)..... »
2. Karl Bleibtreu, *La légende de Moltke*, traduction, 220 ; von Widdern, *loc. cit.*, 69.
3. Sobriquet que M. de Bismarck, à l'exemple de l'armée, donnait à l'entourage de Moltke et surtout aux chefs de section du grand État-major.
4. Réflexions du témoin oculaire cité plus haut.

chie. Vis-à-vis d'adversaires tels que Bazaine et la plupart de nos généraux, la chose n'a qu'une importance restreinte. Il en irait autrement si nous étions commandés.

Certes, Steinmetz n'est pas indemne de tout reproche le 14 août. On a dit comment il laisse ses lieutenants ignorer la situation. En outre ses dispositions sont peu judicieuses.

Puisqu'il veut garder la défensive, pourquoi établir des avant-postes au contact immédiat de l'adversaire, comme ceux du Ier corps? Ne peut-il en résulter un engagement fortuit? Au lieu de stationner si près de nos troupes, les Prussiens pourraient se borner à les faire reconnaître par un jeu actif de patrouilles, ainsi que Moltke a semblé le recommander dans son ordre du 13 août.

De plus, Steinmetz établit son quartier général à Varize, derrière la droite du Ier corps. Il y est trop loin des avant-postes et point du tout à portée de conduire les événements. La proximité immédiate de l'adversaire exigerait qu'il s'en rapprochât lui-même[1]. Son éloignement et l'indiscipline de ses subordonnés font que le commandement suprême n'existe pas pour les Prussiens le 14 août. Chacune des fractions débouchant sur le champ de bataille s'engage au hasard des circonstances ou du terrain, sans nulle idée d'ensemble. En face d'un adversaire qui s'en tient de son plein gré à la résistance passive, ce décousu n'expose la Ire armée qu'à des dangers limités. En serait-il de même si nous n'avions pas perdu le sens de l'offensive?

L'attaque de von der Goltz fut donc une erreur, parce qu'elle ne pouvait conduire à des résultats en proportion des pertes inévitables. Si Moltke entendait qu'on attaquât le 14 août, comme il a paru l'admettre après coup, il eût dû le spécifier nettement et ne pas s'en tenir au vague de sa directive du 13. Dans ce cas, ce n'était pas des fractions de trois corps d'armée qu'il fallait jeter vers la Moselle,

---

[1]. Von Widdern, *Die Krisis von Vionville*, I, 9, d'après le colonel von Wartensleben, quartier-maître supérieur de la Ire armée. Le témoin oculaire déjà cité est d'un avis opposé.

mais bien toutes les forces disponibles. Que l'on imagine une attaque d'ensemble, opérée dès le matin du 14 par la Ire armée soutenue de deux corps de la IIe au moins. N'y aurait-il pas eu les chances les plus sérieuses, étant données nos dispositions vicieuses à l'extrême, pour que la plus déplorable confusion se mît dans nos colonnes en retraite et, peut-être, pour qu'elles fussent jetées dans la Moselle ?

Toutefois on s'explique très bien que Moltke ait préféré une autre solution, susceptible de résultats plus grands encore, et à moins de risques. Il entend maintenir la Ire armée face à Metz, tandis que la IIe passera la Moselle et tentera, sinon de nous devancer vers la Meuse, au moins de gravement gêner notre retraite. Dans ces conditions, on doit se demander si les trois corps et les deux divisions de cavalerie de la Ire armée ne constituent pas une force trop considérable, étant donné leur rôle purement passif. Il n'y a aucune probabilité pour un effort de l'armée du Rhin vers l'est : elle n'eût pas attendu si longtemps et il ne la conduirait à rien. Un corps d'armée et deux divisions de cavalerie suffiraient amplement, à la condition d'être tenus à distance, derrière la Nied. L'envoi fréquent de patrouilles vers Metz renseignerait les Allemands sur notre situation sans précipiter notre retraite, comme on peut craindre d'une attaque. Les forces opérant à l'ouest de la Moselle seraient accrues de deux corps d'armée, fait d'importance majeure en vue des opérations subséquentes. On sait, en effet, dans quelles conditions d'infériorité numérique les Allemands engageront la bataille du 16 août et quels risques en résulteront pour eux.

On ne saurait trop répéter combien le commandement français est venu en aide à l'ennemi le 14, de par son incapacité et ses négligences constantes. Nous avons vu les dispositions fautives prises par le maréchal Bazaine pour la retraite de l'armée. Il n'en arrête aucune afin de la couvrir. Le peu qui est fait dans ce sens procède de l'initiative des commandants de corps d'armée. Il s'est laissé acculer au camp retranché de Metz sans y être aucunement forcé ; au lieu de garder une zone suffisante de manœuvre, il est venu bivouaquer sous le canon des forts. Son dispositif de sécurité est si rapproché de Metz, si mal établi, que l'utilité en est nulle. Dès lors on comprend que nos troupes soient à peu près surprises par les obus prussiens, que toute manœuvre leur soit difficile et que leurs mouvements rétrogrades les entassent rapidement sous le canon de la place.

De plus, l'armée entame tardivement sa marche en retraite. Rien ne l'empêchait de la commencer dès le soir du 13, en faisant usage des ponts de Metz ; le mouvement du 14 se serait produit dans des conditions beaucoup plus faciles.

Pendant le combat, l'inertie de Bazaine est criante. A proprement parler, il ne donne aucun ordre, sinon de reprendre la marche dès qu'il sera possible. Il descend à un rôle au-dessous de lui, s'inquiétant de placer des bataillons ou des batteries, alors que l'ensemble lui échappe. Il ne sait pas saisir l'occasion inespérée que lui tend la fortune : celle d'écraser, avec trois corps d'armée qu'il tient étroitement dans sa main, les têtes de colonne qui osent diriger contre lui des attaques incohérentes[1]. Il a le choix entre deux solutions : la retraite sans arrêt ou une vigoureuse contre-attaque. Il ne choisit ni l'une ni l'autre[2].

Dans la discussion des avantages de ces deux partis, on omet en général le facteur moral, à grand tort. Les mouvements des armées, les succès ou les revers qui en résultent ne sont pas uniquement affaire de puissance matérielle et de raisonnements. Pour vaincre, elles ont besoin, avant tout, de force d'âme et de volonté. Le 6 août, nos troupes ont été battues à Spicheren. Elles sont en retraite depuis huit jours. Si l'on cédait encore, sans tirer parti des défenses de Metz, l'atteinte à leur moral serait irréparable.

---

1. *État-major prussien*, I, 509 ; von Widdern, *Die I. Armee bei Colombey-Nouilly*, 70 ; Karl Bleibtreu, *op. cit.*, 183.
2. Général Lewal, *Le plan de combat*, 25 ; *R. H.*, I, 1903, 1344.

« Il était donc de toute nécessité de combattre¹. » C'est ce que Bazaine n'admit pas un instant.

Ce défaut de direction suprême, et aussi l'inaptitude des subordonnés à user d'initiative, font de la bataille du 14 août un ensemble de combats sans liaison ni objectif commun : « ... De direction générale, aucune ; de mouvements coordonnés, aucun ; de but précis, aucun !... de l'héroïsme individuel et par groupes, partout, sur tous les points de l'échiquier..., les commandants de corps d'armée affrontent le danger avec entrain... mais à cela se borne, à peu de chose près, leur rôle². »

Parmi eux, le général de Ladmirault est seul à faire acte d'initiative. Encore se borne-t-il à l'esquisser, dans de fâcheuses conditions. Puisqu'il prenait sous sa responsabilité de marcher au canon, en interrompant le mouvement prescrit par Bazaine, pourquoi s'être limité à défendre passivement les positions de la division Grenier, sans même tenter une attaque débordante à laquelle nul n'était en état de s'opposer ? « La bataille de Borny pouvait et devait être refusée... La refuser n'offrait aucun danger, car jamais l'armée allemande ne serait venue se heurter contre les forts... Mais, du moment aussi qu'on acceptait cette bataille, il fallait se précipiter sur l'adversaire avec tout son monde, le poursuivre, le culbuter et l'écraser. Alors, peut-être, la face des choses changeait encore³... » La division Grenier suffisait largement à couvrir la retraite. L'intervention du reste du 4ᵉ corps ne se justifie qu'à une condition : le pousser avec assez d'énergie pour infliger un échec complet à l'ennemi. Ce n'est point ce que fait Ladmirault. Il fatigue ses troupes, les affaiblit par des pertes sensibles, le tout sans

---

1. Capitaine Bonnet, *Guerre franco-allemande de 1870-1871. Résumé et commentaires de l'ouvrage du grand État-major prussien*, I, 88.
2. Général Deligny, *1870. Armée de Metz*, 8.
3. Général du Barail, III, 173. Remarquons que la vraie place de Ladmirault pendant la retraite était à la division Grenier. S'il s'y était tenu, au lieu d'assister au passage de la Moselle, il eût sans doute rectifié les dispositions du divisionnaire, qui n'étaient pas conformes à ses ordres, et arrêté des prescriptions nouvelles en pleine connaissance de cause.

résultat bien marqué. Nouvelle preuve que la marche au canon n'est pas un principe intangible. Sa nécessité dépend des circonstances. De Gœben et Ladmirault, l'un marche au canon, l'autre s'en abstient. Nous croyons ce dernier dans le vrai[1].

Comme dans les combats précédents, les Allemands affirment un remarquable esprit de camaraderie et le goût de l'offensive. Le combat engagé par la volonté personnelle d'un commandant d'avant-garde est soutenu par les fractions à proximité, sans qu'il y ait hésitation et malgré l'opposition bien connue de Steinmetz. L'épée une fois tirée du fourreau, on entend ne l'y remettre qu'après la victoire et, cette victoire, on met tout en œuvre pour la conquérir. De là tant d'efforts tentés par des troupes de forces très inférieures contre des adversaires en position. Ceux-ci, comme à Spicheren, se laissent abuser par ces tentatives répétées. Ils croient constamment être en face de masses considérables et non d'avant-gardes. Cette conviction contribue à notre attitude passive. Nous n'avons guère qu'une formation, la ligne déployée sur deux rangs, coude à coude, dont nous faisons usage à tort et à travers, en disposant plusieurs l'une derrière l'autre, sans souci du terrain. Ainsi nous accroissons nos pertes dans la plus forte mesure et nous paralysons trop souvent notre action vis-à-vis d'un ennemi réparti en une multitude de petites fractions très entreprenantes. Notre désir d'éviter tout désordre va jusqu'à nous empêcher d'user de la supériorité du chassepot[2] ou même du terrain[3]. Avec un effectif très supérieur à celui de l'en-

---

1. Von Widdern, *loc. cit.*, 91 ; général de Woyde, *op. cit.*, traduction, I, 30, 31 ; *R. H.*, I, 1903, 1349. Dans l'ouvrage qu'il a consacré au 4ᵉ corps, le lieutenant-colonel Rousset plaide (p. 85 et suiv.) la thèse contraire, sans user d'arguments convaincants.

2. Dans son rapport, le général de Potier célèbre la ténacité, la bravoure froide de nos soldats. Ils savent « ménager leur feu, puisqu'ils n'ont répondu au feu des tirailleurs ennemis que par des coups individuels de leurs meilleurs tireurs et repoussé les attaques principales par des feux à commandement » (*R. H.* 1903, 1128).

3. « ... Cette affaire... prouve une fois de plus l'intérêt que nous aurions (toute circonstance à attirer l'ennemi dans des terrains découverts. C'est ce qu

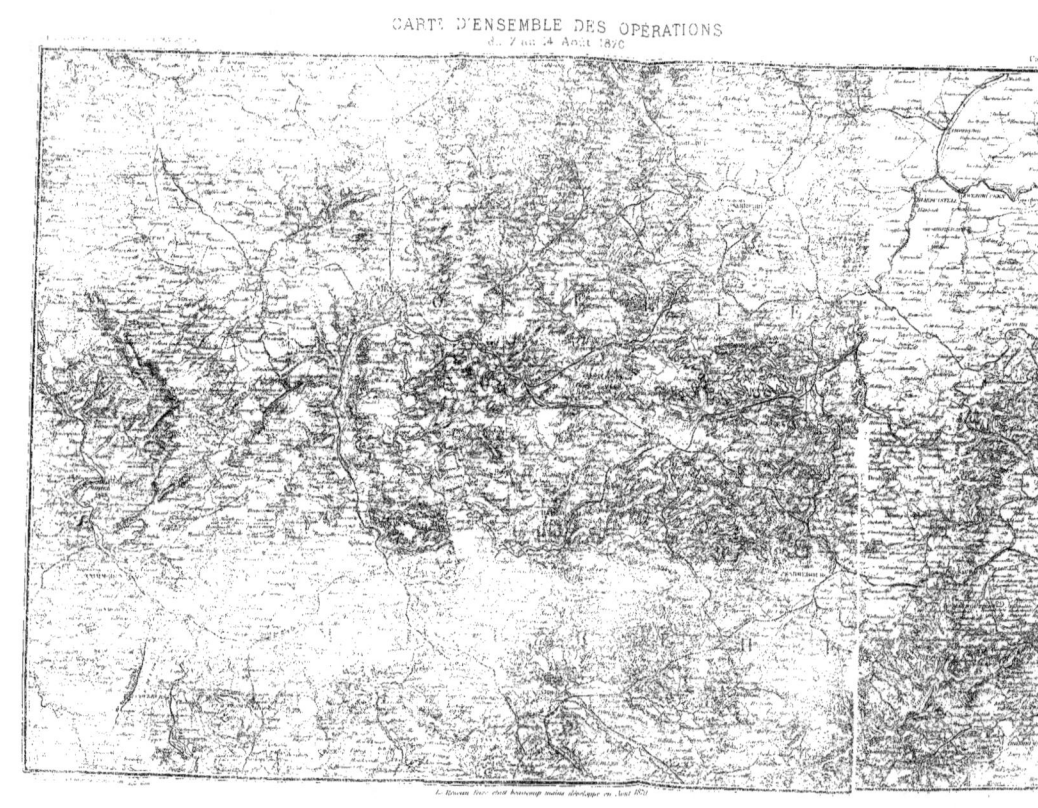

CARTE D'ENSEMBLE DES OPÉRATIONS
du 7 au 14 Août 1870

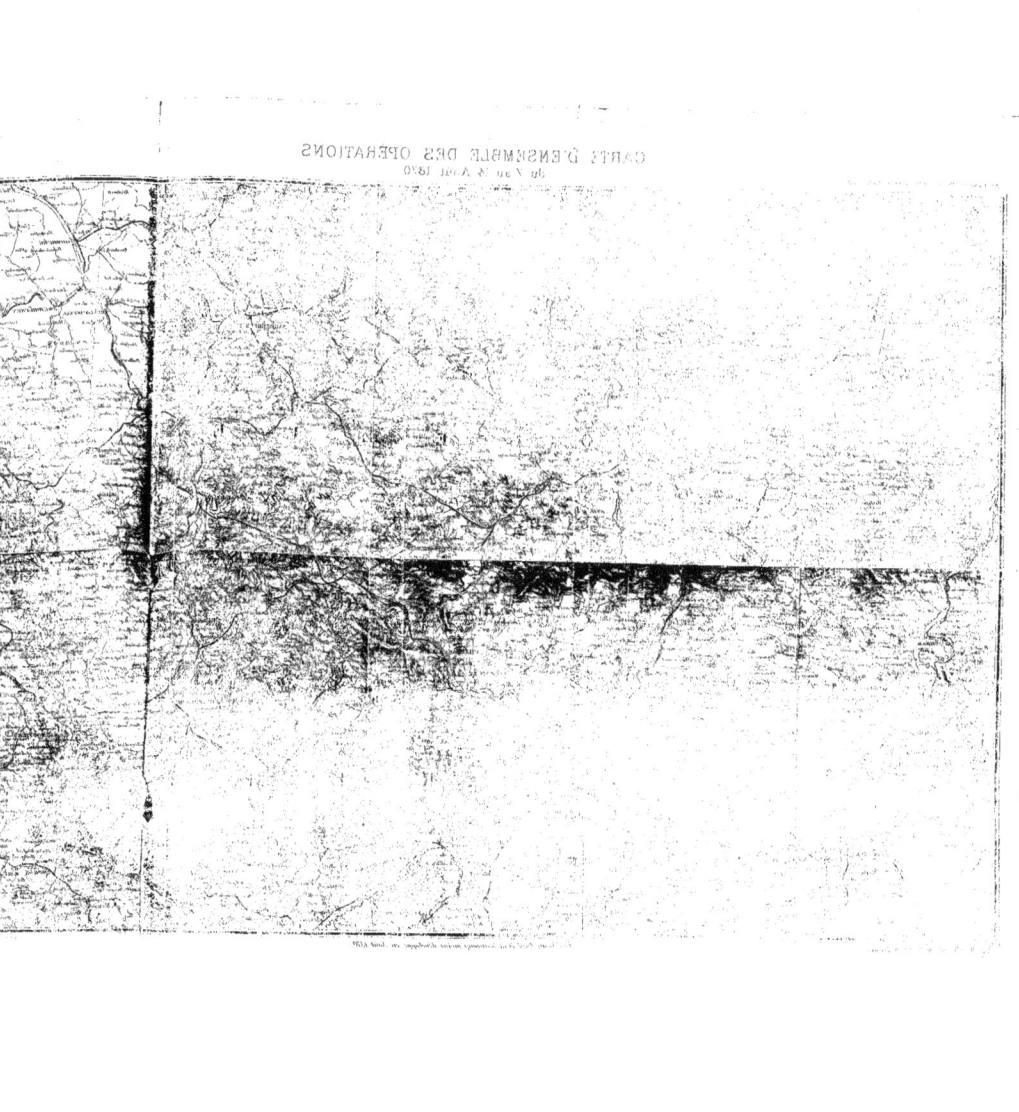

nemi, nous occupons un front moindre, où il y a des lacunes. Nous continuons de dédaigner les abris du sol, nous nous offrons complaisamment, sur les crêtes, aux vues et aux coups de l'ennemi.

Pas plus qu'à Spicheren, la cavalerie française ne fait preuve d'activité le 14 août. Avant le combat, son action est à peu près nulle, en tant qu'exploration et service de sûreté. Pendant la bataille, elle se borne à demeurer stoïquement sous les projectiles. On pourrait assurément mieux faire[1], mais la première condition serait de ne point charger les chevaux outre mesure. Le matin du 14, ceux du 5ᵉ dragons portent 21 kilogrammes d'avoine représentant trois jours de fourrage, outre les trois rations de pain ou de biscuit du cavalier[2]. Quelle mobilité exiger avec une pareille surcharge ?

Si notre artillerie exerce une faible action sur l'ennemi[3], il en est à peu près de même pour celle des Prussiens, malgré la supériorité de leur matériel. Les impressions des témoins et les états de pertes sont d'accord à cet égard[4]. On doit ajouter que, si l'artillerie française a moins d'hommes hors de combat, c'est qu'elle dispose de la supériorité du nombre et aussi qu'elle montre moins d'audace que nos adversaires. Ainsi les quatre batteries de la 13ᵉ division prussienne perdent 6 officiers et 40 hommes, tandis que les vingt batteries du 3ᵉ corps n'ont, à elles toutes, que 4 officiers et 39 hommes hors de combat[5]. Les nôtres pourraient et devraient faire plus.

En somme, la bataille de Borny ne fut un succès pour aucun des deux partis. Engagée mal à propos, dans les plus

---

aurait eu lieu si, au lieu de tenir à outrance sur la limite du terrain boisé, nous l'eussions laissé venir sous le feu de notre troisième échelon, qui l'aurait inévitablement foudroyé » (Rapport du général Arnaudeau, *R. H.*, I, 1903, 1133).

1. Général d'Andlau, *op. cit.*, 462.
2. Historique manuscrit du 5ᵉ dragons, *R. H.*, I, 1903, 1158.
3. Voir *suprà*, p. 307, note 5.
4. Voir l'Historique des 5ᵉ, 6ᵉ, 7ᵉ batteries du 1ᵉʳ régiment, *R. H.*, I, 1903, 1404 ; au 41ᵉ de ligne, sur 215 blessures d'origine connue, une seule est due à l'artillerie ; au 69ᵉ, il y en a 11 sur 85 (*R. H.*, I, 1903, 1079, 1086).
5. Voir l'annexe 12.

mauvaises conditions, par les Prussiens, elle aurait dû aboutir pour eux à un échec grave, de nature à modifier peut-être les débuts de la campagne. S'il n'en fut pas ainsi, c'est que ni Bazaine, ni Ladmirault n'eurent la ferme volonté de réprimer l'audace de l'ennemi. A défaut du commandant en chef, si le second avait pris cette décision, s'il en avait poursuivi l'exécution avec la persévérance et l'énergie qui, seules, permettent de grandes choses, le Ier corps pouvait être rejeté dans le plus grand désordre, ce qui amenait nécessairement la retraite de la 1re armée et l'arrêt de la IIe. Les conséquences eussent été inappréciables. Nouvelle preuve qu'à la guerre le moral joue un rôle prépondérant ; la première condition de la victoire est la foi en soi-même. Il faut être persuadé que l'on peut et que l'on doit vaincre. Le caractère reste, malgré tout, la qualité primordiale de l'homme de guerre, celle à laquelle ni les connaissances techniques, ni les moyens matériels ne peuvent suppléer.

ANNEXE 1.

AU SUJET DES HEURES A FRŒSCHWILLER

EXTRAIT D'UNE LETTRE DE M. DE SAINT-VINCENT, SOUS-INTENDANT MILITAIRE EN RETRAITE, DATÉE DU 5 AOUT 1903

. . . .

« Puisque vous avez bien voulu, dans le tome III récemment publié, citer le *Journal d'un officier de turcos* par DE NARCY, permettez-moi de vous dire qu'en ce qui concerne mon ancien régiment, on peut tenir comme absolument certaines les heures que j'indique pour les phases de chaque journée.

« J'avais été chargé en effet de noter avec soin les dates, heures et circonstances atmosphériques pour le Journal qu'on avait projeté d'établir. Et le contrôle s'est exercé au moment même soit par mes chefs, soit par moi au moyen d'observations locales qui servaient aussi de points de repère.

« Je revois toujours avec la même netteté l'horloge de la gare de Wissembourg, au moment de notre ralliement, midi 15 ; le cartel de l'ambulance de Reichshoffen à mon passage, $4^h 28$; le vieux cadran de Niederbronn, $5^h 40$, etc... Je crois par suite avoir apporté toute la rectitude possible dans mes constatations du jour. Et, quand le contrôle n'avait pu avoir lieu, je me contentais alors de noter d'après ma montre bien réglée : vers midi 30 ou vers 3 heures, pour ne pas donner une fixation trop rigoureuse.

« J'ai agi de même en ce qui concerne les conditions atmosphériques, le temps ayant été presque toujours très mauvais.

« Avec les heures souvent discordantes qui se retrouvent dans tous les documents (car le temps s'écoule lentement les jours de bataille, on se croit à 4 heures quand il est à peine 2 heures, on l'a souvent constaté) j'ai pensé qu'il pouvait y avoir quelque utilité à vous faire connaître que j'avais pris note exactement au jour le jour en m'entourant de tous les soins possibles. »

. . . .

ANNEXE 2.

AU SUJET DES RAPPORTS ENTRE L'OPPOSITION ET LE MARÉCHAL BAZAINE

D'après M. de Kératry, dix-huit à vingt jours environ avant le 4 septembre, la maréchale vint un matin le trouver, de la part de Bazaine, pour lui déclarer que la présence de l'empereur compromettait les opérations militaires, qu'il n'en acceptait plus la responsabilité et qu'il désirait se retirer. Une démarche de MM. de Kératry, Ernest Picard et Jules Favre, délégués par l'opposition auprès du ministre de la guerre, fut la suite de cet entretien. Le général de Palikao affirma que le maréchal allait être investi du commandement et qu'en cas de conflit entre l'empereur et Bazaine, il prendrait parti pour ce dernier (*Enquête*, dépositions, I, Kératry, 657). Le général de Rivières porte cet entretien au 11 août dans son rapport (*Procès Bazaine*, Compte rendu sténographique quotidien, 175).

La déposition qui précède a été confirmée par M. de Kératry au cours du procès Bazaine (compte rendu sténographique quotidien, 119-120). Il ajoute que, le 27 février 1872, la maréchale se rendit de Paris à Marseille pour lui déclarer que jamais son mari ne l'avait chargée d'une démarche de ce genre; que ç'avait été simplement une visite de « *bonnes relations dans des moments critiques* » (Rapport du général de Rivières, *Procès Bazaine*, 175). Voir aussi une lettre de M. de Kératry à Bazaine, 28 février 1872, et une autre (1er mars 1872) du même au président de la Commission d'enquête (*Enquête*, dépositions, IV, Bazaine, 243).

Le fait matériel de cette visite a été reconnu par la maréchale (Déclaration au président du 1er conseil de guerre, *Procès Bazaine*, 120). De son côté, le maréchal a déclaré : « Si j'avais su que la maréchale voulût faire une pareille démarche, je ne la lui aurais pas permise » (*ibid.*). Il a écrit au président de la Commission d'enquête (6 septembre 1871): « Je n'ai chargé personne de parler en mon nom au ministre de la guerre de la nécessité que l'empereur s'effaçât dans le commandement de l'armée. J'ai pu, dans une lettre particulière à quelqu'un de ma famille, exprimer le regret de voir le peu d'unité existant dans la direction générale des opérations, par suite d'ordres émanant du quartier général impérial (sic), sans suivre la voie hiérarchique et parfois même à l'insu du major général. Dans tous les cas, cette opinion n'avait qu'un caractère essentiellement privé. » Une lettre du frère du maréchal est dans le même sens (*Enquête*, dépositions, IV, Bazaine, 243). Voir *ibid.*, 180, les déclarations verbales de Bazaine.

La déposition de M. Jules Favre confirme la démarche faite par la gauche auprès du général de Palikao, mais non celle de la maréchale vis-à-vis de M. de Kératry (*Procès Bazaine,* 120 ; lettre de M. Jules Favre à la maréchale, 31 mars 1872, Bazaine, *Épisodes,* 56). M. Ernest Picard a gardé le souvenir de la communication faite par M. de Kératry de la part du maréchal et des éventualités qu'elle laissait entrevoir (*Procès Bazaine,* rapport Rivières, 175). Le général de Palikao, dont la déposition est très favorable à Bazaine, nie la réponse qu'il aurait faite à M. de Kératry, mais non la démarche de celui-ci (*Procès Bazaine,* 120). Voir également dans ce sens une lettre du général (30 mars 1872) à Mme Bazaine (Bazaine, *Épisodes,* 54).

L'ex-maréchal, s'appuyant sur un passage du livre de M. Jules Favre (I, 51), reporte au 21 août l'entretien du général de Palikao et des délégués de la gauche. Voir aussi la plaidoirie de M. Lachaud, *Procès Bazaine,* 534, et le réquisitoire du général Pourcet, *ibid.*, 479.

De l'ensemble de ces documents il nous paraît résulter que la visite de la maréchale a eu lieu, sans doute le 11 août ; qu'elle fut suivie d'une autre démarche des trois délégués de la gauche auprès du général de Palikao. Quant à la participation du maréchal, elle est simplement probable ; les termes de l'entretien du ministre et des trois députés ne peuvent être précisés.

ANNEXE 3.

ORDRE DE BATAILLE DU Ier CORPS D'ARMÉE[1]

Général de la cavalerie baron von MANTEUFFEL, adjudant général du roi.
Chef d'état-major : lieutenant-colonel von der Burg.
Commandant l'artillerie : général-major von Bergmann.
Commandant les ingénieurs et les pionniers : major Fahland.
État-major : 1 major, 2 capitaines.
Adjudantur : 1 major, 1 capitaine, 2 1ers lieutenants.
Adjudants du commandant de l'artillerie : 1 1er lieutenant, 1 2e lieutenant.
2e officier ingénieur : 1 capitaine ; 1 2e lieutenant, adjudant.
Garde d'état-major : 1 2e lieutenant.

1re DIVISION D'INFANTERIE

Général-lieutenant von Bentheim.
État-major : major von Schrötter ; adjudants : 1 capitaine, 1 1er lieutenant.

1re Brigade.

Général-major von Gayl.

1er régiment de grenadiers Kronprinz (1er de la Prusse orientale), colonel von Massow.
41e régiment d'infanterie (5e de la Prusse orientale), lieutenant-colonel baron von Meerscheidt-Hüllesem.

2e Brigade.

Général-major von Falkenstein.

3e régiment de grenadiers (2e de la Prusse orientale), colonel von Legat.

---

[1]. D'après l'*État-major prussien*, I, Annexes, 75. Le Ier corps ne fut rattaché à la Ire armée qu'au cours des opérations.

ANNEXES.   325

43ᵉ régiment d'infanterie (6ᵉ de la Prusse orientale), colonel von Busse.

1ᵉʳ bataillon de chasseurs (de la Prusse orientale), lieutenant-colonel von Plœtz.

1ᵉʳ dragons (de Lithuanie) Prince Albrecht de Prusse, lieutenant-colonel von Massow.

1ʳᵉ abtheilung à pied du 1ᵉʳ régiment d'artillerie de campagne (de la Prusse orientale) [1ʳᵉ et 2ᵉ batteries lourdes, 1ʳᵉ et 2ᵉ légères], major Munk.

2ᵉ compagnie de pionniers de campagne du Iᵉʳ corps et colonne d'outils.

3ᵉ compagnie de pionniers de campagne du Iᵉʳ corps.

1ᵉʳ détachement de santé.

2ᵉ DIVISION D'INFANTERIE

Général-major von Pritzelwitz.

État-major : capitaine von Jarotzki ; adjudants : 1 capitaine, 1 2ᵉ lieutenant.

3ᵉ Brigade.

Général-major von Memerty.

4ᵉ régiment de grenadiers (3ᵉ de la Prusse orientale), colonel von Tietzen u. Hennig.

44ᵉ régiment d'infanterie (7ᵒ de la Prusse orientale), colonel von Bœcking.

4ᵉ Brigade.

Général-major von Zglinitzki.

5ᵉ régiment de grenadiers (4ᵉ de la Prusse orientale), colonel von Einem.

45ᵉ régiment d'infanterie (8ᵉ de la Prusse orientale), colonel von Mützchefahl.

10ᵉ dragons (de la Prusse orientale), colonel baron von der Goltz.

3ᵉ abtheilung à pied du 1ᵉʳ régiment d'artillerie de campagne (de la Prusse orientale) [5ᵉ et 6ᵉ batteries lourdes, 5ᵉ et 6ᵉ légères], major Müller.

1ʳᵉ compagnie de pionniers de campagne du Iᵉʳ corps, avec équipage de ponts léger.

2ᵉ détachement de santé.

ARTILLERIE DE CORPS

Colonel Jungé.

Abtheilung à cheval du 1ᵉʳ régiment d'artillerie de campagne (de la Prusse orientale) [2ᵉ et 3ᵉ batteries à cheval], major Gerhards.

2ᵉ abtheilung à pied du 1ᵉʳ régiment d'artillerie de campagne (de la Prusse orientale) [3ᵉ et 4ᵉ batteries lourdes, 3ᵉ et 4ᵉ légères], lieutenant-colonel Gregorovius.

3ᵉ détachement de santé.

Abtheilung de colonnes du 1ᵉʳ régiment d'artillerie de campagne (de la Prusse orientale) [colonnes de munitions d'artillerie nᵒˢ 1, 2, 3, 4, 5 ; colonnes de munitions d'infanterie nᵒˢ 1, 2, 3, 4 ; colonne de ponts].

1ᵉʳ bataillon du train (de la Prusse orientale) [même composition qu'au VIIᵉ corps ; voir notre tome III, p. 505].

> Total : 25 bataillons d'infanterie, 8 escadrons, 84 pièces, 3 compagnies de pionniers.

ANNEXE 4.

ORDRE DE BATAILLE DE LA Ire DIVISION DE CAVALERIE[1]

Général-lieutenant von HARTMANN.
État-major : major von Saldern.
Adjudantur : 1 capitaine, 1 1er lieutenant.
Attaché : général-major Krug von Nidda ; adjudant, 1 1er lieutenant.

1re Brigade.

Général-major von Lüderitz.
2e cuirassiers Reine (de Poméranie), colonel von Pfuhl.
4e ulans (1er de Poméranie), lieutenant-colonel von Radecke.
9e ulans (2e de Poméranie), lieutenant-colonel von Kleist.

2e Brigade.

Général-major Baumgarth.
3e cuirassiers comte Wrangel (de la Prusse orientale), colonel von Winterfeld.
8e ulans (de la Prusse orientale), colonel von Below.
12e ulans (de Lithuanie), lieutenant-colonel von Rosenberg.

1re batterie à cheval du 1er régiment d'artillerie de campagne (de la Prusse orientale).

Total : 24 escadrons, 6 pièces.

---

[1]. D'après l'*État-major prussien*, I, Annexes, 82. La 1re division n'est rattachée à la 1re armée qu'au cours des opérations.

ANNEXE 5.

ORDRE DE BATAILLE DU IIᵉ CORPS D'ARMÉE[1]

Général de l'infanterie von FRANSECKY.
Chef d'état-major : colonel von Wichmann.
Commandant l'artillerie : général-major von Kleist.
Commandant les ingénieurs et les pionniers : major Sandkuhl.
État-major : 1 major, 1 capitaine, 1 1ᵉʳ lieutenant.
Adjudantur : 2 capitaines, 2 1ᵉʳˢ lieutenants.
Adjudants du commandant de l'artillerie : 1 1ᵉʳ lieutenant, 1 2ᵉ lieutenant.
2ᵉ officier ingénieur : 1 capitaine; 1 2ᵉ lieutenant, adjudant.
Garde d'état-major : 1 1ᵉʳ lieutenant.

3ᵉ DIVISION D'INFANTERIE

Général-major von Hartmann.
État-major : major Stockmarr ; adjudants : 1 capitaine, 1 1ᵉʳ lieutenant.

5ᵉ Brigade.

Général-major von Koblinski.
2ᵉ régiment de grenadiers Roi Frédéric-Guillaume IV (1ᵉʳ de Poméranie), colonel von Ziemitzki.
42ᵉ régiment d'infanterie (5ᵉ de Poméranie), colonel von Knesebeck.

6ᵉ Brigade.

Colonel von der Decken.
14ᵉ régiment d'infanterie (3ᵉ de Poméranie), colonel von Voss.
54ᵉ régiment d'infanterie (7ᵉ de Poméranie), colonel von Busse.

---

[1]. D'après l'*État-major prussien*, I, Annexes, 77. Le IIᵉ corps ne fut rattaché à la IIᵉ armée qu'après le 6 août.

2ᵉ bataillon de chasseurs (de Poméranie), major von Netzer.

3ᵉ régiment de dragons (de Neumark), colonel baron von Willisen.

1ʳᵉ abtheilung à pied du 2ᵉ régiment d'artillerie de campagne (de Poméranie) [1ʳᵉ et 2ᵉ batteries lourdes, 1ʳᵉ et 2ᵉ légères], major baron von Eynatten.

1ʳᵉ compagnie de pionniers de campagne du IIᵉ corps, avec équipage de ponts léger.

1ᵉʳ détachement de santé.

4ᵉ DIVISION D'INFANTERIE

Général-lieutenant Hann von Weihern.

État-major : capitaine Boie ; adjudants : 1 capitaine, 1 1ᵉʳ lieutenant.

7ᵉ Brigade.

Général-major du Trossel.

9ᵉ régiment des grenadiers de Colberg (2ᵉ de Poméranie), colonel von Ferentheil und Gruppenberg.

49ᵉ régiment d'infanterie (6ᵉ de Poméranie), lieutenant-colonel Laurin.

8ᵉ Brigade.

Général-major von Kettler.

21ᵉ régiment d'infanterie (4ᵉ de Poméranie), lieutenant-colonel von Lobenthal.

61ᵉ régiment d'infanterie (8ᵉ de Poméranie), colonel von Wedell.

11ᵉ dragons (de Poméranie), lieutenant-colonel von Guretzki-Cornitz.

3ᵉ abtheilung à pied du 2ᵉ régiment d'artillerie de campagne (de Poméranie) [5ᵉ et 6ᵉ batteries lourdes, 5ᵉ et 6ᵉ légères], lieutenant-colonel Bauer.

2ᵉ compagnie de pionniers de campagne du IIᵉ corps, avec colonne d'outils.

3ᵉ compagnie de pionniers de campagne du IIᵉ corps, avec colonne d'outils.

2ᵉ détachement de santé.

ARTILLERIE DE CORPS

Colonel Petzel.

Abtheilung à cheval du 2e régiment d'artillerie de campagne (de Poméranie) [2e et 3e batteries à cheval], lieutenant-colonel Maschke.

2e abtheilung à pied du 2e régiment d'artillerie de campagne (de Poméranie) [3e et 4e batteries lourdes, 3e et 4e légères].

3e détachement de santé.

Abtheilung de colonnes du 2e régiment d'artillerie de campagne (de Poméranie) : colonnes de munitions d'artillerie n°s 1, 2, 3, 4, 5 ; colonnes de munitions d'infanterie n°s 1, 2, 3, 4 ; colonne de ponts.

2e bataillon du train (de Poméranie) [même composition qu'au VIIe corps ; voir notre tome III, p. 505].

> Total : 25 bataillons d'infanterie, 8 escadrons, 84 pièces, 3 compagnies de pionniers.

ANNEXE 6.

ORDRE DE BATAILLE DU VIe CORPS D'ARMÉE[1]

Général de cavalerie von TÜMPLING.
Chef d'état-major : colonel von Salviati.
Commandant l'artillerie : colonel von Ramm.
Commandant les ingénieurs et les pionniers : major Albrecht.
État-major : 1 major, 2 capitaines.
Adjudantur : 2 majors, 2 1ers lieutenants.
Adjudants du commandant de l'artillerie : 2 1ers lieutenants.
2e officier ingénieur : 1 capitaine, 1 2e lieutenant, adjudant.
Garde d'état-major : 1 1er lieutenant.

11e DIVISION D'INFANTERIE

Général-lieutenant von Gordon.
État-major : major von Schkopp ; adjudants : 2 1ers lieutenants.

21e Brigade.

Général-major von Malachowski.
10e régiment de grenadiers (1er de Silésie), colonel von Weller.
18e régiment d'infanterie (1er de Posnanie), colonel baron von Bock.

22e Brigade.

Général-major von Eckartsberg.
38e régiment de fusiliers (de Silésie), colonel von Schmeling.
51e régiment d'infanterie (de Basse-Silésie), colonel Knipping.

6e bataillon de chasseurs (2e de Silésie), major von Walther.
8e dragons (2e de Silésie), lieutenant-colonel von Winterfeld.

---

1. D'après l'*État-major prussien*, I, Annexes, 80. Le VIe corps ne fut rattaché à la IIe armée qu'après le 6 août.

1re abtheilung à pied du 6e régiment d'artillerie de campagne (de Silésie) [1re et 2e batteries lourdes, 1re et 2e légères], major von Lilienhoff-Zwonitzky.

3e compagnie de pionniers de campagne du VIe corps.

2e détachement de santé.

12e DIVISION D'INFANTERIE

Général-lieutenant von Hoffmann.

État-major : major Kessler; adjudants : 1 capitaine, 1 1er lieutenant.

23e Brigade.

Général-major Gündell.

22e régiment d'infanterie (1er de Haute-Silésie), colonel von Quistorp.

62e régiment d'infanterie (3e de Haute-Silésie), colonel von Bessel.

24e Brigade.

Général-major von Fabeck.

23e régiment d'infanterie (2e de Haute-Silésie), colonel von Briesen.

63e régiment d'infanterie (4e de Haute-Silésie), colonel von Thielau.

15e dragons (3e de Silésie), colonel von Busse.

3e abtheilung à pied du 6e régiment d'artillerie de campagne (de Silésie) [5e et 6e batteries lourdes, 5e et 6e légères], major Bloch von Blottnitz.

1re compagnie des pionniers de campagne du VIe corps, avec équipage de ponts léger.

2e compagnie des pionniers de campagne du VIe corps, avec équipage de ponts léger.

Détachement de santé n° 1.

ARTILLERIE DE CORPS

Colonel Arnold.

Abtheilung à cheval du 6e régiment d'artillerie de campagne (de Silésie) [1re et 2e batteries à cheval], major von Garczynski.

2ᵉ abtheilung à pied du 6ᵉ régiment d'artillerie de campagne (de Silésie) [3ᵉ et 4ᵉ batteries lourdes, 3ᵉ et 4ᵉ légères], lieutenant-colonel Müller.

Détachement de santé n° 3.

Abtheilung de colonnes du 6ᵉ régiment d'artillerie de campagne (de Silésie) : colonnes de munitions d'artillerie nᵒˢ 1, 2, 3, 4, 5 ; colonnes de munitions d'infanterie nᶜˢ 1, 2, 3, 4 ; colonne de ponts.

6ᵉ bataillon du train (de Silésie) [même composition qu'au VIIᵉ corps ; voir notre tome III, p. 505].

> Total : 25 bataillons, 8 escadrons, 84 pièces, 3 compagnies de pionniers.

ANNEXE 7.

EFFECTIF DE L'ARMÉE DU RHIN AUTOUR DE METZ
Le 13 août 1870[1].

2ᵉ CORPS

	Hommes.	Chevaux.
1ʳᵉ division.	»	»
2ᵉ division.	»	»
3ᵉ division.	10,768	868
Brigade Lapasset.	3,470	680
Division de cavalerie.	»	»
Réserve d'artillerie et du génie.	»	»
TOTAUX (y compris la brigade Lapasset).	31,936	5,911 [2]

3ᵉ CORPS

	Hommes.	Chevaux.
Divers.	660	761
1ʳᵉ division.	9,875	578
2ᵉ division.	10,201	788
3ᵉ division.	10,272	628
4ᵉ division.	10,024	747
Division de cavalerie.	4,624	4,112
Réserves d'artillerie et du génie.	2,603	2,706
TOTAUX.	48,259	10,320 [3]

1. La situation établie au Grand quartier général et reproduite par la R. H., I, 1903, 646, est fort incomplète et renferme des indications manifestement erronées. Nous l'avons rectifiée au moyen de la Situation sommaire d'effectifs des 2ᵉ, 3ᵉ, 4ᵉ corps au 13 août (ibid., 648); des tableaux d'effectifs publiés dans l'Enquête (Dépositions, I, Le Bœuf, 76, 82), ou dans la Revue d'Histoire (I, 1903, 646, 656, 672, 684, 691, 698).

2. Situation sommaire. La Situation d'effectif porte 28,470 hommes et 5,680 chevaux dont 25,000 hommes et 5,000 chevaux pour le 2ᵉ corps, évaluation purement approchée déjà faite pour le 12. La situation du 12 août (R. H., I, 1903, 433) portait 28,413 hommes et 4,914 chevaux pour le 2ᵉ corps.

3. Situation d'effectif. La Situation sommaire porte 48,403 hommes et 10,236 chevaux. L'Enquête (déposition Le Bœuf) 48,361 hommes et 10,331 chevaux; la situation du 12 août (R. H., I, 1903, 437), 47,160 hommes et 10,331 chevaux.

ANNEXES. 335

4ᵉ CORPS

	Hommes.	Chevaux.
Divers.	834	713
1ʳᵉ division.	9,960	691
2ᵉ division.	10,017	708
3ᵉ division.	10,034	731
Division de cavalerie.	2,543	2,426
Réserves d'artillerie et du génie.	1,675	1,633
Totaux.	35,063	6,902 [1]

6ᵉ CORPS

1ʳᵉ division.	10,966	626
2ᵉ division.	9,238	613 [2]
3ᵉ division.	8,401	630
4ᵉ division.	9,484	600
Totaux.	38,089	2,469 [3]

GARDE IMPÉRIALE

Divers.	449	648
1ʳᵉ division.	8,013	173
2ᵉ division.	6,219	156
Division de cavalerie.	4,236	3,825
Artillerie et génie.	2,548	2,327
Totaux.	21,465	7,129 [4]

---

1. Situation d'effectif. La Situation sommaire porte 31,723 hommes et 6,313 chevaux; l'Enquête (déposition Le Bœuf, 76 et 82), 35,063 hommes et 6,902 chevaux; la Situation sommaire du 4ᵉ corps (R. H., I, 1903, 672), des chiffres identiques.

2. Chiffres de la Situation d'effectif, visiblement inexacts, car un régiment et une batterie seulement de cette division doivent rallier Metz.

3. Situation d'effectif, chiffres de la situation du 10 août. L'Enquête (déposition Le Bœuf) donne des chiffres identiques, non moins inexacts.

4. Situation d'effectif, chiffres de la situation du 10 août. L'Enquête (déposition Le Bœuf) porte 21,422 hommes et 7,129 chevaux ; la situation du 12 août (R. H., I, 1903, 456), 21,944 hommes et 7,870 chevaux.

RÉSERVE DE CAVALERIE

	Hommes.	Chevaux.
1re division...	2,327	2,195
3e division...	2,247	2,071
Artillerie...	»	»
Totaux...	4,574	4,266 [1]

RÉSERVE GÉNÉRALE D'ARTILLERIE

2,061	2,129 [2]

RÉSERVE GÉNÉRALE DU GÉNIE

648	596 [3]
Totaux généraux.... 182,095	39,722 [4]

1. Situation d'effectif, chiffres du 10 août, sauf le total invraisemblable de 6,461 chevaux dont 4,266 pour la 3e division (*R. H.*, I, 1903, 647); l'Enquête (déposition Le Bœuf) porte 4,574 hommes et 4,266 chevaux ; les situations des divisions (*R. H.*, I, 1903, 691, 693), 2,439 hommes et 2,256 chevaux (1re division); 2,674 hommes et 2,507 chevaux (3e division). Totaux : 5,023 hommes et 4,763 chevaux.

2. Situation d'effectif concordant avec l'Enquête (déposition Le Bœuf).

3. Même observation. La Situation sommaire au 13 août (*R. H.*, I, 1903, 698) porte 684 hommes et 596 chevaux.

4. La Situation d'effectif porte 178,629 hommes et 41,686 chevaux; l'Enquête (*loc. cit.*), 178,688 hommes et 39,502 chevaux. Il faudrait déduire de nos chiffres, d'ailleurs purement approchés, 7,000 hommes et 450 chevaux environ du 6e corps non arrivés à Metz, ce qui ramènerait les totaux généraux à 175,095 hommes et 39,272 chevaux.

ANNEXE 8.

ORDRE DU 4ᵉ CORPS POUR LA RETRAITE

« Château de Grimont, 14 août.

« Les troupes du 4ᵉ corps évacueront leurs positions pour se diriger vers les ponts de l'île Chambière, d'après les dispositions suivantes :

« La 2ᵉ division prendra à l'avance toutes ses dispositions pour couvrir le mouvement général : elle aura ses tirailleurs étendus sur une grande ligne, la droite à Mey, le centre contre les bois de Grimont et la gauche vers les pentes en arrière du bivouac occupé par la 3ᵉ division.

« Le bataillon de la 2ᵉ division qui se trouve sur la route de Kédange, près de la Moselle, y restera en position, en faisant face à la vallée.

« M. le général commandant la 2ᵉ division disposera son deuxième échelon sur les pentes sud et nord du fort Saint-Julien, de manière à bien couvrir le passage de la rivière. Une section d'artillerie ira se placer avec le bataillon sur la route de Kédange, aussitôt que la première ligne des tirailleurs du général commandant la 2ᵉ division se mettra en retraite et, selon les circonstances, les pièces d'artillerie de cette division se dirigeront vers l'île Chambière pour prendre les ponts.

« Les 1ʳᵉ et 3ᵉ divisions exécuteront simultanément leur mouvement de retraite avec lenteur et en se couvrant au loin par des tirailleurs.

« La 1ʳᵉ division dirigera successivement ses bataillons par la route d'en haut en arrière de Saint-Julien, pour passer les ponts ; son artillerie prendra la tête de colonne.

« La 3ᵉ division se dirigera pour prendre la route de Kédange et se rapprocher de la Moselle. Son artillerie sera en tête pour passer les ponts.

« L'artillerie de réserve quittera les positions aussitôt qu'elle verra le mouvement de retraite des 1ʳᵉ et 3ᵉ divisions et gagnera la rivière pour passer avant toutes les troupes d'infanterie.

« Trois régiments de cavalerie passeront les ponts avant tout mouvement commencé, ainsi que l'artillerie à cheval attachée à cette division.

« Un régiment de dragons sera désigné pour être jeté assez au loin sur la route de Kédange et sur celle de Bouzonville, afin d'observer l'ennemi de ce côté. Il rentrera pour passer les ponts avant toutes les troupes de la 2ᵉ division.

« Pour passer les ponts de chevalets et de bateaux, les cavaliers doivent mettre pied à terre et tenir leurs chevaux par la bride.

« La compagnie du génie de réserve se portera à l'avance à l'entrée des ponts, pour parer aux besoins qui pourraient se présenter ; le parc du génie s'engagera sur les ponts après l'artillerie de réserve. Des hommes de cette compagnie du génie, munis d'outils, seront dispersés çà et là pour les travaux qui se présenteraient.

« Ce mouvement de retraite se fera sans sonnerie ni batterie.

« Telles sont les dispositions adoptées, et l'heure sera indiquée pour commencer le mouvement de retraite des troupes.

« *P.-S.* — Avoir bien soin d'attendre l'ordre donné pour commencer le mouvement » (*R. H.*, I, 1903, 852).

ANNEXE 9.

LES PERTES A LA BATAILLE DE BORNY

(14 août 1870).

I. — FRANÇAIS[1]

2ᵉ CORPS

3ᵉ DIVISION (Laveaucoupet).

	OFFICIERS.				TROUPE.			
	Tués.	Blessés.	Disparus.	Total.	Tués.	Blessés.	Disparus.	Total.
batt. du 15ᵉ rég.	»	»	»	»	»	1	»	1
ᵉ batt. du 15ᵉ rég. (à balles) . . .	»	»	»	»	»	1	»	1
Totaux pour div. et le 2ᵉ corps.	»	»	»	»	»	2	»	2

3ᵉ CORPS

| t-major. . . . | 1 | 1 | » | 2 | » | » | » | » |

1ʳᵉ DIVISION (Montaudon).
1ʳᵉ brigade (Plombin).

| ᵉ de ligne . . . | » | » | » | » | » | 1 | » | 1 |

2ᵉ brigade (Clinchant).

ᵉ de ligne . . .	»	»	»	»	1	2	»	3
ᵉ de ligne . . .	»	»	»	»	1	»	»	1
batt. du 5ᵉ rég.	1	1	»	2	4	5	»	9
Totaux . . .	1	1	»	2	6	8	»	14

us 6 chev. d'art. tués et 5 blessés.

. D'après les tableaux de la *R. H.*, I, 1903, 1355. Les fractions non mentionnées n'ont i aucune perte.

2ᵉ DIVISION (Castagny).

	Officiers.				Troupe.			
	Tués.	Blessés.	Disparus.	Total.	Tués.	Blessés.	Disparus.	Total.
État-major....	»	1	»	1	»	»	»	»

1ʳᵉ brigade (Nayral).

15ᵉ bat. de chass.	2	3	»	5	5	133[1]	46	18
19ᵉ de ligne...	2	9	»	11	31	250	81	36
41ᵉ de ligne...	5	16	»	21	15	243	90	34

2ᵉ brigade (Duplessis).

État-major....	»	2	»	2	»	»	»	»
69ᵉ de ligne...	2	11	»	13	21	152	15	18
90ᵉ de ligne...	4	7	»	11	17	225	39	28
11ᵉ batt. du 4ᵉ rég.	»	1	»	1	1	3	»	
12ᵉ batt. du 4ᵉ rég.	»	»	»	»	»	5	»	
Totaux...	15	50	»	65	90	1,011	271	1,37

Plus 4 chev. d'art. tués et 1 blessé.

3ᵉ DIVISION (Metman).

1ʳᵉ brigade (Potier).

7ᵉ bat. de chass.	1	2	»	3	»	19	2	2
7ᵉ de ligne....	1	6	»	7	7	80	83	17
29ᵉ de ligne...	7	6	»	13	13	94	92	19

2ᵉ brigade (Arnaudeau).

59ᵉ de ligne...	3	16	»	19	25	166	35	22
71ᵉ de ligne...	4	8	»	12	73	210	24	30
5ᵉ batt. du 11ᵉ rég. (à balles)...	»	»	»	»	»	3	»	3
6ᵉ batt. du 11ᵉ rég.	»	»	»	»	»	4	»	4
7ᵉ batt. du 11ᵉ rég.	»	»	»	»	»	2	»	2
Totaux...	16	38	»	54	118	578	236	932

Plus 5 chev. d'art. tués et 3 blessés.

---

1. Proportion invraisemblable des tués aux blessés.

4ᵉ DIVISION (Aymard).

1ʳᵉ brigade (Brauer).

	OFFICIERS.				TROUPE.			
	Tués.	Blessés.	Disparus.	Total.	Tués.	Blessés.	Disparus.	Total.
ᵉ bat. de chass.	1	2	»	3	18	59	»	77
ᵉ de ligne...	1	7	»	8	27	96	3	126
ᵉ de ligne...	1	6	»	7	7	72	1	80

2ᵉ brigade (Sanglé-Ferrières).

de ligne...	1	5	»	6	1	21	»	22
de ligne...	»	2	»	2	1	27	4	32
batt. du 11ᵉ rég. à balles)...	»	1	»	1	»	4	»	4
batt. du 11ᵉ rég.	»	»	»	»	»	5	»	5
batt. du 11ᵉ rég.	»	»	»	»	»	1	»	1
Totaux...	4	23	»	27	54	285	8	347

s 6 chev. d'art.
ués et 7 blessés.

DIVISION DE CAVALERIE (Clérembault).

1ʳᵉ brigade (Bruchard).

| hasseurs... | » | 1 | » | 1 | » | » | » | » |

2ᵉ brigade (Maubranches).

| ragons.... | » | » | » | » | » | 7 | » | 7 |
| ragons.... | » | » | » | » | » | 5 | » | 5 |

3ᵉ brigade (Juniac).

ragons....	»	1	»	1	»	6	»	6
ragons....	»	1	»	1	»	1	1	2
Totaux...	»	3	»	3	»	19	1	20

RÉSERVE D'ARTILLERIE

	OFFICIERS.				TROUPE.			
	Tués.	Blessés.	Disparus.	Total.	Tués.	Blessés.	Disparus.	Total.
1re batt. du 17e rég. (à cheval)...	»	»	»	»	»	1	»	1
2e batt. du 17e rég. (à cheval)...	»	»	»	»	»	1	»	1
Totaux [1]...	»	»	»	»	»	2	»	2
Plus 1 chev. tué et 6 blessés.								
Totaux pour le 3e corps...	37	116	»	153	268	1,903	516	2,68.
Plus 22 chev. d'art. tués et 22 bless.								

4e CORPS

État-major....	»	2	»	2	»	»	»	

1re DIVISION (Cissey).

1re brigade (Brayer).

20e bat. de chass.	2	»	»	2	4	19	»	2.
1er de ligne...	1	»	»	1	2	21	»	2.
6e de ligne....	»	1	»	1	»	5	»	.

2e brigade (Golberg).

57e de ligne...	»	»	»	»	1	3	3	.
73e de ligne...	»	1	»	1	1	21	5	2.
Ét.-maj. de l'artill.	»	1	»	1	»	»	»	.
5e batt. du 15e rég.	»	»	»	»	1	7	»	8
9e batt. du 15e rég.	»	»	»	»	1	3	»	.
12e batt. du 15e rég. (à balles)...	»	»	»	»	1	3	»	.
9e compagnie du 2e du génie..	»	»	»	»	»	1	1	.
Totaux...	3	3	»	6	11	83	9	10.
Plus 9 chev. d'art. tués et 6 blessés.								

---

1. Les pertes des 11e et 12e batteries du 11e régiment sont inconnues.

2ᵉ DIVISION (Grenier).

1ʳᵉ brigade (Bellecourt).

	OFFICIERS.				TROUPE.			
	Tués.	Blessés.	Disparus.	Total.	Tués.	Blessés.	Disparus.	Total.
at-major. . . .	»	1	»	1	»	»	»	»
bat. de chass.	4	3	»	7	12	88	12	112
ᵉ de ligne . . .	8	5	»	13	25	121	25	171
ᵉ de ligne . . .	»	2	»	2	3	14	»	17

2ᵉ brigade (Pradier).

ᵉ de ligne . . .	7	9	»	16	22	118	109	249
ᵉ de ligne . . .	»	1	»	1	1	11	5	17
batt. du 1ᵉʳ rég. (à balles) . . .	»	1	»	1	»	5	»	5
batt. du 1ᵉʳ rég.	»	»	»	»	1	6	2	9
Totaux . . .	19	22	»	41	64	363	153	580

us 7 chev. d'art.
tués et 4 blessés.

3ᵉ DIVISION (Lorencez).

| at-major. . . . | » | 1 | » | 1 | » | » | » | » |

1ʳᵉ brigade (Pajol).

| ᵉ de ligne . . . | » | » | » | » | » | 1 | » | 1 |

2ᵉ brigade (Berger).

ᵉ de ligne . . .	»	»	»	»	»	1	»	1
ᵉ de ligne . . .	»	1	»	1	1	14	»	15
batt. du 1ᵉʳ rég. (à balles) . . .	»	»	»	»	1	1	»	2
batt. du 1ᵉʳ rég.	»	1	»	1	1	1	»	2
batt. du 1ᵉʳ rég.	»	»	»	»	»	3	»	3
Totaux . . .	»	3	»	3	3	21	»	24

is 6 chev. d'art.
ués et 10 bless.

DIVISION DE CAVALERIE (Legrand).

1ʳᵉ brigade (Montaigu).

	OFFICIERS.				TROUPE.			
	Tués.	Blessés.	Disparus.	Total.	Tués.	Blessés.	Disparus.	Total.
7ᵉ hussards . . .	»	»	»	»	»	2	»	2

2ᵉ brigade (Gondrecourt).

| 3ᵉ dragons. . . . | » | » | » | » | » | 1 | » | 1 |
| Totaux . . . | » | » | » | » | » | 3 | » | 3 |

RÉSERVE D'ARTILLERIE

11ᵉ batt. du 1ᵉʳ rég. (12).	»	»	»	»	»	2	»	2
12ᵉ batt. du 1ᵉʳ rég. (12).	»	»	»	»	»	1	»	1
9ᵉ batt. du 8ᵉ rég.	»	»	»	»	»	1	»	1
6ᵉ batt. du 17ᵉ rég. (à cheval). . .	»	»	»	»	»	1	1	2
Totaux . . .	»	»	»	»	»	5	1	6
Totaux pour le 4ᵉ corps. . . Plus 22 ch. d'art. tués et 20 bless.	22	30	»	52	78	475	163	716

RÉSERVE GÉNÉRALE D'ARTILLERIE

3ᵉ batt. du 18ᵉ rég. (à cheval) . . .	»	»	»	»	»	2	»	2
5ᵉ batt. du 18ᵉ rég. (à cheval) . . .	»	»	»	»	»	1	»	1
6ᵉ batt. du 18ᵉ rég. (à cheval) . . .	»	»	»	»	»	1	»	1
Totaux . . . Plus 8 chev. tués et 3 blessés.	»	»	»	»	»	4	»	4
Totaux généraux pour l'armée du Rhin. . Plus 52 ch. d'art. tués et 45 bless.	59	146	»	205	346	2,384	679	3,409

ANNEXE 10.

MUNITIONS CONSOMMÉES PAR L'ARTILLERIE FRANÇAISE

Le 14 août 1870[1].

GARDE

1re DIVISION (Deligny).

	Coups.
2e batterie du régiment monté	10
5e batterie du régiment monté (à balles). . .	15
Total pour la division et pour la Garde . .	25

2e CORPS

3e DIVISION (Laveaucoupet).

7e batterie du 15e régiment	29
8e batterie du 15e régiment	1
11e batterie du 15e régiment (à balles). . .	130
Total pour la division et pour le 2e corps .	160

3e CORPS

1re DIVISION (Montaudon).

5e et 6e batteries du 4e régiment	312
8e batterie du 4e régiment (à balles).	60
Total	372

2e DIVISION (Castagny).

9e batterie du 4e régiment (à balles).	384
11e et 12e batteries du 4e régiment	518
Total	902

---

1. D'après les tableaux publiés par la *R. H.*, I, 1903, 1355. Les batteries dont le calibre 'est pas indiqué sont de 4.

3ᵉ DIVISION (Metman).

Coups.

5ᵉ batterie du 11ᵉ régiment (à balles)	96
6ᵉ batterie du 11ᵉ régiment	266
7ᵉ batterie du 11ᵉ régiment	330
Total	692

4ᵉ DIVISION (Aymard).

8ᵉ batterie du 11ᵉ régiment (à balles) . . .	243
9ᵉ et 10ᵉ batteries du 11ᵉ régiment	607
Total	850

RÉSERVE D'ARTILLERIE

11ᵉ et 12ᵉ batteries du 11ᵉ régiment (12) . .	195
1ʳᵉ batterie du 17ᵉ régiment (à cheval). . .	25
2ᵉ batterie du 17ᵉ régiment (à cheval) . . .	90
4ᵉ batterie du 17ᵉ régiment (à cheval) . . .	98
Total	408
Total pour le 3ᵉ corps	3,224

4ᵉ CORPS

1ʳᵉ DIVISION (Cissey).

5ᵉ batterie du 15ᵉ régiment	720
9ᵉ batterie du 15ᵉ régiment.	320
12ᵉ batterie du 15ᵉ régiment (à balles). . .	240
Total	1,280

2ᵉ DIVISION (Grenier).

5ᵉ batterie du 1ᵉʳ régiment (à balles) . . .	198
6ᵉ batterie du 1ᵉʳ régiment.	324
7ᵉ batterie du 1ᵉʳ régiment.	330
Total	852

3ᵉ DIVISION (Lorencez).

9ᵉ batterie du 1ᵉʳ régiment.	74
10ᵉ batterie du 1ᵉʳ régiment	111
Total	185

RÉSERVE D'ARTILLERIE

Coups.

11ᵉ batterie du 1ᵉʳ régiment (12)	106
12ᵉ batterie du 1ᵉʳ régiment (12)	38
9ᵉ batterie du 8ᵉ régiment	5
Total	149
Total pour le 4ᵉ corps	2,466

RÉSERVE GÉNÉRALE D'ARTILLERIE

3ᵉ batterie du 18ᵉ régiment (à cheval) . . .	15
5ᵉ batterie du 18ᵉ régiment (à cheval) . . .	31
Total	46

FORT DE QUEULEU

De 24	68
De 12	10
Total	78
Total général	5,999

ANNEXE 11.

LES PERTES A LA BATAILLE DE BORNY

(14 août 1870).

II. — PRUSSIENS[1]

Ier CORPS

1re DIVISION D'INFANTERIE (Bentheim).

	OFFICIERS.				TROUPE.			
	Tués.	Blessés.	Disparus.	Total.	Tués.	Blessés.	Disparus.	Total.
État-major. . . .	»	1	»	1	»	»	»	»

1re brigade (Gayl).

1er rég. de grenad.	»	»	»	»	»	6	»	6
41e régiment. . .	»	1	»	1	7	46	2	55

2e brigade (Falkenstein).

3e rég. de grenad.	6	17	»	23	137	418	27	582
43e régiment. . .	11	21	»	32	202	519	14	735
1er bat. de chass.	3	8	»	11	80	209	»	289
1er dragons . . .	»	»	»	»	1	3	»	4
1re abtheil. à pied du 1er rég. d'art.	»	7	»	7	5	40	»	45
TOTAUX . .	20	55	»	75	432	1,241	43	1,716

Plus 49 chev. tués, 27 bless., 1 disp.

---

[1]. D'après l'*État-major prussien*, I, Annexes, 135.

ANNEXES.

2ᵉ DIVISION D'INFANTERIE (Pritzelwitz).

3ᵉ brigade (Memerty).

	OFFICIERS.				TROUPE.			
	Tués.	Blessés.	Disparus.	Total.	Tués.	Blessés.	Disparus.	Total.
4ᵉ grenadiers...	9	10	»	19	76	380	27	483
44ᵉ régiment...	8	15	»	23	126	324	23	462

4ᵉ brigade (Zglinitzki).

	Tués.	Blessés.	Disparus.	Total.	Tués.	Blessés.	Disparus.	Total.
5ᵉ grenadiers..	»	»	»	»	»	10	»	10
10ᵉ dragons...	»	»	»	»	3	8	»	11
1ᵉ abtheil. à pied du 1ᵉʳ régim. d'art.	»	»	»	»	1	7	»	8
1ʳᵉ compagnie de pionniers...	»	»	»	»	1	3	»	4
Dét. sanit. n° 2..	»	»	»	»	»	1	»	1
TOTAUX..	17	25	»	42	207	733	39	979

Plus 14 chev. tués, 24 bless., 2 disp.

ARTILLERIE DE CORPS

	Tués.	Blessés.	Disparus.	Total.	Tués.	Blessés.	Disparus.	Total.
Abtheil. à cheval et 2ᵉ abtheil. à pied du 1ᵉʳ rég.	»	»	»	»	1	7	»	8
Dét. sanit. n° 3..	»	»	»	»	1	»	»	1
TOTAUX..	»	»	»	»	2	7	»	9
TOTAUX pour le 1ᵉʳ corps...	37	81	»	118	640	1,981	82	2,703

Plus 79 chev. tués, 63 bless., 3 disp.

VIIᵉ CORPS

	Tués.	Blessés.	Disparus.	Total.	Tués.	Blessés.	Disparus.	Total.
État-major....	»	»	»	»	»	1	»	1

13ᵉ DIVISION D'INFANTERIE (Glümer)

25ᵉ brigade (Osten *dit* Sacken).

	Tués.	Blessés.	Disparus.	Total.	Tués.	Blessés.	Disparus.	Total.
État-major....	»	2	»	2	»	»	»	»
3ᵉ régiment...	6	7	»	13	72	190	2	264
3ᵉ régiment...	8	12	»	20	96	343	31	470
A reporter.	14	21	»	35	168	533	33	734

26e brigade (v. der Goltz).

	Officiers.				Troupe.			
	Tués.	Blessés.	Disparus.	Total.	Tués.	Blessés.	Disparus.	Total.
Report...	14	21	»	35	168	533	33	734
15e régiment...	7	22	»	29	123	334	6	463
55e régiment...	5	16	»	21	136	389	»	525
7e chasseurs...	1	2	»	3	12	34	»	46
8e hussards...	»	»	»	»	»	4	»	4
3e abtheil. à pied du 7e régiment.	4	2	»	6	11	28	1	40
2e compagnie de pionniers...	»	»	»	»	1	1	»	2
Dét. sanit. n° 1...	»	»	»	»	1	»	»	1
Totaux...	31	63	»	94	452	1,323	40	1,815

14e DIVISION D'INFANTERIE (Kameke).

27e brigade (N).

	Tués.	Blessés.	Disparus.	Total.	Tués.	Blessés.	Disparus.	Total.
37e régiment...	»	»	»	»	»	2	»	2

28e brigade (Woyna)

	Tués.	Blessés.	Disparus.	Total.	Tués.	Blessés.	Disparus.	Total.
53e régiment...	2	5	»	7	9	56	»	65
77e régiment...	»	3	»	3	4	47	2	53
Totaux..	2	8	»	10	13	105	2	120

Plus 1 cheval tué.

ARTILLERIE DE CORPS

	Tués.	Blessés.	Disparus.	Total.	Tués.	Blessés.	Disparus.	Total.
Abth. à cheval et 2e abth. à pied.	»	»	»	»	1	3	»	4
Totaux..	»	»	»	»	1	3	»	4

Plus 5 chev. bless.

	Tués.	Blessés.	Disparus.	Total.	Tués.	Blessés.	Disparus.	Total.
Totaux pour le VIIe corps..	33	71	»	104	466	1,432	42	1,940

Plus 37 chev. tués et 55 blessés.

IXᵉ CORPS

18ᵉ DIVISION D'INFANTERIE (Wrangel).

35ᵉ brigade (Blumenthal)

	OFFICIERS.				TROUPE.			
	Tués.	Blessés.	Disparus.	Total.	Tués.	Blessés.	Disparus.	Total.
6ᵉ régiment...	»	»	»	»	12	19	»	31
4ᵉ régiment...	»	»	»	»	»	1	3	4
Totaux pour le IXᵉ corps..	»	»	»	»	12	20	3	35

1ʳᵉ DIVISION DE CAVALERIE (Hartmann).

2ᵉ brigade (Baumgarth)

ᵉ cuirassiers...	»	»	»	»	»	1	»	1
ʳᵉ batterie à chev. du 1ᵉʳ régiment.	»	»	»	»	»	3	»	3
Totaux .. Plus 3 chev. tués et 4 blessés.	»	»	»	»	»	4	»	4

3ᵉ DIVISION DE CAVALERIE (v. d. Gröben).

6ᵉ brigade (Mirus).

ᵉ ulans.....	»	»	»	»	»	1	»	1
ʳᵉ batterie à chev. du 7ᵉ régiment.	»	»	»	»	1	»	»	1
Totaux .. lus 2 chev. tués et 2 blessés ..	»	»	»	»	1	1	»	2
Totaux généraux pour la bataille de Borny... lus 121 chevaux tués, 124 bless., 3 disparus.	70	152	»	222	1,119	3,438	127	4,684

ANNEXE 12.

PERTES DE L'ARTILLERIE

Au 14 août 1870.

I. — FRANÇAIS [1]

	OFFICIERS.				TROUPE.			
	Tués.	Blessés.	Disparus.	Total.	Tués.	Blessés.	Disparus.	Total.
3ᵉ corps	1	3	»	4	5	34	»	39
4ᵉ corps	»	3	»	3	6	34	3	43
2ᵉ corps	»	»	»	»	»	2	»	2
Réserve générale .	»	»	»	»	»	4	»	4
Totaux . .	1	6	»	7	11	74	3	88

II. — PRUSSIENS [2]

Iᵉʳ CORPS

1ʳᵉ division . . .	»	7	»	7	5	40	»	45
2ᵉ division	»	»	»	»	1	7	»	8
Artill. de corps . .	»	»	»	»	1	7	»	8
Totaux . .	»	7	»	7	7	54	»	61

VIIᵉ CORPS

13ᵉ division . . .	4	2	»	6	11	28	1	40
Artill. de corps . .	»	»	»	»	1	3	»	4
Totaux .	4	2	»	6	12	31	1	44
1ʳᵉ division de cav.	»	»	»	»	»	3	»	3
Totaux généraux .	4	9	»	13	19	88	1	108

1. D'après la *R. H.*, I, 1903, 1355 et suiv.
2. *État-major prussien*, Annexes, I, 135.

ANNEXE 13.

MINISTÈRE
DE LA GUERRE

CERTIFICAT

DIRECTION GÉNÉRALE
DU CONTRÔLE
ET
DE LA COMPTABILITÉ

Délivré à M. le Colonel C...,

*en réponse
à sa demande du 15 décembre 1887.*

Bureau des Archives.

N° 3 R.

Extrait des registres matricules et documents déposés aux archives de la guerre.

NOM ET SIGNALEMENT DU MILITAIRE

BAZAINE (François-Achille).

Fils de Dominique et de Marie-Madeleine Vasseur.
Né le 13 février 1811 à Versailles (Seine-et-Oise).
Marié en premières noces le 12 juin 1854 à Maria de la Soledad-Juana Grégoria Tormo (Autorisation ministérielle du 15 mai 1854); et en secondes noces le 26 juin 1865 à Dª Josépha de la Peña y Barragan (Autorisation ministérielle du 15 mai 1865).

DÉTAIL DES SERVICES

Engagé volontaire au 37ᵉ régiment d'infanterie de ligne, le 28 mars 1831;
Caporal le 8 juillet 1831;
Fourrier le 13 janvier 1832;
Passé avec son grade à la Légion étrangère le 16 août 1832;
Sergent-major le 4 novembre 1832;
Sous-lieutenant le 2 novembre 1833;
Lieutenant le 22 juillet 1835;
En mission en Espagne le 27 juillet 1835;
Capitaine le 8 août 1835;
Capitaine de voltigeurs le 8 octobre 1835;
Aide de camp du brigadier général Conrad le 20 août 1836;
Chef d'état-major de la division auxiliaire française le 15 novembre 1836.
Démissionnaire du service d'Espagne le 26 septembre 1837;
Adjoint au lieutenant-colonel de Sénilhes, commandant français pour les armées espagnoles, le 18 octobre 1837;

Mis en non-activité par suppression d'emploi le 5 décembre 1837;

Lieutenant au 4ᵉ régiment d'infanterie légère le 12 décembre 1837 et maintenu auprès du lieutenant-colonel de Sénilhes;

Rentré à son corps le 4 juin 1838;

Capitaine à la Légion étrangère le 20 octobre 1839;

Passé au 8ᵉ bataillon de chasseurs à pied le 20 novembre 1840;

Chef du bureau arabe de Tlemcen en 1842;

Chef de bataillon au 58ᵉ régiment d'infanterie de ligne le 10 mars 1844;

Passé au 5ᵉ régiment d'infanterie de ligne le 12 octobre 1847;

Lieutenant-colonel du 19ᵉ régiment d'infanterie légère le 11 avril 1848;

Passé au 5ᵉ régiment d'infanterie de ligne le 30 août 1848;

Colonel du 55ᵉ régiment d'infanterie de ligne le 4 juin 1850;

Directeur des affaires arabes d'Oran le 2 juillet 1850;

Colonel du 1ᵉʳ régiment de la Légion étrangère le 4 février 1851;

A la subdivision de Sidi-Bel-Abbès le 13 mars 1851;

Général de brigade commandant les deux régiments de la Légion étrangère à l'armée d'Orient le 14 août 1854;

Désigné pour faire, avec sa brigade, partie de la 6ᵉ division d'infanterie à la même armée le 28 octobre 1854;

Commandant la 2ᵉ brigade de la 3ᵉ division d'infanterie du 1ᵉʳ corps de l'armée d'Orient le 9 février 1855;

Commandant supérieur de Sébastopol le 10 septembre 1855;

Général de division le 22 septembre 1855;

Commandant provisoirement la 2ᵉ division d'infanterie du 1ᵉʳ corps de l'armée d'Orient le 9 janvier 1856;

Inspecteur général, pour 1856, du 18ᵉ arrondissement d'infanterie le 28 juin 1856;

Inspecteur général, pour 1857, du 23ᵉ arrondissement d'infanterie le 30 mai 1857;

Commandant la 19ᵉ division militaire à Bourges le 13 novembre 1857;

Commandant la 3ᵉ division du 1ᵉʳ corps de l'armée d'Italie le 24 avril 1859, devenue 2ᵉ division d'infanterie du 1ᵉʳ corps d'armée à Paris.

Inspecteur général, pour 1860, du 4ᵉ arrondissement d'infanterie le 12 mai 1860;

Inspecteur général, pour 1861, du 5ᵉ arrondissement d'infanterie le 11 mai 1861;

Inspecteur général, pour 1862, du 5ᵉ arrondissement d'infanterie le 28 mai 1862;

ANNEXES. 355

Commandant la 1re division d'infanterie du corps expéditionnaire du Mexique le 1er juillet 1862 ;

Commandant en chef du corps expéditionnaire du Mexique le 16 juillet 1863 ;

A pris possession de ces fonctions le 1er octobre 1863 ;

Maréchal de France le 5 septembre 1864 ;

Rentré en France le 3 mai 1867 ;

Commandant le 3e corps d'armée, à Nancy, le 12 novembre 1867 ;

Commandant en chef le 1er camp de Châlons, du 1er mai au 30 juin 1869 ;

Commandant en chef de la Garde impériale le 15 octobre 1869 ;

Commandant en chef le 3e corps de l'armée du Rhin le 16 juillet 1870 ;

Commandant en chef les 2e, 3e et 4e corps de l'armée du Rhin le 9 août 1870 ;

Commandant en chef l'armée du Rhin le 12 août 1870 ;

Prisonnier de guerre le 28 octobre 1870 ;

Rentré de captivité en avril 1871 ;

Condamné à mort et à la dégradation militaire le 10 décembre 1873 par jugement du 1er conseil de guerre permanent de la 1re division militaire, pour avoir :

1º Le 28 octobre 1870, étant commandant en chef de l'armée du Rhin, capitulé avec l'ennemi en rase campagne, capitulation qui a eu pour résultat de faire poser les armes à sa troupe, et sans que le maréchal Bazaine ait fait, avant de traiter verbalement ou par écrit, tout ce que lui prescrivaient le devoir et l'honneur ;

2º A la même époque, capitulé avec l'ennemi, et rendu la place de Metz, dont il avait le commandement supérieur, sans avoir épuisé tous les moyens de défense dont il disposait et sans avoir fait tout ce que lui prescrivaient le devoir et l'honneur ;

Peine commuée en vingt ans de détention, à partir du 12 décembre 1873, avec dispense des formalités de la dégradation militaire, mais sous la réserve de tous ses effets ;

Écroué à la maison de détention de l'île Sainte-Marguerite le 25 décembre 1873, s'est évadé dans la nuit du 9 août 1874.

CAMPAGNES

1833, 1834, 1835, 1840, 1841, 1842, 1843, 1844, 1845, 1846, 1847, 1848, 1849, 1850, 1851, 1852, 1853 et commencement de 1854 Afrique, fin 1854, 1855, 1856 Orient (a reçu la médaille de Crimée), 1857 Afrique, 1859, 1860 Italie (a reçu la médaille d'Italie), 1862, 1863, 1864, 1865, 1866, 1867 Mexique (a reçu la médaille du Mexique), 1870, 1871, contre l'Allemagne.

BLESSURES

Coup de feu au poignet droit le 26 juin 1835 à l'affaire d'Abd el-Seub; contusions à la tête le 8 juin 1859 au combat de Melegnano.

CITATIONS

Cité à l'ordre du jour de la division auxiliaire française pour s'être défendu pendant six jours du 16 au 22 septembre 1835 dans le village de Pons (Catalogne) contre un ennemi bien supérieur en nombre. Cité en outre à l'ordre de la division auxiliaire française pour les affaires d'Aranitz, Villatuerta et Allo [1].

Cité dans le journal du blocus de la place de Miliana (12 juin-8 novembre 1840) comme ayant rendu les plus grands services.

Cité dans le rapport du gouverneur général de l'Algérie comme ayant pris une part toute spéciale aux événements qui ont amené la reddition d'Abd el Kader (juin 1847).

Cité à l'ordre général de l'armée d'Orient n° 206 en date du 5 mai 1855 pour sa conduite au combat de nuit du 1er au 2 mai.

Cité à l'ordre général du corps expéditionnaire du Mexique n° 119 en date du 31 mars 1863 comme ayant conduit, le 19, les troupes à l'assaut de Puebla avec autant d'intelligence que d'intrépidité.

DÉCORATIONS

Chevalier de la Légion d'honneur le 22 septembre 1835;
Officier le 9 novembre 1845;
Commandeur le 16 août 1856;
Grand-officier le 20 juin 1859;
Grand-croix le 2 juillet 1863;
Décoré de la médaille militaire le 28 avril 1865.

Autorisé à accepter et à porter les décorations étrangères suivantes :

1° Chevalier de l'ordre de Charles III d'Espagne le 27 février 1838;

---

1. Un mot illisible entre parenthèses.

2° Chevalier de 1ⁱᵉ classe de l'ordre de Saint-Ferdinand d'Espagne le 4 janvier 1841 ;

3° Chevalier de l'ordre d'Isabelle la Catholique le 4 janvier 1841 ;

4° Chevalier compagnon de l'ordre britannique du Bain le 26 avril 1856 ;

5° Chevalier de la médaille de la valeur militaire de Sardaigne le 10 juin 1857.

Privé définitivement des droits et prérogatives attachés aux décorations indiquées ci-dessus, par l'effet de la condamnation du 10 décembre 1873.

Pour extrait conforme :
BOTIAUX.

Vérifié :
Le Sous-Chef,
L. HENNET.

Paris, le décembre 1887 :
Le Chef de bureau,

INDEX

A

A. G., *voir* Grouard.
Albici (lieutenant-colonel d'), 289.
Alby (commandant), vii.
Alphand, ingénieur en chef, 72.
Alvensleben (colonel von), 62, 96, 115, 243.
Alvensleben (général von), 95, 178.
Ambert, général, *Gaulois et Germains*, 10.
Andlau (général d'), *Metz, Campagne et négociations*, 1, 192 et *passim*.
Annuaire de l'armée française pour 1870, 4.
Archer, sous-lieutenant, 49.
Arnaudeau, général, 247, 318.
Arnim (lieutenant von), 120.
Arnous-Rivière, capitaine, 168, 209.
Artillerie allemande, 352.
Artillerie française, 319, 345, 352.
Artus, colonel, 46.
Asseburg, lieutenant, 138.
Aubry (Mme), *Lettres d'une Parisienne*, 6 et *passim*.
Augusta, reine, 309.
Auvergne (général d'), 197.
Aymard, général, 167, 252, 261, 275, 279.
Azéma, lieutenant, 294.

B

Baillehache (de), *Souvenirs intimes*, 29, 308.
Bapst, Germain, 10.
Baraguey d'Hilliers, maréchal, 10, 69.
Barail (général du), 13, 30, 82, 89, 101, 103, 120, 167, 191, 225, 317.
Barail (général du), *Mes Souvenirs*, 89 et *passim*.
Barby (général von), 62, 140, 211, 238.
Baumann (capitaine, général von), 302, 303.
Bavarois, vii.
Bazaine, maréchal, v, 4, 7, 12, 74, 98, 133, 143, 146, 150, 161, 164, 175, 187, 194, 221, 253, 259, 281, 308, 309, 315, 322, 353.
Bazaine (le commandement de), 12, 25, 47, 75, 131, 223.
Bazaine (états de service), 353.
Bazaine, *L'Armée du Rhin*, 23 et *passim*.
Bazaine, *Épisodes*, 21 et *passim*.
Bazaine (la maréchale), 322.
Beausire (commandant de), 24.
Bellecourt (général Véron *dit*), 264.
Benedeck, feldmaréchal, 142.
Benedetti, ambassadeur, 10.

Bentheim (général von), 291, 297, 298.
Berckheim (général de), 254.
Berger, général, 268.
Bismarck (comte de), 313.
Bismarck, *Lettres à sa femme*, 304, 309.
Bismarck, *Mémoires*, publiés par M. Busch, 303.
Bisson, général, 121.
Bleibtreu, Karl, *La Légende de Metz*, 309.
Blumenthal (général von), 33.
Blumenthal (général-major von), 288.
Boissieu (capitaine de), *Vie et souvenirs d'un capitaine de chasseurs à pied*, 152.
Bonie, général, *La Cavalerie française pendant la guerre*, 54.
Bonnal, général, *Frœschwiller*, vu.
Bonnet, capitaine, *Guerre franco-allemande*, 316.
Borny (bataille de), 14 août 1870, 244, 313, 319.
Bouët-Villaumez, amiral, 9.
Bourbaki, général, 11, 52, 125, 282.
Boyenval, capitaine, 47, 199.
Brack (général de), 101.
Brame, député, 9, 67.
Brandenstein (lieutenant-colonel von), 241, 242, 255, 270, 285, 287, 301, 303, 311, 313.
Brauer (général de), 275.
Braun, capitaine, 180.
Brayer, général, 267, 295, 300.
Bredow (général von), 34, 62, 96, 116, 140, 211, 238.
Brialmont, général, *Étude sur la défense des États*, 44.
Brialmont, général, *La Défense des États et les camps retranchés*, 130.

Briey (route de Verdun par), 192.
Brincourt, général, 282.
Brix, capitaine, 95, 140.
Bruchard (général de), 230, 253, 275.
Buffet, député, 66.
Burg (lieutenant-colonel von der), 242.

C

Caffarel, chef d'escadron, 29.
Canrobert, maréchal, 10, 13, 18, 32, 45, 80, 103, 145, 146, 152, 230.
Canu, général, 14, 207.
Caprivi (lieutenant-colonel von), 140.
Cardinal von Widdern, *Kritische Tage*, 24, 301 et *passim*.
Cardinal von Widdern, *Verwendung und Führung der Kavallerie*, 35 et *passim*.
Cardot, général, *Nouvelles paroles*, 152.
Carette (Mme), *Souvenirs intimes*, 7.
Carré, commandant, 265, 266.
Cassagnac (Granier de), 71.
Castagny (général de), 23, 53, 247, 253, 276, 308.
Castelnau, général, 74, 154.
Castex, général, *Ce que j'ai vu*, 48 et *passim*.
Cavalerie allemande, 137, 142, 175, 239.
Cavalerie française, 84, 102, 120, 133, 319.
Châlons (concentration au camp de), 11, 17, 22, 43, 163, 189.
Chambon, Félix, *Lettres inédites de Prosper Mérimée*, 154.

INDEX.

Chambres (convocation des), 7 et suiv.
Changarnier, avocat, 48.
Changarnier, général, 48, 77, 146, 147, 158, 162.
Chanoine, général, 20.
Chasseurs à pied (uniforme des), 293.
Chatillon, colonel, 45.
Choppin, capitaine, *Souvenirs*, 30.
Cissey (général de), 27, 100, 156, 233, 263, 267, 295, 296, 298, 300.
Clausewitz, 20.
Clémeur, colonel, 81, 110, 123.
Clérembault (général de), 23, 53, 54, 205, 253, 276, 308.
Clerget-Vaucouleur, lieutenant, 288.
Clinchant, général, 281.
Cliquot, colonel, 170.
Coffinières, général, 17, 158, 195, 199, 229.
Conrady (général von), *Meine Erlebnisse*, 304.
Conseil-Dumesnil, général, 16, 19.
Cossé-Brissac (de), 6.
Costa de Serda, capitaine, 75.
Courbassier, général, 289.
Courcy (colonel de), 262.
Cousin, Victor, 154.
Crespin, général, 49, 223.
Czettritz (lieutenant von), 77.

D

D. V. (général Derrécagaix), *La Guerre de 1870*, 31, 104, 143.
Dalmas (de, député), 67.
Darimon, *Mémoires des hommes du temps présent*, 17 et *passim*.
Darimon, *Notes pour servir à l'histoire de la guerre de 1870*, 4 et *passim*.
David, Jérôme, 70.
Davout d'Auerstædt, colonel, 282, 289.
Debains, attaché d'ambassade, 188.
Decaen, général, 23, 53, 88, 167, 186, 195, 247, 259, 272, 308.
Défense nationale (gouvernement de la), vi, 9.
Dejean, général, 8, 18.
Delebecque, colonel, 289.
Deligny, général, 28, 173, 282.
Deligny, général, *L'Armée de Metz*, 152.
Derrécagaix, général, voir D. V.
Desvaux, général, 28.
Dick de Lonlay, *Français et Allemands*, 22, 226 et *passim*.
Douay, général Félix, 14, 86, 126, 153.
Drygalski (colonel von), 212.
Dugué de la Fauconnerie, député, 67.
Dumas-Guilin, commandant, *Souvenirs*, 30.
Dumont, général, 16, 19, 45, 123.
Dumouriez, général, 20.
Duplessis, général, 250, 262, 308.
Dupuy de Lôme, 67.
Duquet, Alfred, *Les grandes batailles de Metz*, 208.
Durand de Villers, général, 161.
Duvernois, Clément, député, 70.
Duvernoy, chef d'escadron, 87.

E

Effectifs le 13 août, 334.
Effectifs engagés le 14 août, 307.
Eichthal (d'), *Le général Bourbaki*, 52.

*

Enquête sur les actes du gouvernement du 4 septembre, 9 et passim.
Espions à Metz, 218.
Estrées (comte d'), 92.
État-major prussien (*Relation de l'*), 25, 60, 93, 115, 136, 218, 273, 275, 283, 285, 287, 296, 297, 299, 309 et passim.
État-major prussien, *Einzelnschriften*, 307.

F

Failly (général de), 13, 32, 80, 109, 122, 165, 172.
Failly (général de), *Opérations et marches du 5ᵉ corps*, 81.
Falkenstein (général von), 215.
Faulquemont, conférence, 9 août 1870, 77.
Fauvel-Gallais, capitaine, 20.
Favre, Jules, 7, 70, 322.
Favre, Jules, *Gouvernement de la défense nationale*, 7, 323.
Fay, lieutenant-colonel, général, 188.
Fay, lieutenant-colonel, général, *Journal d'un officier de l'armée du Rhin*, 2 et passim.
Ferry, Jules, député, 69.
Feuillet (Mme Octave), 7.
Fix, colonel, *Souvenirs*, 48, 146 et passim.
Fleury (capitaine de), 294.
Fœrster, commandant, 109.
Forceville (colonel de), 160.
Forêt-Noire (concentration dans la), 185 (*Voir* Haut-Rhin).
Forton (général de), 23, 82, 89, 120, 171, 191, 207, 225.
Foucher, capitaine, 75.
Fourgous, lieutenant-colonel, 275, 282, 288.

Fourichon, amiral, 9.
France (capitaine, général de), 80. 89, 109.
Frécot, ingénieur, 203.
Frédéric-Charles, prince, 32, 64, 97, 115, 116, 135, 163, 181, 186, 187, 194, 235.
Friant, intendant militaire, 75.
Frœschwiller (les heures à), 321.
Frœschwiller et Spicheren (contrecoup de), 1, 6.
Frossard, général, vi, 11, 14, 43, 51, 56, 78, 98, 102, 118, 167, 197, 228.
Frossard, général, *Mémoire*, 19, 20, 81.
Frossard, *Rapport sur les opérations du 2ᵉ corps*, 44 et passim.

G

Galliffet (lieutenant-colonel, général de), 120, 154.
Galliffet, général, *Souvenirs*, 154.
Garcet, capitaine, 294.
Garde mobile, 9.
Garde mobile de la Seine, 45, 129.
Garde nationale, 9, 70, 129.
Garnier, général, 282.
Gaudin, député, 67.
Gayl (général von), 298.
Geschichte des 2. ostpreussischen Grenadier-Regiments, Nr. 3, 296.
Glümer (général von), 35, 95, 243, 256, 270.
Gneisenau (général von), 217.
Gobert, colonel, 46, 229.
Gœben (général von), 62, 194, 303, 305, 306, 318.
Golberg, général, 267, 300.
Goltz (général von der), 214, 242, 246, 255, 260, 270, 283, 285.

Goltz (général von der) [initiative de], 309.
Goltz (général von der), *La Nation armée*, 105.
Gramont (duc de), 84.
Gremillet, commandant, 261.
Grenier, général, 25, 232, 263, 266, 290, 292, 299, 300, 317.
Grœben (général von der), 95.
Gros-Tenquin, escarmouche, 9 août 1870, 86.
Grouard, colonel (A. G.), *La perte des États et les camps retranchés*, 130.
Grüter (général von), 25, 36, 62, 213, 239.
Guillaume, roi, 61, 218, 235, 309.
Guionic, capitaine, 24.
Guiraud, sous-lieutenant, 24.

H

Hællmigk, capitaine, 38.
Haguenau (attaque projetée sur), 33.
Hallouin, capitaine, *La Journée du 14 août 1870*, 243.
Hambourg, 6.
Hartmann (général von), 177, 240, 243, 285.
Haut-Rhin (prétendue concentration sur le), 21, 43, 44, 46, 48, 86, 112, 128, 159, 185.
Haye (concentration sur le plateau de), 77, 105, 123, 162, 196.
Heister (capitaine von), 180.
Hennet, colonel, 46.
Henry, général, 121, 230.
Hérisson (d'), *La Légende de Metz*, 4, 148.
Hoffbauer, *Die deutsche Artillerie*, 256.

Humbert, capitaine, 294.
Humbert, lieutenant-colonel, 142, 168.
Hymmen (capitaine von), 139, 177.

I

Impératrice Eugénie, 4, 6, 9, 10, 45, 69, 79, 121, 145, 187, 190.
Infanterie française, 318.
Infanterie de marine, 103.
Itzenplitz, lieutenant, 38.

J

J. (lieutenant), 288.
Jarras, général, 74, 147, 155, 156, 204, 224.
Jarras, général, *Souvenirs*, 12 et *passim*.
Jeantet, lieutenant, général, 120.
Josseau, député, 67.
Journal officiel, 6 et *passim*.
Jung, capitaine, 85.
Juniac (général de), 22, 262.
Jurien de La Gravière, amiral, 6, 68.

K

Kameke (général von), 40, 270, 283.
Kératry (de), député, 153, 322.
Klein de Kleinenberg, lieutenant-colonel, 75.
Kleist (capitaine von), 181.
Kleist (colonel von), 177.
Knœpffler, lieutenant, 294.
Kummer (général von), 43, 184.

L

Labarrière (commandant de), 296.
La Chapelle (comte de), *Le livre de l'Empereur*, 143 et *passim*.
La Charrière (général de), 110.
Ladmirault (général de), 11, 54, 87, 92, 100, 174, 186, 206, 228, 232, 263, 266, 299, 317, 337.
Ladrange, commandant, 268, 301.
Lafaille (général de), 300.
La Font de Villiers (général de), 101.
La Jaille (général de), 142.
Langres (retraite sur), 42, 81.
Lanouvelle (capitaine de), 83.
Lanty, commandant, vii.
Lapasset, général, 22, 30, 50, 209.
Lapasset (le général), 30, 125.
Larchey, Lorédan, *Mémorial illustré des deux sièges de Paris*, 9.
Latour du Moulin, député, 70.
La Tour du Pin (capitaine de), 266, 299.
La Tour du Pin (capitaine de), *L'Armée française à Metz*, 106.
Laveaucoupet (général de), 22, 50, 229, 288.
Laveaucoupet (le général de), 50.
Le Bœuf, maréchal, vi, 4, 11, 73, 102, 133, 145, 162, 164, 173, 189.
Lebrun, général, 2, 73, 163, 169.
Lebrun, général, *Souvenirs militaires*, 2.
Lecat, lieutenant-colonel, 265.
Lefebvre, commandant, 293.
Legat (colonel von), 291, 296.
Legendre, chef d'escadron, 205.
Legrand, général, 27, 232, 300.
Levassor-Sorval, général, 121.
Lewal, colonel, général, 17, 162.
Lewa¹, général, *Le Plan de combat*, 143, 316.
Lichtenberg, fort, 49.
Liébert, général, 19.
Liégeard, général, 229.
Lignières (commandant de), 205.
Lion, colonel, 265, 296.
Locmaria (capitaine de), 75.
Lorencez (général de), 27, 85, 206, 233, 263, 268, 294, 300.
Louis, lieutenant-colonel, 288, 289.
Lüderitz (colonel von), 177.

M

Mac-Mahon (maréchal de), 13, 32, 74, 97, 109, 147, 172.
Manèque, général, 75, 156, 197.
Manstein (général von), 287.
Manteuffel (général von), 222, 241, 255, 279, 290, 301, 312.
Maraude à l'armée du Rhin, 31, 103, 125, 188.
Margueritte, général, 168.
Marine (troupes de la), 15.
Maringer, capitaine, 301.
Mars-la-Tour (Rezonville) [crise de], 313.
Massa (P. de), *Souvenirs et impressions*, 48, 73.
Mathilde, princesse, 10.
Maubranches (général de), 253.
Maximilien, empereur, 153.
Mazade (Ch. de), *La Guerre de France (1870-1871)*, 144.
Mecklembourg (duc de), 36, 178, 212.
Mecquenem (général de), 223.
Mège, ministre, 8.
Memerty (général von), 256, 258, 266, 278, 290.

Merlin, colonel, 208, 310.
Metman, général, 22, 24, 37, 174, 208, 247, 259, 272, 274.
Metz (concentration sur), 12, 17, 43, 45, 78, 101, 123, 128, 129, 189.
Metz (point d'appui), 129, 163, 236, 310.
Mey (attaque de), 294.
Millard, capitaine, *Études sur le rôle des places fortes*, 236.
Mitrecé, général, 30, 207.
Mohr, lieutenant, 96.
Moltke, v, 32, 60, 93, 132, 134, 163, 182, 218, 235, 311, 315.
Moltkes Korrespondenz, 32 et *passim*.
Montaudon, général, 22, 57, 99, 126, 252, 253, 281, 289, 309.
Montaudon, général, *Souvenirs*, 1 et *passim*.
Montluisant (lieutenant-colonel de), 208.
Moriez (sous-lieutenant Charpentier du), 294.
Moselle (passage de la), 105, 190, 224, 308.
Moselle (ponts de la), 46, 199.
Murat (général prince), 207.

N

Nancy, 160, 181.
Napoléon Ier, 20, 33.
Napoléon III, v, 2, 73, 102, 103, 143, 147, 153, 161, 194, 223, 308, 309.
Napoléon III (maladie de), 4, 9, 73.
Napoléon III (retour à Paris), 3, 9, 17, 149, 194.
Napoléon (prince Jérôme), 11, 145.

Narcy (de), *Journal d'un officier de turcos*, 321 (*Voir* Saint-Vincent).
Nayral, général, 250.
Nied (ligne de la), 44, 45, 52, 75, 76, 91, 98, 104, 135, 184, 213.
Nugès, commandant, 289.

O

Ollivier, Émile, 7, 8, 18, 67, 69, 71.
Oncken, *Unser Heldenkaiser*, 181.
Opposition (l') et Bazaine, 322.
Orléans (retraite sur), 130.
Osmont, général, 267.
Osten *dit* Sacken (général von der), 271.
Ottonville, escarmouche, 9 août 1870, 88.
Ouzilleau, lieutenant, 282, 289.

P

Pajol, général, 268.
Palikao (général de), 68, 71, 322.
Palikao (cabinet), 71.
Palikao (général de), *Un ministère de vingt-quatre jours*, 69.
Palle, lieutenant, 123, 300.
Papen-Kœnigen (lieutenant von), 88.
Papiers et correspondance de la famille impériale, 5 et *passim*.
Paris après nos défaites, 6.
Paris, fortifications, 8, 19, 121.
Patry, lieutenant-colonel, *La guerre telle qu'elle est*, 30, 125, 296.
Paysans aux avant-postes, 92.
Pelet-Narbonne (général von), *La cavalerie des Ire et IIe armées*, 36, 96, 216 et *passim*.

Perrotin, commandant, 82.
Persigny (duc de), 194.
Pertes à Borny, 307, 339, 348.
Petit, colonel, 200.
Petsche, ingénieur, 200.
Phalsbourg, 49.
Philippe, capitaine, 47, 199.
Picard, Ernest, 322.
Picard, général, 28, 282.
Picciotto (capitaine de), 287.
Pichon, ministre, 8.
Piépape (capitaine de), 81, 123.
Pierron, général, *Méthodes de guerre*, 20, 200.
Pietri, Franceschini, 4, 48, 128, 154.
Places en état de siège, 15.
Plombin, général, 281.
Podbielski (lieutenant von), 102, 116.
Poilleux, commandant, 268.
Pont-à-Mousson (coup de main sur), 12 août 1870, 168.
Potier (général de), 25, 125, 206, 246, 247, 274, 275, 284, 285, 319.
Pradier, général, 265, 294.
Prémer, commandant, 233.
Prévost-Paradol, 66.
Prince impérial, 10.
Prince royal, 6, 32, 49, 85, 104, 186, 187.
Pritzelwitz (général de), 240, 249.
Procès Bazaine, compte rendu sténographique quotidien, 14.
Protsche, lieutenant-colonel, 297, 310.
Puypéroux, capitaine, 200.

R

Rauch (général von), 178, 212, 239.

Recueil complet des dépêches militaires allemandes, 35 et passim.
Redern (général von), 63, 140, 211, 238.
Rémond, colonel, 202.
Réserve générale, 231, 277.
Réservistes à l'Armée du Rhin, 209.
Retraite latérale, 19.
Revue d'Histoire, VII, 1, 4, 12, 22, 24, 40, 41, 88, 93, 119, 130, 132, 166, 169, 186, 189, 194, 216, 226, 232, 233, 251, 262, 271 et *passim*.
Rex (colonel von), 302, 305.
Rheinbaben (général von), 35, 102, 140, 182.
Richard, Maurice, ministre, 9.
Richard, sous-intendant, 195.
Rigault de Genouilly, amiral, 9.
Rivières (général de), 322.
Rocheboüet (général de), 75, 277.
Rosbruck, escarmouche, 7 août 1870, 24, 37.
Rosenberg (capitaine von), 92, 141.
Rossel, colonel, *Papiers posthumes*, 48.
Rousset, lieutenant-colonel, *Le 4e corps de l'armée de Metz*, 58 et *passim*.
Ruses de guerre allemandes, 293, 296.

S

Sabouraud, capitaine, 20.
Saget, lieutenant-colonel, général, 225, 312.
Saint-Avold (concentration à), 11.
Saint-Just (lieutenant de), *Historique du 5e dragons*, 103.
Saint-Marc Girardin, *rapport*, 69.

Saint-Vincent (sous-intendant militaire de), VII, 321.
Salignac-Fénelon (général de), 13, 230.
Salles (capitaine de), 14.
Salm-Salm (prince zu), 305.
Samuel, chef d'escadron, 21, 104, 128.
Sanglé-Ferrières, général, 276.
Sansal (colonel de), 86.
Schell (major von), *Les Opérations de la Ire armée*, 114, 215, 302 et *passim*.
Scherff (général von), 152.
Schneider, président du Corps législatif, 7, 10, 68.
Schuler von Senden, général, 113.
Segris, ministre, 8.
Sempé, lieutenant-colonel, 247.
Sers, commandant, 193.
Silvestre, lieutenant-colonel (P.S.), *La cavalerie allemande le lendemain de Spicheren*, 35.
Sixième corps (mouvements du), 13, 18, 45, 79, 89, 101, 121, 171, 206, 211.
Sierck (mouvement allemand vers), 54, 85, 127.
Soleille, général, 14, 129, 166, 203.
Sperling (général von), 218, 242.
Spicheren, bataille, 6 août 1870, VI.
Spicheren (poursuite après), 34.
Sponek (de), 173.
Stakelbronk, escarmouche, 1er août 1870, 6.
Steinmetz (général von), 32, 61, 93, 94, 114, 134, 182, 186, 213, 216, 221, 239, 255, 302, 310, 314.
Stiehle (général von), 136.
Strasbourg, 2, 33, 113, 128, 140, 159.
Stumm, lieutenant, 240, 310.
Suzane, général, 14.

T

Tardif, capitaine, 25.
Tarret, commandant, *Souvenirs inédits*, 53, 297 et *passim*.
Thauvenay (capitaine von), 168, 179.
Thiers, Adolphe, 73.
Thile (major von), 63.
Thionville, 2, 176, 185, 187, 194.
Thionville (coup de main sur), 217.
Tiersonnier, chef d'escadron, 75.
Tixier, général, 101, 208, 230, 231.
Tonnant, chef d'escadron, 288.
Toul, 237.
Toussaint, notaire, 77.
Tresckow (lieutenant von), 142.
Tresckow (général von), 37.
Trochu, général, 18, 67, 80, 164, 173, 189.
Trochu, général, *Œuvres posthumes*, 48.
Trois mois à l'armée de Metz, 30 et *passim*.
Tscharner (capitaine Adorno de), 75.

U

Ulm (manœuvre d'), 33, 58.
Ulrich, général, 128.

V

V. L., commandant, 309.
Valabrègue, général, 51.
Valfrey, *L'Armée du Rhin et le maréchal Bazaine*, 106.
Vanson, commandant, 45.
Vaudrimey-Davout (capitaine de), 75.
Vedeaux, général, 289.
Verdun, 2.
Verdy du Vernois (lieutenant-colonel, général von), 113, 244.

Verdy du Vernois (général von), *Im grossen Hauptquartier*, 93, 303 et *passim*.
Vergé, général, 51, 86, 205.
Verly, *Souvenirs du second Empire*, 173.
Vialla, général, 75.
Villenoisy (lieutenant-colonel Cosseron de), 200.
Vilmette, lieutenant-colonel, 261.
Viville (colonel de), 265.
Vivres à Metz, 209.
Vogel von Falkenstein, général, 127, 159, 187.
Voigts-Rhetz (général von), 179.
Voigts-Rhetz (lieutenant von), 176.
Vosseur, capitaine, 14, 23, 160.

Wartensleben (colonel von), 61, 314.
Waubert de Genlis (général de), 13, 164, 190.
Widdern, voir Cardinal von Widdern.
Willisen (général von), 20.
Winterfeld (capitaine von), 241.
Wissembourg, combat, 4 août 1870, 6.
Wolff, intendant général, 166, 209.
Woyde (général de), *Causes des succès et des revers pendant la guerre de 1870*, 318.
Woyna (général von), 283, 284, 285, 288.
Wrangel (général von), 286.

W

W. (général de Waldner-Freundstein), *Les grandes batailles de Metz*, 151.

Z

Zastrow (général von), 243, 270, 271, 283, 301, 303.
Zurlinden (capitaine, général), 254.

TABLE DES MATIÈRES

Pages.
Introduction. v

LIVRE Ier

RETRAITE SUR LA MOSELLE

I. — Contre-coup de Frœschwiller et de Spicheren

Le 7 août à l'armée du Rhin. — Contre-coup de Frœschwiller et de Spicheren. — L'empereur et l'armée. — Son état de santé 1

II. — Paris après nos défaites

Contre-coup de nos défaites à Paris. — L'impératrice. — Les députés. — Jules Favre. — La convocation des Chambres. — Mesures de défense. — La rentrée de l'empereur à Paris 6

III. — Projet de concentration au camp de Châlons

Velléités d'offensive. — Leur abandon. — L'empereur et Bazaine. — Projet de concentration au camp de Châlons. — Ordres au 6e corps, à la division du Barail, aux 1er et 5e corps, au 2e corps. — Mesures pour l'accroissement de nos forces. 11

IV. — Projet de concentration sous Metz

L'opposition et la retraite sur Châlons. — Conférence du 7 août. — Projet de concentration sous Metz. — Possibilité d'une retraite vers le sud 17

V. — MOUVEMENTS DU 7 AOUT

Pages.
Le 2ᵉ corps et la brigade Lapasset. — Le 3ᵉ corps. — Le convoi de la division Metman. — Les ordres de Bazaine. — Le 4ᵉ corps. — La Garde. — Le 6ᵉ corps. — État moral des troupes 22

VI. — LES ALLEMANDS LE 7 AOUT

Au grand quartier général allemand. — Idées de Moltke sur la situation. — Ses dispositions. — La cavalerie prussienne. — La 6ᵉ division. — La 5ᵉ division. — Iʳᵉ armée. — IIᵉ armée 32

VII. — NOUVEAUX PROJETS DE CONCENTRATION

Nouvelles hésitations de l'empereur. — Il revient à la retraite sous Metz. — Idées dominantes à ce sujet. — La concentration derrière la Nied. — Perturbations dans les transports. — Le commandement de Bazaine. — Renseignements sur l'ennemi. 43

VIII. — MOUVEMENTS DU 8 AOUT

Le 2ᵉ corps. — Le 3ᵉ corps. — La Garde. — Les difficultés de la marche. — Le 4ᵉ corps. — Les réserves générales. — Ensemble de l'armée. — État des troupes 50

IX. — LES ALLEMANDS LE 8 AOUT

Le grand quartier général allemand. — La cavalerie. — Reconnaissances du 8 août. — Répartition des 5ᵉ et 6ᵉ divisions entre les corps d'armée. — Iʳᵉ armée. — IIᵉ armée. 60

X. — LES 8 ET 9 AOUT A PARIS

Impopularité croissante de l'empereur et des ministres. — Le Corps législatif. — Le général Trochu, l'impératrice et M. Émile Ollivier. — Séance du 9 août. — Chute du ministère 66

XI. — LE 9 AOUT EN LORRAINE

Pages.

L'entourage impérial. — La démission de Le Bœuf. — Le commandement de Bazaine. — Arrêt sur la Nied. — Nos positions. — Conférence de Faulquemont. — Le 6e corps appelé à Metz. — Le maréchal Canrobert et le général Trochu. — Le 5e corps. — La réserve de cavalerie.................... 73

XII. — MOUVEMENTS DU 9 AOUT

Renseignements recueillis le 8 août. — Mouvements du 9 août. — Le 2e corps. — Le 3e corps. — Le 4e corps. — La Garde. — Les réserves générales. — Le 6e corps. — L'ensemble. — État des troupes 84

XIII. — LES ALLEMANDS LE 9 AOUT

Au grand quartier général. — La Ire armée. — La IIe armée. — Le IIIe corps. — La 5e division de cavalerie. — Situation générale des Ire et IIe armées. — Ordre de Frédéric-Charles 93

XIV. — L'ARMÉE DU RHIN LE 10 AOUT

Le 2e corps et l'ordre de Bazaine. — Le 3e corps. — Le 4e corps. — La Garde. — Les réserves générales. — État des troupes. — Dernières velléités d'offensive. — Divers partis à prendre. — La retraite sur Metz. — Ordres de Bazaine. — Le ravitaillement en munitions 98

XV. — RETRAITE DU 5e CORPS

Le maréchal de Mac-Mahon et le général de Failly. — Mission nouvelle du capitaine de France. — Évacuation de Nancy. — Retraite du 5e corps. — Le 7e corps................. 109

XVI. — LES ALLEMANDS LE 10 AOUT

Au grand quartier général. — La Ire armée. — Sa cavalerie est inactive. — La IIe armée. — La 6e division de cavalerie. — La 5e division. — Ordres de Frédéric-Charles 113

XVII. — L'ARMÉE DU RHIN LE 11 AOUT

Pages.

Le 2ᵉ corps. — Le 3ᵉ corps. — Le 4ᵉ corps. — La Garde. — Les réserves générales. — La cavalerie. — Le 6ᵉ corps. — Le 5ᵉ corps. — Le général de Failly et les ordres donnés. — Les 1ᵉʳ et 7ᵉ corps. — Aperçu d'ensemble. — État des troupes 117

XVIII. — HÉSITATIONS DE L'EMPEREUR

Renseignements sur l'ennemi. — Menaces vers Thionville et Pont-à-Mousson. — Autour de Strasbourg. — La direction suprême. — L'arrêt sous Metz. — La retraite vers la Loire. — Le commandement de Bazaine. — Ordres à la cavalerie. 126

XIX. — LES ALLEMANDS LE 11 AOUT

Au grand quartier général. — Hypothèse de l'offensive française. — Moltke et ses variations. — La Iʳᵉ armée. — La IIᵉ armée. — Renseignements recueillis par sa cavalerie 133

LIVRE II

BORNY

I. — BAZAINE ET L'OPINION

Impopularité croissante de l'empereur. — Mouvement en faveur de Bazaine. — L'opposition et le maréchal. — La régente et son entourage. — Renonciation de l'empereur au commandement 143

II. — BAZAINE COMMANDANT EN CHEF

Bazaine commandant en chef. — Jarras chef d'état-major général. — Remise du commandement. — Difficultés résultant de la présence de l'empereur. — Ses illusions. 147

III. — BAZAINE ET JARRAS

Pages.
Personnalité de Bazaine. — Sa carrière militaire. — Son être moral. — Le Mexique. — Mission Castelnau. — Le général Jarras et Bazaine. — Jarras et l'état-major général. 150

IV. — LE COMMANDEMENT FRANÇAIS

Renseignements recueillis. — Projets agités. — La retraite sur Châlons n'est pas encore décidée. — Oscillations de la pensée de l'empereur . . 159

V. — L'ARMÉE LE 12 AOUT

Le 2e corps. — Le 3e corps. — Le 4e corps. — La réserve de cavalerie. — Nos reconnaissances. — Coup de main sur Pont-à-Mousson. — Le 6e corps. — Le 5e corps. — État des troupes 167

VI. — LES ALLEMANDS LE 12 AOUT

Situation générale. — Difficulté des marches. — La cavalerie. — Ses reconnaissances. — 1re division. — 6e division. — 5e division. — La cavalerie à l'ouest de la Moselle. — Frédéric-Charles et Moltke 175

VII. — BAZAINE LE 13 AOUT

Renseignements sur l'ennemi. — Le commandement de Bazaine. — Prétendu projet d'offensive. — Entretien de l'empereur et de Bazaine. — Ordres donnés par le maréchal. — Discussion 185

VIII. — L'EMPEREUR ET BAZAINE

L'empereur et Bazaine. — L'empereur presse la retraite. — Projet prétendu d'offensive. — Ordres dans ce sens. — Nouvelles instances de l'empereur. — Abandon de l'offensive. 194

IX. — LES PONTS DE LA MOSELLE

Ponts existant sur la Moselle. — Préparatifs de destruction. — Notre inaction. — Construction de ponts sous Metz. — Initiative laissée à Coffinières. — Crue des 11 et 12 août. — Reconstruction des ponts. — Erreurs commises. 199

X. — L'ARMÉE LE 13 AOUT

Pages.

Le 2e corps. — Le 3e corps. — Le 4e corps. — Le 6e corps. — La Garde et les réserves générales. — État des troupes. — Les munitions et les vivres 205

XI. — LES ALLEMANDS LE 13 AOUT

La IIe armée. — Sa cavalerie. — La Ire armée. — La 1re division de cavalerie. — Le VIIe corps. — Le Ier corps. — La 3e division de cavalerie. — Coup de main projeté sur Thionville. — Idée que les Allemands se font de la situation. — Ordres de Moltke 211

XII. — L'ARMÉE EN RETRAITE

Le commandement de Bazaine. — Retraite des convois. — La réserve de cavalerie. — La retraite générale commence. — Le 2e corps. — La division Laveaucoupet. — Le 6e corps. — La réserve générale. — Le 4e corps. — Commencement de sa retraite. — La division Grenier . . . 223

XIII. — LES ALLEMANDS AVANT LA BATAILLE

Au grand quartier général. — Les idées de Moltke. — Ordre du 14. — La IIe armée. — Sa cavalerie. — La Ire armée. — Indices de notre retraite. — Mission de Brandenstein. — Initiative de von der Goltz. — Le champ de bataille 235

XIV. — ATTAQUE DE VON DER GOLTZ

Occupation du château d'Aubigny. — Dispositions prises au 3e corps. — Division Metman. — Prise de Colombey. — Continuation du mouvement de von der Goltz. — Prise de La Planchette. — Division Castagny. — Divisions Aymard et Montaudon. — Division Clérembault. — Résultats de l'équipée de von der Goltz. — Le maréchal Bazaine 246

XV. — INTERVENTION DU Ier CORPS

Idées de Manteuffel. — Il décide d'attaquer. — Avant-garde de la 2e division. — Avant-garde de la 1re division. — Aperçu d'ensemble. — L'artillerie prussienne. 255

XVI. — ENGAGEMENT DU 4ᵉ CORPS

Pages.

Déploiement de la division Aymard. — Retraite du 90ᵉ. — Engagement du 4ᵉ corps. — Le combat vers Nouilly et le bois de Mey. — Retraite des Prussiens. — Intervention de Cissey. — La division Lorencez. — Situation de la droite prussienne 261

XVII. — INTERVENTION DE LA 25ᵉ BRIGADE

Intervention de la 25ᵉ brigade. — Zastrow et la 14ᵉ division. — Combat au nord-ouest de Colombey. — Perte et reprise du bois de sapins. — Sa perte définitive. — Retraite du 7ᵉ de ligne. — La droite de Metman. — Évacuation du bois de Colombey. — Le combat à l'est de Bellecroix. — La division Aymard. — Charge infructueuse. — Réserve du 3ᵉ corps. — Réserve générale 270

XVIII. — LE Iᵉʳ CORPS

Le 1ᵉʳ corps vers Nouilly. — L'artillerie de corps. — L'artillerie de la 1ʳᵉ division. — Ordres de Manteuffel. — Son artillerie. — L'extrême gauche du Iᵉʳ corps 278

XIX. — INTERVENTION DE LA 28ᵉ BRIGADE

La division Montaudon. — La Garde. — La division Kameke. — Intervention de la 28ᵉ brigade. — Perte du bois de Colombey. — La 1ʳᵉ division de cavalerie et la 18ᵉ division. — Combat vers Grigy. — Le fort de Queuleu. 281

XX. — PRISE ET REPRISE DU BOIS DE MEY

Suite du combat vers Nouilly et Servigny. — Le 3ᵉ régiment prussien entre en ligne. — Le combat sur la route de Sarrelouis. — Nouvelle entrée en ligne de bataillons du 4ᵉ corps. — Perte du bois de Mey. — Reprise du bois. — Retraite de l'ennemi à l'est de Bellecroix. — Retour offensif vers Servigny. — Panique du 43ᵉ. — Retour offensif. — Fin de l'action pour le 4ᵉ corps. 290

XXI. — INTERVENTION DE STEINMETZ

Idées de Steinmetz sur la situation. — Il apprend le mouvement de ses avant-gardes. — Son mécontentement. — Ordre de rompre le combat. — Steinmetz et Manteuffel. — Inaction de Gœben 301

XXII. — RÉFLEXIONS

Pages.

Effectifs engagés. — Pertes. — Effet moral. — L'initiative de von der Goltz. — Discussion. — Résultats stratégiques et tactiques. — Rôle de Brandenstein. — Steinmetz. — Moltke. — Absence de commandement français. — Bazaine. — Retour offensif de Ladmirault. — Entrain et camaraderie des Allemands. — Résultats sur nos troupes. — L'infanterie. — La cavalerie. — L'artillerie. — Conclusions 307

ANNEXES

Annexe 1 : Au sujet des heures à Frœschwiller. Extrait d'une lettre de M. de Saint-Vincent, sous-intendant militaire en retraite, datée du 5 août 1903. 321
Annexe 2 : Au sujet des rapports entre l'opposition et le maréchal Bazaine. 322
Annexe 3 : Ordre de bataille du Ier corps d'armée. 324
Annexe 4 : Ordre de bataille de la 1re division de cavalerie 327
Annexe 5 : Ordre de bataille du IIe corps d'armée. 328
Annexe 6 : Ordre de bataille du VIe corps d'armée 331
Annexe 7 : Effectifs de l'armée du Rhin autour de Metz le 13 août 1870. 334
Annexe 8 : Ordre du 4e corps pour la retraite (14 août 1870). 337
Annexe 9 : Les pertes à la bataille de Borny (14 août 1870) : I. Français. 339
Annexe 10 : Munitions consommées par l'artillerie française le 14 août 1870. 345
Annexe 11 : Les pertes à la bataille de Borny (14 août 1870) : II. Prussiens. 348
Annexe 12 : Pertes de l'artillerie (14 août 1870) : I. Français ; II. Prussiens. 352
Annexe 13 : États de services de l'ex-maréchal Bazaine. 353

Index 359
Table des matières. 369

CARTES

N° I. Carte d'ensemble des opérations du 7 au 14 août 1870. 319
N° II. Les Ire et IIe armées, la droite de la IIIe armée les 10 et 11 août 1870 139
N° III. Les Ire et IIe armées le 12 août 1870. 183
N° IV. Coup de main sur Pont-à-Mousson (12 août 1870). 169
N° V. Bataille de Borny (14 août 1870) 305

Nancy, impr. Berger-Levrault et Cie.

BERGER-LEVRAULT ET Cⁱᵉ, ÉDITEURS
PARIS, 5, RUE DES BEAUX-ARTS. — 18, RUE DES GLACIS, NANCY

F. FOCH, COLONEL D'ARTILLERIE BREVETÉ
PROFESSEUR DU COURS D'HISTOIRE MILITAIRE, DE STRATÉGIE ET DE TACTIQUE GÉNÉRALE

LES PRINCIPES DE LA GUERRE
Conférences faites à l'École supérieure de guerre
Un volume grand in-8 de 347 pages, avec 25 cartes et croquis, br. **10 fr.**

DE LA CONDUITE DE LA GUERRE
MANŒUVRE POUR LA BATAILLE
ᵉ série des Conférences faites à l'École supérieure de guerre
Un volume grand in-8 de 502 pages, avec 13 cartes et croquis, br. **10 fr.**

Colonel LANREZAC, PROFESSEUR A L'ÉCOLE SUPÉRIEURE DE GUERRE

LA MANŒUVRE DE LÜTZEN (1813)
Un volume grand in-8, avec 18 croquis, broché . . . **10 fr.**

ÉTAT-MAJOR DE L'ARMÉE (SECTION HISTORIQUE)

CAMPAGNE DE L'EMPEREUR NAPOLÉON EN ESPAGNE (1808-1809), par le commandant BALAGNY. — *Tome Iᵉʳ* : Durango. Burgos. Espinosa. 1902. Un volume in-8 de 600 pages, avec 14 cartes, plans et croquis, broché . . . **12 fr.**
Tome II : Tudela. Somosierra. Madrid. 1903. Un volume in-8 de 719 pages, avec cartes, plans et croquis . . . **15 fr.**
Tome III : Napoléon à Chamartin. — La Manœuvre de Guadarrama. 1903. Un volume in-8 de 707 pages, avec 5 cartes, plans et croquis, broché . . . **15 fr.**

CAMPAGNE DE 1809 EN ALLEMAGNE ET EN AUTRICHE, par le commandant SASKI.
Tome Iᵉʳ. — Un volume in-8 de 595 pages, avec une carte et 4 croquis, broché. **10 fr.**
Tome II. — Un volume in-8 de 394 pages, avec 7 cartes, broché . . . **10 fr.**
Tome III — Un volume in-8 de 412 pages, avec 1 carte et 2 croquis, broché . **10 fr.**

CAMPAGNE DE L'AN 14 (1805). — **Le Corps d'armée aux ordres du maréchal Mortier.** — *Combat de Dürrenstein*, par le capitaine ALOMBERT, de la section historique de l'État-major de l'armée. 1897. Un volume in-8, avec carte, croquis et gravure, br. **6 fr.**

Lieutenant-Colonel P. FOUCART

Campagne de Prusse (1806). — I. Iéna, d'après les archives de la guerre. 1887. Beau volume in-8 de 746 pages, avec 2 cartes et 3 croquis, broché . . . **10 fr.**
II. Prenzlow-Lubeck. 1890. Beau volume in-8 de 986 pages, avec 3 cartes et 13 tableaux, broché . . . **12 fr.**
Campagne de Pologne. Novembre et décembre 1806-janvier 1807 (Pultusk et Golymin), d'après les archives de la guerre. 1882. Deux volumes in-12 (1056 pages), avec 3 cartes et tableaux, brochés . . . **12 fr.**
Bautzen. — I. Une Bataille de deux jours, 20-21 mai 1813. 1897. Un volume in-8 de pages, avec 4 croquis, broché . . . **5 fr.**
II. La Poursuite jusqu'à l'armistice, 22 mai-4 juin 1813. 1901. Un volume in-8 de pages, avec 1 croquis grand in-folio, broché . . . **5 fr.**

BERGER-LEVRAULT ET Cie, ÉDITEURS
PARIS, 5, RUE DES BEAUX-ARTS. — 18, RUE DES GLACIS, NANCY

Les Armées et les Flottes militaires de tous les États du monde. Composition et Répartition en 1904. Un volume in-8, broché . . . . 1 f

L'Armée et la Flotte de la Russie. Composition et Répartition en 1904. Avec appendice : L'Armée de Mandchourie. Un volume in-8 de 126 pages, avec 3 tableaux in-folio, broché . . . . 2 f

L'Armée et la Flotte du Japon. Composition et Répartition en 1904. Brochure in-8 de 61 pages 75

L'État militaire des principales Puissances étrangères en 1902. 8e édition augmentée et mise à jour, par J. Lauth, chef d'escadrons de cavalerie, breveté d'état-major. Un volume in-8 de 1055 pages, broché . . . . 7 fr. 50

Autour de la Guerre russo-japonaise. 1904. Brochure grand in-8 . . . 1 fr. 25

Les Étrangers au Japon et les Japonais à l'étranger. Étude historique statistique, par Édouard Clavery, consul de France. 1904. Brochure gr. in-8 . 1 fr. 25

La Campagne de Chine (1900-1901) et le matériel de 75, par V. Tariel, lieutenant-colonel d'artillerie. 1902. Un volume in-8 de 109 pages, avec 12 figures et une carte spéciale hors texte, broché . . . . 2 fr. 50

La Guerre sud-africaine, par le capitaine G. Gilbert. Préface de M. le général Bonnal, avec 2 portraits de l'auteur et 15 cartes. 1902. Un vol. in-8 de 637 pages . 7 fr. 50

La Guerre contemporaine dans les Balkans et la Question d'Orient (1885-1897), par le lieutenant G. Becker, du 16e bataillon de chasseurs. Un volume in-8 avec 13 cartes in-folio en couleurs, broché . . . . 10 f

La Guerre serbo-bulgare de 1885. Combats de Slivnica (17, 18 et 19 novembre), par le colonel Regenspursky, de l'armée austro-hongroise. Traduit de l'allemand par le lieutenant Barth, du 54e régiment d'infanterie. 1897. Un volume in-8 de 236 pages, avec 2 cartes et 3 tableaux, broché . . . . 5 f

Trois Études tactiques. 1. Une manœuvre à double action sur la carte. 2. Une manœuvre avec cadres sur le terrain. 3. Une attaque décisive, par le lieutenant-colonel breveté Augen, du 69e régiment d'infanterie, ancien professeur à l'École supérieure de guerre. 2e édition. 1903. Un volume in-8, avec 7 cartes ou croquis, broché . 2 fr. 50

L'Artillerie de campagne française, par le général H. Rohne. Traduit de l'allemand par F.-L.-J., capitaine d'artillerie. 1903. Un volume in-8, broché . . . 2 fr. 50

Le Nouveau Règlement sur l'instruction du Tir de la Cavalerie, par le lieutenant-colonel Picard. 1904. Brochure grand in-8 . . . . 2 fr

La Cavalerie et la Télégraphie militaire, par le même. 1903. Brochure grand in-8 . . . . 1 fr. 50

La Transformation de la Cavalerie. 1904. Un volume grand in-8 de 92 pages, broché . . . . 2 fr

Physionomie de la Bataille future, d'après nos nouveaux Règlements d'infanterie et d'artillerie. 1902. Brochure in-8 . . . . 1 fr

La Cavalerie et le Canon, par l'auteur de la Physionomie de la Bataille future. 1903. Brochure grand in-8 . . . . 1 fr

L'Évolution de la Cavalerie moderne, par P. S. 1903. Un volume grand in-8, avec 2 figures, broché . . . . 2 fr. 50

La Cavalerie américaine dans la guerre de Sécession. 1903. Un volume grand in-8 de 129 pages avec 2 cartes, broché . . . . 2 fr. 50

Essais sur la Doctrine. « Nouvelles Paroles », par le Cosaque du Kouban (Général Carpot) : Les Leçons du 16 août. 1903. Un volume grand in-8, broché . 3 fr

Reconnaissance de troupes de toutes armes par les patrouilles de cavalerie. Dédié aux sous-officiers, par le capitaine de Gail, de l'état-major de la 2e division de cavalerie. 1903. Grand in-8, 68 pages, avec figures, broché . . 1 fr. 50

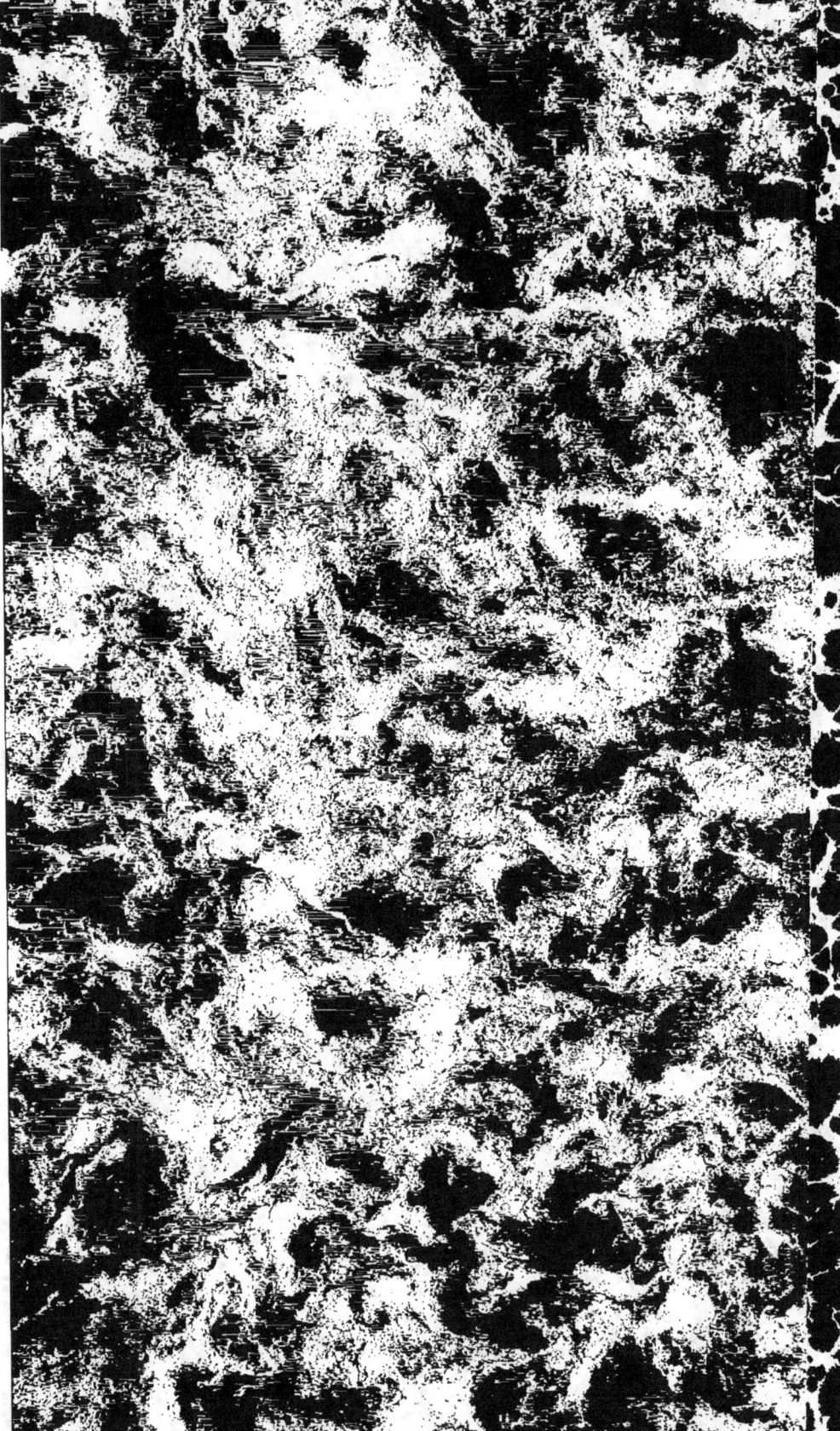

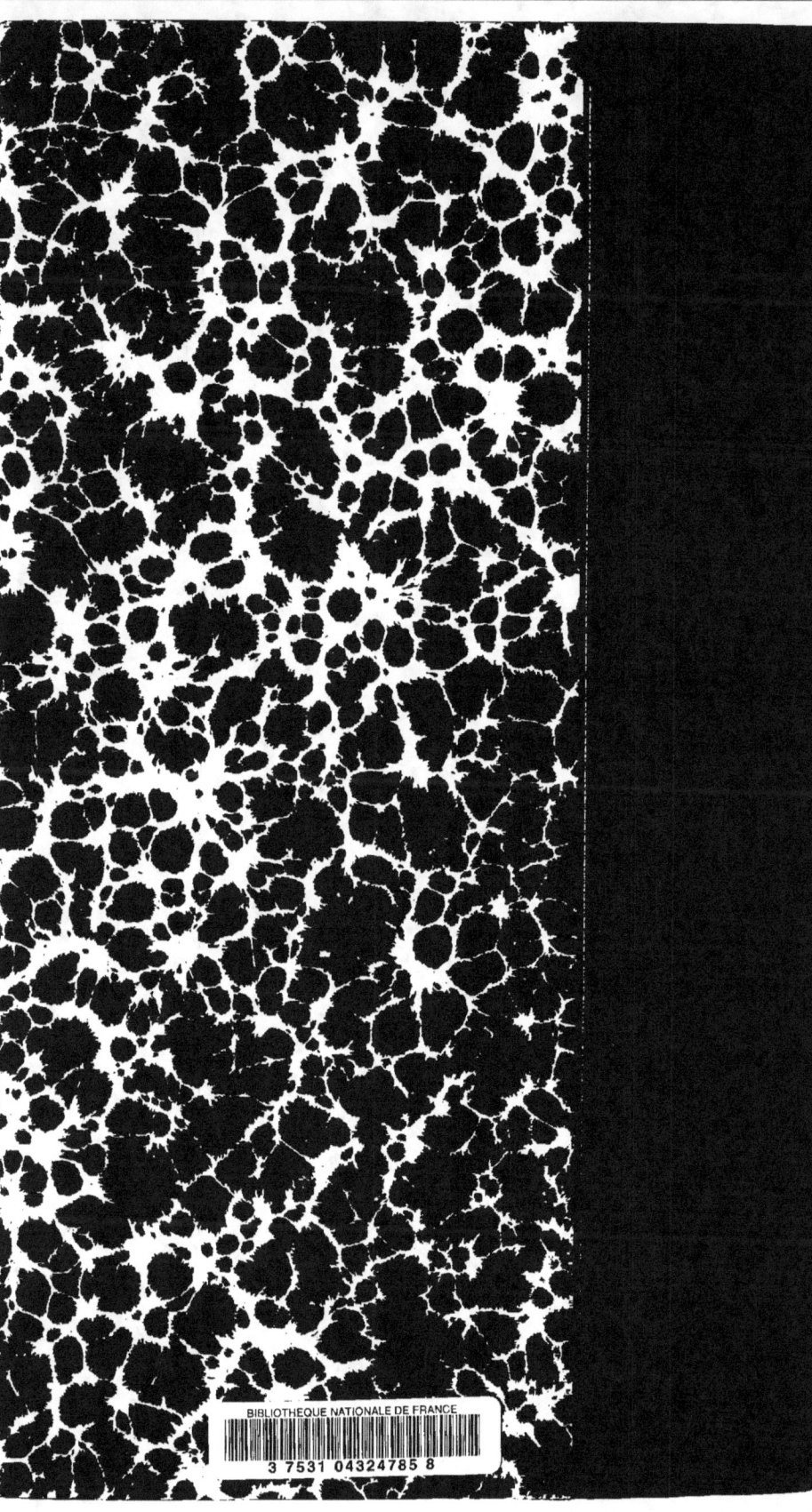

www.ingramcontent.com/pod-product-compliance
Lightning Source LLC
Chambersburg PA
CBHW071855230426
43671CB00010B/1345